近代报刊文献辑录丛书

JIUSHIBEIPING

旧时北平

张伟 主编

孙莺 选编

上海科学技术文献出版社
Shanghai Scientific and Technological Literature Press

图书在版编目（CIP）数据

旧时北平 / 张伟主编；孙莺选编 . 一上海：上海科学技术
文献出版社，2023
ISBN 978-7-5439-8703-6

Ⅰ . ① 旧⋯ Ⅱ . ① 张⋯② 孙⋯ Ⅲ . ① 北京—地方史—
通俗读物 Ⅳ . ① K291-49

中国版本图书馆 CIP 数据核字 (2022) 第 213759 号

选题策划：张　树
责任编辑：王　珺　詹顺婉
封面设计：留白文化

旧 时 北 平
JIUSHI BEIPING

张　伟　主编　孙　莺　选编
出版发行：上海科学技术文献出版社
地　　址：上海市长乐路 746 号
邮政编码：200040
经　　销：全国新华书店
印　　刷：常熟市人民印刷有限公司
开　　本：720mm×1000mm　1/16
印　　张：27.75
字　　数：422 000
版　　次：2023 年 1 月第 1 版　2023 年 1 月第 1 次印刷
书　　号：ISBN 978-7-5439-8703-6
定　　价：118.00 元
http://www.sstlp.com

一座无法预估储量的文献富矿

——《近代报刊文献辑录》总序

张　伟

　　书、报、刊，是近代中国文献中传统的三大类，也是各大图书馆中最为看重的三大常规收藏。窃以为，就文献的丰富性和原始性而言，三者所占比重应该是书、刊、报，逐级加重，也即报纸是分量最重的。虽然，仅就单纯数量来说，书最多，刊其次，报最少，然而很多问题不能只看表面，要作多层次分析研判。

　　关于书、报、刊三者具体的存世量，我曾在一个采访中以上海图书馆为例说到这个问题："如果单就中文文献而论，上海图书馆收藏的近代文献不单是在中国，在全世界都可能是最丰富的。就以期刊为例，1949 年以前，到底出版了多少种期刊，这个数字一直是不清楚的，学界一般估算，大概有五万多种。上海图书馆收藏了一万八千七百多种，三分之一强；报纸大约有一万种，上海图书馆收藏了三千五百多种，也是三分之一强。单行本出版得最多，截至目前，还没有一个确切的统计数字。北京图书馆（现在叫中国国家图书馆）很多年前出了一部《民国时期总书目》，著录了十二万种，主要统计北京图书馆、上海图书馆和重庆图书馆的近代文献。现在此书有了增补本，著录大约二十万种……后来各大图书馆又做过一个普查，从晚清一直到 1949 年，单行本大概一共出了六十万种。"以上述统计来看，似乎单行本书籍的出版数量最多，但问题并不这么简单。即以近代期刊而言，虽然只有5万多种，但每种期刊所出期数差别很大，每期的页数也各不相同。正常情况下多数期刊一般会出十余期或几十期，当然也有仅出一期即告终刊的，但也有出版几百期甚至近千期的，如近代中国出版周期最长的政论刊物《东方杂志》，从1904年一直到1948年，四十余年间共出版了48卷816期刊物，而当年影响最大的电影刊物《电声》杂志，从1932年到1941年，十年间共出版了901期，为民国时期出版期数最多的电影刊物。如此一算，几万种杂志的内容篇幅就非常惊人了。至于报纸，一般大报多为对开，小报则为4开，每期报纸起码2张4页，多达十余张几十页的也较多；而且，多数报纸，特别是大报，出版年份相对都比较长，存续时间几年甚至十余年的也并不在少数。如著名的《申报》，创办于1872年4月30日，至1949年5月27日始告终刊，前后总计经营了77年，历经晚清、北洋政府和国民政府三个时代，经历了辛亥革命、五四运动、北伐战争、抗日战争和解放战争等各个历史阶段，全面记录了晚清和民国时期政治、经济、军事、外交、文化等各方面的情况，总共出版了2万7千多期。其他像《新闻报》《大公报》《时报》《民国日报》《时事新报》《商报》《新华日报》等报纸，名重一时，且都出版了十几年至几十年，从各方面展现了近代中国历史的发展轨迹。书籍出版周期较长，一般叙述论证的是一年前甚至几年、几十年前的事情，侧重理论和完整性；期刊则以半月刊、月刊、双月刊为多，也有旬刊、周刊甚至三日刊的，反映论述的多为一月或数月前的事情，文章长短不拘，涉及面也较为广泛；而报纸一般以日报最具代表性，以迅捷报道当下发生的新闻时事为最大特色，也有相当数量的以双日、一周为出版周期的小报，以报道百姓身边事为特色，大量刊登社会新闻，专述市井小事，从衣食住行到吃喝玩乐，将市民百姓的开门七件事一网打尽。所谓文献的丰富性和原始性，报纸当然独执牛耳。我在为《小报图录》这本书作序时写道："上海是中国新闻界的重镇，尤其在晚清、民国时期，几乎撑起了新闻界的半壁江山，而这座'江山'，其实是由大报和小报共同打造而成的，大报的庙堂气象、党派博弈与小报的江湖地气、民间纷争，两者合一才组成了完整的社会面貌。要洞察社会的大局，缺大报不可；欲了解民间的心声，少小报也不成。大报的'滔滔江水'和小报的'涓涓细流'，汇合起来才是完整的、有着丰富细节的'江天一景'。可以说，少了这一泓'涓涓流淌的鲜活泉水'，我们的新闻史就是残缺不全的。"强调的正是由大报和小报共同组成的新闻界，在反映报道新闻时事方面所起的不可忽视、甚至难以替代的重要作用。可以说，在犹如大海般丰盈的近代报刊中，蕴藏着解开各时期、各领域疑难问题的密钥，它们是一座无法预估储量的文献富矿，默默等待着有志、有心和有力的开掘者，各领域、各阶层的人士都可能在此寻找到自己喜爱的宝藏。

另外，还必须指出的是，报纸除了新闻报道的版面，还拥有极其丰富的各类副刊，且副刊的主编可以立场各异，其版面言论甚至可与报纸老板和社论的倾向各行其道，互不相同。这就使当时报纸副刊的面貌呈现出丰富多彩、风格多样的特色，成为新闻史、文学史等各学术研究领域不可或缺的一个重要方面。同时，由于报纸版面多，存续时间长，一种报纸往往会有几十种甚至上百种的副刊，几百上千种报纸加在一起，其副刊总数可谓令人眼花缭乱，以致难以准确统计；至于各种副刊上的文章，其数量自然水涨船高，更令人生畏，望而却步。我曾经接待过很多大学和社科院等机构的教授、学者，他们带领自己的学生来图书馆看书，专门研究报纸副刊，每个学生分配一至数个课题，天天翻阅报纸，但几乎少有能坚持到底的。毕竟在如今纷繁喧闹的社会，让年轻人一坐数月甚至数年，青灯黄卷，天天与旧报纸为伍，确实很不容易。进入21世纪以后，各种数据库的研发上市如雨后春笋，给大家带来了查阅海量文献的希望。但问题并非如此简单就能解决，由于各种原因，能随意方便利用各种数据库的科研人员并不算多，而且，即使数据库在手，全局视野、文献分析、辨别真伪、提炼课题等等问题，都是横亘在研究人员面前的难关，非常考验人。此外，还有一个现象也值得我们注意：现代作家的作品，几乎都是先在报刊上发表，然后才结集出版的，其中由于种种原因长期散佚在外，始终未能结集出版的也为数不少，即便是鲁迅、茅盾、巴金、老舍、郁达夫、徐志摩、沈从文、钱锺书、张爱玲等一流作家的佚作，近年来被学者从报刊上发掘钩沉出来的也所在多多；至于非主流作家的一些重要作品，或因湮没报海，无人知晓，逸出学界视野，或因乏人关注，不被重视，长期默默无闻。这些都有待于我们从近代报刊这座文献富矿中去辛勤打捞。

《近代报刊文献辑录》这套丛书，正是基于此而推出。我们想用自己的力量和资源做一些力所能及的工作，为学界提供一些打基础的砖块，为大众奉献一些有营养的读物，如能有助于大家，受到欢迎，那是我们最高兴的事。

2022 年 5 月 24 日于沪南上海花园

前　言

　　《旧时北平》这本书，与《旧时上海》《旧时广州》同时出版，为"旧时系列"之一。

　　2021年出版了《旧时书肆》《旧时书事》《名家书单》。"旧时系列"计划以三地为一辑，故亦名之为"三城记"。北平、上海、广州为一辑，南京、杭州、苏州为一辑，昆明、重庆、桂林为一辑等。

　　"旧时系列"所有文章皆选自近代报纸杂志之原刊原文，择其善者而分类编排。所谓善者，是指选文兼具文献性、掌故性与文学性。以文献性而言，很多文章出自作者初次发表之刊物，而非后人所编之全集和选集，故个别字句与后世通行之文章略有出入，对于近代史研究者而言，完全可将本书视为一手文献。以掌故性而言，本书选文涉故人往事、遗址旧迹，于今虽物是人非，然文中仍能依稀看见当年旧色，带着些许苍茫凋敝，令人怅然。以文学性而言，本书选文皆文采斐然，绝非枯燥之学术论文，亦无岸然说教之气，字里行间，藏着某种共通的情感，悲喜皆动人。

　　《旧时北平》的作者，大部分都是寄寓在北平的异乡人，用现在的话说，是"北漂"。如周作人、郁达夫、许钦文、蹇先艾、姚克、铢庵、柳雨生、废名、纪果庵、蔡元培、敖士英、张春风等。鲁迅在为《中国新文学大系·小说二集》作序时，曾提出"乡土文学"和"侨寓文学"之说：

　　凡在北京用笔写出他的胸臆来的人们，无论他自称为用主观或客观，其实往往是乡土文学，从北京这方面说，则是侨寓文学的作者。但这又非如勃兰兑斯（G. Brandes）所说的"侨民文学"，侨寓的只是作者自己，却不是这作者所写的文章，因此也只见隐现着乡愁，很难有异域情调来开拓读者的心胸，或者眩耀他的眼界。

照此说来，本书可视为侨寓文学的选集。当然，本书亦收录"老北京"之文，如老舍的《想北平》、金受申的《北京菜》《北京的酒》，然总体而言，作者多为寄寓北平之文人。

且以鲁迅点名为"侨寓文学"之代表作家的蹇先艾为例，本书收录了他的《忆松坡图书馆》，此文发表于《创作月刊》1942 年第 1 卷第 1 期上。

北海公园里的松坡图书馆对于蹇先艾的一生而言，可谓影响至深，他的文学启蒙和创作，得益于此。正如蹇先艾自己在文中开头所说的那样：

在北平住了十九年，我爱这座古城，不能忘记这座有魅力的古城，尤其不能忘掉古城中的一个小小文化机关——松坡图书馆。我在那里差不多工作了九年，我在那里认识了不少文艺界的朋友，我在那里写过若干篇作品，我在那里读了许多中外的名著，总括一句话，我的文学趣味，是在这个图书馆里培养起来的。

松坡图书馆原本设于上海。1916 年，蔡锷将军病逝，梁启超发起募捐倡议，于 1918 年在徐家汇路购得一地，建立松社，附设图书馆，名为"松坡图书馆"。蔡锷字松坡，故有此名。

1919 年 1 月 6 日，梁启超在写给希哲的信中，提到为上海的松坡图书馆募捐之事：

上海松坡图书馆顷已落成，徐总统捐助秘籍十余万卷，亦已运到，而馆中经费甚支细。购地建筑所费，今尚负债三万余，常年维持费更无所出。前此本经各省督军赞成发起，今实不愿更乞助彼辈，以为松坡污点。南洋商界思仰松公功德者，想复不少，请弟力为募集。所有一切款项，由上海、天津等处浙江兴业银行代收。今寄上捐册五本，《松社规约》二十本，请察收。

希哲即梁启超的女婿周国贤，时任中国驻缅甸仰光总领事。

1920 年，梁启超、蒋百里等人自欧洲返国，因发起人大多居于北京，深觉

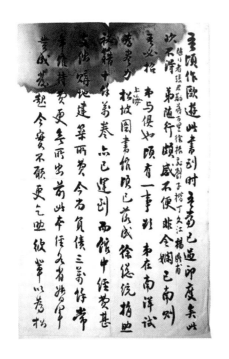

松坡图书馆设于上海殊为不便，遂生迁馆之念。1922年，梁启超向大总统黎元洪递交《接受快雪堂设立松坡图书馆呈》，请"北海内划拨一处房地作为图书馆"。黎元洪将北海公园快雪堂及西单石虎胡同七号拨予并设图书馆，取名松坡图书馆。

塞先艾在文中写道：

松坡图书馆最初分为第一馆和第二馆，前者专藏西书，设在西单石虎胡同七号一个古树参天王府似的大庭院里，相传从前是吴三桂的① 府第，并且为北平四大凶宅之一。

塞先艾此处似有误，查北京和记印书馆1936年刊印之《松坡图书馆概况》：

十二年十一月规模粗具，乃开成立大会，议决以北海快雪堂为第一馆，专藏中国文图书，后楹建为蔡公祠，奉祀蔡公及死难诸先烈；以石虎胡同七号为第二馆，专藏外国文图书。十三年六月一日第二馆先行公开阅览，十四年十月第一馆书目亦编制就绪，即行开馆。

实则北海快雪堂为第一馆，石虎胡同七号为第二馆，分藏中、外文图书，中文图书即北洋政府调拨所购杨守敬之二万余册藏书，外文图书为1920年梁启超、蒋百里等人所成立之读书俱乐部原有的六千册英文书、三千册日文书，三万余册图书构成了松坡图书馆的基本馆藏。

石虎胡同七号为明代延陵会馆，又称常州会馆或武进会馆。清初为吴三桂之子吴应熊的府邸。皇太极将十四格格嫁给吴应熊，此地也被称为驸马府。石虎胡同被目为凶宅，自清始，纪晓岚在《阅微草堂笔记》中曾描述过此宅：

---

① 梁启超写给希哲的信，提及上海松坡图书馆，此信藏于美国哥伦比亚大学，系纽约张纯明先生于1978年捐赠。

吴额府之前为前明大学士周延儒第，阅年既久，故不免有时变怪，然不为人害也。厅西小房两盈，日好春轩，为文达燕见宾客地。北壁一门，横通小屋两极盈，童仆夜宿其中。睡后多为魅出，不知是鬼是狐，故无敢下榻其中者。

民国初年，石虎胡同七号院为近代立宪派人物汤化龙所居。汤化龙住进来后，先是朋友田某在此猝死，接着汤化龙本人被刺身亡。一时间"好春轩为凶宅"之说甚嚣尘上，世人皆知。后来汤家搬走，此地由北洋政府财政部金融学会使用。1922 年被黎元洪拨予松坡图书馆。

蹇先艾在文中提及徐志摩为此地写过一首诗：

徐志摩先生特别做了一首诗歌颂过这个地方。他在里面住过几个月。诗中所写的"大量的蹇翁"便是我的叔父季常。梁先生当时仅仅负了一个馆长的名义，实际上馆务完全由叔父主持。

此诗是指徐志摩之《石虎胡同七号》，发表于 1923 年 8 月 6 日第 82 期《文学周报》上：

......

雨后的黄昏，满院只美荫，清香与凉风，

大量的塞翁，巨樽在手，寒足直指天空，

一斤，两斤，杯底喝尽，满怀酒欢，满面酒红，

连珠的笑响中，浮沉着神仙似的酒翁

我们的小园庭，有时沉浸在快乐之中

"季常"即蹇先艾的叔父蹇念益。1900 年，蹇念益留学日本早稻田大学政法系，与梁启超相识。1913 年，蹇念益当选为众议院议员，与梁启超关系密切，时人有"梁谋蹇断"之说。1915 年，袁世凯图谋复辟帝制，蹇念益遂和蔡锷、梁启超等开展反袁秘密活动。蔡锷逝后，蹇念益与梁启超一同创

① 蹇念益遗像。刊载于《松坡图书馆十九年报告》。

---

① 蹇念益遗像。刊载于《松坡图书馆十九年报告》。

办了松坡图书馆，以纪念蔡锷。

当时徐志摩刚从英国回来，在梁启超的介绍下，谋得松坡图书馆英文部干事一职。故蹇先艾说徐志摩"在里面住过几个月"。石虎胡同七号也是新月社的发祥地，徐志摩《剧刊始业》中提及："最初是聚餐会，从聚餐会产生新月社，又从新月社产生七号的俱乐部。""七号"即石虎胡同七号。

徐志摩在松坡图书馆工作时，郁达夫是此地常客。在徐志摩飞机失事后，郁达夫追忆在松坡图书馆见徐志摩时的情形：

在民国十三四年（一九二三、一九二四年）之交，我混迹在北京的软红尘里，有一天风定日斜的午后，我忽而在石虎胡同的松坡图书馆里遇见了志摩。仔细一看，他的头，他的脸，还是同中学时候一样发育得分外的大，而那矮小的身材却不同了，非常之长大了，和他并立起来，简直要比我高一二寸的样子。[1]

而蹇先艾与徐志摩之相识，也是在松坡图书馆里。因叔父蹇念益的关系，彼时尚在厂甸附中读初中的蹇先艾常去松坡图书馆看书，得有机会便向徐志摩请教英文。

时值五四运动如火如荼之际，厂甸附中的教师都醉心于新文学新思潮中，将鲁迅、陈独秀、李大钊、朱自清等人的作品选为国文课本。受此影响，蹇先艾与同班同学李健吾、朱大枏在中学二年级时成立了文学团体"曦社"，创办了文学刊物《爝火》旬刊，李健吾与蹇先艾、朱大枏三人负责编辑。因销路不好，出两期后即停刊。

蹇先艾在自传中回忆这一段经历：

我们习作的水平很低，撰稿人又都是无名小卒，销路不畅，印刷费成了问题，只好停刊。后来，在一家订户寥寥的《国风日报》附出《爝火旬报》，不久又随着报纸夭折了。我们便转向孙伏园主编的《晨报副刊》和王统照主编的《文学旬刊》投稿，稿子大半得到采用。

1923 年，蹇先艾邀请徐志摩到厂甸附中讲演，此为徐志摩回国后第一次公开讲演。当时鲁迅在北师大执教，蹇先艾、李健吾等又托请徐志摩邀鲁迅来学

---

① 《志摩在回忆里》，达夫，《新月》1932 年第 4 卷第 1 期。

校讲演。1924年1月17日，鲁迅赴厂甸附中，以《未有天才之前》为讲演题目。蹇先艾负责接待鲁迅之工作，见缝插针地向鲁迅请教了数个问题，给鲁迅留下了深刻的印象。

五月初的一个晚上，徐志摩给蹇先艾送来一张戏票，叫他到北京协和礼堂去看新月社的戏剧晚会，是为了庆祝印度诗人泰戈尔的六十岁寿辰，徐志摩、林徽因等人专门排练了泰翁的剧作《契忒罗》。当晚，蹇先艾再次遇到鲁迅：

我发现了鲁迅先生也在池子里看戏。他神采奕奕地忽然回过头来，看见我坐在后排，向我打了一个招呼，我也连忙向先生点头。

蹇先艾对文学的兴趣始于五四新文化运动，在徐志摩、鲁迅等人的指引下，进入文学的领域。一九二六年，在王统照的介绍下，蹇先艾加入文学研究会。是年，蹇先艾的第一本小说散文集《朝雾》由北新书局出版。

①

1930年9月8日，蹇念益在石虎胡同住所服安眠药自杀，终年55岁。故蹇先艾文中有此一说：

第二馆设在北海公园内，专藏中文书籍。梁先生去世以后，便取消了馆长这个名称，由干事会负责来处理一切，叔父当选为常务干事。叔父一死，便由丁文江先生继任。丁先生是个实事求是的学者，为了节省经费起见，便把第一馆的地址出售给蒙藏学校，全部合并到第二馆北海快雪堂去，把房价拿来做增加的基金和购书费。他的理由是这个图书馆的性质是纪念的，藏书不多，很难与国立北平图书馆之类争胜，倒不如完全设在一个名胜地方去供大众的瞻仰，一方面藉此还可以补充一些图书。

此段亦有误，应为"第一馆在北海公园内"，"丁先生是个实事求是的学者，

---

① 《朝雾》，蹇先艾著，上海北新书局，1928年4月刊印。

为了节省经费起见，便把第二馆的地址出售给蒙藏学校，全部合并到第一馆北海快雪堂去"。

《松坡图书馆概况》中亦述及此事，"十九年蹇先生逝世，第二分馆无人驻守，本馆经费支绌，不惟购书无款，而两馆开支每感浩繁"。

这一年，蹇先艾自北大法学院经济系毕业，被聘为松坡图书馆书目编纂，《松坡图书馆概况》中对此有记载：

时蒋复璁君已赴德留学，图书馆编纂乃改延蹇先艾君担任。

蹇先艾日常工作很清闲，故还在弘达学院兼任国文教师，闲暇之余，除了读书便是写作。

我在那里当一个编纂。在第一馆工作的时间很短，不久就移到第二馆去。这个机关的规模很小，因此组织也就非常简单：只有一个编纂、一个事务员、三个司书和几个工友。在我们上面便是一个干事会，每月开一次会，我们作一个工作报告，他们议决一些事项和发给第二个月的经费。我的工作很轻松而不固定，不外买书、编目、订购杂志报章。因为经费的支绌，买书的时候就很少；偶然买一点，数量也有限。我们做的是一个十分清闲的职业，也正是一个我一向理想着的职业。

此处亦有误，应是蹇先艾在石虎胡同七号第二馆的工作时间很短，不久就移到北海快雪堂之第一馆中。

松坡图书馆因处于北海公园内，"进门要买门票，所以读者便很寥落。但这也正是它的长处，它适宜于好幽静的学者到这里来从事研究，更宜于写作者避开尘嚣躲到这里来埋头工作。我们每天的读者也正是这一类的人。有时，在这里还可以找到一些别的图书馆所缺乏的偏僻的古书。"

蹇先艾在松坡图书馆里常遇到学术泰斗和文学大家，能随时请教，还结识了一批同他年龄相近的青年作者，彼此互相学习勉励。1931年至1937年间，蹇先艾陆续出版了六部短篇小说集：《还乡集》《踌躇集》《酒家》《乡间的悲剧》《盐的故事》《城下集》，还和友人合译了一本《美国短篇小说集》。

抗战爆发后，蹇先艾携家眷返回故乡贵州遵义，与谢六逸等人发起成立了中华文艺界抗敌协会，当选为理事，并主编了《贵州晨报》副刊《每周文艺》，以杂文、诗歌、短评的形式宣传抗日。

李健吾曾如此评价蹇先艾："他的文章不弄枪花，笔直戳进你的心窝，因为他晓得把文笔揉进他的性格。"深以为是。这也是本书选文的标准之一。

本书所收录之文，与《忆松坡图书馆》同，几乎每一篇都有掌故可言，都有历史可述，都有故人可念，如柳存仁之《北大的教授们》《汉花园的冷静》，许钦文的《菜市口》，陈治先之《谈故都的吃》等。

每一位作家的文字里，都藏着一些东西，在阅读的时候，能让人产生一瞬间的恍惚，唤醒心底的某种情感，惆怅，憧憬，或是美好。文字之所以动人，正在于此。

孙莺

2022 年 8 月 17 日

---

①《还乡集》，蹇先艾著，上海中华书局 1934 年 12 月印行。

北平风物
PART 1

故都见闻录（节选）	铢庵	002
北平的杂碎	了平	008
北平素描	姚克	019
北游录话	铢庵	029
难认识的北平	老向	070
北平的货声	吕方邑	073
北平的庙会	张玄	078
北平的好坏	知堂	082
北平通信	废名	086
后门大街	孟实	091
北京话里的比喻	毕树棠	096
松堂夜话	毕树棠	102
北平的味儿	果庵	111
风沙寄语	季黄	116

北平岁月
PART 2

怀蝶室谭影	李营舟	124
忆北京	学昭	130
我在北京大学的经历（节选）	蔡元培	139
北平旧书肆	商鸿逵	147
西郊两大学	任浩	150
从厂甸买书说到北平的旧书业	蔽苪	153
北平图书馆散记	肖今	157
北大的教授们	柳存仁	163
汉花园的冷静	柳存仁	180
忆松坡图书馆	寒先艾	199
清华园之夏	梁允恭	203

北平闲话

PART 3

北京的穷相	李景汉	214
一个星期六的下午	秋声	219
北平的说书	闻国新	222
梆子和落子	陈灵谷	224
谈油炸鬼	知堂	226
打小鼓的	刘小蕙	229
北平的市场	太白	231
菜市口	钦文	234
"数来宝"里的"溜口辙"	徐芳	237
住的问题在北平	《申报》特别报道	241
北平的公寓	徐崇寿	245
故都寻房记	斳冰	250
北平救世军的贫民寄宿舍	阿难	253
中山公园的茶座	谢兴尧	257
北平的巷头小吃	徐霞村	263
想北平	老舍	269
北平的豆汁儿之类	纪果庵	272
慈慧殿三号	孟实	277
北平的窝窝头	张中岳	282
北京菜	金受申	285
北京的酒	金受申	292
大酒缸与小饭馆	识因	299
帝城十日	晦庵	303
听戏	老乡	314
谈故都的吃	陈诒先	317
旧都的茶楼	凌霄汉阁	321

北平季候
PART 4

北京的腊八粥	乐均士	326
谈北平旧历年节	刘蛰叟	332
北平夏的回忆	宛木	338
故都之秋	子冈	340
故都的秋	郁达夫	342
北平的四季	郁达夫	345
北平的气候	朝英	350
北平的春天	知堂	355
忆北平的旧岁	春风	358
北京从前的消夏	识因	363
北平的灯市	刘雁声	368

北平战记
PART 5

危城琐记	老向	372
陷于重围中的北平通信	老向	378
友来话北平	老舍	387
西苑最后的一瞥	予亦	390
神秘的红瓐口	予亦	399
从北平到天津	萧无	404
困平离平记	徐铸	408
平津忆述（节选）	耐飙	416
散离	蹇先艾	421

北平风物

旧时北平

故都见闻录（节选）

1931

—— 铢庵[①]

炒 栗

今南方诸都市，每至中秋前后，街头巷尾，以糖沙炒栗卖之，标曰"良乡栗子"。南人于北方地名多模糊，独良乡以炒栗，得印入人脑矣。良乡者，由北平西南出第一县也，炒栗之垂于吾国史乘者，至今已几千年。按《契丹国志》，

萧罕嘉努尝对辽主言："臣知炒栗，小者熟则大者必生，大者熟则小者必焦。"辽以燕为南京，必辽之君臣习于燕京风俗，故萧罕嘉努举以为喻，期其易晓也。《老学庵笔记》云："故都李和炒栗名闻四方，他人百计效之，终不可及。"其《剑南

②

---

① 编者注：铢庵，即瞿宣颖，湖南长沙人。著有《方志考稿》《汉代风俗制度史》《秦汉史纂》《中国骈文概论》《李白集校注》《刘禹锡集笺证》等。
② 图注：北京的糖炒栗子摊。收藏于中国近代影像资料数据库。

集·夜食炒栗有感诗》注云："漏舍待朝，朝士往往食此。"据此则汴京亦有此风，而南渡以后复传至江表也。然则区区一物，关系千年来世运之升降，文化之迁移，有如是者，秋宵霜冷，清灯之畔，买此物盈握，啖之有味外味，弥足发思古之幽情。其在北都，炒栗而后，继以白薯。烤白薯外焦内熟，买一枚立街头食之，可当一餐；煮白薯汁浓作赤色，味尤腴美，无论贫富，皆嗜啖焉。盖其香味隽厚，富人虽舆马过衢巷，未有不遥闻而动食指也。

糖葫芦

北都承蒙古遗风，颇嗜酥酪之食，《世说》载南人至北，不惯奶酪，则其来亦久矣。今通衢间有奶茶铺，即专售此类食品者。所制奶饼，味酢而臭膻，北人以为珍味，而南人多见之蹙额。盖南北食性之殊，亘数千年未能融贯。明因元俗，食品尚多采自塞外，《宸垣识略》云："前明冬至赐百官甜食一盒，凡七种，一松子海哩嚛。郑以伟曰：'嚛'字诸字书不载，今亦不识海哩嚛为何物，盖灵元人语也。"又《戒庵漫笔》载"前明四月八日赐百官午门外食不落夹。不落夹者，亦元人语，或云粽子。"或云即今饽饽字，似尤近之。饽饽者，乃麦食之通称也。至如满洲食品今犹盛行者，则萨齐玛是。其物以冰糖、奶油合白面为之，形如糯米，用石灰木烘炉烤熟，遂成方块，甜腻可食。芙蓉糕与萨齐玛同，但面有红糖，艳如芙蓉耳。是二者，皆无潼酪之味，虽南人亦克欣赏。然吾以为价廉而味隽者尤莫如冰糖葫芦，法以竹签贯蒲陶、山药、海棠果、山里红、勃脐、胡桃等物，蘸以冰糖，甜脆而凉，冬夜食之，颇能爽口。北方冬季非盛炽炉火不暖，故宜常食凉物，以润心肺。其在关外，则恒啖西瓜，都中多以生萝卜代之，洁白多汁，冷沁脏腑，虽贫人皆得饫其味。

黄芽白

北方霜早寒深，宜冬季无蔬菜可食，然乃适得其反，黄芽白者，得霜愈浓则愈甘美，一至春令，索然无味矣，所谓霜菘是也。炉火既燃，煮菜一盎，和羹食之，可以加餐，无劳更假肉味，且日日啖之不厌，故非他蔬可及。若以盐渍缸中，镇之以石，寒重冰凝，入口如啮冰雪，爽脆无比。东坡所谓"醉后啖盐齑", 定即指此。往时满人于嘉平八日杂煮珍果米粟为饴糜, 号曰"腊八粥", 亲友互相饷遗, 必以此齑为胜, 云菜之美恶, 可以卜家之盛衰。北都寒季皆燃煤球以取暖, 贫家室小窗严, 煤火将烬, 则生毒臭, 人卧不觉, 中其毒则窒息而死, 往时缺西药急救之方, 惟急饮以齑汁, 则可苏, 亦赖家家俱有此物也。近年多用西式火炉, 即使仍用煤球, 亦多知移将烬之火于室外而后就寝, 又警区多备药物, 广为劝告, 此患渐稀矣。凡初至北都者, 宜审问而慎防

①

之也。又北都有温室, 可以人工育蔬蓏, 故冰雪严寒中, 思食王瓜之属, 可以立应, 特价奇昂耳。

卖冰声

舒位《瓶水斋集》有《京师寄内诗》云:

> 丁香芍药都开过, 杏子樱桃价渐平。
>
> 金剪年收铜碗响, 卖花声换卖冰声。

此诗写夏令景物酷肖, 盖卖冰者以二铜盏迭击之作声, 便捷可听, 累见明清人笔记, 其风绝古。近不独卖冰者, 凡卖甜食者亦如是也。北都藏冰多在什刹海, 冬令即凿海中之冰若巨石块, 纳诸窟室, 次年夏间, 发而售之, 无贫富皆恣用。古者藏冰颁冰之政至重, 前朝仍有四月赐冰之典。朱炎烦敲, 赖以稍解, 亦犹行古之道也。北人夏令筵席首进冰盘, 以生果杂置冰盘啖之, 贫人或竟凿冰代饮, 易致腹疾, 是宜严禁。

---

① 图注: 北平风俗写真: 冰糖葫芦。刊载于《良友》1931 年第 54 期。

广和居

广和居位于城南北半截胡同，肆不甚宏敞，特以历史名迹见称。道光初载，海宇承平，民物雍泰，其时京朝簪组之彦，咸寓城南，官政既闲，纷华未启，士大夫所以消磨退食光阴者，不外乎数间湫溢朴陋之酒肆，同官知好之娱乐于是，京曹外简与外官入觐者之酬酢亦于是。食价既廉，又无须付现金，虽至年节索账，亦仅偿其少而不必全付（此据肆中老佣所说），故人咸称便。灶温、砂锅居同为北平古肆也，而彼之顾客为王孙恶少，则名不雅驯，不为缙绅先生所道，无能以证史迹。此之顾客为京曹官，京曹官多文学之士，由此遂腾之诗什，骎骎与汴京之樊楼颉颃史乘矣。

夏孙桐《感旧诗》注有云：“道光以来名士文酒之会，接迹于此。何子贞先生居巷南，直以为外庖，诗孙观察尝与论四世之交，言旧债上溯六七十年，亦不相计论矣。”

广和居之所以重于一时，更以其能代表南人居北势力。大抵北人之势力弥漫于内城，起居服御饮馔之风尚，且有与南人始终格格不入者。南人虽北，而必自成一种社会，自保一种风尚，自植一种势力，昔王肃不饮奶酪（见《洛阳伽蓝记》），而毛修之能为南人饮食（见《魏书本传》），知南北饮馔之殊风，自古不免。迄于今日，南食遂喧宾夺主。此虽区区一节，而广和居之关系南北势力消长之机，不可谓不巨矣。

肆中最脍炙人口之南肴，曰“潘鱼、吴鱼、江豆腐、韩肘、陶菜”，夏氏《感旧诗》注并详及之。烹炙多传自南士，或标其姓氏。潘鱼者，耀如太史炳年也。吴鱼者，润生中书均金也。江豆腐者，韵涛太守澍畇也。近日韩力齐部郎授以锅烧猪肘，亦足追配，号曰“韩肘”。昔陶凫芗侍郎有清蒸肚块，号曰“陶菜”，不始于广和居。今独留遗制，他家皆绝响矣。五柳鱼即宋嫂遗法。

广和居之营业状况具于历年册籍，细加检阅，知其股东为山东申姓，人口甚多，须一一均分，下至店佣，亦须按股分息，亦百年中经济制度之可研究者也，录左列一段以概其他。

庖人孙积岫，同治四年起身，股一成四厘五，若赚钱少，按一百五十千，不为长支。工资六千，五年分二十三千四百零四文，六年分三十千九百零五文，雇主与佣工之关系如此，殆亦所由能历久不敝也。

今铺掌郭春华，出身学徒，亲睹数十年中变化，坚苦之余，益以精厉，虽当旧京墟莽之日，或终能支柱其间，不负创业垂统者之苦心也。当创肆之初，仅有今之门屋，其后屡加充拓，始具规模，然大抵犹是百年旧风。据郭君所谈，烛奴易为电炬，锡盎代以瓷拌，皆彼亲见，试出其故器陈而观之，真如温梦。蕞尔一肆，而百年间陈迹，历历可寻，撼蓄念而发幽情，舍此更何之矣。

厂　甸

乾隆三十六年，琉璃厂东头发现辽御史大夫李内贞墓，其志石有葬于城东海王村之语，于是始知琉璃厂在契丹时为东郊之地。琉璃厂者，工部所设制琉璃砖瓦之地也，全街均为书店、古玩店及南纸店，他如花炮、饮食店，仅偶一见。道咸以来，卿相士夫退食之暇，辄于此检阅书册，评赏字画，摩挲彝鼎，度其优闲之岁月，隐然成北都文化中心。迩年旧历岁首，负贩设摊者麕集其间，道为之塞，警厅须先事指定路线，疏通车马，仅得无事。盖全城无贵贱贫富雅俗男女老幼中外，无不往游为快也，谓之逛厂甸。十七年以后，禁止旧历，颇复稍衰，然旋复依例，盖故都繁荣不能不有赖于此也。

有王卓然者，于民国十年旧历正月初三日起至十五日，调查厂甸商业，制成八表。一曰耍货，谓小儿玩具也，在各种商业首屈一指，每日售货直铜元八万枚以上；次曰饮食，谓茶点之属也；三曰日用品，以妇女妆具为多；四曰古物，其中古玩一百三十九户，古画五十户，古书二十八户；五曰杂项，花炮、金鱼之属；六曰杂技，西洋景之属；七曰运赌，其别曰抽签，曰滚蛋，曰转转；八曰非商业的营业，则政府及学校所经营之游艺会、陈列所等也。

明胡应麟《少室山房集》云："燕中书肆多在大明门之右，及礼部门之外，拱宸门之西。每会试举子，则书肆列于属前。每花朝后二三日，则移于灯市。每朔望并下澣五日，则徙于城隍庙中。灯市极东，城隍庙极西，皆日中贸易所也。灯市岁三日，城隍庙月三日，至期百货萃焉，书其一也。"此明代鬻书之情形，与今大异。今书肆除琉璃厂及其附近外，以隆福寺为最多，头发胡同小市亦有之，而品稍下。若近年东安市场书肆林立，则多新籍，供普通学生之浏览而已。

故都百业凋零，惟旧书业愈亦发达，盖学术昌明，需要弥繁，从前冷僻之书无人过问者，今或以为专门之业。例如各省志书从前几于论斤卖者，今每部必值数元，罕见者至值数百元。家谱之类素不入藏，今亦见收于北平图书馆，而犹苦于无处可觅。加以日本欧美皆有专驻之员日事访求，不客重值，国内好事之流，广有金帛竞搜善本，声气交通，此呼彼应，皆以北平为缩毂之区。琉璃厂、隆福寺各书肆多以干员分驻各地，犹患肆应之不及也。近年城内旧家之藏多已罗掘无余，唯外县僻辽之区，尚有珍蕴未发者。书肆中人虽于学术源流懵无所知，然名目版本则如数家珍，苟欲访求一书，但任语一肆，彼自能辗转穷搜以报命。即或中止不购，亦无怨色也。凡每年岁首，厂甸陈列之品非必上乘，好事者徘徊消遣于冷摊之畔，偶或以廉价得残本。若真欲购书，不必拘拘是时也，其购古玩字画亦然。

○ 原载于《申报》1931 年 11 月 30 日

① 图注：北平厂甸旧历年中拥挤之情形。刊载于《天津商报每日画刊》1937 年第 23 卷第 1 期。

北平的杂碎
1933

——了平

富连成

凡没有听见过马连良、谭富英这些名字的请举手。

没有举手的。

可见谁都晓得马、谭是名伶。住在北平的人，除了少数的洋人和扶洋灭华的中国人，敢说谁都鉴赏过他们的色相。马连良的《断臂说书》，哼唱得如此动人，包厢里的姨太太个个麻醉，池座里的小伙子人人发愣。《断臂》一幕，表演得这样的逼真，当初王充如果有这么点能耐，又何至于真的身手异处。谭富英的《骂曹》，就单指他那扮相而言，我曾听见有人说，简直和往昔的祢衡一模一样。再说他击的那几通鼓，可以使台下人个个侧耳静听，谁都会忘掉了打鼓的是谭富英。要晓得他们都是由富连成科班出来的。

富连成是北平三十年来唯一的大科班，小翠花、马富禄、李盛斌等等都是这里出来的。叶老板如何由东省来平办科班，其中如何的经过，不在话下。北平有三个戏院是富连成出演的：西单刑部街的哈尔飞、前门外鲜鱼口的华乐和前门外肉市的广和楼。前二者只演夜场，每场只有五个码子，池座票价不超过五毛。后者是富连成自己的园子，除了该班出演天津，过年封箱，以及其他特别细故，一年三百六十日，日日有日戏，每场有六七个码子，包厢每座连茶资五毛足矣。听名角儿的戏，只有一出可听；富连成的戏自开锣起，出出可听，除了跑龙套，个个角色可取。

广和楼一点开锣，十二时池子里便上满了座儿。几十张长板凳竖着摆，谁先来谁坐在台口，无所谓先期售票，对号入座。这个戏园里少有无理取闹的事，因为不卖军人的票；观众没有抱着吊膀子的心理，为的是不卖堂客（的票）。包厢里可阔啦，板凳上铺着青大布薄薄的垫子。如今盛字的科班已经出了科，世字的刚上来，都还不满十八岁。文武老生骆连翔是马连良的同科。他的《登台笑客》《大红袍》都很够味。

叶老板（富连成班主）的两个儿子着实不错。唱文武小生的叶盛兰，《三气周瑜》《游园惊梦》《辕门射戟》都是他的拿手好戏，扮相、唱工、把子，今日的小生中谁能跟他对抗？固然各有其长，姜妙香今日老了，金仲仁没有把子。唱丑的叶盛章是丑角中的硕果，他这种丑昔日只有个王长林，《时迁盗鸡》《祥梅寺》《安天会》都是他的戏。美中不足的，这人就缺个嗓子。《天雷报》《清官册》《四进士》《马义救祖》《甘露寺》《回荆州》都可以算是马连良的戏，学马连良

的人，只学得他的大舌头。只有他的先后同学李盛藻将来或许唱得比他强。刘盛连活赛小翠花。其余像什么孙盛武、邱盛隆、贯紫琳的儿子贯盛习、高庆奎的儿子高盛麟，都是富连成现在的台柱。小辈中的傅世兰、袁世海都是出类拔萃的孩子。

现在要特别介绍两个人：唱青衣的陈盛荪，他有荀慧生的身材、程砚秋的唱工、梅浣华的台步、独树一帜的扮相，能表演出

① 图注：《群英会》中周瑜舞剑之叶盛兰扮相。刊载于《戏剧旬刊》1936 年第 11 期。

别人不注意的细微，能揣测剧中人的心理和身份。道白不仅是清楚，唱词不仅是悠扬适度，而且有使观众了解和感动的魔力。还有一个未满十六岁唱武生的江世升，嗓子比较差点，不过还是小孩儿。他的长打短打练得非常有把握，有独到处，他去孙悟空又是一股劲儿，扮花蝴蝶非常得体。将来必有造就，今日暂且停笔，且观后果。

四大坤旦

这题目不通之至："坤旦"二字是 double negative，音韵上有些不当，口吃的南方朋友，或许会把"四大坤旦"读成"四大混蛋"。本来可以将它改为"四大坤角"或"四大坤伶"，但坤伶、坤角并不一定是旦。生丑、净旦都是伶人所扮的，都是角儿。为适合内容起见，将就用了"四大坤旦"这四字。

所谓四大坤旦者，乃含羞怕丑的新艳秋、杏眼桃腮的李桂云、姣媚陶醉的雪艳琴、娓娓动人的杜丽云。新艳秋自去年到上海、南京出演之后，回到北平一直没有露过，热边告急时，她也没有演过一次义务戏，又据说抗日募捐，她只捐了一只洋。北平市上对于她的谣言不一而足，有的说她在南京受了某种刺激，回到北京疯了；有的说她如此这般，今后不再登台了。故都关于戏子的消息，无风尚

①

且三尺浪，何况有点影踪，更是要闹得天翻地覆了。

新老板是个旗人吧，住在香炉营头条。只要见到她那高大的汽车，我们便可以想象她是生在一个守旧的大家庭里，她演完戏回家的时候，汽车里一定有个四五十岁的娘儿们，那不是她的大妈，想就是她的大嫂。假使你打电话到南

---

① 图注：新艳秋近影。刊载于《戏剧旬刊》1936 年第 25 期。

局二二一二，新老板自己会跟你来谈话。她不认识你的时候，会放下耳机教别人来跟你接谈。在平常，新艳秋的头发总是烫着，长长的拖在下面，用夹子夹住。她跟熟人说话还有点畏畏缩缩，跟生人接谈更是含羞难当了。凡听到锣声响亮中含有嗡嗡不断之音的时候，人们便可以知道新老板的码子快上场了。

奎德坤社，北平唯一女戏班的台柱李桂云，她只在平津演唱，所以南地很少知这李桂云这个人的。前门外大栅栏的庆乐园是奎德社的根据地，只就那破旧的班底来推测，这女班子不是在兴旺中前进。李桂云已经出了嫁，家境恐怕是很艰难，但夫家并不希望她做戏子。她在军人、小资产的有闲阶级、无聊的商人的眼光中已被举为一等的红角儿。李桂云是个戏剧改良者，她排的是新剧，唱的却是皮簧，这种戏剧革命附和的人太少了。

雪艳琴、杜丽云都是半路上出家的朋友，所以不提她们二位的家世。雪艳琴是名震全国，最近并和谭富英拍过有声的《四郎探母》。杜丽云的艺术是妙在独树一帜，颇博得一般的赞许。雪艳琴上了妆比平常美艳得多。她唱得最好，但下了台并不见得是够会说话的。她学得上海的俗气，眉书得太粗，两目倒还算有神。耳朵上戴了耳珠倒增了她几分媚态，她的下颚很美。其实，她的左臂上如果不戴手表，右臂上不戴镯，那自然美一定胜过装饰美。她喜欢深颜色的鞋袜。杜丽云最美的地方，就是那一对倦态的柔目。她的头发很长的，平整整的光滑滑的拖在后面，脸上有些碎麻子，更显得她的俏妙。她台上的道白，字字清楚，毫不含糊，下台后

---

① 图注：北平名坤伶李桂云近影。刊载于《中华》1933 年第 23 期。

平常的说话也娓娓动听。她是北方都市美的打扮，大脚裤、平底鞋又是一种劲儿。这个人非常爱整洁，好浅素的颜色。

蜜饯和炒肝

金丝蜜枣、杏脯、桃脯、苹果脯等，是北平有名的蜜饯。虽南京路老大房，它既要做蜜饯这笔生意，不管它的蜜饯是不是地道的北平货，可是它必得挂上"燕京蜜饯"的招牌。前门大街通三益只是蜜饯这项货，每天门市要有二三百元的生意，逢时过节更是不必说了。苏州采芝斋瓜子的销路及不上蜜饯销路的一半，瓜子有人不爱吃，有人不会吃，瓜子会把肚皮吃饿了，蜜饯则不然，吃过地道蜜饯的人，他自然会领略到蜜饯妙不可言的地方。有许多姑娘、少奶奶、姨太太们尤其爱吃那酸溜溜的杏脯。

蜜饯之最上者，色泽鲜润，嚼在嘴里大有巧格力在口中那种黏糊糊的味儿，而且果香四溢，甜度适口。有许多人不愿吃蜜饯，并不是不爱吃，却是不敢吃。有许多铺子生意不旺，而所存货物倒不能不丰，丰而不能畅销，因此生了问题：蜜饯这类东西放置久了，色必失其鲜，泽必失其润，甜涩无香。那表面光泽唯一补救的方法就是大喷其糖水，恢复其光泽，这都是店伙亲口喷水的日常工作。我们如果花了钱买来，固然尝不到蜜饯的美味，还要吃些肮脏的吐沫。

到北平来，我才知道什么叫做炒肝。鲜鱼口的会仙居，门面极小，古旧非常，尘土四壁，专卖这炒肝将近四十个年头了。站在门口喝炒肝的生意人、劳动者、北京老头儿、唱戏的、票友，各色各样的人，由天蒙亮起直到晚上十一二点钟，络绎不绝的挤满了。

一日，《强普利日报》驻平记者成竹西，一定要约我陪他去会仙居。从人堆里挤进了店门，便是炉灶，忙乱非常，楼下三张桌子已经挤满了人。掌柜的招呼我上楼，上面也是济济一堂，伙计好容易替我们腾出张桌子。这里除了炒肝和几件下酒菜，别的什么也没有。成先生招呼几只酒菜，他自己要了炒肝。所谓炒肝者，先把猪肠子炖烂了再和猪肝烩在一起。小碗只卖三大枚、中碗八大枚、大碗十六大枚。来到此地喝炒肝的至少要喝三四个中碗。我是一向不吃这类东西，成先生说别有风味，但我始终没有尝一下。

麻醉的船板胡同

东交民巷崇文门以东一带是华洋杂居的地方，从前凡遇着内乱政变等情，阔人们都向这带地方攒，所以封有"小租界"的美名儿，船板胡同是其一。船板胡同里并没有几家铺子，由崇内大街进胡同口的南角是爿油面店，兼售白菜、萝卜、雪里红，北角上是一座四层大洋楼，半年前还是卖摄影材料的，后来改成了最时髦的美国皮鞋铺。去年腊月幸逢祝融之喜，如今仍是一座被毁的房壳子竖着。进去一点，是买烟兑钱的，挨下去就是皮鞋店、镜框铺子和冰房。冰房隔壁是女浴室改造的男澡堂。外国罐头食品铺统共只不过两爿，有一爿还代卖五金器具。终年掩门不知干些什么的好莱坞食堂 Manmy's kitchen 在一个酱园的旁边。一家洗衣房的对过和旁边有不可思议的外侨临街住宅，还有那不堪设想的集祥公寓和某某酒室也在这胡同里。神秘的泰来、××公寓、天津馆子十锦香都是造成船板胡同麻醉区的主要分子和附庸。

这胡同里日本人、朝鲜人卖的毒物是比雅片毒千万等的海洛英，俗称"白面"。北平城里最毒物的传播处就是这儿。甚么食堂、甚么馆、甚么公寓都是他们日本人传播灭我种族药物的机关，什么住家、什么酒室更是公然行事，毫无顾忌。白面的出售是起码二十枚，谁都有购买白面三四块钱的自由，听说买多了警察要抓去定私贩毒物的罪，除非另有合同。拉黄包车、当小偷儿的这班小顾主时时光临，川流不息；大主顾则三五成群，日必数十起，兑了款，取了货，十锦香饱以酒食，飘飘然蹒跚而去。几个公寓除了从日本人那里批发一些白面做门市生意外，还蓄有一群淫娃供外国丘爷泄欲之用，也可以算我们中国对外宾招待得无微不至了。

朝鲜丐

丝毫干净土都没有的船板胡同西口，却有一个高丽老者一年到头的站在澡堂门口袖手旁观。他那黑白均匀的头发和长胡髭除掉颜色不是纯白，活像圣诞老人。饱经风霜黄褐色的脸皮自然的皱成而堆满了笑容的神态，温和慈祥地充满在他脸皮的皱缝里。他穿的是件棉袄旧外国军衣，不破不烂，干干净净，倒是世界上另外一种文明的打扮，只是人们不加注意罢了。冬天他穿上中国草窝鞋，平常就穿那昂头裂皮的大皮鞋或千针万补的老布鞋。外国兵没有一个不知道这么一个老头儿的。只要你走船板胡同经过，他必定退了他那顶瓜皮帽子向你招呼。观察你的服装和态度，他便知道用哪一种言语来招呼着。无论怎么样吝啬的人，他对于这位老者总是愿意帮忙的，因为他的态度和言话会使一个人自然而然的同情于他。他是这样的一个人：有一次我看见他藏在门背后在抽纸烟。他每天的收入完全靠运气，哪一国的人都常会塞一卷铜子票或毛票在他那枯老的手里，但他并不因此对施舍他的人格外客气，只不过多欠一次身，和道声谢而已。

"不知怎的，今天把毛票都花完了，对不住得很。"

"先生，难不成你不给我钱，便要教我不认识你？"

"刚走过去的那位小姐多阔！你怎么……"

"我自高丽流落到中国来，没有招呼过一个女人或一个日本人！"

天　桥

不管到过北平没有，提到天桥大概个个都知其名。日本飞机仅来北平的上空兜了两个圈儿，全北平市够得上算是小康以上的居民，都惊恐起来；街道上再堆上几个沙袋，大家更慌了。能离开北平的，都赶紧卷起铺盖往东西车站跑；离开不了的，有钱的把家眷往东交民巷送；小康的由西城往东城搬；没钱的也得在家里忙着挖地窖子避飞机。在这百乱的景况中只有天桥仍是安然无事，热闹如常。东车站的拥挤哪及得上这天桥的拥挤来得泰然无虑。

就在平津危急那几天的一个下午，我换了衣服，乘电车直达天桥。桥东旧货铺前主顾盈门，最大的交易超不过八九吊（约二毛），这些旧货铺一家接一家的直连绵到粉厂。粉厂这地方是臭溢四野，原来居民全是挑大粪、推元宝车（装粪用）的。附近沟里乌黑的污水，被太阳晒得直翻泡，这水之臭或将胜粪百倍，一切传染病疫，大则总机关设立于此，小则至少也设一个"驻平办事处"。

云里飞是天桥演杂耍的超等名角，凡能逗得天桥来的人们皮笑肉不笑的本领都可以享有大名。云里飞的场子里和故宫里一样禁止摄影，天下本来就没有绝对的事，所以要摄前者的影只要有钱，后者的只要有势！在云里飞的南角有个卖药材的走江湖郎中，席地而坐，地上铺满了一包包一瓶瓶的药。有一次看见他替一位老太婆用把铜镊子挟了粒黑丸子塞在牙缝里，老太婆付了三大枚去了。又挨上一个中年苦力，说眼有毛病，问他能治不能治，卖药材的道："什么病都能治，包您永久断根！"他俩讲了诊费，江湖郎中又用那把替那老太婆上药的镊子擦也不擦，挑了些红药粉，翻开苦力的眼皮往上一敷，随即看见泪水直往下流！

东安市场

由庙会集市蜕变出来的市场，平津很多。北平的庙会，固然仍是按时按节的举行，但已不是大众所需要的集市。届时赶集的完全是时代的落伍之流和大部分的乡村土民，更有些没落的吃过带子饭的旗人。自北京政府寿终后，前门外的繁华也就随着下了台，劝业场这类老大老大的市场眼见着衰落下来。如今东安市场、西单商场东西遥遥相对。其实西单哪敌得过东安，西单虽然有女禁宫、艺术学院做后盾，右近有砂锅居一类大名鼎鼎吆三喝四的老铺子帮着撑场面，本商场里尚有那么大的半亩园食堂在招架着，可是东安在洋化范围之内，也就洋气冲天。嗯！就这么点洋气，西单商场就不敢跟它打交手仗。

东安市场地点之适宜，北平城中可真难找出第二个。平安、光陆、真光这些北京城里有数的电影院都在附近，当电影散场后，要是没有事情的话，那么，谁也愿意到市场里去溜踏溜踏。贝满、慕贞这些女学校的女学生，因市场在左近，买东西不但贱且有还价的希望，都乐得去走走。却由她们拖汤带水的把协和、铁大、税专、汇文、育英的学生甚于由西郊不远千里而来的追逐者吸引进来。淑女骚妇、才子情种都挤向市场来，摩肩擦背，挤挤挟挟，备极热闹。同时市场里诚是有好些铺子足以号召些时髦古板各色各样的人。还有光顾的许多大人物，像吴佩孚承启处处长常照顾市场里的南纸铺，于主席夫人是市场的老顾客，张宗昌的第二十某号姨太太在东来顺大涮其羊肉，李景林在日曾跟太太姐在市场看打卖拳。外国人也不例外，约翰逊有一次掩着鼻子，伴着夫人到市场买玩艺，青年会总干事甘霖格骑着自行车每天从门口经过，日本浪人、俄国叫化子更是每天必到。

市场有三个出入口：

沿王府井大街两个，对着三友实业社的算是总门，可以存放脚踏车，其生意之好，存车之多，虽上海斜桥总会每夜门口所停着汽车的数量也望尘莫及。连年停车的栅栏向外扩大，仍是不敷所需，此足以证明东安市场步步发达。可是这里自己打肿了装胖子的商人也很多，其实哪及得勾结浪人私贩日货的来得比比皆是。除了地道亏本不卖洋货的商人，简直没有一家不存日货不赚钱！贩日货而可赚钱，这钱从日本人那儿赚得来？还是从地下挖出来和天上掉下来？由此可见北地群众之所谓振奋！学生之所谓激昂！

开在同升和帽铺的一门最便出入，俗曰"东门"。还有一个门，是沿着金鱼胡同，赴吉祥听戏最便。一进市场东门，便是香纸兼两替（两替者，替洋钱进去，替毛票出来；替毛票进去，替铜子儿出来是也）的铺子，走过花洋布的摊子，有种形容不出的味儿，就好像庙里终年到头脱不掉的香火味儿一样的成了一种必有的气味。走上阶台，有肉麻的照相馆，陈列着一位麻姑娘露出大腿上肉的照相。在照相铺的对过，一爿洋货店的玻璃柜里陈列满了橡皮的月经带和皱巾（这种皱巾考究起来，三友社曾用做手绢擦嘴用，很是风行了些时候），还有节育主义者用的东西避孕丸，调经补肾等各种名药，中将汤也藏在一盒女士福的后面。玻璃上贴着"各式用品，一律俱全；专为造福，不在赚钱"。男学生走过时，死命的注视那只黄匣子；女的却咬着嘴唇，急迅的向棉花里的那东西偷瞟了一眼，还回过头来佯装看鞋根，又追上一眼。

假使有工夫，坐在国强咖啡店的楼口向下望，可以看见走过此地各人的表情。这咖啡店里固然是个好去处，但有一次北大的皇后手里扇着小白扇子，口里衔着根纸管子，皱着眉头"黏哒哒"的道："这里有甚么好？那锣鼓打得人难受煞来！"原来斜对过楼上是北京票友清唱的场所，郝寿臣曾在这上头唱过胡子，后来才改黑头的，有时这上面也有女的唱打鼓，每天下午直到深夜，终是锣鼓喧天的闹得不得安。

所以市场里的咖啡馆虽然有荣华斋、美香邨（此间吃西餐，既经济而又实惠），但第一把交椅却要让给葆荣斋：一则地位静，二则座位好，三则招待（伙计）俊，四则光顾的女学生多，各色女子也不少。伙计多剪光头（因为生得既俊再油头粉脸的，岂不更招蜂引蝶），遂有"和尚咖啡馆"之称焉。冰淇淋每客八分钱，走遍天下再没有比北平贱的了！可是走遍天下再没有比北平贵的也多着呢！不过我哪能说出许多呢？

向里走，第二重门的外边，有爿油炸面食铺，门面虽小，生意可真不错，雅座里常常有人立着在雅啖的。这里可以算得做的纯粹国货生意，偏偏用的是那雪白的日本糖。那些在大彰球社打台球（非乒乓），或在测字棚里谈文王神课的时髦小子、旧式老头儿，常来吩咐把油炸芝麻团、果子、脆麻花等送去给他们吃。

进了东面的那个二门，有家专卖化妆品的铺子，各种化妆品倒是非常齐备。其中有个道理，原来这店里有伙计会几句法文洋泾浜，结识了个某洋行进口部的外国人，因此他们的东西来得取巧，当然价钱又比别人家公道些，又何况这都是造成北平繁华的主要品，它的生意怎会不"利达三江"？

向里转个弯，有好些书摊子，除了大批的言情、武侠、神怪小说外，便是些升官秘诀、江湖口切。在这些的书底下，更有些妙不可言的书，大半男女学生躺在床上看的书，皆由这书摊上秘密出售。

丹桂商场完全和东安市场毗连，并且贯通。这里主要的铺子是书摊子、古董摊子、南纸店。这里书摊子不是专卖卖旧书，就是只售当代出版的新书。古董摊子有旧的科学仪器、不能用的变阻器、十八世纪的刀叉，都替它们造个冠冕堂皇的履历。甚至于一只破黄花细碗，明明有"光绪年间造"的字样，他偏说是乾隆下江南时用的，还说出它沿途的经历。一块很旧的地毯，上面织着一九一八年号，偏要说是慈安太后用过，还在上面吐过一口痰，"你看啦！这不是一块痰痕迹么？"直到揭穿了这些假话，他也只得缄口无言，向你翻翻白眼而已。假使再拿起那裸体玉美人和春杯来看看，他会立刻抢过去，竖眉瞪眼的道："先生！你不用看了吧！等一会，又说咱们东西是假的。"这时真教人心里痒兮兮麻辣辣的，要看又不是，不看又忍不住。

一直走过去有庆林春茶叶店，可以算是市场里仅有的。北方馆子以东来顺的羊肉最出名，这不仅北方人欢喜吃，南方人也有爱吃的。人们所以不大吃者就是恶其膻，这里的烧羊肉最妙，是用陈年的卤子烧新鲜的肉，其所以妙者，妙在更膻而别具另一种的羊臭。

润明楼也是市场里闻名的北方馆子，这是一爿迎合下层社会中朋友吃包子的地方，所以润明楼只宜乎吃家常便饭，要想借此地办大席，实在办不到。要是在这雅座上要只把冷菜，喝壶闷酒，固然不错，低头一望，下面广场上人头攒动，有打拳的、说书的，有算命的、说相声的，类似一个小天桥，可是价钱很大。

南方馆子大鸿楼宜乎吃面，一碗鸡丝汤面放在人面前，宁愿回家去吃点果子盐，也一定要把碗面吃完连汤都喝光。做出菜来是常州味儿。大鸿楼有点欺负穷措大，譬如要一只干烧活鲫鱼，因为人既穷，则必酸，既难得吃次把大活鲫鱼，则必欲目睹那鱼是否活的，当伙计抓上一尾活的来看，其实下锅时早找了个死的做替身，直等到动筷子吃得正香的时候，才知不是活鱼味儿，但又奈之何。大鸿楼除了对付穷酸，也不敢胡来的。

五芳斋的菜肴在市场要算得最上，每天生意也是最好，平常外国人去吃的着实不少。五芳斋菜肴的本身固足以诱引顾客们去，其号召外国人的尚另有个道理，原来五芳斋厨房里的大司务曾在美国使馆一个参赞家里当过厨子，当初外国人便闻其名，如今这厨子到了五芳斋，因此五芳斋成为外人在北京吃中国菜的好去处。

五芳斋对过是一爿北方小馆子，名曰"萃芳林"，什么菜拿出来都不是味儿，偏偏生意特别兴旺，常常每晚满座，原来雇用的是女招待。既提起女招待，说来话就长了，留待下一段谈吧。

○ 原载于《时代》1933 年第 4 卷第 6 期

北平素描
1934

——姚克[1]

落子馆

晚上八点钟以后，在东安市场的一角，有急促的弦歌声在空气中颤动着。寻着这歌声走去，跑上一架瑟瑟地震动的楼梯，迎面一排灰黄的坡璃窗，就是所谓"落子馆"了。

"请里头坐"，一个人开了一扇长窗，陪着笑说。

里头是一排一排的半桌，摊着不很白的白布。桌边的藤椅上，七零八落地坐着一二十个人，张着嘴，望着台上一个十五六岁的姑娘出神。她左手打着绰板，右手的槌子像老母鸡一般向皮鼓上啄、啄、啄，尖锐的声音像连珠一样从她血红的嘴里迸滚到充满了烟味和茶气的空气中。在她身旁坐着二个泥人一般的乐师，机械地奏着三弦和四胡。

"……婆惜说……三郎……鼓搭冬冬……"堂官在歌声中送上了一壶香片，一碟瓜子和一绞乌黑的热手巾。坐在前面的一个瘦老头儿忽然晃头晃脑地发出

---

① 编者注：姚克，本名姚成龙，又名莘农。安徽歙县人，生于福建厦门。毕业于东吴大学，后留学美国，学习西洋戏剧。与鲁迅交往密切，译有《鲁迅评传》。1942 年创作话剧《清宫怨》，1948 年改编为《清宫秘史》，由永华影业公司摄制。后定居香港，旅居美国。曾在新亚书院等校任教。著有《银海沧桑》《四霸王》《美人计》《清宫怨》等书，译有《推销员之死》《魔鬼的门徒》等书。

了鸥鹑一般的怪声"好！"。我吃惊地向台上一看，那姑娘已把绰板搁在鼓面上，转身向后台去了。

台上的乐声也停了。一个獐头鼠目的人摇着一柄折扇跑到我座前，把扇子"刷"的一声展开，弯着腰，嘻嘻地说："刘玉凤……筱苹果……嗓子好……人又漂亮……"

扇上写的都是曲子的名称，什么《草船借箭》《活捉张三郎》之类，我摇摇头表示不要。这摇扇子的（俗呼"吃飞"）只得走到另一个座头，弯腰陪笑，切切查查地向一个胖子低语，连连翘起了大姆指向后台比手势。大半天，他忽然胜利地把扇子"刷"的一收，曳着嗓子喊道："×××，筱苹果随便唱一段。"

筱苹果从后台出来（一个像有贫血症的十四五岁的少女）拿起绰板和槌子，机械地唱起来。她的嗓子又哑又低，唱时连连地咳嗽，分明是重伤风的症状，不过这哪里算得是病呢？我不能再听下去了，立起身来走的时候，望见幕后墙上粘着一张黄纸，上边写着"翼宿星君之位"，两旁写着"清音童子，冬板郎君"。

这是筱苹果唯一的救星。

风和土

排山倒海一般，洒粉似地卷在空中，连天都变成了灰黄，这是北平的诅咒，风和土。其实北平的风势虽大，却远不如上海去年的飓风，不过北平人谈起"刮风"二字，正像上海人谈起"加房钱"一般地有切肤之痛。这大约是因为"土"的缘故，风和土发生了妥协关系，声势确乎是浩大，非寻常可比了。

刮风的时侯，人们便在屋内也能听见呼呼的风声，震得门窗发响。虽然北平的房子都是严密地糊着纸，也免不了风和土的侵入。几案杂物上不到一会儿就罩上了一层黄黑色的细灰土，甚至于抽屉里也有，这真可以说是"无孔不入"了！

一出大门更不用说了。风助土势，土借风威，黄漫漫地占了整个的空间。女人们有用薄纱遮脸的，男人们有戴遮风眼镜或用手帕掩住口鼻的，但到底还不济事。只有坐洋车，四围有棉篷盖得密密地，才可以避免风和土的袭击。不过洋车夫却依旧拉得车，虽然比平常慢些，据有些人说，他们是生就拉洋车的胚子，所以才有这骆驼式的本能！

然而坐在棉篷的洋车里也只免了劈头劈脸的风和土，阴森森刺骨的冷气依旧在棉篷的隙缝里透进来，把舌头在唇边舐一下，就觉得毛沙沙地粘着一圈尘土。从车帘的一小块玻璃向前看时，洋车夫好像腾云一般在风尘中跑。拉到了目的地，跳出车来向他脸上看看，你一定疑心他不是刚才的车夫，一脸乌黑得像煤炭店伙计一样，只露着乌溜溜一双眼，白巉巉两排牙齿！

刮风时最好自然是"闭门家里坐"，若必须出门时，坐洋车还不能完全挡风避土。最好是坐汽车，把车门关紧，曳一条狐皮车毯往腿上一裹，凭它风狂土大，也奈何不得了！

非但如此，便在不刮风的时侯，坐了汽车飞也似的在街上疾驰，卷起一阵风，扬起半街土，也是十足的威风。这种威风是上海的汽车所没有的。

骆驼和其他

多年前我曾看见过一套彩色的北平风景片，其中有一张是一队黄得可爱的骆驼沿着雄伟的城墙。这个印象在我心里憧憬了好几年，因为我从没有看见过活的骆驼，更没有看见活的骆驼在古的城边走。

刚到北平时，经过正阳门口的城墙，我张着眼睛向两边望，希望有一队鲜橙子颜色的骆驼跑出来，但不巧得很，望了半天一个骆驼影子也没有。但不久之后，我终于看见了。

那是一个严寒的早晨，风刮得很利害，我从东安市场出来，用手帕掩了口鼻，沿王府井大街向南去。尘土劈脸地吹来，我低着头把帽沿拉到齐眉，遮蔽着眼睛。忽然我的脚踢着了一个软绵绵的东西，几乎绊了一跤。

我睁开眼一看，原来是黄茸茸的，像一堆枯草似的东西。啊！不是！这是我梦想中的骆驼匍伏在行人道上！

一共是六只，庞大的躯体几乎塞满了整个行人道。小的头，小小的眼睛，长而弯曲的颈项，高高隆起的两峰，都和风景片上的差不多。不过毛的颜色却黄得干枯，一些光润的色泽也没有，臀、膝、胁等处的毛都擦秃了，露出黑黝黝的皮。背峰上系着又粗又黑的垫子，浑身黑一搭灰一搭的都染着煤和尘土。

从煤栈里跑出几个"煤炭鬼"来，把装满了煤块的麻袋驮在驼背的垫上，赶驼的嗯哨一声，六头大牲口都驯伏地爬起来。细长的腿，厚软的蹄，慢慢地踱向前去，毛茸茸的厚眼皮障着它们细小的眼，不怕风尘但也没有表情。啊！多滞钝，多没精打采的眼！

这决不是风景片上的骆驼吧？

骆驼之外，北平街道上还有拉货车的牲口，驴、马、骡，甚至于羊和狗有时也拴在车前帮着驴、马拉车。驴、马在上海也有，跑马厅的骏马，驻沪各国军队中军用的高头大驴，时常在马路上看得见。不过上海的驴、马是神骏的，毛色都发奕奕的光彩。北平的驴、马非但毛色灰败，连脊背的弧线都拉得直僵僵地变了原来的形态。它们的命运也许还不如骆驼吧。

溜跶杂记

北平人所谓的"溜跶溜跶"，实在就是散步的意思，上海话称为"荡马路"者近似。但有时"溜跶"的涵义又似乎不止"荡马路"而兼有"白相"的暗示，此则非老于"溜跶"者不能言之也。

①

---

① 图注：北平东长安街牌楼（庑殿顶）。刊载于《中国营造学社汇刊》1933年第4卷第1期。

从东单牌楼西向溜跶到东长安门，是一条平直空阔的大道——东长安街——比上海爱多亚路还要宽得多。沿街的背面是一带绿森森的树林，掩蔽着高高低低的洋楼，那都是洋式的旅馆，在禁止跳舞之前是车水马龙的去处。街南是各国驻军的操场，连绵地衔接着，外边有木栏和铁丝圈着，禁止闲人进去。操场的地基比东长安街高出一尺光景，大概是时常填土加高的缘故。沿操场的南边是使馆和军营的厚砖墙，墙上都是蜂窠似的枪眼，据说是一九〇〇年义和团事件之后筑的，以防华人的"叛乱"。

再向西溜跶过去，穿过东长安门，就是旧皇城的正面。两根白石雕龙的华表矗立在两旁，五条白石雕栏的五龙桥跨空地卧着。过桥就是高巍巍的天安门城楼、赪红色的城墙，墙上五座环门迎着五龙桥，构成一个壮丽威严的景色。不过细看时城楼上的栏杆已被风雨剥蚀，假使登楼一看，想必厚积着灰尘和蛛网罢。城墙上涂的暗红色的灰土也罩上了一层苍黑，东一搭西一搭的剥落处露出砖块。五龙桥雕栏也显着颓丧的景象，桥面石板缝都长着草。两根华表有石栏围护着，比较是最完整的，然而西边的一根在近顶处已有一条裂痕了。

从天安门口进去向北，就是所谓的紫禁城，若向南溜跶去则可以一直到前门。但无论向北向南，在眼前展开的只是一种颓废的景象。所看见的东西甚至脚下踏着的一块破石板，都能告诉你它从前的伟大；唯其知道它从前的伟大，所以更觉得它现在没落得可哀。不错，北平的一切都在没落。循着原路溜跶回去，假使是在夜里，你就会遇见几辆专在东单牌楼一带拉生意的洋车。

"先生，拉您到东边儿溜跶溜跶去吧。有好的……俄国的……高丽的……上海新来的……"于是你又觉得连"溜跶"也没落了。

窝窝头

北平的劳动阶级通常是不吃饭的。如上海同兴楼拿手的京菜和各地菜馆招牌上的满汉全席，只是北平享乐阶级的口味，其实不足以代表北平一般人的伙食。他们吃的不是什么烧鸭子、溜鱼片之类的东西，只是烙饼、荞麦切面、烧饼、窝窝头等，尤其是窝窝头。

他们的家里都会做这种粗粝的面食，但在街上买吃的似乎也很多。在市口的路旁有许多露天的小摊子，各种面食都有得卖。这就是他们的菜馆，他们买"饱"的地方。这种小摊子都是很矮的，摊面是一块约摸小方桌面大小的木板搁在篓篮上，四周是半尺来高的矮凳。摊面上有些碗碟，正中有一锅热腾腾的汤。旁边另有一块木板，上面有一架蒸笼，厚厚地覆着麻袋布。揭开来底下是包子、花卷儿、窝窝头、烙饼、烧饼、切面之类，都不需保温，只在摊面上露天陈列着。

光顾这种小摊的吃客当然都是所谓的下层阶级，尤其是洋车夫。他们跑得满脸油汗，挣了几十枚铜子，就需要装几个窝窝头到肚皮里，才有气力拉第二个生意。价钱是不用问的，大家都知道，虽没有什么折扣可打，倒也没有"堂彩""小账"等额外的花费。

扔四个大铜子在摊面上，摆摊的就在麻袋布下摸出一个窝窝头给你，不用问的。这个黄色的，直径有二寸二三分的东西是用玉米或小米的粗粉做的，圆底高顶，底下有一个很深的凹窝，因此才有这奇怪的名称。热腾腾的玉米香和微甜的玉米味，是饥饿者的安慰，代替了烧鸭子和溜鱼片的地位。假使再多花几个铜子，就可以吃半斤烙饼，喝一碗菠菜汤，拉车时可以不致于脱力"倒毙"了。

跑了整天的腿，假使多挣了些钱，那么就可以饱餐一顿，甚至于吃一二块猪头肉或来一碟芽豆之类的美味。但这是近乎"满汉全席"了。

刮地的尘土扑落落地落在小摊上，粘在各种食物上，汽车过时，汤锅里仿佛像撒了一层胡椒末。这些是"吃窝窝"者所不在意的，即使在意也无能为力。有些人说他们抵抗力强，吃些土也不致害病或死亡，这话实在真有见地，实在是不错的！

我有一次和一个朋友抱着吃窝窝头的决心，鼓着十二分的勇气走到街头一个小摊。刚想怩怩地坐下，忽然卷地一阵风，尘土罩住了整个摊面。我们面面相观，勇气消失了一半。这一阵土刚落下，一辆汽车飞驰过去又卷了一阵起来。我们再也不敢坐下了，只得到一个比小摊华贵一些的饭馆去尝试窝窝头的滋味。

走进门是一个口字形的大柜台，很矮但却很宽阔。柜台外面放着长凳，黑压压地坐满了饿狼似的吃客。柜上横七竖八都是碗碟，一排碟子盛着酱菜和油醋，柜角上有个大筷筒挨着一大扁筐的饼和窝窝头。柜里中央放着一个炉子熬着大铜锅的小米粥，三个伙计穿梭似地在那里忙。

我们要了一碟窝窝头、半斤烙饼、一碟芽豆，挤在人堆里坐下。把窝窝头擘开，一阵玉米香，吃在嘴里有些甜津津的，不过又干又粗实在很难下咽。好容易讨了一大碗面汤才把这一碟子吃下肚。烙饼只吃了三分之二，又呷了一小碗小米粥，胃里已饱得涨腾腾地再也吃不下了。偷眼看别的吃客，只见他们的眼光像火一般钉住面前碗碟中的东西，腭骨边的肌肉——所谓的"咬筋"——像火车轮上的轴杆一般推动着。整个的窝窝头才到他们嘴边就仿佛变成了软糖，一霎时就化得无影无踪。

这样才是吃窝窝头的正规典型，这是我从来所不知道的，不曾仔细看过的！他们的吃法决不是我们普通的吃法。我们吃时注重的是咀嚼辨味，他们注重的是吞咽塞满。所以我们所求者菜之精美，他们所求者物之粗实，务要塞得满，耐得久，不易消化！在我们看来，吃的目的是营养，在他们看来吃的目的是"加油"。

在北海公园有个仿膳食堂，是前清御膳房的厨子开的，会做一种栗子大小的窝窝头，据说是从前皇帝吃的，式样既玲珑，口味又精美，甜蜜蜜地入口即化，连咀嚼都不必，只须辨味。这只能供奉皇帝，劳动阶级是决不要吃这种窝窝头的。

市口之夜

北平的市面比上海收的早得多。隆冬时候不必说，现在天气已渐渐暖和了，收市仍然很早。譬如王府井大街、东安市场一带，也算得北平数一数二的热闹区域，但在晚上九十点钟之后也就冷清清地，在夜的帐幕里睡着了。

这时东安市场外的十字路口只剩下疏落落的几个过路人，几辆洋车懒洋洋地在那里踌躇。几处鬼火似的灯光照着小摊上的食物：烙饼、猪头肉，窝窝头……荧荧地在那里挑逗洋车夫的食欲。

"哗琅……"四个大铜子从一只瘦黑的手中撂到一个小摊上。

摆摊的递一个窝窝头到这黑手掌里，这黑手掌立刻掣到一张乱蓬蓬长着短髭的嘴边。

"有今天下锅的猪头肉……不尝一块？"

"……嘻！"短髭的嘴咽下了窝窝头，开始说话了。"……不要说它了！拉了一晚上，只拉了二十枚^①。哪儿够吃肉的？"

"先吃了，回头再算罢。真光电影不是快散了吗？"摆摊的顺手递过了一块油光光的猪头肉。

真光电影院门口停着几十辆汽车和包车，这时还没有动静。它们的主子们还在那里鉴赏 Greta Garbo 亲嘴的姿势，或在西边吉祥戏院里喝杨小楼的门帘彩。

猪头肉已落了肚，两条腿不得不踅向真光门口去等着。好容易候了一个钟头，电影终久散了，男男女女从门里涌出来。笑语、吆喝、汽车的喇叭、洋车夫的喉咙，一片乱杂杂的交响乐激破了死寂的空气。但看电影的人并不拥挤，片刻之间都散尽了，振荡的扰攘像轻烟一般寂灭，寂灭，周围的空气又黑沉沉地凝合成一团。

"泡啦！"^②短髭的嘴里发出了粗重的声音，黑瘦的手没精打采地倒曳着车杠，又踅回到小摊边。"泡啦！"

"等着吉祥散戏吧。"摆摊的脸上露着同情的苦笑。

"倒是有人雇，可没有拉成，"短髭的摇着头说，"到报国寺——多远的路——只出三十枚！我说一毛钱都不要！他奶奶的！泡啦！"

风渐渐地大了，挟着尘土和寒冷，在市口狂肆。吉祥散戏了！又是一阵扰攘，又慢慢地沉寂起来。看看人快散完了。这短髭的还没有找到一个雇主。"泡了！"他心里充满着慌急。

"洋车！"一个最后散出来的人吆喝着，"报国寺"。

"两毛钱吧。"

"二十枚"，这人一面说，一面只顾向西走。

"一毛钱吧……先生……有十二三里地哪……"

---

① 作者注：二十枚就是十枚大铜子，合大洋四分。
② 作者注："泡啦！"北平洋车夫的行话，意思与"糟了"相似，上海人所谓"拆空老寿星"也。

"二十四枚"，这人走远了。

"四十枚要不要？"

"二十六枚。"

"泡啦！"东夫咬着牙望着这条空阔的街。忽然他向前追上去，喘着气儿喊道："拉二十六枚的！"

他拉了这二十六枚的雇主，跑过赊猪头肉给他的小摊，向摆摊的打个招呼："明儿给你吧！"几分钟后，他滞重的脚声远得听不见了。

夜深了。市口沉寂得像死。

酒　缸

在沉寂的夜里，东安市场一带的商店都"打烊"了，街旁连排价的门板和铁拉棚把炫耀的商品都掩埋着，剩下直挺挺的黯淡的街道。只有东安门大街口还有一个小铺子开着，这是×××酒店——北平人呼为"酒缸"的小酒店。

门口粘着一张红纸条，写着"内有雅座"四个字。走进门，左右两边都是作台板，上面陈列着各种酒菜和面粉、饺、饼……此外便是炉、锅、坛、壶、碗、碟等杂物，挤得满满的，只留下正中可容一人进出的小道。穿过这小道，跑进左壁的小门，迎面一张大横幅，黝黄的纸，写着一段苏东坡的《赤壁赋》。小小一间屋，摆着十来个座头，就是所谓的"内有雅座"了。

"来半斤"，一个破竹似的喉咙喊着。这里，你若喝"白干"[1]，只须说斤数或说"个"数——每"个"是二两——若要别种酒就得兼说酒名。喝完了也没有账单，伙计点着桌上的壶碟，随点随算："两吊六、三吊二、三吊六、四吊八……一共十吊四。"

这样的地方也称"雅座"，当然要受"雅人"的指斥的。幸而也没有"雅人"来，而来此者都是各色"军民人等"，所以还不要紧。到晚上十点后，"雅座"渐渐地拥挤了。座上都是"常客"，每天差不多有准时候来，来时几乎也占有一定的座位，连喝的酒都有准分量。他们大多是市场一带的店伙、小铺的掌

---

① 作者注：白干是北方的高粱酒。

柜，其余就是落差警察、士兵，和附近的闲汉。

靠壁的座头都是搁在酒缸上的方桌面——因此这种店就得了"酒缸"之名。只有中央三四个是真正的桌子，但常客却都爱坐酒缸。约摸到子夜的光景，市口已沉寂得出鬼，这里正是酒至半酣的时候，乱哄哄只听得一片笑谈声。

"……过了正月了，买卖还是不上……"

"她剪了一丈二……听说是四条[1]×家的五姨太……浪劲儿……"

"……我早劝他盘了罢……到底也挨不到年底！……这个年头做买卖都得关门儿……"

"……二月的饷……四百万听说不是……到底欠到……"

"再来半斤……两碟儿烧饼……"

"……十九吊六……二十吊八……"

柱上虽粘着"衣冠自照，闲谈自检"的警告，但所谈者并不关什么国家大事，所以也没有人理会。这样的嘈杂直要到二三点钟，大家吃饱了，喝足了，才醉醺醺地陆续回去。这"雅座"到那时才渐渐地有些雅起来了，然后又从"雅"变成沉寂。一天的买卖就此告以结束，剩下苏东坡的《赤壁赋》伴着疲倦的酒缸。

○ 原载于《申报》1934 年 3 月 31 日

---

① 作者注：四条者，四条胡同之简称。

北游录话
1936

——铢庵①

北平的市街

火车缓缓的将傍崇文门城根了！春痕君倚着车窗而笑谓铢庵曰："我多年所梦游的故都，于今已是俨然在目了！看这隐隐高城，斑斑雉堞，似乎其整齐威重的仪表，较之南京为胜。大概王气尚未全衰罢！古今建都之所，有比北平再悠久的么？"

铢庵："可不是么？从北平定为都城以来到后年整整的是一千年了！如果按百岁积闰的办法，在民国十七年南迁的时候，已经可以替这老寿星作一千岁的大庆。"

春痕："是么？从什么时候算起是一千年呢？"

铢庵："按理北平之建都在安禄山建燕国的时候（七五五年），但是后人在习惯上不肯承认那个伪朝，所以姑且从辽太宗会同元年建幽州为南京算起（九三八年）。此时契丹新灭石晋，将历代相传法物重器，由南移北，建国号改元，实可算唐以后的正统，这是没有法子可以否认的。"

春痕："安禄山据范阳，虽然不曾成事，然而史思明相继而起，他们的部下

---

① 铢庵：瞿宣颖的笔名。

始终把握着河北数镇之地，其力量足以影响全局，关洛遂渐渐失其重心。所以就事实而论，北平之重要，倒的确始于安禄山。"

铢庵："司马迁说'作事者必于东南，收功实者常于西北'，这话也只是片面的。自汉光武以渔阳突骑得天下，魏武帝征乌丸之后方能定中原，没有幽州很难控制全局。想到这里真令人'念天地之茫茫，独怆然而涕下'了。"

两人下了火车，从容走进正阳门，指点着两座敌楼、谯楼。春痕说："前面这座楼我在大前门纸烟筒上已经早已见过了。这听说是朱启钤作内务总长时候修的，大家都说朱氏办北平市政的成绩为自来所未有，但是这座门楼不见有什么了不得呀！"

铢庵："你要知道北平的进步，不可不追想北平的过去。你知道从前的正阳门是个什么样子么？正阳门是国之南门，在嘉靖以前，外面没有罗城，于是出正阳门便是国郊了。然而城内的地方大部分为宫苑、官衙所占，如何容得了许多居民呢？所以真正的民居，还是在正阳门外。倚郭为市，城内外的交通，一天比一天频繁，道路一天比一天拥塞，于是天子当阳的国门变成一个闹市所在。犹如外省的县衙门前饭庄、茶馆、席篷、浮摊侵占官街一般。这是当初的设计者的一个大缺点。庚子以前正阳门内左右有廊以接大清门（现在的中华门），叫作千步廊。靠着门洞有无数的珠宝杂货店，叫作荷包巷。门的正中是照例不开的，到了夜里还要虚应故事的下锁。盈千盈万的车马都要挤在狭巷中，争先恐后的过去。其中有一辆拥住了，则不定多少时候方才疏通得清楚。这个名堂叫作岔车。凭你怎样暴躁的性情，到此也就只能委心任运。庚子年董福祥的兵纵火焚掠，门内外精华付之一炬，门楼也毁了。壬寅修复门楼，还是靠着各省的协款，而千步廊终未修复。及至民国四年，始将多年妨碍交通、藏垢纳淤的瓮城拆去，并开四门，分别来往。而将千步廊旧址改植花树，围以石栏，于是国门之前，巍然翼然，方才有些清明气象。所可惜者，当时对于城外的整理还不曾着手。我刚才不说过？门外本是官街，经多年的侵占，遂至变易原状。试登门楼一望，所谓五牌楼者，本应立在街心，而现在的铺户却已经侵占到牌楼的左右翼了。所以游人到了此处，都觉得太脏太乱，颇不顺眼。直到去年袁良作市长，他不怕得罪人，倒整理了许多，于今已比从前好一点了。"

春痕："我来游北平，倒不在乎看北平的进步，而在乎追慕往昔。进步愈多，恐怕去古愈远，其历史价值之牺牲恐怕更多了。"

铢庵："这话不然。中国古物之所以不容易保存，就是因为没有整理的缘故。整理得法，是有益于古物保存的。试看朱氏修正阳门楼一带地方，虽然略略改变了原状，但是处处都能因势利导。其所用之原料，所采之风格，都不失其旧，绝无任意搀杂之弊。至于袁氏所修牌楼，以铁筋混凝土照原式作成，也是根据专家设计，并非出之孟浪。而其改宽之街道，也以恢复旧观为主，不能不说都是北平的功臣。也是一班人的公论。"

说话之间，走过敷文牌楼。铢庵说："这便是近四十年来埋藏着许多国际阴谋之东交民巷了。你看这些巍焕深邃的使馆，都是百年前的王公邸第呀！朱户依然，石狮无恙。当其属于王公也，乾嘉极盛，同光一衰。当其属于外交团也，民国十七年以前极盛，十七年以后一衰。盛衰如此其易变，此无情之土木何曾有容心乎？何况乾嘉以前，此地已阅五朝之兴废，此来彼往，何可胜计？区区几个使馆，何足挂齿哉？人不在秋高气爽之夜观天，不觉宇宙之大；人不到盛极而衰之北平凭吊一番，更不知古今须臾且暮一瞬也。"

春痕："平常人家都说北平样样都好，只是风沙可怕。如今看东交民巷一段路，纤尘不染，岂非人定可以胜天，路修好了便不怕风沙么？"

铢庵："你这话很内行，然而还不是探原之论。北平之风沙与建都立国是极有关系的。能解决这个问题，则北平可为兴王之地，不然则北平之前途危险得很呢！"

春痕："我记得王闿运的《圆明园词》里有几句是：旧池流绿澄燕蓟，洗马高梁游牧地。北藩本镇故元都，西山自拥兴王气。九衢尘起暗连天，辰极星移北斗边。沟洫填淤成斥卤，宫廷映带觅泉原……他的意思是说幽燕之地靠着水利方能建都，后来水利不讲了，为尘沙所壅没，便不宜于建都了。你的话恐怕与他暗合罢！"

铢庵："正是。王氏此诗，不是寻常的临风吊古，其中有绝大经济。其所论幽燕不宜建都，不独在当时少有人能见及此，即后来主张迁都的亦没有他说得透彻。王氏实在也可以算一个革命前辈也。春痕，你熟于史事，应知汉魏以来常有修督亢陂的故事，而何思矩、郭守敬之治水，尤为古今伟绩。为什么幽州的水利关系如此之大呢？因为浑河、滹沱河都是挟沙而来，上游太拘束，下游太泛滥，中间有许多的淀泊供其纡徐吐纳，所以入海不能畅达，而水之害易兴。北方多风少雨，所以需水之利尤急。如果水利不修，则每年都是有水之处苦涝，无水之处苦干，已有之田则患水多，未辟之田又苦水少。地利尽失，民生愈艰，而国都所在，五方麇集，不得不竭东南之漕粟以养无用之人，恰恰变成了为之者寡食之者众。民情因之自然浮薄偷惰，政体因之不能整肃清明。故有识者以为不修水利，则不能再建都于此也。中间惟有万历年间尚宝卿徐贞明著一部《潞水客谈》，主张修畿辅水田以代南漕，大为时人所反对。雍正年间，怡贤亲王用陈仪之策，再修水利屯田，以皇弟之尊，自然没有人敢道一个不字。然而他死了也就完了。后来光绪年间左宗棠从新疆带兵回来，他说近畿风沙亢旱，比他道光末年所亲见的而又加甚，再不修河，真不得了。他便叫亲兵挖河修堤，等他到两江总督任，又作罢了。近年讲建设，别省多少有点进步。而河北则连平津一条汽车路也修不好。何以呢？土面都是浮沙，车轮一辗，便是一条深坑。除非乡村都修柏油路，不然终于无办法。又如植树也是植不好的，何以呢？也是没有水泉灌溉的缘故。以这种艰于建设的地方，怎么能设险以守其国呢？"

春痕："你的话算是阐发极精了。不过刚才我已说过，人定胜天。幽燕地利之失，是人谋之不臧，而并非王气之已尽。论其形势，实在是宅中控外极好的地方。我虽不曾住过北平，而听人家议论，多半说民国十七年弃燕京而不都，实是一种遗恨。当时主张放弃北平者之理由并不充分，至于因此而引起之纠纷与祸害，也不用说而可以相喻于无言的。自诒伊戚，夫复何言。这话你以为对么？"

铢庵："此是国家大事，我辈不敢妄言。刚才我不也说过么？古今须臾，旦暮一瞬，留待后来评论也不为迟。不过根据以往的史事，可以得一个结论，凡是有计划有准备的迁都，才是兴国的迁都。而仓卒迁移，往往无益有损。迁都而能兴国，也只有汉光武、魏孝文迁洛阳，明太宗迁北平而已。王氏的《圆明园词》自注也说，早迁则可，等到后来则已不及矣。《湘绮楼全书》里有《王

①

志》一篇，也说这话。庚子清廷在西安，有人主张即在西安定都。这却是不行的。平心说来，北平是好地方。然而迁都也很对。但是迁都也不容易，要在适当的时机方好。"

春痕到了铢庵家中，盥沐之后，抚槛凝神，望着炯炯的日光正照庭院中的花木。两株海棠，高三丈余，犹如锦伞盖一般。紫白丁香点缀其间，微微的送来一阵沁鼻的香气。春痕怡然而笑曰："我们刚才讨论北平的风沙，于今对着这美景良、辰名花嘉树，又觉得这种清绮幽闲的境界，几可疑非尘世所有。纵使偶有风沙亦不足道了。我是久闻北平看花之妙而来的，北平的花何以如此之好呢？"

铢庵："北平土厚水深，人稀地旷，风日匀和，除掉绝对不能禁寒的种类外，都可长得很好，并不假人工培植的。就是极难调护的如建兰之类，也都有办法。若论艺花的技术，那是第一等了。冬日有暖房暖炕，借微火与日光的力量，可以使牡丹与红梅同开于盆盎，韭黄与王瓜同登于盘俎。这种技术从汉朝的太官署流传下来，大概帝都所在，都有这种工人。辽太宗灭石晋以后，一定将他们带到燕京，所以特别发达。若细细考究起来，也不独艺花，凡是宫廷用的玩好服御，无不以北京所制为最好。例如裱糊、席篷、雕漆、珐琅都是此类。尤其在蒙古帝国时代，集中国内国外名工于大都（今北平）附近，其规模之大，从《元史》上很可以看出。即如石工之在曲阳，缂丝之在定州都是。人都知道北平建筑艺术之美，然而这种工人是什么地方来的呢？这都是历代征集的名工荟聚而养成的。原来是荟各处所长，而今则各处皆失其传，只剩北平独有了。尤其是融合中外的工业艺术，譬如珐琅一项，在别处决不能发达的。此

---

① 图注：瞿宣颖先生，字兑之，笔名铢庵，湖南长沙人。一九一九年复旦大学文学士毕业后，任复旦大学中学部文学及西洋史教员，嗣任职北京外交部交通部及北京国务院秘书厅秘书等职。刊载于《复旦年刊》1923 年第 5 卷。

所以北平的高等手工业为数百年累积的成绩，急于应该保护。"

春痕："北平的花木都有历史，某处有某花，某花是什么人手植的，几乎都有来历。我们在书上都读过了，这些到现在想没有什么变迁罢？"

铁庵："也就难说了。譬如元朝讲究东岳庙的杏花，现在早没有了；庚子以前盛传极乐寺的海棠，而今也不多了。反之现在人所提倡的，前人倒不曾注意到也是有的。西山大觉寺一带的杏花，绵延数十里，远望真如香潮锦浪，近看各有芳姿。大约南方产梅花的地方都赶不上这种盛况。这却是近人发现的，前人记述不大看见。其原因何在呢？辽金时代，离宫别馆，远至西山，名区胜景都被占去。元明两朝，都不讲究郊游，于是渐渐湮没。清朝帝王卿相虽然讲究郊游，而不能到远的地方，所以诗文题咏所及总不过眼前几处。真要政治上轨道，可以开发一个大北平游览区。各种的胜景一概包罗在内，则更妙矣。"

春痕、铁庵同车作环市之游，走到神武门。铁庵指着紫禁城对春痕道："自明太宗定都以来，这座宫城里面的阴阴沉沉、层层密密的宫殿，不知蕴藏过多多少少的宫廷秘事。而今是托底公开了。记得民国十三年秋天，国民军逼宫的时候，我正在这条路上走过。'最是仓卒辞庙日，教坊犹奏别离歌，挥泪对宫娥'，似觉帝王末路，今昔一般。而且这种惨剧，以后只有在历史上可以追想，而实质上是不会见到的了，所以反令人不胜其系恋。当十三年以前，我经过此处，尚时常看见戴红缨帽子的人往来出入。十一年冬天，宫中婚礼，中外人士都有参观的机会，当迎亲时节，用的是皇后仪仗，而每种仅存一对，较之承平时大典，已为具体而微了。然而的确是依据古来典礼而制成的。所谓霓旌凤盖，件件都有古意。持节使者，手持黄绸笼着的白节旄，骑马押仗，缓步而行。霜天夜静，路旁观者万人如海，可是但听得马蹄人步踏地之声，而不见有平日民间婚丧仪仗零落嚣杂之状。使人感觉到旧日帝王家仪式之美。尤其是次日在乾清宫庆贺，有几百个满蒙世族，仍然穿着蟒袍，随着钟磬笙箫之声而趋跄俯仰。这种活动的博物院与北京饭店橡木地板上的跳舞，相映之下，可以说是北平的奇迹。而今则故宫的乐工一天一天老死殆尽，仪仗法物也搬了家，地与人与物三者分离，从此古代的声明文物只能付之想象了。"

春痕："可不是么？我们来游故宫，愿意看的是有历史意义的故宫，而不是光看一座一座的宫殿和一件一件的字画。惜乎不能偿此愿矣，此话且不谈。我看禁城外面的街道，树木墙垣整理得颇为清洁美丽，这倒也不失为进步，你以为如何？"

铢庵："不错。北平市街原来是有计划的，不像其他城市是零星发展的。所以只须略加纠正与复元，就是莫大的成绩。可惜历来市政当局缺乏这种认识，不能彻底整理而已。按北平市政进展的天然程序，是由谨严而开放。当明朝建都的时候，宫城附近全是宫苑及官衙以及少数的王公第宅，而民居商店全在城外。近几百年逐渐开放，除了西苑（现在所谓三海）而外，宫苑很少存在了，官衙已减少，而市廛日益增加。照现在的情形，三海、故宫、景山都应该作为园林区，而其余作为住宅区才对。可是这样庞大的公园，绝不应关起门来卖票，而应该顺着当日的驰道，撤除界限，四通八达。如是则有几种好处：第一，东西南北城的交通缩短了多少，减除人力车夫血汗的痛苦；第二，减轻道路的拥挤，尤其是金鳌玉蝀的石桥，如果不想分疏的办法，这条桥以及其附近的团城不久便会有倾圮之可能；第三，市民可以免费而享受园林之益；第四，游人可以用极经济的光阴得全市的鸟瞰。如果怕牺牲了收入，尽可在一所一所的建筑里另行收费。又，中央公园已经成为高等游人所独享的公园，不妨将票价再行提高，庶几各得其益。从此参天古木之下，红紫盈畦，清漣照影，行人信步往来，自然都得佳趣，岂不妙哉？还有东城的御河，本来是清澄的河流，上面荫着丝丝垂柳，与皇城的丹垣相映，极为美观，这也是当日整个计划之一。近来河流淤塞，树木凋零，民国十一二年某某作市政督办，又将皇城拆去，随意卖去地基，盖上些不成款式的破房子，实在是极可痛心之事。皇城谁说不应该拆，然而拆皇城所以利交通，为什么反而盖些房屋七零八落的徒然阻塞交通呢？假如疏通河道，增植树林，以乡村之美加在城市中，何等之好呢？"

春痕："北平是最好的住家地方，除去园林建筑之美，还有什么理由？"

铢庵："第一，当然是气候。只有北人不服南方水土的，却没有听见南人不服北平水土的。没有到过北平的人总以为北平冬季很冷，其实不然。纵使很冷，也是干燥的冷，而不带湿气，所以并不难过。而且房屋的构造，御寒设备最为周密，所以住北平的人，并不须穿皮袍。至于夏天，无论热到什么程度，一到晚间总有点凉意，没有热得睡不着觉的。惟有春季很短，而且多风，不如秋季温和晴明高爽兼而有之。自阴历七月底至九月半都是这种境界。这种舒适的天然环境，实是最值得留恋的。

"其次，便是人文的集合。北平是诸色人等的俱乐部，要找任何一类的朋友都可以找得着的。尤其是学术文艺方面，经多少年的孕育而成，到处充满古雅闲适的色泽与氛味，令人置身如在乾嘉以上，这又是他处所不能领略的。

"又其次是生活的简单。北平有的是房屋与地皮，所以住最不成问题。面食与蔬菜随处可买，几个铜子的烧饼、小米、稀饭、一小碟酱萝卜，既适口又卫生，食也解决了。蓝布大褂上街，是决不致于遭白眼的，衣是更简单。生活从容，神恬气静，也不消匆忙的满街跑。纵使懒得步行，只须花几个大子便可坐几里的洋车（人力车价之贱为各处之冠）。衣食住行四样，没有一样可以难得北平人的。然而争名者于朝，争利者于市，自从十七年以后，怀抱这两种希望的人，不免要与这座古城告别了。从而古城的运命，也就殆哉岌岌不可终日了。"

春痕："以北平与上海相比，上海的确不是好的住家所在。但是从安全上着想……"

铢庵："住北平的人，有终身之忧，而或者无一朝之患。住上海则虽无终身之忧，而确不免有一朝之患。请味此言，便知优劣。"

北平的民众

春痕来了几天，要出去看几个朋友，找铢庵商量。他说："别的都好办，惟有其中一位住在兵马司胡同没有门牌号数。查电话簿子，他又没有电话。这怎样办呢？"

铢庵告诉春痕："北平胡同同名的很多，即如兵马司胡同就有好几个，第一先要知道是哪一个兵马司胡同。至于不知道门牌，还不甚要紧。"

春痕："这个我却未曾知道。"

铢庵："你且说这位朋友是作什么事的？是老住北平，还是近年来的？我可以替你参详一个大概。"

春痕："他是在平绥路局服务的，在北平有十年以上了。"

铢庵："这一定是西四牌楼的兵马司胡同，因为平绥路局正在附近，这是从职业上可以推知的。十年前中等的外来住户多在西城，近年方才纷纷的住东城。他既是十年前来的，尤以住在西城为近似。你去那里找一个巡警派出所一问，便打听出来了。"

春痕如言泡制，果然找到了。回来告诉铢庵说："我在兵马司附近看见一个木制的小屋子，外面挂了一个木牌子，是某某区第几派出所，并且写明所管辖的地段是某某胡同。进小屋子一看，还分成里外两间。外间一张方桌，两条凳子，桌上铺着漆布，一架时钟、一副茶具、一副文具，墙上一架电话、一块黑板，挂着许多簿子。值班的巡警问了我的来意，并问明所要找的人姓名、籍贯、职业，翻开簿子，即刻查了出来。连我那朋友家里用的几个女仆，女仆姓什么，都被我一眼看见了。北平户籍警察的成绩真可以，在别处怕不容易办到。"

铢庵："北平之办警察是壬寅以后之事，较之上海租界迥乎在后，而其艰难有百倍于上海者。当日帝都中的居民，不是贵族豪民就是浮居过客。同他们讲利害，讲法律，讲势力，讲道理，无一可通之路。而且警察作用是他们向来所未尝习见习闻，警察禁令又无一不与他们的生活习惯相冲突。然而一步一步任劳任怨的做去，居然做到北平警察可为全国模范的地位。从这里可以看出两点：一是凡事须得其人，有了负责的人，自然事可以办好；一是中国事还须中国人办，还须用中国法子办。北平警察之成功，就是因为能运用旧法子适应旧环境。春痕！你曾经看过北平街上打架的事么？在上海街上有人打架，巡捕走过来是不由分说，一顿拳打脚踢。北平街上有人打架，巡警走过来，两面做和事老，总是大事化小，小事化无，和平了结。必不得已也得带区，不能私自作福作威。这是什么道理呢？北平警察多半是满洲旗人，旗人的天才是工于词令善于应付。利用这一点，所以能不用威力而措置裕如。人民与警察间之扞格自然减少，而禁令自然容易推行。此外还有一个原因，北方人性质优点在于服从。无论哪一种政权当令，是绝对服从的。无论政府有无威力，那直接管辖的机关总是受人尊敬的。从北平洋车夫口中常听得一种话。在前清时代怕的是皇上家，壬子以后说是改了民国，戊辰以后又说是改了三民主义，他们很感觉政权的屡屡改变。然而在哪种政权之下，就服从哪种政权，那是不发生疑问的。固然地面上不是没有悍不畏法的人，但是大多数的循良安分，不能不使人惊异。所以北平的户籍调查办得好，侦缉机关办得好。加以各种职业的市民，例如当铺、旅馆、木厂、车行之类又都能与警察合作，绑票的案子是绝对不能容许的，盗案也只有近年杂乱军队驻扎北平附近方才多些。至于窃案虽不能免，而破获的总居多数。如果不是因为政治复杂之故，北平秩序之安定是足可羡慕的了。"

春痕："比较起来，上海是中国欧化最早的都市。天津尤其是内地最先办警察的地方。而其结果，则两处市民所得的宽容最多，而所享的保障亦最少；所纳的警捐最重，而所得的麻烦亦最多。住在上海、天津的人，总觉得乱烘烘的不安，恐怕也实在是五方杂处，良莠不齐，所以难得管理呀！"

铢庵："西洋大都会里五方杂处、良莠不齐的程度，甚于津沪十倍。何以他们的警察不致于没办法呢？此无他！

①

租界之演成现在局面，不是一朝一夕所成功，而是一点一滴的累积。当日并没有一个通盘计划，也没有一个能干而负责的人拿起来认真办。所以中国式的衙役、西洋式的混混等恶劣势力据为城社而莫由肃清。近年以来，表面上的物质建设飞一般的进步，足使老朽舌挢而不能下。倘若追究其内容，则东方文化之污点与西方文化之污点一齐蟠踞于中作祟而已。中国一切之无进步无办法，不能不说是租界之为害，而租界中人醉生梦死于此种不合理的势力保护之下也必有一天悔不可追的。

---

① 图注：北平警察。刊载于《时代》1932 年第 2 卷第 8 期。

"只有根据中国的立场，小心采纳西洋方法的优点，将这种优点融会贯通于固有习惯、固有秩序之内，才可以获得改革的结果。不独警察一事，北平之所以勉强能居领导地位者，恐怕便是由于没有毁坏旧习惯、旧秩序之故。你不记得南京新造的时代么？本来嫌北平官僚气重，然而不久便将北平的警察公务员甚而至于茶房慢慢的都调去了，可见北平始终是有它的特长而不容轻弃的。

"还有一层，北平之五方杂处良莠不齐，也并不亚于他处。甚且较他处更厉害呀！现在北平的居民，可以区为下列几种：

"一是旧皇族旗丁内监以及其他依宫庭而生活的，这种人有的还是巨富，大多数却已经沦落到无以为生的地位了。

"二是旧日公务机关的吏员差役之类，其中一部分还是江浙移来的人，久居而同化，其畜有厚赀者也还不少，多经营典当等业。

"三是民国以来依附军阀而起的各色人物，辽津保三处的人最多，在别处发了财，便在北平买房产纳福，大街小巷之中，常常看到半中半西、红红绿绿的住宅，不问可知其属于此辈。

"四是自前清以至民国十七年以前做京官的士大夫，他们虽然多半籍隶外省，而以世代簪缨之故，在京住久了，不免自置房产，民国以来亦不断的在各机关当点差事。当民国十年以前北京鼎盛时代，一个人兼上几处差事，竟有拿到千元以上之薪俸的，既食厚禄，又享清福，承平未远，雅道犹存，于是上衙门之暇，买买古书，玩玩古董，听听名角，逛逛西山，优哉游哉，聊以卒岁。一到国都南迁以后，这才如梦初醒，悔不可追，于是长腿的赶忙哄到南京，依然是参事、秘书、顾问、咨议，家眷住在北平，一年回来几次。老实些的，改行谋个教馆，也还可以对付。至于那些不济的，就只好老死牖下守扬雄之寂寞了。在新旧交替的当儿，这种人却依然不容轻视。现在北平住户之中有作中坚势力之资格的，恐怕还是这种。

"五是依附教育文化机关而生存的人们。北平为文化中心是十七年以后常听见的一句口头禅，名流学者之多，出版物之热闹，旧书之可买，一切设备之齐全，天然景物之可爱，人们之方以类聚物以群分，的确是求学最好的地方。当最盛的时候，国立研究院有两个（北平研究院及中央研究院之一部）、国立大学有三个，而专科尚不在内。私立大学有四五个，而独立学院尚不在内。全国最大的图书馆、最大的医院各有一个，而其他专门的文化机关不能悉数。有人屈指算计，每年中央汇来的北平教育文化费是四百余万，加上清华、燕京、协和等特殊财源以及其他零碎的学校机关，每年怕不要一千万。大中小学学生以十万人计，每人以一年消费一百元计，两下合起来，北平市面因教育事业而流通的金额，总在二千万元以上，这不能不说是北平的生命线。假如政府南迁，教育文化机关又要南迁，北平便不想活矣。十七年以后，北平已失其政治上之重要，然而居民还能维持到一百五十万的数目，这就是因为这五种人还不肯走的缘故。有了这五种人，而其余的农工商贾方有所附丽，自然应有尽有，日益繁荣了。"

春痕："由此说来，北平人类的复杂，诚然过于上海远矣。"

铁庵："我刚才所说，不过一端而已。你若拿上海来比较，上海街市上只看得见两种装束：一是西服，一是尖顶瓜皮小帽与硬领长衫。如果穿第三种，必为市人所目笑。而北平则不然，从紫袍黄褂的蒙古西藏僧徒、蓝袍青褂的垂辫老者、光头大肚的商人、蓝布罩袍的名士、中山服的政军服务人员，加上上海的种种，无不兼容并畜。他们的思想从忠君爱国一直到共产，他们的生活从游牧民族一直到工厂的工人，他们的来历从冰天雪地一直到炎天热海，他们的信仰从拜一直到无神，他们的时代从乾隆一直到一九三六，形形色色，比肩并存于一城之内，这是何等奇观！"

春痕："北平居民如此之复杂，恐怕是因为地方伟大的缘故罢！"

铁庵："此语诚然，你便在北平住上一年，也未必能将种种不同的地方一一领略一遍。你愿意得一个北平伟大的概念么？我可以这样告诉你，北平若以宗教势力分区，则东城灯市口一带是基督教的区域，几个教会学校以及倚教会教育为生的多聚居于此。西城西什库一带是天主教的区域，这本是宫中之地，赐与教堂的。庚子年曾受攻围，牺牲过很多的性命。乱后重整，倍极崇皇，医院、学校、博物馆、印刷所之类占满了几条街，附近的居民几乎都与教堂有关系。走到此地一游，假非听人说话是北平口音，简直使人疑心到了上海的徐家汇。东直门一带是希腊正教的区域，这里有一座古旧的俄国教堂，也是拨王府官地奉敕建的。衰柳清溪，人烟寥落，惟有金葫芦塔顶，长自掩映于斜阳中。还有一个具体而微的俄文学校，用的是极旧式的课本，由一个长发齐肩的俄国教士，领着几个村童有气无力的呻唔。这几个学童，有的姓杜，有的姓罗，面目依稀有点像俄国人。这就是康熙年间雅克萨城俘虏之后裔。彰义门牛街一带是回教的区域，这里也有几百年的历史，环而居者都是天方遗民，欲研究可兰经典者，非来此不可。北新桥一带是喇嘛教的区域，百十成群衣服褴缕的红教徒，还保守着一座神秘的雍和宫，而维持一种微薄的宗教生活。西便门白云观一带是道教的区域，邱处机的神迹至今犹存，而想读《道藏全集》的也非到此不可。追想蒙古帝国的时代，也里可温、和尚、道士、先生们同受大帝国的保护。这种种族与宗教上一视同仁的风度，遗留至今，所以北平仍然有这些不同的宗教信仰者。

"北平若以营业分区，则前门外是珠宝市场的区域，西河沿是旧式客店的区域，打磨厂是刀剑铜器的区域，花儿市是纸花的区域，头发胡同是旧书摊的区域，西皮市是皮条店的区域，西交民巷是银行的区域，崇文门大街是洋行的区域，八大胡同是南北班妓女的区域，船板胡同是洋妓的区域，最近几年西长安街又是饭馆的区域，王府大街是时髦商店的区域。而历史最久驰名最远的又莫过于琉璃厂书店区域，乾隆年中有一位李文藻，做过一篇《琉璃厂书肆记》，看那时情形，与现在还无甚出入。"

春痕："说到此处，我正想到琉璃厂去看看，以扩见闻。你的谈锋姑且稍住，我们就此动身罢！"

北平的季候美

初夏的风光来了，今年特别热得早，而且热得厉害。六月中旬，有几天已经热到一百多度，而阴历还只是四月的下旬。春痕颇悔此来之不幸，他说："照这样热的程度，竟不亚于南方，这简直不是来领略北平之美了。"

铁庵："说起北平的气候，虽然不能算全国第一，然而在人人可享受的范围而内，恐怕没有别的地方赶得上。固然陵谷有变迁，人事有代谢。我已经说过，北平的环境已经不如从前，间接的种种原因可以促成气候之增热。但是固有的美质还自不能磨灭。你不要灰心，让我将北平气候之美和你细说一下。

"北平炉火季之长，为南方所不能想象。从前民间的惯例是每年十月初升火，二月初撤火。近年享乐的程度增加，而气候也实在冷的长久，几乎阴历九月半就要升火，直至次年二月底方能撤火。五个月的炉火是不能再省的。在严冬之中，虽赤贫之人不能不烧火，不能不用纸糊窗户。旧式的炉火是白泥炉烧煤球，没有烟囱的设备，所以一到夜间，窗户关严了，不知不觉就会熏着煤气。遇着这样情形，就须将中煤毒的人抬出室外，灌酸白菜水，方可获救。酸白菜者，北方冬天的白菜最肥美，拿一片一片，赛如剖橙子。外面是翠绿的皮，里面是雪白的肉，拣那当中的尝一片，其清彻骨。这些东西都是给那享受煤火太过的人清火解毒的，一冬要不多吃些，来春便不免害春温病。

"如果夜长无事，沽一壶白酒，买一大包花生，对着熊熊的火炉，缓缓独酌，以解岑寂，这种意味，确是闹市中人所不能了解。偶然担子走过，还可以买几串冰糖葫芦下酒，风味尤为清俊。冰糖葫芦者，是用竹签将各种的果子如胡核、蒲桃、荸荠、香蕉肉之类串成一串，蘸了糖浆，让它凝结，便仿佛水晶中裹着果子一般。吃到口里，先是凉冰，然后是果子的味。到了夜深，还可叫买硬面饽饽。这硬面饽饽专为卖给人家半夜充饥的。冬夜一两点钟，人家都睡静了，曲巷之中，仍然听见喊着这四个字，其时月黑霜凄，风雪载道，而叫的声音更为凄厉，这是北平风俗所最使人难忘的。

"我不爱肉食，然而北平冬天之烤羊肉是不能不为足下告的。听说南方有许多馆子，也能学北方法子作汕羊肉，不过北平人有一种烤羊肉，必须脱去长衣，站在当院，围着柴火，用极长的筷子，夹着生肉片，蘸着酱油葱姜吃，方才格外有味。犹令人想见朔方游猎之遗风。炉火是热的，羊肉是烤的，还有陪衬的白干酒与芝麻烧饼，都是极燥烈的。所以平常非多吃生梨、萝卜之类，不能去火毒。

"至于游戏方面，北平所独有而他处所不能望其项背的，便是冰嬉了。在前清时代，宫苑的冬季交通靠着冰床。湖面上结了厚冰，简直像大玻璃镜一般，滑不留足，此时用木床加上铁条，用人拉着飞跑，瞬息之间，便可由此岸达彼岸。这个法子加以简单化，便是在鞋上绑两根铁条，在冰上就势滑走。身躯轻便的人还可耍出种种姿式，蜻蜓点水、燕子穿花，各尽其妙。这也是胡人遗留下来的风俗。及至近年，重新又从西洋贩买回来。北平恃着天然冰场那样的广大而美丽，结冰的时期又那样的长久，所以滑冰之风一年一年的鼎盛。欧化的士女，靓妆俊侣，映着晶莹的电灯，掉臂游行于光明地上。朔风皓雪，摧残了许多穷苦的生命，此辈人是不会看见的，看见也不会动心。运动欤，享乐欤，他们是天之骄子了。其中还有几个六七十岁的老者，惯于用中国的旧式冰鞋作滑冰戏，他们的技术也很高超，自从新式的滑冰盛行以来，他们居然也为社会所称道。可是在他们眼光看来，是另换一个世界了。

①

"我爱北平的冰，尤爱北平的雪。北平下雪最早的在重阳时节，最晚的可在春分。一年之中，见雪的时候几乎多于见雨，长而且直的街道，郁茂而古朴的树木，丹黄交映的城阙、楼台，都可以增加雪景的美趣。雪下得多的时候，车马在雪上经过，宛如辗着砂糖一般，纵使辙迹纵横，并不损伤其莹洁。人家院里，扫成一堆，堆在树根上，可以一直留到次年春季，然后融化入土，决不像南方雪后拖泥带水的。

"冬天说过了，我请将夏天再描写一下。北平之夏，诚然不能竟说不热，因

---

① 图注：北海公园溜冰场。刊载于《图画时报》1927 年第 339 期。

为大陆气候，太阳直晒到沙土上，其干亢也不亚于南方湿热之难过。但是有一样，其真正盛暑的时候也不过阴历五月底至七月半五十天光景。在此期中也还只有昼日的温度较高，到了夜间则决不致有睡不着觉的程度。即如现在还没有到盛暑时期，你已经觉着不亚于南方，这是因为你预先存了个成见，以为北平是无暑的地方，所以拿这偶然的现象误作经常的现象了。

"在同一高温度之下，北平较之他处总稍为舒服一点。为什么呢？这就是因为人居之稀疏、院落之宽广与窗棂之疏旷，容易通风，墙壁屋顶之坚厚，容易隔热。至于街道的行列树，虽然近来不很讲究，而人家院落中总有一两棵老树，绿树阴浓，也足以为消暑之一助。每到此时便想起住洋楼的况味了。天津、上海等处，木板隔成的小楼，四周上下，无处不是传热的，加以坐井观天的院落，声息相闻的邻居，蜷曲一隅，也要度过三个多月的盛暑。其苦乐相去何如？春痕！你要稍微忍耐一两天，细细体察比较，应该没有这种苛刻的见解了。

"北平夏日的点缀，在小康以上的人家，有句老话，叫做'天棚鱼缸石榴树'。天棚高耸于屋檐之上，整整齐齐遮蔽得不透一丝阳光，而又不碍清风之徐来。在当院里排列着几个大金鱼缸，藉着悠然自得的鳞族，益显其幽静清凉之意境。至于石榴花呢，虽是夏天应景之物，实未免太火气一点，不过取其花时甚久，一直到秋天，花开过了，还可以玩其嘉实。否则以夹竹桃为代。夹竹桃花极艳冶，也是从春开到秋，开了又谢，谢了又开，愈是热天愈开得热闹。有一种白的较为名贵。这些都已成了俗套，然而不如此不像北平的住宅了。其在贫家，则板门两扇，苇篱一角，上头垂荫的是桑枣榆槐，下面栽的不外玉米、葫芦、马齿苋之类，点景而外，还可以利用厚生。一家五口，老的可以藉浇花编篱，活活筋骨；小的便在这半城半郊的环境遂其养育。长夏无事，夕阳西下，明月东升，搬个小板凳儿，沏上壶不浓不淡的茶，聚几个不衫不履的人，说些无拘无束的话。如果人人能够这样，倒是一片'开轩面场圃，把酒话桑麻'的太平景象。人人能以此自足自适，倒也减少了许多捣乱的人，敌国亦无从生其觊觎了。可惜北方的人，太恃血气之勇，闯下一片大祸，惹上庚子联军，一顿冤冤相报，流毒无穷，以至于安定温和的秩序全被破坏。今日之下，物换星移，同是一样儿童，而今日的儿童要上什么小学，穿什么童子军制服了。同是一样房屋，而今日的房屋不免贴上公安局房捐的收条了。同是一样树木，而今日的树木老的渐渐枯朽，新者更难长大了……"

春痕："在我看起来，像你所描写的，在怅恨惋惜之余，依然值得留恋赞美。庚子之祸虽然是北平惹起来的，而北平所受的创痕却是最浅。所有全国大都市之中，北平所听见的汽车与无线电声最少，所闻到的巴黎香粉味最少，白天所看见的横行文字的招牌最少，夜中所看见的霓虹灯广告也最少。一切人工所制造自增其负累自灭其天真之产物，在沧海横流之下，还算没有排山倒海的输入。当然全国尽受其害，北平岂能独善其身。终有一日人人坐汽车，以至于汽车只能搁在街心而不能动；人人开无线电，以至于声入云霄而不能听见人说话；人人读洋书佩自来水笔，以至于遍地皆游民。到那时候，竭全世界四分之三的人力，来拚命制造以提高我之教育文化，岂不富强之至哉？不过这种景象，一时尚难达到，我辈不必过虑。目前过渡时代，北平诚然是值得留恋赞美的。"

琉璃厂的面面观

铢庵陪着他从厂西门入口，一面絮絮的告诉他道："琉璃厂的铺家有两三种不同的性质。一种是旧日卖缙绅、卖闱墨，替新科翰林卖字，替会试举子制办书籍文具的。这种铺家一自科举废而帝国亡，于是改为贩卖教育用品，于是变成一种不新不旧、不伦不类的奇异现象。你却不要看轻他们，北方几省的学校书籍大概都是他们经手的，这笔生意也着实可观，赛如上海棋盘街那些书局一样。另外有一种是真正买卖旧书碑帖的。这班人还承袭着乾嘉以来讲风雅讲朴学的风气，他们的主顾是京朝学士大夫，耳濡目染之结果，什么宋元版本的格式，某种书有几个本子，某个孤本藏在什么人家，某某碑帖是宋拓是明拓，是原刻是翻刻，见于什么书的箸录，某字阙某字不阙，他们可以如数家珍。寻常外省没有见过世面的学士大夫，他们还看不起呢。尤其是潘祖荫、翁同龢、李文田、吴大澄、王懿荣这班人的提倡，他们当的是翰林清闲差使，家里又有的是钱，成日便在厂肆里消磨岁月。辗转吸引，便也成了一种风气。大家没事，竟把书店当作公共图书馆。好在这些书肆门面虽然不宽，里面曲折纵横，几层书架，三五间明窗净几的小屋子是必有的。榘几湘帘，炉香茗碗，倦的时候还可以朝炕床上一睡，吸烟谈心，恣无拘束。书店伙计和颜悦色，奉承恐后，决没有慢客的举动。你买他的书也罢，不买也罢，给现钱也罢，记账也罢。虽是买卖中人，而其品格风度确是高人一筹。无形之中便养成许多爱读书的人，无形之中也就养成了北平的学术空气。所谓民到于今受其赐者，琉璃厂之书肆是矣。"

春痕："如此我们随便拣一家进去坐坐，顺手买几部旧书罢！"

铁庵："你要买书，却先要问是什么性质。要是随便买一点作纪念呢，那是无可无不可。要是有目的的买书呢，不是仓卒间买得到的。"

说着已走进了一家铺子。铁庵低低告诉春痕道："你看这架上摆的书，也不过是些石印小说、铅印、尺牍、医书之类，岂不令你失望么？你必须踱进里屋坐坐，方才可以看到点有价值的书。若是你要访求专门而偏僻的书，那非假以岁月不可。这种书店，只有同他熟了之后，你要什么样的书，他便可以替你找到，替你送书，层出不穷，而且价钱也往往有很公道的。近年以来，什么奇奇怪怪的书都有人收了。始而有人收方志，继而收家谱，继而收缙绅，继而收闱墨。可以说在北平没有无人要的书，也没有找不到的书。买书之所以必在北平，此之故也。若是寻常的书，听说近年南方几省兵灾之后，世家大族荡析离居，旧书出来的渐多，价值渐较北平为贱，倒不必一定要在北平买。"

春痕随意买了几部书，又与铁庵踱进一家古董店看看，出来便问铁庵道："这些古董店有东西可买么？"

---

① 图注：琉璃厂旧书摊。收藏于中国近代影像资料数据库。

铢庵："常住北平的人，是很少踏足于这班古董店的。除非是与他们熟了之后，有什么要买的东西，托他们慢慢的物色，物色到了之后，慢慢的同他们讲价钱，断没有上门来买货的。如果想买点零碎古董玩玩，那就不如闲时到后门（地安门外）一带，有意无意之中，或者有些满意的收获。这北平买古董是最危险的一件事，纪昀《阅微草堂》笔记里面说过，他曾用廉价买到几条明墨，得意的了不得。及至磨向砚台，方知是黑漆糊纸做的。他又连带的告诉我们纸糊烧鸭、纸糊皮靴的故事。再参考《品花宝鉴》上所说魏聘才在戏园里买琥珀鼻烟壶的记载，不能不惊心动魄于从前北平人之善于作伪。现在虽然时移事异，然而古董的价值是没有标准的，不是极精明的内行，而又有优闲的岁月、忍耐的性情，实在不容易玩。近年北平市当局厉行所谓不二价，一切的买卖不准要虚价。惟有古玩商屡次反对，即是此故。"

春痕："古董我本来是不敢请教的，既到琉璃厂来，还得买点笔墨文具之类。"

铢庵："笔墨本非北平的特产，从前因为翰林写白折、进士写大卷，笔墨都大有讲究，只有琉璃厂几家当行出色擅专卖之利。其笔以尖齐圆劲为主，墨用松烟油烟相和，轻重分剂，都煞费苦心。科举废后，这种笔墨既不能雅，又不能俗，也就无人过问了。近年一切都以苟简为第一要义，所以公务机关及学校对于笔墨的消费虽比往日增加，却是笔只能用粗制的小楷羊毫，墨只能用一得阁的墨汁，写出来的字，只能痴肥得像墨猪一样，一班文化程度显然低落了。只有一件事却是近年来盛行的，就是狼毫笔之中兴。北平书画家都讲究用狼毫及紫狼毫、鹿狼毫之类，这种笔久已失传，有一两家笔店颇能参用日本笔的制法——其实即是古代笔的制法，做出来刚柔适中，挥洒如意。自民国以来，字体却是被解放。所谓欧肌赵骨的馆阁字不时髦了，既有人爱古雅的字，自不能无古雅的笔，于是旧纸、旧墨、古法印泥、古法颜料之类也连带着应运而兴。其实字画未必能古，而工具却比从前反而精美了。春痕，你如要买点文具之类，我劝你买几枝仿古的笔试试。骡马市大街的李福寿制的尤为精妙，可以电话叫他送来看的。"

两人说着，觉着琉璃厂已无可再流连，因又谈到琉璃厂的历史。铢庵告诉春痕道："琉璃厂得名，是因为前清工部琉璃窑所在，当时大概还很荒凉。书肆之盛，也不过乾隆以后。照李文藻所记，也不专是书肆，还有补牙、卖药的店铺，至今海王村公园还有些遗迹。所以每年正月，城内外的人都要来逛厂甸。因此便有卖珠宝的，卖字画的，卖古玩杂货的，卖小儿玩具的来趁热闹。十年前，每逢新年到这个地方来消遣的，各色人等都有。文人墨客很可以在小摊上买些旧书、破古董，而所花的代价极轻微，你要知道这就是古代市集的遗痕。直至于今，不独琉璃厂，还有东城的隆福寺、西城的护国寺都是这种性质。隆福寺也有旧书可买，不过都已经同琉璃厂一样变为固定的店家了。在清初则不在这些地方而在慈仁寺。王渔洋曾在慈仁寺摊上买过客氏的名片，他每天不在家，朋友来看他，只要找到慈仁寺便遇着了。京朝士大夫的风度是如此的。"

北平的吃

铢庵："这些话说得太远了，不过北平人比之他处，少受物质的诱惑而易于自足，这是诚然。你曾经研究北平人之食品么？北平吃东西的观念，与他处不同，他处的人，开口闭口是吃饭，而北平人见面必问'你吃了么？'而决不说你'吃了饭么？'这是什么道理呢？北平人之主要食品不一定指饭而言，就是说饭亦不一定是指米饭而言。他们普通日食，极贫的是杂和面所作的窝窝头，这杂和面富有极强厚的滋养料，又有天然的甜味，我们虽然不能常吃，偶尔吃一两顿，是很可口而且易饱的。这种食品，自然无需用菜蔬来帮助，至多再喝点小米粥或豆汁，嚼几根咸菜丝。既清洁，又适口，而所费极有限。境况稍好的人，便不吃窝窝头而吃杂酱面与烙饼，其中有豆酱、肉酱、香油、葱、盐，而以细切之生菜为辅。调味的功夫便复杂多了。像这样的夏天，或者还要来一碗荷叶绿豆大米稀饭。至于有闲阶级，想再换点口味，便偶然吃一顿饺子之类以资调剂。刚才所说的这些，除了窝窝头之外，大概自王公以至于厮养都不外乎此，不过有钱的人吃肉较多一点而已。所以他们的食物需要是那样的简单而又合理，不费无益的人工，而又得着多量的天然养料，这倒是很近于外国风俗。因为北平承袭契丹、女真、蒙古、满洲的文化不少，胡风是大概如此的。不像我们南方，专门吃米饭，而且专门吃煮的菜，费人力，少变化，缺滋养，其最大之缺点便是贫富太相悬远。吃米饭而无精美的菜蔬，颇难下咽，不似吃面饭可不用菜蔬也。春痕，你如不信这话，我可以举一个强的例证。旧日的王公，无论如何的阔，尽管在衣服、装饰、游戏上讲求，却从没有讲求饮食的。北平的有名菜馆，占第一势力的是山东馆，其余是南方馆，而本京的馆子除肉与面以外，从没听见什么珍贵的菜。山东馆子何以能居第一位呢？这就是因为北平人与南方口味格格不入，只有山东菜还略略相近的缘故。据我看北平人不甚讲究饮食，却正是因为饮食合理容易满足，这不是可耻的事而是可羡的事。正与现在西洋人一样。西洋人的日食已经品物咸备了，纵要加以变化，也是非必要的，所以说英文里没有'烹调''菜单'等字，诚哉其可不要也。

"还有一日两餐的时刻，在旧式人家，午餐总在八九点，晚餐在三四点，这也是古代残余的风俗。因为古代禁夜行，日入以后便无所事事而不得不早息。至于一切公务，都是在清晨办理的。虽贵为天子，不得不日出视朝。在正式两餐以外，只是零碎在街头巷尾买点零食充饥而已。零食之中，最美的是芝麻酱烧饼。这种烧饼形圆而其中有舌，外面撒一点芝麻，里面略略有香油与盐之味，刚一出炉，热香喷鼻，有四五个便抵得一顿饭了。卖饼的摊上或车上，都有回教的徽识，这是伊斯兰文化入华最显著的征象。汉灵帝所爱吃的胡饼大概就是这个东西了。其次便是烤或煮白薯，在冬天尤其甘美，既适口而又充肠。这些都是没有阶级性的食品。在贵人吃起来也不会嫌其不卫生，而贫人吃起来也不会过费他们血汗所挣来的钱。

"北平人又会利用天然的产物来充食物，人家庭院中的桑椹、海棠果与枣，都是不用一钱买而俯拾即是的。甚至于紫藤花、榆钱、荷花，都可以作糖饼。藤花饼与榆钱糕，是春夏之间街头唤卖最清雅的小食。

"在冰淇淋未输入中国以前，北平早已享受过了。自从西周时候，已经有国营的冰厂。《豳风》上所描写的是'二之日凿冰冲冲，三之日纳于凌阴'，自此以来，藏冰颁冰为国家大政之一。北平是保存古代典章文物最完备的地方，所以一直有大量的冰的供给。在隆冬河冰凝结的时候，整块的砍伐下来，运藏于冰厂。次年四月以后，全城的居民便可用之不尽。冰价之廉为全国之冠，每天送冰十斤，一个月不过费一元。所以其实北平的夏天是毫不足忧虑的。每到四月以后，有卖冰而兼卖各种凉食的，或铺家或负贩，都用冰盏为号。冰盏者，两个铜碟叠在手中，互相播击，暗含节奏。这种声音，据我所见到的史文记录，从明朝直到如今未曾改变过。"

春痕："一种声音绵延不断六百年之久，那真是使人发思古之幽情了。午门的钟鼓声，换过两三个朝代，也曾停歇，连钟鼓楼上报时的钟鼓，象征两千年来之公共生活者，也从此不再奏其深严悠永之音节了。谁知还是这冰盏之声，

在委巷之中始终不绝于耳。由此看来，政治力量起伏无常，而社会制度自在的生存、自在的发展，不是骤然间所能变革的。今日人民生活习惯虽然如刚才所说，已经很受外来的影响，而其粘固不移者还是很多。即此一端，可见了解中国人民生活不能不根据历史了。"

铁庵："讲到北市的市声，不妨附带的再说几项，博你一笑。冰盏之外，最古的恐怕是磨刀剪的所用惊闺叶了，那是几片铁叶绾在手中摇的，因为主顾是深闺的妇女，声音小了恐怕她们听不见，所以叫作惊闺叶。其初本以磨镜为主，铜镜淘汰以后，便专磨刀剪了。其次就是卖破铜烂铁的敲小鼓、卖线的敲小锣之类。若所卖之物可以敲击作响的，例如瓦罐之类，即敲所卖之物以为标识。而其他没有专门标识的，则乞灵于喉舌。他们叫唤的时候，还有一种习惯，以手虚掩一只耳朵，据他们说，不如此则不能听见远处叫买的声音。

"许多食物可以冰镇（俗写误作'振'字），瓜果之外，最受人欢迎的是酸梅汤。酸梅汤是用果子加上糖浆制成的，加水煮开而又冰透，其味不亚冰淇淋。冰淇淋在中国虽然是新东西，然而在北平也不算很新奇。北平很多蒙古满

---

① 图注：北平藏冰。刊载于《中华摄影杂志》1936 年第 11 期。

洲的习俗，他们是爱吃牛羊乳的，用牛羊乳作成的酪，加上糖果再用冰镇，便成所谓冰酪。这才真与英文的 Icecream 相当，不过其制法太粗，不免膻气，普通人是吃不惯的。

"北平还有可爱的冷布与高丽纸，为度夏的好工具。冷布糊在窗上，可以辟蝇蚊一切的飞虫，而又可以通风。糊成纱罩，可以保持食物的清洁。其价又异常的低廉，无论什么人家，无论什么小贩，都制备得起。至于高丽纸，可以制成纸帘，糊在窗上，热的时候卷上，倘若嫌风沙太大，便可放下。北平房屋的窗户，除一部分之玻璃外，总要用纸。既不直接受风寒侵袭，又可使太阳光的紫外线通过，依科学眼光看，是很合理的。北平的蚊子不甚可怕，几乎夏天可以不要帐子，事实上北方人很少有帐子的。但是初夏的白蛉，其细几非肉眼所能见，咬人很厉害，有些人特别怕这种虫，但是惯了就好了。

"以上都是些北平夏日的风俗，随便扯来，已是一大顿，你如果多住几天，一定感觉其特别风味。不过北平的四季分配很不停匀，我已说过，冬季实在占了五个多月，夏季占两个月，其余四个多月，为春秋所分占。然而春季实在往往又很短，脱下棉袍，换上夹袍，不到几天，就要换单衣。其中真正温和的天气太少，而且多风，花正开得八九分，一阵狂风便狼籍满地，不似南方有轻寒轻暖的酿花天气也。最可爱的还是秋天。北平的秋日，是那样的温靓，空气是那样的轻清，夏天的烦郁为之扫荡一空，而冬天的严酷又还未到。人的四肢都感觉松快而平适。尤其是山间林际、闲庭旷宇之中，其可爱反胜于常人所喜之春光也。"

北平的园林

细雨纷霏，连日不断，有时略一放晴，虽然砖地上的雨痕实时减退，然而阴云顷刻又布满起来，点点滴滴之声又起矣。两人向不会下棋打牌等事，闷坐室中，除却吹烟品茗而外，只是望着帘外的丝雨清谈送日而已。

春痕："北方少雨，南方苦雨，二者比较如何？"

铢庵："南方之雨，诚然困人。然不久居北平，亦不深知其害也。北平的衣服永远没有长霉的时候，地下没有地板，也从不害潮气，甚而至于还要睡砖炕，若在南方是决不行的。北方土著很少有雨衣皮鞋的，大宅第中，内院到外院往往须经过许多雨地而不全有游廊。一年之中，除了夏季常有骤雨而外，很少有整天落雨的时候，所以住惯了北平，便受不惯南方的雨湿。不过我以为雨也有雨的好处。雨有一种静气，即如今天的景致，雨落在树叶上，无异将树的全身加一番膏沐，尘容扫尽，苍翠一新，已经使人感觉清幽之境界。若是这雨一直下一整天，则一天之中大之不闻门户剥啄之声，小之不闻鸟雀飞鸣之声，只有萧萧械械的雨声，若断若续，在无意中显着节奏，请问人生有几日能若此之寂寞哉？倘使凉宵无寐，枕畔怀人，则听雨的滋味尤为深永。古人的诗词中听雨之作最多，说得太多了，便不免有些滥调。然而在今日攘往熙来、醉生梦死的社会中，古人的滥调又不觉转而可贵了。假如今夜与君对床抵足，絮话平生，我想较之在干燥无味的天气中，应酬得醉饱而归、蒙被而卧，其趣味好得多吧！看雨听雨而外，还有嗅雨，也很难得的。香山有个雨香馆，我曾在那里恰巧遇过雨，其时正值春夏之交，一阵雨来，四山草木之气为之蒸发，的确有一种清香。"

春痕："北平少雨，所以你极力发挥雨的好处。但是今年北平的雨似乎不少，平常想不如此罢！"

铁庵："北平向以阴历六月七月为雨季，六月间的骤雨较多，立秋以后，一雨生凉，从此便不再下。冬季雪而不雨，春季则风而不雨。你是偶然赶上雨季了，雨季中雨水最多的，在我身所经历，似以民国十四年为最。差不多下了一个月，永定河水泛滥成灾，城内外交通几乎断绝，民房倒坍的触目皆是。在我生以前，见于前人记载的，嘉庆五年与光绪十六年都很厉害。嘉庆中皇帝正在圆明园，趋朝的官吏都浮马而往。光绪中的大雨，现在还有人记得。听说下了二十多天，街上卖东西的人都绝迹了。北平沟渠的制度，在奠都的时候是已经规划好的。大约由北而南，东西分道出城，西城一支尤为重要，所谓大明濠是也。东城的玉河也是为宣泄用的。各街巷都有暗沟，从前每年四月开沟修理一次，开沟的时候臭得不可向迩，行人要带苍术大黄以辟秽气。这只为流通污秽而已，重要泄水之用还在河渠。而现在玉河河身已经只存一线，大明濠又已经填为马路，昔人建置之匠心不可见矣。

"北平的水，除了自来水是引的孙河之水由东面来，其余水源都来自西北，德胜门是其枢纽。由此汇为净业湖、十刹海，再引而为三海，以及穿行禁城之金水，环绕皇城之玉河，都是这个来源。当元朝全盛之时，通惠河从通州一直贯通到净业湖，在德胜门上可以看见江南漕运的帆船，想象那时情景，正如唐天宝时的广运潭一样。明朝漕运到通州为止，京通间的水道由此遂废，到如今只剩一片湖沼，为西北城之点缀而已。"

由景山出地安门一片，黄瓦丹垣，绿树阴中，驰道如砥。地安门外，东西皇城已经拆除了，惟有西面北海的后墙依然还在。循着这墙，一直往西，在路的右边，一道长堤，两行垂柳，堤下便是方罫似的稻田，夹着绿水红荷，俨然江乡风物。遥望湖水北岸，朱门大宅，连绵不尽，这便是所谓十刹海了。

春痕、铢庵一日同车偶经此处，春痕指而言曰："他们说《红楼梦》的主人是纳兰容若，纳兰的父亲是明珠，明珠的府第在十刹海，虽然是子虚乌有之谈，凭空想象起来，也很有意思。"

铢庵："十刹海一带邸宅如云，现存而人人皆知的，有醇王府、恭王府、庆王府（定郡王府），占地都极广大，其来历都极绵长。大抵当日都是没收的官房拨赐的，而这些官房又必先有其历史。所以花木深蔚，动辄在百年以上。近年恭王之孙溥儒以能作北宗画得名，他住在王府花园里，每年常常开裙屐之会，极尽园林胜事。大抵气象之宏伟，点缀之工巧，坐落之繁多，位置之曲折，还觉《红楼梦》不能描写尽致也。

"在中国历史上，园林建筑固然有很悠久的历史。帝王之离宫不必说，像前汉的袁广汉、后汉的梁冀已开私家园林之端，俗的有石崇之金谷，雅的有王维之辋川。不过他们还是倚赖天然岩壑，不能全恃人工，不能以园林与住宅完全并合。至于真正运用诗人情趣入于富贵生涯者，恐怕自宋徽宗始。他的作风是注重花与石之点缀，是重用雅淡参差之建筑格式以救济偏于富丽呆板之弊，他虽然以此亡国，而其艺术上之伟大贡献是不可磨灭的。

"北京的园林建筑，一部分继承唐之遗风，那就是辽的建筑。辽最讲究离宫，京西宫院有四十处，有所谓清水院、香水院等名。现在的大觉寺一带，便是清水院。一部分继承宋之遗风，那就是金的建筑。金海陵、大定、明昌三朝，一切文物完备，都是从汴京移徙而去的。南宋人奉使入金的记载，每每称叹金之宫殿制度远在临安规模之上。殊不知金人正是从宋人的祖宗学来的，子孙不争气，祖业为他人所攘夺，自己看见，反而认不得了，此又岂独南宋为然乎？这些辽金遗迹，到如今很难一一指实，然而大体总还存在。其中最显然的，就是北海中之琼岛及团城一带。琼岛是当的广寒殿。有人说是辽萧后旧妆楼，有人说是金章宗与李宸妃的故事就演在此地。章宗与李妃夜坐玩月，出一对子与李妃道'二人土上坐'，李妃应声对曰'一月日边明'。于今琼岛的风景依然，却不知道哪一块土是二人坐的！团城上的一株古栝（白皮松），枝干如凤龙，肌肤如霜雪，而青翠的细叶，依然朦胧着，好像女人的青鬓未尝凋谢。据各书的记载说是金朝所留的古树，这是何等的奇迹呀！由此类推，凡是三海一带的宫苑，其间重要的布置，古老的树木，都可以假定当金元之日与今日情形不甚悬殊的。因为历朝建置不能无因而来，必是据前朝一个什么地方改造，所以名称虽异，土木已殊，而不害其为旧迹也。明朝人不甚讲究离宫、别馆，不像辽金元的皇帝喜欢行幸，他们只在大内里外收拾些小巧的花园而已。如大内的御花园及西苑、瀛台又今南池子一带之南内都是。明朝臣子蒙赐游西苑（即今所谓三海），便以为天上之游，非常荣幸。看他们笔记下来的情形，与今日亦无大异。揣度起来，富丽有余而自然不足，无怪乎武宗之喜欢宣府大同矣。清朝人却不然，毕竟是塞外的民族，有雄旷之风，其历代所经营之离宫，由圆明园以至静宜园，将辽金别院以及明代勋戚世家之别业全然包括在内。其天然风景及树石布置便承袭前人，而土木布置则自出心裁。康熙、乾隆迭次南巡，将江南名园的胜景也都镕铸其中，如江宁之瞻园、吴县之狮子林、钱唐之小有天、海宁之安澜园，佳处都各有一点。甚至于欧洲的楼房水法，也都经耶苏会传教士之介绍而采入了（还有些遗迹移在中海居仁堂）。今日之下，我们循行西郊，只见蔓草荒烟中之圆明园遗址，近年修复之颐和园，浅俗狭隘，不及当日十分之一，而中外游人，尚啧啧称羡不容于口。悬想当日处都是驻跸之所，皇室贵臣，终岁流连，百官随扈奏事，奔走络绎。西直门外的石板道也被马踏平了，海淀的麦田也被市街侵占满了。到咸丰最盛之日，皇帝一年中有三分之一是住在园中的。一国的军国大政，简直是在这水光山色树影莺声之中轻轻裁决，这却是古今少有的。"

铢庵："继续讲到十刹海的故事，嘉庆中蒙古诗人法时帆住宅即在此地。他作的是翰林官，终日优游无事，专同一班汉人名士享些山水园林诗酒之乐。大约那个时候，北平风雅之盛，为有清一代之最。满洲人的领袖是成亲王永瑆，汉人的领袖是翁覃溪，而蒙古人的领袖便是法时帆。他们的风度思想，都可反映承平时代的闲暇纵逸，同时也就暗示由治而乱的机缄，颇有似于明朝万历年中江南之士风。不过清代学术实事求是的风气，一直浸渍到风雅上去。由金石碑帖字画的考据，扩充到古迹的考据。法时帆一班人便从这十刹海一带考证出李西涯的故居来。李西涯是湖南人，而生长在北平，他的诗集中常提起十刹海一带的风景，朱竹垞作《日下旧闻》的时候，还不曾记载。法时帆一班人一一考证而为之绘图题咏，并且访出西涯的茔墓在西直门外极乐寺附近的畏吾村，也是多年湮没失传的。"

春痕："我读明清两朝人诗文集，往往提到北京掌故。可惜东鳞西爪不完全。究竟要知道北京掌故，应读什么书？"

铢庵："北京历史风土书，比其他各都会为尤丰富。明朝人著作流传至今的，有刘侗的《帝京景物略》，明末有孙承泽的《春明梦余录》，清初有朱彝尊的《日下旧闻》，乾隆中有敕编的《日下旧闻考》，嘉庆中有戴璐的《藤阴杂记》，光绪中有《顺天府志》，清末有震钧的《天咫偶闻》，这都是几部比较大的书，考证详明而包罗广博，如果要查考北平的史迹，这些书是少不了的。至如其余零星小书，大约还有十余种，其中最有趣味的是嘉庆年中日本人所刻的《唐土名胜图荟》。此书中有各种实地的描绘，如灯市口的灯，如查楼戏园，如勾栏胡同的妓馆，其妆饰衣服房屋器具，以及街道上的形形色色，都使人如身历其境。可惜我们自己倒没有这种图绘之书。即以地图而论，就没有备具各种时代的。最近故宫博物院文献馆在内务府旧档中发现乾隆年中的北京全图，其大可以铺满一座殿屋，其细可至每一街巷的房屋都一一绘出，可谓北京最古最大之图。非进御之物不能有此，非存于内府无人过问，也不能留到现在。至于明朝北京宫殿图，国立北平图书馆中曾藏一幅。但是很简略而不合画法。中国营造学社曾依据《辍耕录》等书而作《元大都宫苑图考》，但是想象之作也不敢决其必是。所以在今日而欲一目了然看见元明时代之北京，也很不易的。

"至于北平的现状呢，地图固然有了，然而还没有一部适当的描写现状之书。已往的书多半记述到庚子以前为止。庚子是北平历史上划分新旧之一年，许多旧迹在那一年烧毁的烧毁了，归并的归并了，改变的改变了。而旧日的市街交通如南北池子、南北长街之类，也由隔绝而成为通畅，旧日的酒楼妓馆也由西城而移于南城，旧日士大夫住宅也由城外而移于城内，乃至学校之增设，警察之创办，公益捐之征收，工商团体之组织，新式娱乐、新式服装、新式交通器具之输入，无一不于此时开始。自庚子以至戊辰，这将近三十年中，北京是个新旧交争的时代。旧的一切还不肯完全降服，而对于新的也不能不酌量的接收。譬如拿些新衣服勉强装在旧骨骼之上，新衣服本不是上等的，而旧骨骼也不免失去原有的形状。在表面上一看，城阙宫廷无处不是破破烂烂的，街上的行人服装，从朝珠补褂以至于西服无不具备，住宅、铺家的建筑往往在门首盖一座砖砌的洋式门楼，门上、墙上涂些蓝粉，便觉得时髦之至，可以免于腐败之讥，所以庚子以后之北京实已非庚子以前之北京可比。

"到了戊辰，北京改为北平，又是一次大变动。这一次的变动，在政治上意义自然更为重大，整个的多年蕴藏之重器国宝逐渐移转，而丧失其固有意义，其多年沿袭依赖的社会秩序、人民生计，也受绝大之波动。自明太宗建都以来，孕育滋生不离窟穴盈千累万之居民，恐从此更不能维持其血脉。北平之历史意义从此殆摧毁无余矣。然而所留下而不能迁移之躯壳，犹仿佛足以傲睨其他城市，此后之北平，或者因为文化艺术的价值，反能使它成一个安静可住的区域，也未可知的。

"所以我们需要一部纪述现状的北平志一类的书，而尤其需要注重庚子、戊辰两次大变动。中国的人情，往往详远而忽近，愈是现代史料，愈无人保存。庚子到现在不到四十年，以区区幼年之记忆，还可略得一二。然而文字上之证据就不容易找了。再过若干年，老成凋谢，便连口头的传说、脑底的记忆也都不容易得了。漫说庚子，就是戊辰到今日不到十年之中，北平所经过的市容之改观、重器之迁移、古迹之修理、市政禁令之迭兴迭废以及新输入之风俗等，假使不赶快记载，以后也就要为难了。

"凡是来游北平的人，希望得一部书：第一，给予实在的叙述，使人知道北平有些什么地方，每一个地方是什么情形，怎样可以去游；第二，给予历史的叙述，使人知道某一个时代北平是什么样子，某一个地方某一件事在以往是怎样的经过。这类的书，实在还没有。你如要对于北平稍为深刻一点认识，除非读很多的书，再加以实地观察更无他法。"

　　春痕："我以为北平市政府应该作这件事。"

　　铢庵："诚然，近年北平市政府也曾经出版过《北平导游概况》及《故都文物略》之类，不过偏于表面的叙述过多，游人拿了这本书，还是不足于用的。我曾见许多西洋游人，走到天坛、太庙之类，这样那样都得问导游的人。而导游的人，于古代礼制沿革毫无所知，于是拿《齐东野语》胡说白道一顿。其为辱国，莫此为甚。倘然有一部详备的书，以各种文字出版，岂非一大功德。

　　"北平的风俗有许多始终不改变的，有许多随时嬗变的，有许多是在某一时期突然改变的。大约在戊辰那一年改变的最多。庚子所改变的是西洋化之输入，而根本未十分动摇。辛亥所改变的是革命色彩之加入，然后不久还是屈服。自辛亥至于戊辰十七年中，虽然奉的是民国正朔，而帝制色彩的确保存不少，官僚化的程度似乎不逊于前清。虽然号称加入革命色彩，其实不过添了一班起于草泽的军阀与夫归自西洋的官僚而已。人家客厅里还常看见挂御笔字画，胡同里不少'皇恩春浩荡，文治日光华'的对联，坐马车的还有些有'顶马'，后门及东交民巷还有红缨帽。甲子以后，已经去了若干，戊辰以后，便几乎绝迹了。其最可怜的，是满洲妇人之髻永不复再见，而隆福、护国两庙会的日期也改用阳历。这两件事却是一定伤了多少人的心。

　　"北伐的革命军初到北平，对于北平旧政府下的人们有视作俘虏之概。一切都认为要不得。不独满洲妇人之髻与阴历之庙会，连马褂也是打倒的，漫天匝地都要变成蓝白色的标语。甚至于黄色的殿瓦，也有人提议加上一层蓝漆。可是民国二十年以后，标语一律撤销。蓝色的漆与粉也自然销退。而马褂反变为公务员必须备的礼服。乃至'大人''老爷'的称谓、请安的礼节、前清服制之丧事仪仗、前清官衔封典之讣闻等，也无一不若有若无的出现了。固然这种旧风俗之复活是惰性的表现，无足为奇。凡是不能与时代并存的，终久必至于消灭。这其中实在无须加以人力，同时我们也不能不承认历年久远的风俗习惯是不容易骤改的，所以至今北平还保存着若干古代风俗。"

春痕："我们出城到西山一带领略领略野景罢！这又要烦你的指点说明了。"

铁庵："说来奇怪得很，我在北平住这么多年，要讲纯粹风景的游览，却自愧实无多大的经验。这恐怕不是你所想象的。"

春痕："为什么呢？听你的议论似乎足迹甚广而且甚熟，何以说无经验呢？难道你不愿和我同游么？"

铁庵："对不起，颇有这么一点情形。你若要找游侣，我是最不适宜的人物。纵使你不嫌我，我也不愿担任。让我把其中理由分析给你听。

"第一，须知道北平始终是一个都城，是一个宜于大隐的人海，是一个有组织、有秩序，富于各种兴味的住家所在，却不是为纯粹风景游览而设的。它的风景，大半是人工迁就自然而造成。如果抽掉人工的部分，则只看见一堆一堆无情而平冗的小山与旷衍干枯的平原而已。极少看见有水，便是有意致的树木也都是依据人为的计划而长成的。所以游北平决不像游江南各处，举头触目，总有青山绿水，使人心旷神怡。若拿游江南的眼光来游北平，便不免觉得大有逊色。所以北平只宜于长期的安居，在优游自得之中领略它的象外之美。一讲到游，好像总免不了带点匆促的意味，那就文不甚对题了。"

春痕："照你说来，你看北平仿佛闺中静好，不在乎发肤眉目脂泽衣裳之饰，而江南各处却是美人，可与目成的。是不是呢？"

铁庵一笑，又道："刚才是讲不必游览，不宜游览。再进一层，我以为就是游览，亦不宜于太浮泛的看法。我看要游一个地方，还宜先对这个地方有一种亲切的关系。或是对于这个地方的历史感甚深之意味，或是个人对于这个地方有必须游览的情分，或是在这个地方能领略到普通人所不易领略的境界，而将我与这个地方融而为一。游览而能到这种地步，则方能得到欣赏而不致于不值，否则游览之结果是尔为尔、我为我，徒然感到浪费与疲乏，势必至于追怨某处某处之名不副实。纵有真正可游的地方，也难免很冤枉的成为怨府。拿做诗来说，纵有极好的做诗题目，若是我与题目成为无情的两橛，或是我不曾抓住题目的神采，则此诗纵能绘影绘声，亦何贵乎做此诗。我发这个议论，绝对不是讥弹别人。因为别人值得不值得，只有他自己知道，我何能越俎代谋。不过据我自己经验看，确是如此。在我是觉得游览的机遇极不容易，所以我个人断非游览的良伴。"

春痕："怎样才是游览的机遇呢？"

铢庵："譬如说季节与气候，春天的大风，夏天的炎日，这是不适宜于出游的。又如生理与心理的变化，不能发生快感的时候也不适宜于出游。此外人事的牵掣，更是难以枚举。大约普通人有职业的拘束，非放假的日子不能出游。有许多人无意识的受了传统习惯的拘束，总愿意在重三重九等类佳节出游。殊不知这种日期，既不一定遇着理想的天气，而'我能往寇亦能往'，倾城士女拥挤在一个地方，那无宁说是练习社交，而实在没有接近自然的机会。集团生活不是说不应该，不过也不应该忘了领略自然的意义。这样说来，先要确定游览的意义，又须适逢好的机遇，这方才值得一游。所以人之一生亦难得有几次真值得纪念之游览也。"

春痕："你这话虽然透辟，然而还有可以推论的地方。我以为也不必如此呆看。人生于世，世界就是一个大游览区，做人就是一回大的游览。种种悲欢苦乐，都在这大游览过程中，如抽茧剥蕉一重一重的出现。这些我们都在欣赏之中，然则大游览中之小游览所得，亦不过时间中之一刹那、空间中之一微尘而已。何必再如此斤斤加以分别相？倒不如像我这样无所为而来，无所为而去，就在这匆忙之中，见其所见，闻其所闻，不求甚解，不亦善乎？"

铢庵："我承认你这是达观的话，比我高一筹。不过我是普通说法，你是上乘说法，普通说法恐怕也不能废。而且就我个人来说，我无济胜之具，性情又好逸恶劳，以能力而论，实在不配讲游。姑且以此自文其过，希望你不要揭穿我的衷曲。现在先谈一谈城内的游览罢！

"说也奇怪，北平虽然是帝王之都，充满富丽整肃的气象，而野趣却也不少。这是什么原因呢？当元朝造大都的时候，宫苑的结构原是很散漫的。明初将大内置于城之正中，形式变成很整齐，而其余的部分便变成很寥落。偌大一个京城，其实是预备后日的扩充，而始终未曾布满。大约明清两朝情形差不多，南面完全是衙署及其附属的人家住宅，东西两面有些营业铺户及住宅，而北面则多王公府第，人烟最为稀少。清朝人口虽增加，而增加的趋向是向中央及南城以外。城以内并不受很大的影响。我们不已经谈过十刹海净业湖么？城的西北角以至于北海的北端，有板桥流水，有上下天光的湖沼，有凫雁鹭鸶，有桔槔水田，有长堤垂柳。虽然当春夏天气，有一部分作了平民娱乐场，搭了芦席棚，摆了三五里卖食物的浮摊，与一处一处要戏法、玩拳术、卖膏药、听话匣唱片种种玩意，自朝至暮，总有那班西北城住家的曼殊遗裔，浓脂艳粉，携儿抱女，川流不息，在那里欣赏她们所能欣赏的唯一群众娱乐。但是一到夕阳将下，高柳鸣蝉的时候，可以在湖边的会贤堂找一个雅座，粉窗八面，清茗一壶，凭眺之余，也可以得些湖光树色。尤其像我们久别江乡的人，到此暂忘朔土风沙，而复睹江南野水，自然有无限的愉快。若偶然遇着雨霁霞明，则城外的西山确似美人云发之新加洗沐，衬着粉颈而益显其浓翠。有了这种机会，更不必坐汽车赶到西山饭店。这其中一劳一逸，一俗一雅，殊难以道里计。我看许多人都忽略了这一点。并且不必在十刹海，北平的任何人家，只要在屋顶的平台或庭院中的土山上小立，只要是雨过天青的日子，都可以看得见西山的。西山近看何曾有什么东西？倒不如如此遥赏，有趣得多。说到这里，我的议论又多了。凡看山有宜坐轿看的，有宜骑骡看的，有宜策杖看的，有宜乘舟看的，像这样收入户庭几席之间，尤其是再便宜没有了。

"由西北城推而至于东北城，也是一样。东直门内一带现在俄国教堂所据的那些地方，也都是昔年的废宇颓基。虽不似十刹海之江乡景物，而荒寂之致却又非所能及。震钧的《天咫偶闻》描写得很好：

羊馆胡同有前代废铜厂基，锻灰积过七八丈，褒延甚远，岁久坚凝如石，风雨剥蚀，颇具巉崿之致。坡陀迤逦，且起且伏，令观者骇愕，嵌崎之致，疑从天外飞来。每春岫浮烟，秋林落叶，登兹遐眺，所见自远。而城堞参差，正堪平视，屋宇远近，都在指顾。西则宫阙重重，山岚巍巍，万岁景山皆在禁中。我辈送目，惟此而已。城隅隙地半多野水，履亲王邸山池即因水为之，今楼榭不存而水局如故。数株杨柳，低欲拂波。其北有俄罗斯馆，水所周也。

"铜厂锻灰可以堆成假山，很奇怪。可见北平的景物是无奇不有。近取诸身，远取诸物，俯拾即是。不过普通人不肯留意。即使留意而不是大家趋之若鸷的地方也未见得有人赏鉴。所以我的意思，北平宜于心情闲冷的人，在平淡无奇之中，常常的领略，而不是倥偬间所能认识的。

"又推而至于东城的泡子河、西城的太平湖，在往日也是饶有野趣的地方。泡子河现在以观象台著名，上面所陈列的天文仪器是元代郭守敬的遗制，制作极精，乾隆年中已经毁铸了许多，这是乾隆帝特旨保存的。庚子年德国军队取去，不到二十年欧战停后方送回。我们现在到了此处，不能忘记元代学术文化程度之高与夫庚子联军之耻辱。凭高悼古，必有无限深情，孤城野水，更添茫茫之感。太平湖的水已经涸干了，我们只知道这是醇王府所在（俗称七爷府），光绪帝于此诞生，至今还留着他洗三的一口井。现在是民国学院的校舍，每年春暮，繁茂如云锦的海棠依然装点此地的'太平'岁月，这又是何等可感慨的地方呀！

"崇文门外许多地方，于今北宁火车入城的时候远远看去，不过是些破庙废圃，而在古代却正是流连风景之地。元朝廉希宪的万柳堂，赵松雪曾听侍女的《雨打新荷曲》，其风流余韵到清初的冯溥又为之再度铺张。当时的柳的荷（戴璐《藤阴杂记》说，那时已柳枯水涸桥断亭倾），园林胜事一往而不复见了。然而还剩几座古刹，依稀供人留恋。例如夕照寺就很具胜概。当斜阳照着鳞鳞的阡陌与寺里的苔垣藓壁，野旷人稀，风长气静，格外显出此地悠久苍凉的历史。寺的东边有一点小园亭，我最爱登亭延眺，觉其意境又非会贤堂、观象台等可比。夕照寺还有一堵画壁，虽只是乾隆中的画，然而像这样的画壁在他处也很少看见。

"宣武门外的胜地比较的多。在清代三百年中，因为士大夫多住宣南之故，所以容易见于名人吟咏。其中最早见的是黑窑厂，王渔洋有《黑窑厂登高四律》，龚芝麓、汪苕文、陈其年、朱竹垞都有诗。其实不过是一个土堆，当时不过近局招邀，取其有在城市之旁而有郊野之趣。此地附近有龙树院，以龙爪槐得名，也常见于诸家诗集。最后有潘祖荫、张之洞在同治十年大宴公车名士一事，至今脍炙人口。自此以后便绝响矣。龙树院之旁便是人人皆知之陶然亭，此亭乃康熙年中工部郎中江藻所建，他正是窑厂的监督，所以能留下这个名迹。北平的深秋是很凛肃的，此亭据野水之中，芦荻萧萧，暮云四合，此景最是难忘。曹仁虎有句云，'穿荻小车疑坐艇，出林高阁当看山'，简直的确是陶然亭的景致，不能移赠他处。从前亭中可以宴客，现前勉强还有个茶座而已。现前既无宣南士大夫，又无登高雅会，谁还一顾这种冷落荒僻的地方，恐怕不久也要步万柳堂之后尘了。"

①

文化城的文化

铢庵与春痕驱车遍访北平各学术机关，从沙滩经过北京大学的新建筑。春痕很诧异的道："这一年来听说各大学都有南迁之议，怎么还盖新房屋呢？"

铢庵笑道："南迁是谣传罢！北京已经改为北平，而北京大学之名至今未改，不独未改，还要永久的保存下去。区区一名称尚且要拥护，何况这个关系近数十年国家政教兴衰的地方，哪能随便就放弃呢？北京大学是前清的京师大学，其产生还在戊戌以前，是中国国立最高教育机关之最悠久者。庚子以后，一天一天的进步，以至于五四发动了一个最大的运动，居然克奏非常的凯绩。那时学校的内容，还不能不承认并未十分充实，却是经这六七年来的整理，内容也迥非从前可比了。你看此去景山东街有一所潭潭府第，朱门洞开，石狮屹立，里面的设备虽已改了洋式，而用的仍是当日的木架，坚牢异常。这是别的地方所能比的么？这就是乾隆宠臣傅恒的故第，奉旨拨充京师大学堂之用。还

---

① 图注：陶然亭。刊载于《北辰画报》1935 年第 5 卷第 7 期。

有前面北河沿的无数半旧洋楼，那是庚子以后所办的译学馆旧址。处处可以使人回忆历史上的变迁。北京大学与北京城的关系，恐怕是不能脱离的。"

春痕："北平还有些什么重要的大学？"

铢庵："北平大学是继承从前的几个专门学校而联合组成的，师范大学是继承男女两师范专校而合组的，这都是历史很悠久的。还有几个性质较为特殊的，中法大学是用法国退还庚款办的，辅仁大学是美国的天主教会办的，东北大学是借地办的，这都在城内。城外还有燕京与清华，其余独立学院，不能细数。"

春痕："这许多高等教育机关聚在一处，不嫌迭床架屋么？"

铢庵："善哉问也！看是很不合理的，然而也有所不得已。说来又话长了。北京是全国的心房，靠着它方能使全国各种事业不断的活泼。从前每两三年有一次会试，平常又有各种零星之投考、选缺、引见、解饷等事，各省形形色色的人如潮水一般，周而复始，来而复往。于是连类而及的工商业也就无形发达得不少。各省的上好货色都到了北京，而北京的上好货色又分散到各省，其实往往就是一件东西，不过辗转流通一下而已（例如书籍、美术品、装饰品等）。

"货既如此，人亦宜然。在外省有志上进的人，没有不想到北京结声气谋出路的。在北京住了些时之后，见识学问必然长进，交游声气必然扩大，再向外省发展，又可培养出第二批人来，将来又来受北京的教育。所以北京永远是吸收着新鲜的优秀人文，同时又以之输送至于各处。比作人身的心房，是再没有错的。

"尤其在乾嘉以后，承平已久，大家都有余暇及于文化事业，而禁网也渐渐疏阔，大家可以自由发挥个人的好尚，所以北京更有五花八门之观。北京是学术思想上的时装中心区。有几个人提倡一件事情，轰动起来，便成一时风气。譬如嘉庆中翁覃溪一班人讲碑板，法时帆一班人讲掌故；道光中祁春浦一班人讲说文，何愿船、张石舟一班人讲西北史地，魏默深、汤海秋、龚定庵一班人讲经济，曾涤生、倭艮峰一班人讲理学；同治光绪之间，京中士大夫讲气节，讲风雅；光绪中叶讲时务，讲变法；辛丑壬寅以后讲新政。百年中风尚变迁，大略如此。尤其是讲变法以来，除了纯粹学术以外，又加上政治上的放言高论，更觉有声有色。讲新政以来，除了言论以外又加上政治活动，更是自有北京以来的一种变局。这种风气，到民国以后一直继承着，大而组政党、出刊物、发表政见，预备登台大干；小而上条陈、谋差使，莫不以北京为中心，极尽活动之能事。他们活动的对象，内而当局，外而军人，甚至于外国使节记者，都可以牵涉在内。其规模阔大，气象万千，又迥非从前的北京所能想象了。这种风气，在奕劻与袁世凯当权的时候开其端，民国以后变本加厉。他们的私生活，一方面继承从前满洲贵族纨袴的衣钵，一方面新学来海上的繁华，一言以蔽之，骄奢淫逸而已。记得当年报纸有一首七律，描写京员的生活。其中的两联是：

天乐看完看庆乐[1]，会丰吃罢吃同丰[2]。

头衔尽是郎员主，谈助无非白发中。

"'郎''员''主'是京曹清秩，从前能有这样的豪举么？这都是行新政以后，添设许多新机关、增加津贴的结果。现在的京官不穷了，娱乐的法门也都精了。前门外八大胡同的清吟小班、廊房头条的金店、西河沿的旅馆，都是从这时代起突飞猛进的。然而也还有一部分人，以其余暇从事于旧时代之风雅，所以琉璃厂的生意也还不恶。

"民国元年经过第三师兵变以后，十年间积贮而成之繁华，稍稍为之销歇。然而其时大家对于袁世凯的信仰很不错，不久就恢复了。接二连三的政治变局，都以北京为中心。尤其在民国六年以后，国会议员、武人政客正是张牙舞爪时代，什么一夜的赌博输赢几十万，这种空前的盛况到曹锟拿五千元买总统却已成强弩之末了。十三年冯玉祥的一炮，遂使骄奢淫逸的北京蘧然梦醒。

"当民国九十年间，徐世昌任总统时代，北京已经很难支持。南北议和谈判决裂，财政陷于无办法，而庞大之各机关还是养着无数冗员。听说最后之财政部，一部薪俸每月就要二十七万元，而政府只能在过年节之前，靠着盐余发放一个月之两成或一成半来点缀这些饥官。所以只有比较活动的人，多兼几个差使可以支持，大多数的人是无法度日的。又只有几个阔机关如外交部、交通部

---

[1] 作者注：为戏园名。
[2] 作者注：为饭馆名。

及其附属机关，依然倚仗着特别来源，不欠分文。而最苦的参谋部、蒙藏院简直几乎终年见不着孔方的面目。

"公务员的苦况如此，教育界自然连类而及。一年总要欠好几个月，为争教育经费之独立不知流了许多血打了多少架。军警饷虽然比其他重要，然而也时常闹饥荒。他们曾经借这个题目逼黎元洪去位，步军统领王怀庆、警察总监薛之珩曾经穿着制服排队到总统府索过饷。后来到十五年才举办房捐，全城警察一万多人才有确实的饷源。二十三年余晋龢任公安局长，方才普遍加一块钱，于今每名警察总算有十块钱的警饷，此是后话。

"北京的土著以旗民为大宗，这班人在前清已经沦于末路了。民国以后，并其微渺之旗饷裁去，其年富力强的还可以勉强另谋职业。不然，只有坐以待毙了。公侯将军在街上拉车的，简直不算奇事。至于家境稍为富有的，几年坐吃山空，也就愈趋愈下。有房产的虽然可以指着房租度日，而市面凋落，有房也不易找着租主。

"总而言之，在民国十三年左右，穷的是愈穷，而从前曾经阔过的也无一而不穷也。

"凭玉祥的一炮，还没有十分唤醒人们的春梦。到十七年接收北政府，改北京为北平，这才知道'江左王气终于三百年'。北平的商家，那时还有梦想还都的，后来知道万无此理，于是只好盼望着某一种军阀来作保镖。最先入北平的是桂军。桂军之军誉是独一无二的，北平人对于他们很存无穷的希望，可惜不久局面变了。此后便是晋军、东北军迭为北平之主。据说北平的商家对晋军的军纪是欢迎的，只嫌他们把钱都带回家去了，不肯在北平花一个大，北平竟得不到他们一点好处。东北军之初来，是很有些令人担心，不过他们觉得东北军肯乱花钱，也不无可取。商家对于肯花钱的主顾总是欢迎的。驹光易驶，转瞬六七个年头。而这些熟魏生张迎新送故，又一概都成陈迹。谁也不能做北平的保镖了！北平的过去谁也知道不易复见了！坐着听天由命罢了！

"在这六七年当中，北平失去政治上的地位，是不消说得。但是有一样，方才所谓心房的作用，还未损失。不但未曾损失，而且比以前更觉重要。这话又得说回来。

"还是因为旧日传统的地位与士大夫自由讲学之风气始终孕育在北平，所以北平一时不能就死。不但不能就死，而且靠它将生命灌输于别处。近年中国之文化复兴，谁也不能否认渊源于民国初年一部分学者之聚于北京大学，从此才有一部分力量乘着五四的机会活跃起来，从此才改变一班人的心理，打破一班沉闷的空气，从此才促成近年一切的改革。追溯根源，实在人民的觉悟而并不是武力的成功，尤其不是哪一个人独有的勋绩。由此说来，北平实在是大有造于中国而无过之可言。记得往年北伐初就之时，有人说北平是腐化势力所在，不宜奠都，竟没有人肯公公道道的说：'假如没有北平，则腐化势力依然存在。'北伐哪有这般容易呀？

"虽然北平遭了这不白之冤，很少人替它主张公道，然而事实终是事实。这是六七年来因为政治上失去重要，反而可以大大的施展文化上的威权了。分几方面来说：

"第一，是人才之集中。无论是国立还是私立大学，教员之选择严格多了，不是学问有成就的未必能觳滥竽，而且不是继续的有贡献，也很难维持自己的地位。因为一班的认识程度提高，竞争激烈，自然使人常有后生可畏之感，这是六七年来年年显著进步的。

"第二，是风气之宽大。固然门户党援之见是不能免的，但是学术终究是天下公物，不能像高官厚禄那样攘为己有。主张尽管不同，过去的活动尽管有与现行政制相反，但是讲到学术，还不至于不准人家开口的地步。近年来政治似乎偏向统制一方面，因此愈能反映出北平学术界比较的有自由之美。

"第三，是工具之便利。北平的建筑、古物、史料、书籍，实在是研究学术最便利的地方。不独在文史方面，就是在自然科学方面，也因为多年累积的设备，非他处所可及。而六七年来各种新建筑之勃兴，文献之集中整理，尤非往年所能想象。

"将中国各处比较一下，这三都不能不推北平罢。投考北平各大学的人，年年都有增加，今年时局如此之不安定，还是有增无减。学术刊物大多数也都在北平出版，重要言论足以影响政治者；纵使发表的地方不在北平，而执笔的人往往仍是住在北平。种种方面都可以证明北平在文化上的地位确是较之以前倍加重要。

"去年有一位外国的物理学家来游北平，北平的科学界人公函请他演讲。他回信说是此来之目的只在游览，只可作一普通演讲，而不预备作专门演讲。语气之间，颇有夷然不屑之意。及至他到来之后，偶然有一次，谈到某一项专门试验。人家告诉他，协和医学校即有此种设备，他听了方才耸然动容。人家又告诉他，不止协和，清华也有，你何妨去看看？他看了之后，方始自动的要求在北平各学校作普遍的参观，并与各教授作学术谈话。他临走的时候，告诉人道：'我一直以为北平不过是一个富有历史意味的古城而已，于今方知道还是一个近代学术的中心。'

"这些都是今年以前的实话。然而今年以后呢，景象微有不同罢！自从二十三年故宫的重器南迁，已经开始悲凉的运命。大家都有些不安了，许多学术工作不免于动摇了。现在有形的迁徙，虽然已经决定停止，而无形之不安与动摇，恐怕只有愈趋愈甚的。六七年来的进步，只剩得许多伟丽的建筑，如北平图书馆之类，依然精莹耀目，而内容不见得仍是从前一样了。试问将来又有谁来代替北平担负这文化前驱之重任呢？"

①

---

① 图注：北平图书馆。刊载于《良友》1931 年第 56 期。

北平的命运

春痕："此次北游，心目中所怀唯一感想，就是北平虽然沦落，虽然照你说来已不会再回复已往的光荣，但是就表面上看来，也似乎没有到这步田地。譬如人口一百五十万，也并未曾减少；文化机关也并未曾关门。即如各大学，照你所说，投考的学生依然不在少数。就以建筑而论，依然有许多金碧辉煌似乎在从前也未必胜过这样。还有北平的马路，从前听说很不好，现在也觉得并不算十分坏。然则北平不像是没有希望啊！"

铢庵："善哉！你的感想倒是非常内行的观察，一点也不错。然而你终究是初次来游的人，近几年北平命运之转变恐怕未必清楚。何以叫作命运之转变呢？在十七年初改北京为北平的时代，大家认北平为倒霉的地方，几乎更无一顾的价值。十九年内战的时代，则北平又大有复活之势，直至怀仁堂掘了避飞机的地窖（此窖至今尚在）而后此梦方醒。然而自此以后，几位负盛名的学者陆续回到北平，极力散播学术的空气，一直到榆关事变的时代，这种以北平为文化中心的空气是很浓厚的。可是二十二年春夏间的北平，惨淡极了。数百年累积的不可以数计的故宫宝藏，就以一道密令趁着黑夜用几列车运走了。这些宝藏似乎已经不是政府的力量所能保护，那北京的危险还用说么？宝藏是轻而易举的，尚且不能保护，何况于土地人民呢？岂不是北平就要沦于异域么？在这个时期，确不免有许多人是这种看法。后来黄郛北上讲什么安定人心，袁良做市长颇能实心任事不辞劳怨，于是大家看见市政上有些进步，又觉得在北平住家究竟不错，政府也觉得这寂寥的旧都究竟是人心所系，又设了一个旧都文物整理会，由财政铁道等部协款兴修天坛，兴修正阳门牌楼及东西四牌楼、金鳌玉蝀牌楼等等。在北平城中心登高一望，倒是金碧辉煌、衢路修直，一种新气象反比帝制时代还要整齐些。国难虽深，而谋所以维持此旧都者转不可缓。所以这是北平命运的四变。

"最近一年来，北平的命运又到了竭力挣扎的时期了。去年夏天的气象可谓悲凉已极，一样一样的往后撤退，几乎连各大学都有不能续继之势。如果不是知识阶级的慷慨陈词，守死弗去，则后来华北成为何等局面，谁也不能预料。

今日之下，虽是忍辱求生，然而城郭人民，依然如故。足证国必自侮而后人侮之，只要自己不双手奉送，则别人硬抢过去亦究竟有些烦难。北平！北平！已经到最后之难关了。我想全国有心之人决没有肯听此古城沦为异域的。从此执戈奋起以卫国土，或者古来幽燕壮士之灵在那里默佑我们，以此为中国复兴之朕兆，亦未可知啊！

"袁良去职，时事更不如前，市政改良，恐怕不容易再想象，然而文物整理会新近还开过一次会，通过了第二期整理计划，这是一件差强人意的事。

"袁良在任的成绩，以故郡人士的公意来说，是朱聘盼办市政以后的第二人。朱氏办市政，在民国三四年，他的功绩是禁地之开放、古物之集中与警察之训练。在他的手里，没有盖过不中不西的建筑物，没有毁坏过古迹，这是走遍全国所最难找到的。他最善于利用固有的美点。试看中央公园的布置，没有一点牵强的地方。坛庙尊严依然不失，而游人便利却又不受影响，确是一番苦心。他提倡中国建筑艺术二十年，果然组织了一个中国营造学社，至今受英美两庚款的协助，出版书报，并代各处设计，在学术与设计两方面都有不少的贡献。至于袁良之任市长，也得其赞助不少。所以各重要建筑，都已根据文献，参用新科学方法，修复保存。尤其是天坛祈年殿工程之雄伟复杂，除非将实物保存，则以后决难再见这种建筑。自前清光绪中叶重建以后，已将近五十年，及今不修理，以后真不知何日方能顾及。所以袁良作这件事，我们不能不赞他勇于负责。最近山东的孔庙、浙江的六和塔也都采用中国营造学社的方法重修。从此以后，著名的古建筑都不至于栋折梁崩（新法以铁筋水泥代木料再加彩画，表面与旧建筑毫无不同，而比木料坚固经久），并且以后新兴的大建筑也不至于再用从前不中不西的幼稚款式，贻笑世界。这的确是近年文化上的显著进步，而其起点则在于北平也。"

○ 原载于《宇宙风》1936 年第 20 期

难认识的北平

1936

—— 老向①

我喜欢北平，我在北平住了二十年了，但是我不能说已经认识北平。

北平好像一棵千年的老树，百多万市民比作一个个的蚀木虫儿，树即使被钻透了，成了空壳，但是每个小虫儿所尝到的只是机会所赋予他的某一枝干上的某一小点儿。至于根干的形态、脉络的关联，以及栽植的岁月、营养的来源，那就不是一个小虫儿所能了解的了。所以，我住在北平虽然不能说不久，而对于北平的认识，也还不过是一些不很可靠的一知半解。

北平有海一般的伟大，似乎没有空间与时间的划分。它能古今并容，新旧兼收，极冲突、极矛盾的现象，在它是受之泰然，半点不调和也没有。例如说交通工具吧，在同一个城门洞里，可以出入着极时兴的汽车、电车，极轻便的脚踏车，但是落伍的四轮马车、载重的粗笨骡车、或推或挽的人力车也同时出入着。最奇怪的是，在这新旧车辆之中，还夹杂着红绿轿、驴驮子，甚而至于裹着三五辆臭气洋溢的粪车。于是车夫们大声喊着"借光！靠里！怀儿来！"。喇叭声，脚铃声，争路相骂声和警察的短棒左指右挥，在同一时同一地存在着。妙在骂只管骂，嚷只管嚷，终于是风平浪静的各奔前程，谁也不会忌恨谁，谁也不想消灭谁。

---

① 编者注：老向，名王焕斗，字向辰，号老向。河北省辛集市（原束鹿县）人。曾主编刊物《抗到底》。以京味、通俗文学著名。与老舍、老谈并称"三老"，著有长篇小说《庶务日记》、说唱作品《抗日三字经》等。

①

提到车辆，立刻想起洋车夫来。在社会表面上活动的，洋车夫应当首屈一指。大半的旅客，一到北平，首先接触的也是洋车夫。他们的品类之繁难以数计，他们的生活之苦也难以形容。但是无论他怎样的汗流浃背，无论他怎样的筋疲力竭，他绝对不会以失和的态度向你强索一个铜板。你若情愿多给他一两枚，他会由丹田里发出声音来，向你致诚挚的谢忱。最教人难以索解的是，有时他向你报告沦为车夫的惨史，或是声明八口待哺、车费无着的当儿，还是用一种坐在茶馆里品茶的闲适与幽默的口调！难得他们怎么锻炼的！

在北平说吃，是再艺术不过了。富贵之家，且搁过不谈。普通的人家，只要在北平有上半年的历史，再走到任何地方，也要觉得不舒服。油盐店、猪肉铺、米煤行总是聚在一块儿，分布得那么均匀，仿佛是经官府统制着开设的，无论住在哪一个角落里，置买"开门七件事"，都不会使人感到有什么不便。一饭千金的主儿，自然是陆地神仙，从心所欲；就是一个苦力用了十枚或二十枚，也能将就着生活。两枚的作料，油盐酱醋都有了，还可以饶上一棵香菜。然而同是一个玉米面窝窝，像茶碗那么大的只要两个铜板，像酒杯那么小的要卖一角银洋，物以人贵，那就难以概论了。至于各地的特殊烹饪，各季的应节物品，再加街上的零吃小卖，使人眼花缭乱，不易分明。单就食物的各种幌子，各种唤头，足够一个人终身讲究的了。

北平的街道那么正直，院落那么宽绰，家家有树有花，天天见得着太阳，世界上还有哪个都市比得上？欧式的楼房不见得怎样耀眼，旧式的门面也不见得怎样简陋。光滑的地板、通明的玻璃，住起来也不见就比着纸糊窗和砖漫地

---

① 图注：北平冬天的黄包车。刊载于《时代》1934 年第 5 卷第 8 期。

好。它似乎什么也能融化，什么也能调和。所以，在皇宫巍然矗立的旁边，可以存在着外国的租界，也可以存在着比乡下还不如的小胡同。一墙之隔，可以分别城乡，表示今古，而配合起来却又十分自然。

论到人物也是如此。赤着大腿的姑娘和缠着小脚的女人并排的立着走着，各行其是，谁也不妨碍谁。圣人一般的学者，和目不识丁的村氓可以在一块儿喝茶，而各不以为耻。如同电灯和菜油灯同在一个房间一样，各自放着各自的光。最令人惊奇的，凡是法令上所制止的事，这种事一定公然的存在着；凡是法令所禁止的人，这种人也一定公开的活动着。所以警察尽可以说北平的不错，而各色宵小之徒，也可以说北平一样儿也不缺欠。不过，你要想分品别级，那就难了。

有工作不能无娱乐。北平的娱乐场，能够供人自由选择。拉车的坐在车前板上，喝两句京调，他就可以得到满足。逛一逛什刹海，走一走天坛，也用不着花钱。主人在屋里成千成万的输赢，下人们在窗外偷偷儿的掷一掷骰子，也都不失为各得其所的娱乐。娱乐之道，千头万绪，谁也不必勉强谁。所奇怪的是，到末了谁也能够得到他所要求的娱乐，终于是谁也不愿离开北平。

抛开这些琐屑问题，且谈一谈形而上的问题吧。假如有人想出家，不必远赴名山，城里有的是古刹，有的是高僧。假如有人要求学，那就更方便了，各级学校、各种的学者和名流，总可以有他合适的师友。假如有人想着研究古董，无数古玩铺店一家挨着一家，足够消磨时日；而随处的一砖一石，一草一木，都可能的蕴藏着丰富的历史，耐人寻味。假如有人在城市里住腻烦了，一出城门便是乡村，便有田园。要登临有西山，要玩水有玉泉。假如不爱作平民了，不妨到故宫去，冒充半日的无冕皇帝。这些事情，你如果都没有兴致，你还可以多听几回人的笑声，妙的语言，多涵养一点人的情趣。因为人类真挚的笑语，我所知道的以北平为最浓厚。

凡是在北平住过的，多半都称赞北平"好"。至于"怎么样好"，或是"哪一点好"，那就言人人殊了。称赞北平实在不易，北平太伟大了。

二十五年五月十二日于上海逆旅

○ 原载于《宇宙风》1936 年第 19 期

北平的货声
1936

—— 吕方邑

  自己的东西，自己并没对它怎样的爱护过，但是当它变成了别人的所有时，却有些恋恋不舍了。我为什么离开北平？我在北平有几间小小的瓦房，屋前有一方宽大的院子（在北平，要有一个宽大的院子，原是很方便的事），在那里，我曾种过花，养过鱼。我有许多的书，新的旧的，足够我研究，也足够我披览。但我为什么要离开北平呢？我一定要离开北平。我住够了北平。北平，这个故都，这个古城，看了这个古城的城墙，也足够要我离开它了。它是乌灰的颜色，它是经了多少年来雨打风吹而被剥蚀得腐朽，墙头和老人的牙齿一样的参差颓毁，墙根遍是残砖败瓦，它是整个的代表了这故都的一切。这样的城里，包着一大团灰尘，灰尘连天的飞腾着，所谓"无风三尺土"，如果遇到最富有故都风味的大风，那么人的耳眼鼻喉可以让灰土塞闭住。可是不要下雨，下雨虽然可以把灰尘压下，但满街变成了泥浆，由一只火香炉一变而成一个大墨盒。在这一团灰尘的香炉里，住着好多的安善良民，他们和气，他们谦虚，他们也畏缩，他们也懦怯。他们没有饭吃的时候，可以坐在房里挨饿，但决不想到怎样才能有饭吃；他们有饭吃，但求安居乐业，不管统治者是军阀，是官僚，还是外国人（关于这点，实亦有历史的背景使然，当另文言之）。他们信神佛，可是自从"那二十六年"以后，神佛也不再睁眼了，于是他们信"鬼子"，在他们的信仰上，"鬼子"代替了神佛。他们喜欢旧的古的，墨守成法的，遵古家传的，于是砂锅居的生意兴隆了。但他们护短，不喜欢人家指点出来，周作人先生一句"北京人有奴气"，便惹起了一场笔墨官司。他们懂得精神胜利的妙诀，途中因踏履之嫌，便可以破口大骂，这个骂那个是"孙子"，那个骂这个是"混账王八蛋"，越骂越远，怨愤便消逝在两者间的距离中了。这一切，把我挤出了北平。

我到了南京。这里，我的行动的范围仅仅是几席之地。在几上读书写文，席上睡觉。书，仅仅是几本，文呢，写论文。找不着参考书，只好写杂文。种花呢，养鱼呢，得了，想它干吗？一几一席之外，还有一扇小小的楼窗，在几和席上盘旋得厌了时，便把头伸出窗子。窗外有一些茅棚，一些瓦屋，还有几座小楼，还好，没有穴居，不然倒像是一部"住的进化史"。住房的人，都相安无事，那所小楼上的凉台上，时常有一个十八九岁的女孩在玩。独自时，就打毛衣什么的，两三个人时，便很活泼的有说有笑。时常挂在她嘴边的一句是"乖乖咙底冬！"住那瓦房的人，每早要把马桶放在门口，刷了晒，晒了刷，好像在显示自己的财富。住那茅棚的人，时常用不知是一种什么油烧菜，又臭又辣，余味袅袅，能够绕鼻三日。在这一堆形形色色的房子间，有一条巷，巷里的灰尘倒不多，但车过处，飞起丈把的灰，倒也不足为怪。下雨时，时常看见有几只鸭子悠哉游哉的在泥浆里洗澡。巷里一天到晚过着许多小贩，从早上的卖烧饼油条的到深夜的卖糕卖馄饨的，嘈杂的在耳边乱叫，"烧饼油条，油条烧饼""糕！糕！"机械的反复的叫着，真是卖什么吆唤什么。高兴时，倒也不暇理会这些，有时心里不大耐烦，翻翻桌上，一本英文书、两部中文书、几本杂志，没有一本愿意看，心里有点烦燥起来。于是发觉了墙外的芳邻们正在刷马桶，有声有色有味。不知是哪家在烧菜，烧菜的油香钻进我的鼻孔，我闻着像是橡胶鞋掉在火炉里似的一股气味，我喉咙发痒，鼻子发酸，要打一个喷嚏，可是打不出来。于是卖烧饼的来了，锦上添花，"烧饼油条，油条烧饼"机械的吆唤，好像我今天要不买他的烧饼油条，他就在我窗下吆唤一天。这一切，又使我不得不回忆北平。我是舍弃了北平的，可是，我不要，却有人正在等着要它。

当我回忆起北平的时候，北平已经不是我的了。回忆里的事物，是蜜糖，是醇酒，北平究竟是安静甜美的所在。北平的女人，像水一样的活泼，像柳丝一样的温柔。说起话来，是那样的温雅动人，我没有听过夜莺叫，但我还要听夜莺叫干嘛？她们清婉的喉咙，就再放不出一声沙哑的"乖乖咙底冬"！北平的空气是安静的，坐在小屋里，就不会有嘈杂的声音，在这种安静的空气里翻跟斗，闻到的是新鲜的空气，绝闻不到什么烧胶皮鞋气，踏翻马桶气。但空气并不就因之像石板一样。桃花开，便阵阵有桃花香吹过来。梅花开，便阵阵有梅花香送过来。邻家小姑娘也会唱《桃李争春》，小男孩就唱起"手把锄头锄野草"。尤其是卖什物的用着美妙的调子，唱着所卖的什么，音调和什物之间，有一种和谐存在着。这尤其值得回忆。坐在屋里，听到各种不同的音调，叫卖着什物，有的悠扬宛转，有的哀婉凄恻，有的高亢壮烈，使你心神要跟着它走，感出时序的流转，发出人性的流露，喜怒哀惧，任着它来领导。

春天深了，"水杏儿八达嗳……"巷口一声喊，立刻就让一群小孩给围上，一个一个的，一会儿，每个人手里都拿着一把青青的杏子，一团白白的蜜糖，吃得津津有味。老太太尽管站在旁边多嘴："那胡酸的吃它干吗？呔，我一看见牙根就冒酸水，……少吃呀，吃多了鼻子要流血！"小孩可管那个，"我吃了五个""我吃了八个"彼此的争着说。

日暖风轻，棉衣已经穿不住了，乍换上了夹衣，真有那么一股轻快劲。你看看自己种的花，有的已经发了芽，有的还没有长出来，忽的一眼看见空空的鱼盆，于是想起要是养几条金鱼不是很好吗？你听，"买呔……大小……小金鱼儿来呔……"，卖金鱼的来了。那么纵然贵一点，你也非买几条不可，快乐有时候是花多少钱不能买到的。等到"一个码的樱桃……小红桃儿是……赛过了李子咧……"这声音吹进你耳朵，就立刻有一个别的声音伴着来了，"粽子唉唉……江米小枣……"你便想到端阳节要到临了。蒲叶、艾叶、雄黄酒，哪一样没有预备，就赶快预备足吧。

过完了端阳节，天气就走进炎热的圈里去。早晨你也许还在睡早觉，门口早有各种菜贩叫卖起来："芹菜呀，黄瓜，架冬瓜嗳！茄子呀辣椒呀，大撒拉嗳！"卖花的在叫着："嗳栽花来栽花，栽凤仙花来，栽江西腊呀！"你也许在他们叫卖声中醒来，但你绝不会骂他们吵了你的睡觉，而你在心头却得着一个

"一日之计在于晨"的奋发的志念。

夏天的中午，是给人预定好的流汗时期，就是穿一件小背心也会流汗的。手拿一把芭蕉扇，坐在树底下，听蝉叫，看狗吐舌头，一切都不能使你有一点凉快的机会。唯一使人清凉的，只有那轻快的货声："唉……买香瓜来，三白的旱香瓜来……"卖香瓜的吆唤着。"吃来吧，闹块尝呀，块儿又来的大来穰儿又得高，好啦高的穰儿来，多么大的块来，就卖一个大钱来！吃来吧，闹块尝呀！"这是卖西瓜的，虽然吆唤了一大套，还没吆唤出"西瓜"两个字。你要是听了还不感到凉爽，那么卖冰激凌的就来了："冰儿激的凌来，雪又花来落，又甜又凉来呀，常常拉主道。""玉泉山的水来，护城河的冰，喝进嘴里头呀，沙沙又楞楞。""盛的又是多来，给的又是多，一个一铜子来，连吃还带喝。""一大钱一碗来，您就尝一尝，多加上桂花呀，多加上白糖。"由他唱去，十套八套，套套不同。但也有时候，有这么一二声飞进你的耳朵："唉……唉……冰核儿……哟唉……"于是你可以很熟悉的，在脑中映出一个画面，一个十一二岁的小孩，推着一个小独轮车，在赤日的毒炎下奔着叫着，给坐在家里不动的人运送着他们正在渴望着的东西——冰核。等到日薄西山之后，小室里余热未尽，在院中纳凉。直到明月西斜，微风阵阵的时候，周身才感到一些轻快，哈欠也跟着来了。于是想起进屋睡觉。你倒在床上以后，除了屋角有一二虫声叫以外，万籁俱寂，忽然天外飘过一声奇声怪调的"噢硬面饽饽"，其声又尖又促，卒然一声，能使毛发俱立。要是有一声"大夜壶哟"，这个幽默的叫卖声，一定使你忍笑不住的。

炎夏走去，西风带着几种新的货声到来，报告你中秋节近："吆甜葡萄来呀，赛过糖的枣儿来"，一种半高音的声调中，混着一点"肃杀"之气，不但人听了感到一种凄然的秋意，便是花木，也被这种声音催得雕落了。

接着到了年底。在暖日下，坐着晒太阳，不时的，就有这些货声飘来："画来买画！""买一蒲帘子来！"所谓蒲帘子，便是用稻草束成的帘子，无庸多说。至于画，昔者画必以杨柳青的木板画是尚，近年来，杨柳青的板画已不多见，所见的多是天津、上海各地的石印五彩画。这些卖画的人都可以叫进家里，你尽管一张一张的看，一边晒太阳，一边看画，实在是很自在的事儿。看完了，你要买他四五张，你就可以看到一副心满意足的脸子走出你的门口。

到"芝麻尖，松树枝呀！"的声音叫起来，那无异是叫着"快到新年了"的声音，年货马上要置备齐全，静候除夕之夜，爆竹声声，小孩子把着大门口喊："送财神爷来啦！"至于北风怒吼，冻雪打窗的冬夜，你安静的倒在厚软的被窝里，享受温柔的幸福，似醒似睡中，听到北风里夹来一声颤颤抖抖的声音："抓半空儿多给，落花生……"那时你心头要有一个怎样的感觉呢？

○ 原载于《宇宙风》1936 年第 19 期

北平的庙会
1936

—— 张玄

因为在北平住过几年，而且曾经有过一个家，便有时被人看作"老北京"了。据说乡村人称老北京为"京油子"，意思是不务实际的人，取义似乎没有"老北京"来得客气堂皇。

因为被人目为"老北京"，所以外乡的朋友常以怎样逛北平的问题来问。这问题假若由外宾引导员去答一定很简便，什么西山、北海、天坛、八达岭等等，不上几天，便可逛完。但我总不以此种逛法为然，所以答复也常不使人满意，因为我是根本主张欲理解北平的文化是非住上三年五年不可的。北平不比商埠，有洋房，有摩天楼，假若你到北平去找华丽的大楼，那你只有败兴。那么到北平应该逛什么呢？此非一二言所能尽。假若你对于历史有兴趣，你应该先知道这古城的家世，隋唐的塔、元明的庙不用说，就是商店也不少几百年以前的。北平也追时髦，然而时髦有个限度，譬如同仁堂的门面、砂锅居的肉锅，你是给他多少钱他也不会换的。

你说北平颓唐衰老不合时代，但它仍是这么古老下去，也许时代转换更能给它些光荣，正如秋天的枫叶，愈老愈红。所以你要逛，就须钻入它的内心，靠城根租一所房子，住上三年二年，你然后才有时间去厂甸、去鬼市、逛庙会、吃爆肚、喝豆汁等。不然，你走马看花，专追名胜，那它只有给你一副残破相。

记得知堂先生说北平是元明以来的古城，总应该有很多好吃的点心的。北平不只零吃多，可玩赏的地方也多，单说庙会吧。每旬的九、十、一、二是隆福寺，三是土地庙，五、六是白塔寺，七、八是护国寺，几乎天天有。如再加上正月初一的东岳庙、初二的财神庙、十七八的白云观、三月初三的蟠桃宫，你会说北平真是庙会的天下了。

鉴赏北平应该自己去看去尝去听，靠书本的引导就不行。不信你翻一翻《日下旧闻》《春明梦余录》，以及《北平游览指南》等书，关于庙会就很少记载，盖庙会根本不为高文厚册所看重也。

记庙会颇难，因其太杂。地大庙破，人多物杂，老远望去就觉得乱嘈嘈，进去以后，更是高高低低，千门万户，东一摊，西一案，保你摸不着头脑。但你看久了以后，也会发现混乱之中正有个系统，嘈杂之中也有一定的腔调，然后你才会了解它，很悠闲地走进去，买你所要买的，玩你所要玩的，吃你所要吃的，你不忍离开它，散了以后，再盼着下一次。

①

赶庙会的买卖人是既非行商，又非坐贾，十天来一次，卖上两天又走了。正像下乡的粥班戏，到了演期，搭上台子，就若有其事地吆喝起来；等到会期

① 图注：三月三之蟠桃宫庙会之香客。刊载于《文华》1933 年第 43 期。

一过，就云飞星散。庙会的末天晚上，他们或推车，或挑担，离开了这个庙，去到另一个庙，地方总新鲜，人与货仍是那一群。

庙会里货物的种类可真多，大至绸缎古玩，小至碎布烂铁，无论是居家日用，足穿头戴，或斗鸡走狗，花鸟虫鱼，无所不备。只要你有所欲，肯去，它准使你满意，而且价钱还便宜，不像大商店或市场，动不动就是几块钱。

庙会的交易时刻是很短的，从午后到日落，在此时以外没有人去，去也没有人卖。时间短而买卖多，所以显得特别匆忙。人们挨肩挤背地进去，走过每一个摊，每一个案。庙会的东西很少言不二价，常去的人自然知道哪一类东西逛多，哪一类东西逛少，看好了，给一个公道价，自然很快成交。

北平这城有它自己的文化，有它自己的风格，不管你来自天南海北，只要你在这里住久了，也会被它融化，染有它的习惯，染有它的情调，于是生活变成"北平的"了。然而在这同一北平的情调之中，也分成三六九等，譬如学生是一流，商贾是一流，而住家则另是一流也。

严格说起来，北平的情调应该拿住家来代表，也唯有住家的生活才真正够得上"北平的"，这一点不能详说了。我总以为北平的地道精神不在东交民巷、东安市场、大学、电影院，这些在地道北平精神上讲起来只能算左道。摩登，北平容之而不受其化。任你有跳舞场，它仍保存茶馆；任你有球场，它仍保存鸟市；任你有百货公司，它仍保存庙会。

地道北平精神由住家维持，庙会为住家一流而设，所以庙会也很尽了维持之力。譬如以鞋为例，纵然有多少摩登女子去市场买高跟，然而住家碧玉仍然去庙会寻平底，她们走遍所有鞋摊，躲在摊后去试，试好了，羞答答地走回家去，道上也许会遇见高跟鞋的女郎，但她们不羡慕那些，有时反倒厌恶，她们知道穿上那种鞋会被胡同里的人笑话，那是摩登，是胡闹。

市场是摩登，庙会是过日子，过日子与摩登有大分别，所以庙会的货物不求太精，只取坚而贱。由坚而贱中领略人生，消磨日子，自然会厌弃摩登，这是住家的可取处，也是庙会的可取处。由住家去庙会，买锅买炉，买鞋买袜，看戏吃茶，挑花选鸟，费钱不多，器用与享乐两备，真是长久过日子之道。摩登不解此，笑庙会嘈杂、卑下，只知出入市场，照顾公司，一到自己过日子，东西不是，左右无着，然后哭丧着脸，怨天尤人，皆是不解庙会，离开住家之病也。

庙会专为住家而设，所以十天中开上两天也就够了。住家中有老少男女，色目不同，趣味各异，庙会商人洞明住家情形，预备一切住家需要的东西，不管你是老翁稚子，或管家的主妇、将出阁的姑娘，只要你去，它准使你有所欲，或买或玩，消磨半日，眉开眼笑地回去。

你是闲人雅士，它有花鸟虫鱼；你是当家主妇，它有锅盆碗箸；你是玩童稚子，它有玩具零食；你是娇媚姑娘，它有手帕脂粉。此外你想娱乐，它有地班戏。戴上胡子就算老生，抹上白粉就算花旦，虽然不好，倒也热闹，使你发笑，使你轻松。

就按我自己来说，是非常爱庙会的，每次全是高高兴兴地去，我想旁人也应该这样。人生任有多少幻想，也终不免于过小家日子，这是快乐的事，也是严肃的事，而庙会正包含这两种情调，所以我爱它，爱每一个去庙会的人。有一次，我从庙会里买回两只鸟，用手提着向家里走，路上常常有人很亲切地问："这只鸟还好哇，多少钱？"我一个个地答复，有时谈得亲热了，不得不伫立在道旁，听他的批评、他的意见，有些人甚至叨叨地说起他的养鸟历史，热切地把他的经验告诉我，看样这些人也是常去庙会的。

庙会使人们亲密结合，系住每一个人的心。常听离开北平的人说："在北平时不觉怎样，才一离开，便想得要命。"我自与北平别，便觉此话千真万确。闲时想了想，北平的事物几乎样样值得怀念，而庙会就是其一，这大概是现在还不能不过小家日子之故。锅盆碗箸为我所用，花鸟虫鱼为我所喜，然今皆不习见。即见，亦不若庙会之亲切。爱而至于不忘，此即北平之魄力乎？此种意境，恐非登西山、跑北海、奔波三五日即离开的朋友所能理解也。

廿五年五月九日于津南开

○ 原载于《宇宙风》1936 年第 19 期

北平的好坏

1936

不佞住在北平已有二十个年头了。其间曾经回绍兴去三次，往日本去三次，时间不过一两个月，又到过济南一次、定县一次、保定两次、天津四次、通州三次，多则五六日，少或一天而已。因此北平于我的确可以算是第二故乡，与我很有些情分。虽然此外还有绍兴、南京以及日本东京，我也住过颇久。

绍兴是我生长的地方，有好许多山水风物至今还时时记起，如有闲暇很想记述一点下来，可是那里天气不好，寒暑水旱的时候都有困难，不甚适于住家。南京的六年学生生活也留下好些影响与感慨，背景却是那么模糊的。我对于龙蟠虎踞的钟山与浩荡奔流的长江总没有什么感情，自从一九〇六年肩铺盖出仪凤门之后，一直没有进城去瞻礼过，虽似薄情实在也无怪的。东京到底是人家的国土，那是另外的一件事情。

归根结蒂在现今说来，还是北平与我最有关系。从前我曾自称"京兆人"，盖非无故也，不过这已是十年前的事了。现在不但不是国都，而且还变了边塞，但是我们也能爱边塞，所以对于北京仍是喜欢。小孩们坐惯的破椅子被决定将丢在门外，落在打小鼓的手里，然而小孩的舍不得之情故自深深地存在也。

我说喜欢北平，究竟北平的好处在那里呢？这条策问我一时有点答不上来，北平实在没有什么了不得的好处。我们可以说的，大约第一是气候好吧。据人家说，北平的天色特别蓝，太阳特别猛，月亮也特别亮。习惯了不觉得，有朋友到江浙去一走，或是往德法留学，便很感着这个不同了。其次是空气干燥，没有那泛潮时的不愉快，于人的身体总当有些益处。民国初年我在绍兴的时候，每到夏天，玻璃箱里的几本洋书都长上白毛，有些很费心思去搜求来的如育珂的《白蔷薇》，因此书面上便有了"白云风"似的瘢痕，至今看了还是不高兴。搬到北京来以后，这种毛病是没有了，虽然瘢痕不会消灭，那也是没法的事。

第二，北平的人情也好，至少总可以说是大方。大方，这是很不容易的，因为这里边包含着宽容与自由。我觉得世间最可怕的是狭隘，一切的干涉与迫害就都从这里出来的。中国人的宿疾是外强中干，表面要摆架子，内心却无自信，随时怀着恐怖，看见别人一言一动，便疑心是在骂他或是要危害他，说是度量窄排斥异己，其实是精神不健全的缘故。小时候遇见远亲会拳术的人，因为有恃无恐，取人己两不犯的态度，便很显得大方从容。北平的人难道都会打拳，但是总有那么一种空气，使居住的人觉得安心，不像在别的都市仿佛已严密地办好了保甲法，个人的举动都受着街坊的督察，仪式起居的一点独异也会有被窥伺或告发的可能。中国的上上下下的社会都不扫自己门前的雪，却专管人家屋上的霜，不惜踏碎邻家的瓦或爬坍了墙头，因此如有不是那么做的，也总是难得而可贵了。从别一方面说，也可以说这正是北平的落伍，没有统制。不过天下事本不能一律而论，有喜欢统制人或被统制的，也有都不喜欢的，这有如宗教信仰，信徒对了菩萨叩头如捣蒜，用神方去医老太爷的病，在少信的人无妨看作泥塑木雕的偶像，根据保护信教自由的法令，固然未便上前捣毁，看了走开，回到无神的古庙去歇宿，只好各行其是耳。

北平也有我所不喜欢的东西，第一就是京戏。小时候看过些敬神的社戏，戏台搭在旷野中间，不但看的人自由来去，锣鼓声也不大喧闹，乡下人又只懂得看，即使不单赏识觔斗翻得多，也总要看这里边的故事，唱得怎么是不大有人理会的。乙巳（一九〇五）的冬天与二十三个同学到北京练兵处来应留学考试，在西河沿住过一个月，曾经看了几次戏，租看的红纸戏目，木棍一样窄的板凳，台上扮演的丫鬟都还约略有点记得。查那时很简单的北行日记，还剩有这几条记录：

十二月初九日，下午偕公岐、采卿、椒如至中和园观剧，见小叫天演时，已昏黑矣。

初十日，下午偕公岐、椒如至广德楼观剧，朱素云演《黄鹤楼》，朱颇通文墨云。

十六日，下午同采卿访榆荪，见永嘉胡俨庄君，同至广德楼观剧。

三十二年中人事变迁得很多，榆荪当防疫处长，染疫而殁，已在十多年前，椒如为渤海舰队司令，为张宗昌所杀，徐柯二君亦久不通音信了，我自己有三十年以上不曾进戏园，也可以算是一种改变吧。我厌恶中国旧剧的理由有好几个：其一，中国超阶级的升官发财多妻的腐败思想随处皆是，而在小说戏文里最为浓厚显著。其二，虚伪的仪式，装腔作势，我都不喜欢，觉得肉麻，戏台上的动作无论怎么有人赞美，我总看了不愉快。其三，唱戏的音调，特别是非戏子的在街上在房中的清唱，不知怎的我总觉得与八股、鸦片等有什么关系，有一种麻痹性，胃里不受用。

至于金革之音，如德国性学大师希耳息弗尔特在他的游记《男与女》第二十四节中所说"乐人在铜锣上打出最高音"或者倒还在其次，因为这在中国不算最闹也。游记同节中云："中国人的听觉神经一定同我们构造得不同，这在一个中国旅馆里比在中国戏园还便容易看出来。"由是观之，铜锣的最高音究竟还是乐人所打的，比旅馆里的通夜蜜蜂窠似地哄哄然终要胜一筹也。我反对旧剧的意见不始于今日，不过这只是我个人的意见，自己避开戏园就是了，也本不必大声疾呼，想去警世传道，因为如上文所说，趣味感觉各人不同，往往非人力所能改变，固不特鸦片小脚为然也。

但是现在情形有点不同了，自从无线电广播发达以来，出门一望但见四面多是歪斜碎裂的竹竿，街头巷尾充满着非人世的怪声，而其中以戏文为多，简直使人无所逃于天地之间，非硬听京戏不可，此种压迫实在比苛捐杂税还要难受。

中国不知从哪一年起，唱歌的技术永远失传了，唐宋时妓女能歌绝句和词，明有《擘破玉》《打草竿》《挂枝儿》等，清朝窑姐儿也有窑调的小曲，后来忽地消灭，至今自上至下都只会唱戏。我无闲去打茶围，惭愧不知道八大胡同唱些什么，但看酒宴余兴，士大夫无复念唐诗或试帖者，大都高歌某种戏剧一段，此外白昼无聊以及黑夜怕鬼的走路人口中哼哼有词，也全是西皮二簧而非《十杯酒儿》，可知京戏已经统制了中国国民的感情了。

无线电台专门转播戏园里的音乐正无足怪，而且本是很顺舆情的事，不幸城门失火殃及池鱼，要叫我硬听这些我所不要听的东西，即使如德国老博士在旅馆一样用棉花塞了耳朵孔也还是没用，有时真使人感到地道的绝望。俗语云，黄连树下弹琴，苦中作乐。中国人很有这样精神，大家装上无线电，那些收音机却似乎都从天桥地摊上买来的，恐怕不过三四毛一个，发出来的声音老是那么古怪，似非人间世所有。这不但是戏文，便是报告也都是如此，声音苍哑涩滞，声调局促呆板，语句固然难听懂，只觉得嘈杂不好过。看画报上所载，电台里有好几位漂亮的女士管放送的事，不知道什么时候才开口，为什么我们现在所听见的总是这样难听的古怪话呢。我有时候听了不禁消极，心想中国话果真是如此难听的一种言语么？我不敢相信，但耳边听着这样的话，实在觉得十分难听。我想到，中国现今各方面似乎都缺少人。我又想到，中国接收外来文化往往不善利用，弄得反而丑恶讨厌。无线电是顶好的一个例。这并不限定是北平一地方的事，但是因北平的事实而感到，所以也就算在它的账上了。

总而言之，我对于北平大体上是很喜欢的，它的气候与人情比别处要好些，宜于居住，虽然也有缺点，如无线电广播的难听，其次是多风尘，变成了边塞。这真是一把破椅子了，放在门外边，预备给打小鼓的拿去，这个时候有人来出"北平特辑"，未免有点不识时务吧，但是我们在北平的人总是很感激的，我之不得不于烦忙中特为写此小文者，盖亦即以表此感激之意也。

廿五年五月九日，于北平

○ 原载于《宇宙风》1936 年第 19 期

北平通信
1936

——废名①

亢德先生：

《宇宙风》要在六月里出一个"北平专号"，我觉得这很有意义，我们住在北平爱北平的人还不藉这机会好好的来鼓吹北平的空气么？可惜我自己是有心而无力，关于北平实在想多写点文章，没有办法只好向海上的朋友作《北平通信》了。

我并不能说我知道北平知道怎么多，连北平话都不会说，怎么能说知道北平呢？我大约是一个北平的情人，这情人却是不结婚的，因此对于北平可说一点也不知道，也因此知道北平的可爱，北平人自己反不知。这样说来，我同北平始终还是隔膜的。就我说，我是长江边生长大的，因此我爱北方，因此我爱江南。北平之于北方，大约如美人之有眸子，没有她，我们大家都招集不过来了。

我们在北平总看不见湿意的云，"朝为行云暮为行雨"此地人读之恐无动于中，高唐一赋是白赋的了。此刻暮春已过初夏来了，这里还是刮冬天的风，我从前住在北平西郊的时候，有时要进城，本地人总是很关心的向我说："今天不去，明天怕刮风。"我听了犹如不听，若东风吹马耳，到了第二天真个

---

① 编者注：废名，原名冯文炳，湖北黄梅人，京派文学的代表作家。著有《竹林的故事》《桃园》《桥》《莫须有先生传》等作品。

的每每就刮起风来了，于是我进城的兴会扫尽了，我才受了"今天不去，明天怕刮风"这句话的打击，想到南边出门怕下雨。现在我倒觉得出门不怕下雨，而且有点喜欢，行云行雨大有行其所无事之意，这正是在这里终年不见湿云之故。

夏天北平的大雨对于我也没有过坏的记忆，雨中郊外走路真个别有风趣，一下就下得那么大，城里马路岸上倒成了"河"，雨过天青小孩们都在那里"淌河"，也有虾蟆来叫一声两声了。这样的偶叫几声，论情理应该使路旁我们江南之子起点寂寞，事实上却不然，不但虾蟆我们觉得它实在是喜欢，小孩们实在是喜欢，我也实在是喜欢了。记得小时我在家里每每喜欢偷偷的把和尚或道士法坛上的锣或鼓轻轻的敲打一下，声音一发作，我自己不亦乐乎又偷偷的跑了，和尚或道士，他们正在休息，似乎也乐得这个淘气的空气，并不以为怎么"犯法"。这个淘气的空气很有点像我在北平看小孩们淌河，听蛙鼓一声两声。我想这未必关于个人的性情，倒很可以表现北平的空气。北平在无论什么场合，总不见得怎样伤人的心。

我只记得在东城隆福寺或西城护国寺、白塔寺庙会里看见两样人物有点难为情，其一是耍叉的。一位老汉，冬天里光着脊梁，一个人在高台上自己的买卖范围里大显其武艺，抛叉入云，却不能招拢一个顾客来，我很替他寂寞，但他也实在只引起幽默的空气，没有江湖气，不知何故。再有一男子一女子仿佛是两口子伸着脖子清唱的，男的每唱旦，女的每唱生，两人都不大有气力，男的瘦长，面色苍白，唱完之后每每骂人没有良心，说："我这也不容易嘞！"因为听唱的人走了不给钱。这两人留给我的印象算是最凄凉的，但我也实在没有理由去批评他们，虽然我心里有点责备而且同情于那位男子。总之，北平总是近乎素朴这一方面。

我还是来说我对于雨的空想。我如果不来北平住下十几年，一定不是现在这个雨之赞美者，自己也觉得很可笑。宋人词有句曰"隔江人在雨声中"，这个诗境我很喜欢，但七个字要割去上面的两个字，"江"于我是没有一点感情的。"黄鹤楼上看翻船"，虽然在那里住了六七个年头，扬子江我也不觉得它陈旧，也不觉得它新鲜，不能想到它。上面我说我是长江边生长大的，其实真是我的家乡仿佛与长江了无关系。十五岁从家里出来同长江初见面尚在江西省九江县，距家九十里；更小的时候除了小学地理课程外不知有大江东去也。我说"隔江人在雨声中"七个字我只取其五个，那两个字大概是以一把伞代替之。至于这个雨天在什么地方，大约就在北平西直门外三贝子花园随便一个桥上都可以罢。

从前做诗的时候，曾有意捏造了一首诗，是从古人的心事里脱胎出来的，诗题曰"画"，其词如左：

> 嫦娥说，
>
> 我未带粉黛上天，
>
> 我不能看见虹，
>
> 下雨我也不敢出去玩。
>
> 我倒喜欢雨天看世界，
>
> 当初我倒没有打把伞做月亮，
>
> 自在声音颜色中，
>
> 我催诗人画一幅画罢。

这总不外乎住在大平原的地方，不云不雾天高月明因而害的相思病，没有雨乃雨催诗，所谓"点点不离杨柳外，声声只在芭蕉里"是也。天下岂有这样一尘不染的东西么？因为雨相思，接着便有草相思，这真是一言难尽的，我还是引一首歪诗来潦草塞责，这首诗是最近在梦里头做的，我生平简直没有这个经验，这一回却有诗为证，因此也格外的佩服古槐居士的"梦遇"，那天清早我一起来就把铅笔记录下来，曾念给槐居士听：

> 芳草无情底事愁，朝阳梦里泣牵牛。
>
> 旧游不是长江水，独自藤花鹦鹉洲。

事情是这样的，我梦见我到了鹦鹉洲，从前在武昌中学里念书的时候并没有去鹦鹉洲玩过，这回却到了鹦鹉洲。所谓鹦鹉洲者，便如诗里所记，别的什么东西都没有。后来我把这诗一看，便发现了破绽，看草色应该是春天的光景，然而花有牵牛，岂非秋朝么？我在南边似乎没有见过牵牛花，此花我看得最多又莫过北平香山一带，总而言之还是在沙漠上梦见江南草而已。我在北平郊外旷野上走路，总不觉得它单调，它只是令我想起江南草长。

最近有一件不幸的事件发生，即是在知堂先生处得见《燕京岁时记》这一册书，书真是很可取，只是我读了一则起了另外一点心事，其记五月的石榴、夹竹桃云：

京师五月榴花正开，鲜明照眼，凡居人等往往与夹竹桃罗列中庭，以为清玩。榴竹之间，必以鱼缸配之，朱鱼数头，游泳其中，几于家家如此。故京师谚曰，天篷鱼缸石榴树。盖讥其同也。

凡在"京师"住得久的人，我想都得欣赏"天篷鱼缸石榴树"这七个字，把北平人家描写得恰好。此七个字一映入我的眼帘，我对于北平起了一个单调的感觉，但这七个字实在不能移易，大有爱莫能助之概。原来我爱北平的街上（除了街上洋车拚命的跑），爱北平的乡下，爱北平人物，对于北平的人家，"几于家家如此"，则颇有难言之感。

我还想把北平街上我所心爱的人物说一点，这群人物平常不知道干什么，我也总没有遇见一个相识的，他们好像是理想中的人物，一旦谁家有喜事或有丧事的时候，他们便梦也似的出现，都穿上了彩衣，各人手上都有一份执事。有时细看，其中有一名就是我们市街一位要饭的老太太，难得她老人家乔妆而其实是本面也在这队伍里滥竽。我总不觉得他们也会同我们说话的，他们好像懒于言语，他们确是各人有各人的灵魂，其不识不知的样子之不同，各如其囚首垢面，他们若无其事的张目走路，正如若无其事的走路打瞌睡，他们大约只贪赌博，贪睡觉。在没有走上十字街头以前，还在红白喜事人家的门墙之外的时候，他们便一群一群的作牧猪奴戏，或者好容易得到一块地盘，露天之下一躺躺一个黑甜。不知从哪里得了一道命令，忽然大家都翻起身来干正经的去了，各人有各人一份执事，作棺材之先行，替新姑娘拿彩仗。我的话一定有人不相信的，其实情形确是如此，我知道这些市民都是无产阶级，我由这些人又幻想"梁上君子"——这是说我有点思慕他们，他们决不会到我家里来，而我又明白他们的身份，故我思慕此辈为君子，一定态度很好。十年以前，我同一位北大同学谈到北平杠房的人物，他对于我的话颇有同感，他另外还告诉我一件有趣的事情，我曾记录下来作了一点小说材料。他说他有一回在北大一院门口看见人家出殡，十六人抬一棺材，其中有一人一样的负重举步，而肩摩踵接之不暇他却在那里打瞌睡。敢情北京人是真个有闲。

　　匆匆不多写。

○ 原载于《宇宙风》1936 年第 19 期

后门大街
1936

——孟实①

　　人生第一乐趣是朋友的契合。假如你有一个情趣相投的朋友居在邻近，风晨雨夕，彼此用不着走许多路就可以见面，一见面就可以毫无拘束地闲谈，而且一谈就可以谈出心事来，你不嫌他有一点怪脾气，他也不嫌你迟钝迂腐，像约翰生和包斯威尔在一块儿似的，那你就没有理由埋怨你的星宿。

　　这种幸福永远使我可望而不可攀。第一，我生性不会谈话，和一个朋友在一块儿坐不到半点钟，就有些心虚胆怯，刻刻意识到我的呆板干枯叫对方感到乏味。谁高兴向一个只会说"是的""那也未见得"之类无谓语的人溜嗓子呢？其次，真正亲切的朋友都要结在幼年，人过三十，都不免不由自主地染上一些世故气，很难结交真正情趣相投的朋友。"相识满天下，知心能几人？"虽是两句平凡语，却是慨乎言之。因此，我唯一的解闷的方法就只有逛后门大街。

　　居过北平的人都知道，北平的街道像棋盘线似的，依照对称原则排列。有东四牌楼就有西四牌楼，有天安门大街就有地安门大街。北平的精华可以说全在天安门大街。它的宽大、整洁、辉煌，立刻就会使你觉到它象征一个古国古城的伟大雍容的气象。地安门（后门）大街恰好给它做一个强烈的反衬。它偏僻阴暗、湫隘局促，没有一点可以叫一个初来的游人留恋。我住在地安门里的

---

　　① 编者注：朱光潜，字孟实，安徽省桐城人。美学家、教育家，编著有《文艺心理学》《悲剧心理学》《谈美》《诗论》《谈文学》《谈美书简》《美学拾穗集》等作品。

慈慧殿，要出去闲逛，就只有这条街最就便。我无论是阴晴冷热，无日不出门闲逛，一出门就很机械地走到后门大街。它对于我好比一个朋友，虽是平凡无奇，因为天天见面，很熟习，也就变成很亲切了。

①

从慈慧殿到北海后门比到后门大街也只远几百步路。出后门，一直向北走就是后门大街，向西转稍走几百步路就是北海。后门大街我无日不走，北海则从老友徐中舒随中央研究院南迁以后（他原先住在北海），我每周至多只去一次。这并非北海对于我没有意味，我相信北海比我所见过的一切园子都好，但是北海对于我终于是一种奢侈，好比乡下姑娘的唯一件的漂亮衣，不轻易从箱底翻出来穿一穿的。

有时我本预备去北海，但是一走到后门，就变了心眼，一直朝北去走大街，不向西转那一个弯。到北海要买门票，花二十枚铜子是小事，免不着那一层手续，究竟是一种麻烦。走后门大街可以长驱直入，没有站岗的向你伸手索票，打断你的幻想。这是第一个分别。

在北海逛的是时髦人物，个个是衣裳楚楚，油头滑面的。你头发没有梳，胡子没有光，鞋子也没有换一双干净的，"囚首垢面而谈诗书"已经是大不韪，何况逛公园？后门大街上走的尽是贩夫走卒，没有人嫌你怪相，你可以彻底地

---

① 图注：北京天安门。刊载于《新中华》1937 年第 5 卷第 15 期。

随便。这是第二个分别。

逛北海，走到仿膳或是漪澜堂的门前，你不免想抬头看看那些喝茶的中间有你的熟人没有，但是你又怕打招呼，怕那里有你的熟人，故意地低着头匆匆地走过去，像做了什么坏事似的。在旁门大街上你准碰不见一个熟人，虽然常见到彼此未通过姓名的熟面孔，也各行其便，用不着打无味的招呼。你可以尽量地饱尝着匿名者（Jucognsito）的心中一点自由而诡秘的意味。这是第三个分别。

因为这些缘故，我老是牺牲北海的朱梁画栋和香荷绿柳而独行踽踽于后门大街。到后门大街我很少空手回来。它虽然是破烂，虽然没有半里路长，却有十几家古玩铺，一家旧书店。这一点点缀可以见出后门大街也曾经过一个繁华时代，阅历过一些沧桑岁月。后门旧为旗人区域，旗人破落了，后门也就随之破落。但是那些破落户的破铜破铁还不断地送到后门的古玩铺和荒货摊。这些东西本来没有多少值得收藏的，但是偶尔遇到一两件，实在比隆福寺和厂甸的便宜。我花过四块钱买了一部明初拓本《史晨碑》，六块钱买了二十几锭乾隆御墨，两块钱买了两把七星双刀，有时候花几毛钱买一个瓷瓶、一张旧纸或是一个香炉。这些小东西本无足贵，但是到手时那一阵高兴实在是很值得追求，我从前在乡下时学过钓鱼，常等半天看不见浮标晃影子，偶然钓起来一个寸长的小鱼，虽明知其不满一咽，心里却非常愉快，我究竟是钓得了，没有落空。我在后门大街逛古董铺和荒货摊，心情正如钓鱼。鱼是小事，钓着和期待着有趣，钓得到什么自然更是有趣。许多古玩铺和旧书店的老板都和我由熟识而成好朋友。过他们的门前，我的脚不由自主地踏进去。进去了，看了半天，件件东西都还是昨天所见过的。我自己觉得翻了半天还是空手走，有些对不起主人；主人也觉得没有什么新东西可以卖给我，心里有些歉然。但是这一点不尴尬，并不能妨碍我和主人的好感，到明天，我的脚还是照旧地不由自主地踏进他的门，他也依旧打起那副笑面孔接待我。

后门大街龌龊，是无用讳言的。就目前说，它虽不是贫民窟，一切却是十足的平民化。平民的最基本的需要是吃，后门大街上许多活动都是根据这个基本需要而在那里川流不息地进行。假如你是一个外来人，在后门大街走过一趟之后，坐下来搜求你的心影，除着破铜、破铁、破衣、破鞋之外，就只有青葱大蒜、油条烧饼和卤肉肥肠，一些油腻腻、灰灰土土的七三八四和苍蝇、骆驼混在一堆，在你的昏眩的眼帘前晃影子。如果你回想你所见到的行人，他不是站在锅炉边嚼烧饼的洋车夫，就是坐在扁担上看守大蒜咸鱼的小贩。那里所有的颜色和气味都是很强烈的。这些混乱而又秽浊的景象有如陈年牛酪和臭豆腐乳，在初次接触时自然不免惹起你的嫌恶，但是如果你尝惯了它的滋味，它对于你却有一种不可抵御的引诱。

①

别说后门大街平凡，它有的是生命和变化！只要你有好奇心，肯乱窜，在这不满半里路长的街上和附近，你准可以不断地发现新世界。我逛过一年以上，才发现路西一个夹道里有一家茶馆。花三大枚的水钱，你可以在那儿坐一晚，听一部《济公传》或是《长坂坡》。至于火神庙里那位老拳师变成我的师傅，还是最近的事。你如果有幽默的癖性，你随时可以在那里寻到有趣的消遣。有一天晚上我坐在一家旧书铺里，从外面进来一个跛子，向店主人说了关于他的生平一篇可怜的故事，讨了一个铜子出去。我觉得这人奇怪，就起来跟在他后面走看他跛进了十几家店铺之后，腿子猛然直起来，踏着很平稳安闲

---

① 图注：地安门。刊载于《图画时报》1927 年第 342 期。

的大步，唱"我好比南来雁"，沉没到一个阴暗的夹道里去了。在这个世界里的人们，无论他们的生活是复杂或简单，关于谁你能够说"我真正明白他的底细"呢？

一到了上灯时候，尤其在夏天，后门大街就在它的古老躯干之上尽量地炫耀近代文明。理发馆和航空奖券经理所的门前悬着一排又一排的百支烛光的电灯，照相馆的玻璃窗里所陈设的时装少女和京戏名角的照片也越发显得光彩夺目。家家洋货铺门上都张着无线电的大口喇叭，放送京戏、鼓书、相声和说不尽的许多其他热闹顽艺。这时候后门大街就变成人山人海，左也是人，右也是人，各种各样的人。少奶奶牵着她的花簇簇的小儿女，羊肉店的老板扑着他的芭蕉叶，白衫黑裙和翻领卷袖的学生们抱着膀子或是靠着电线杆，泥瓦匠坐在阶石上敲去旱烟筒里的灰，大家都一齐心领神会似的在听，在看，在发呆。在这种时会，后门大街上准有我；在这种时会，我丢开几十年教育和几千年文化在我身上所加的重压，自自在在地沉没在贤愚一体皂白不分的人群中，尽量地满足牛要跟牛在一块、蚂蚁要跟蚂蚁在一块那一种原始的要求。我觉得自己是这一大群人中的一个人，我在我自己的心腔血管中感觉到这一大群人的脉膊的跳动。

后门大街。对于一个怕周旋而又不甘寂寞的人，你是多么亲切的一个朋友！

○ 原载于《论语》1936 年第 101 期

北京话里的比喻

———毕树棠[1]

虽然在北平住了十几年，关于风土人情知道的却很有限，知道一星半点，也是半生不熟的，道不出个所以然。从书本上读得的很多，又大半是历史的过去的，如《北京历史风土丛书》《都门纪略》《北京竹枝词》以及各家的杂笔录、纪事诗之类，和现在的情景都有些不同了。现在北平报纸的副张上，这类的记载还不少，而多半是旧事重述，是改头换面的抄袭，常有错误。日常耳目接触，比较亲切些的，还是北京话，有很多人情世味和本地风光可以从话里听取得到，嚼摸得出。

可是北京话我也不大会说，只是爱听，尤其是小学生和小姑娘的话，清脆伶活，和音乐似的受听极了。《红楼梦》《品花宝鉴》和《儿女英雄传》里有很漂亮的北京话，可以说是上等的，没到过北京的人读了也可以懂，可以领会。至如《永庆升平》和说书词之类，可以说是下等的、最地道的而不易领会。官话和土话若有分别，或者就在此。近来老舍的小说最善用土话，语调大半是北京的，有的很够味儿。

我近来搜集点北京话里的"比喻"，这是语言上修辞的一格，是帮助达意表情的一种技巧，得其自然而用之，最妙。比喻当然是假借的，话里的比喻又

---

① 编者注：毕树棠，名庶滋，号树棠，山东文登人。曾任天津《民国日报》主笔。著有《昼梦集》《贼及其他》《君子之风》，译有《一夜之爱》《不测》等作品。

多半是音的假借，不懂土音，便不得其解。现在我把每一种喻词都加上几句连贯的话，以助释其意，其中有的是现成的，有的是我凑合上的。这凑合的恐怕有不大对的，不准合分寸。至如搜集的当然是不完全的，不过十分之一二，只可算点玩意儿，聊供消遣而已。这里头还有些俗字，一时不易写定，例如"甭"（Pung）"我们"（ngmen）等音都很特别的，是否有一定的写法，不得而知，也许没有甚么关系罢。

他哥才愿意了，他俩兄弟又不愿意，他爹他娘他叔都不愿意，扫帚顶门，净叉儿了。

我见他拿着书本儿，看书呢。他是冲着告示点头，混充认字儿的。

王老二也打整的和个先生似的，这是鼻子眼儿里插大葱，混充象。

他这一去，好有一比，比做羊肉包子打狗，一去不回头了。

过去今儿个，再说明儿，长虫吃虾蟆，一股路一股路的说咱。

现今男女专讲平等平权，自由结婚，不听家庭教训，冻豆腐有点真难拌。

你瞧我穿的，可不是我的衣裳，老妈抱孩子，人家的。

我给你盛碗饭罢？万岁爷掉在井里，不敢劳你的大驾。

你别看他生气，那是戏台上吹胡子，假的。

你该我的，你给我，我该你的，我还你，咱们别弄些个差事儿，总是小葱拌豆腐，一青二白。

你今年不要地么？我叫甚么要地呀，老太太的鞋，前窄。

你就别提他了，那是老太太的脚指头，窝囊一辈子。

怎么着？你还对我说这个？老太太上电车，慢吹！

他可不是从前了，出门儿，多咱也是带着马弁。老妈子坐飞艇，抖起来啦。

这小子不是玩意儿，上坟不代烧纸，惹祖宗生气。

你知他是干甚么的！别这么撅着屁股看天，有眼无珠。

干么绕那么些个弯儿？你这不是脱裤子放屁，自找费事。

满不是那么回事，唱戏不拜老郎神，装甚么不像甚么。

他说的那个不对，尿鳖子打酒，错了壶了。

这么不好，那么也不成，锯碗带眼镜，净找碴哪。

他上那里去装着说和，其实，一来为贴吃旁喝，二来是为给人家挑事儿。黄鼠狼给鸡拜年，没安着好心。

人家商量事儿，他去瞎掺和，真是洗脸盆里扎没儿，不知深浅。

给李先生拿份子，谁爱算谁算，六指儿画拳，有一得一。

他不是没话说，他是太老实，沙铫子里下扁食，有嘴儿倒不出来。

他把一大摞碗都摔了，这一下子，烟袋打狗，干了杆儿啦。

你就拿着刀去，也不成，他是抱着元宝跳井，舍命不舍财。

念了好几年书，连个云彩的"云"字也不认得，这不是瞎子看西洋景，白花钱么？

他们俩做伴儿，年岁不少了，这却是撂下拐棍儿作揖，老交情了。

若说死了脱生，那是大坑里发水，没有的溜儿。

他上甚么地处，也待不多会儿，是那么个脾气，兔子尾巴，长不了。

谁去说也不行，他去了一说就行，真是张飞的胡子，满脸。

若说那个人，心眼却不错，就是说话办事不沾气，张飞卖刺猬，人强货扎手。

你别看他不爱说话，甚么事儿也办了，甚么理儿也懂得，哑巴吃扁食，肚里有数。

看着那个人儿，外面儿长得不怎么的，甚么也能。

哼，你别看他那个貌相，猪八戒吃腥子，内秀。

你不是见过王市长么，是个甚么相儿？夜壶戴凉帽，小矮胖子。

打官司就得花钱，谁也知道，那是小秃脑瓜上的虱子，明摆着的。

一屋子人都没法了，就这么张飞绣针，大眼瞪小眼儿了。

你这一说，我知道了，五更天下雪，明了白了。

说着正经的，又说起歪的来了，灶王爷打跟头，离了板了。

你买了这个罢，不贵。我叫甚么买？晴天晌午上南走，没个前影儿。

磕头服礼，就完了咱，还要吹打的，干甚么呀！我看着那是六指挠痒痒，多一道子。

叫你早些来，你这咱才来，正月十五贴门神，晚了半月了。

他自己来的，没伴儿，武大郎烧纸，单吊。

他叫人家宰了，没的怨，那是老虎掉在山涧里，伤损的人多了。

他又想着去，又想着不去，老拿不定主意，怀里抱着个西瓜，滚上滚下的。

净些个熟和人，他还虚虚让让的，扯着牛尾巴上房，没有这一牵。

你若再麻菇，我就二姑娘带顶针，做活。

他不愿意，就拉倒，你尽自劝他干甚么哎？赵北口的浅子，拖鱼。

他待你好，那是刘备摔孩子，邀买人心。

你去找他，真是半夜里叫城门，自找碰钉子。

这可干了！得病不吃药，我看你可怎么好。

干甚么都得有个数儿，他这一当子事儿，还用说么？卖煎饼的说睡语，摊多了。

我也没听见他俩说的甚么，反正养济院的鸽子，穷咕咕。

我怎么不生气？他是成心和我过不去，卖鸡子儿换筐，倒蛋。

你猜怎么着，后来我一打听，护国寺卖骆驼，无有那个市。

这个，你别问我，巡警摆手，管不着那一段。

为这个事儿，我坐了蜡啦，没有办成不要紧，还闹儿个猪八戒照镜子，里外不是人。

昨儿个，他家哥儿们闹了个八开，我去瞧了半天，狗咬刺猬，无处下嘴。

那个事还骑忽着，没办呢。你纳摩纳摩，该怎么办？光靠我，剃头挑子一头热，也不成呀！

从此你是你，我是我，偺们荞麦皮打浆糊，俩不粘。

他带点酒，说话不着卯靠，甭理他。

饭来了，偺们庄家老儿抽水烟，连吃带喝。偺俩说话，不留隔儿。

这个事儿，我很作毙子，真是大姑娘坐月子，费力不讨好。

我打算着，这个媒有九成九得说成了，哪知道当间儿里有坏人给拆散了，王麻子的书，白说一回。

他娶了媳妇儿，看如今却是贴心贴意的，但不知往下怎么样，骑着驴看唱本，走着瞧罢。

这个书呆子，整天家不做别的，就是看鼓儿词掉泪，替古人担忧。

人家都会弯弯曲曲，咱们是胡同里赶驴，直打直。

才有了几个钱，他就闹这些架子，看起来是土地爷吃窝窝头，担不得大供奉。

这篇文章虽是大学堂的先生做的，却是王胖子的裤带，稀松平常。

这个事儿，咱别多嘴，叫他说俑们是一根筷子吃藕，挑眼儿。

人家待他不好，那是他脚上的泡，自己走的，还埋怨谁呢？

人哪能都是伶俐的，没有笨的呢，但也得不大离格儿，这个简直是擀面杖吹火，一窍不通。

你当我还和他长久么？不过是砂锅捣蒜，一槌子的买卖。

我还能叫你垫钱么？总是汗打病人身上出，不能把送殡的埋在坟里。

你是甚么时候学的这个唱儿，真不含糊呵，光着屁股坐板凳，有板有眼的。

我就看不过他这个架子，真是鼻烟壶掉在醋缸里，酸的闻不得。

我和他一起头顶好，后来弄拧了，那个人是墙头上种白菜，难浇。我在他手下，简直成了小炉匠的柜子，动手就是锉儿。

你这样关着门起国号，就是不行，必得和我到大街上去说说。这一回是我不走字儿，骆驼打前失，倒煤。他说的好，甚么事儿也办不了，狗掀帘子，净仗着嘴。

有这么一说，若那么着，那另是一说，反正摸不清，谁办也是老公撒尿，无有拿手。

女学生走路，不是跑，就是跳，搬不倒坐大车，无有稳当劲儿。

会看的看门道，不会看的看热闹，他是十二三做媳妇，胡而巴都的认甚么也不懂。

你把他蹧蹋的太苦啦，真是王胖子跳井，下不去的事情。

他那是木匠扛枷，自作自受，谁叫他偷人家的呢。

王老五现在忽然回了头，不但舍不得花钱，还苦把苦掖的过日子，真是船板做棺材，飘流了半辈子，到老才盛人。

出澡堂子进茶馆，里外涮。

新媳妇放屁，零几几。

不论大小买卖，要价还价，都得个伙计。有做缸的，有做油的，甚么事儿也办了。有个卖东西的，是俩人搭的伙计。正卖着呢，来了个买的，问，这东西要多少钱？那卖的说，一吊钱。那买的给他八百。那卖的说，不卖。那买的就走。他那伙计就叫回那买的来，说，你别走，我给你们圆成圆成，算九百钱罢。卖的说，不卖。他那伙计就说，卖给他罢，不是外人。做缸做油的，把个买卖就说成了。

廿五年，五月

○ 原载于《宇宙风》1936 年第 20 期

松堂夜话

—— 毕树棠

去年秋天，我到西山松堂住了一个月，还有两个同伴的朋友，那君和赵君，是旧日 TH 的同事，都是北平人。

这松堂紧在西山根下，出西直门顺着长途汽车路，经过海淀镇、颐和园、青龙桥、玉泉山、香山，一路都是平顺大道，到这里便沿着山根而行，往南爬过一个红山头，一二里路，就是松堂，再往南直通八大处。松堂地方并不怎么大，仿佛阔人的一处园林别墅，有很多参天的白松，纵横成列，拱卫着一座大理石的碑亭。有几垒假山，里面有一个小洞，名"小洞天"。石壁上有个甚么"津门公度"者的留字，大意说，松堂系前明所筑，至清由乾隆帝作为行宫云云。碑亭里的题匾是"荣勋缵武"四字，石刻的对联道"指云际千峰兴怀蜀道，听松间万籁顿入梵天"，中间碑上是乾隆庚午年的御笔，有诗并序：

朕于实胜寺旁，造室庐以居云梯军士，命之曰健锐云梯营。室成居定，兹临香山之便，因赐以食。是营均去岁金川成功之旅，适金川降虏及临阵俘番习工筑者数人，令附居营侧，是日并列众末，俾预惠焉。犹忆前冬月，云梯始习诸，功成师事古，戈止众宁居，实胜始提侧，华筵快霁初，饺余何必惜，可以逮豚鱼。

看过这段简单的记载，可知松堂在前清是一个甚么所在。其实，香山南北一带重山叠岭，林壑幽美，往西倚枕着太行山脉的屏嶂，往东点缀着湖山宫苑的壮丽，还夹杂着些丛林禅寺，种种建筑遗迹，都可以看出是清朝定鼎以后，纪念功绩、安排享乐、修文而不偃武的诸般设备，可是到后来渐渐玩物丧志，乐以忘忧，终至生气死灭，这胜迹到现在大半已成为废墟。像实胜寺（乾隆十四年勅建，是年平金川）紧在松堂之东，现已改为果园，只剩了一座碑亭，杂在丛草间，和一个团城（皇帝阅兵之所？）孤立死静而已。法海寺（顺治十七年勅修）紧在松堂西北，独据一个幽邃的山窝，峻壁层台，倚崖压涧，可以想象其奇，上有圆昭、方昭及无数之碉楼，多已倒塌不堪。至如八旗驻屯的营伟宏壮，现在只留存一座破殿，外挂鸟笼，内堆畜草而已。山头子，以及苗子营、回子营等，都已成了破落的残村，所谓"健锐云梯营"，更久已踪迹毫无了。

关于松堂附近的一些名胜和史迹，我将来想作一详文，专记之。现在只略述我一个月的乡居生活，和搜集北平土语的事，似颇有考察民俗上的一点趣味。

秋天，山里的景色和气候都颇清爽宜人。我们每天清晨五点钟就起床，先由赵君指导着在院子里练几套柔软体操。几分钟后，太阳已照满山谷，松林明彻，黄雀在树枝间和草地上乱飞，我们便用点心、热气腾腾的新白薯和香片茶。接着就出去散步，拾点松子，看看田里的白薯、落花生、棉花，谷沿上和山坡上的吃草的羊群，探寻山涧的泉源，采集山头上的红叶和随处草地上的山枣及小野花，再绕到近村里，参观他们的禾场、小杂货铺，天已近午，置点小菜羊肉或几两酒，带着回来。午饭后，少作休息，便携着纸笔，出去游赏附近的庙寺和名胜的残迹，打听些传说，抄录点碑文，有时在向阳的草坡上睡困一会儿，和蝈蝈、蚂蚱、登山倒之类做一会子邻居。向晚的时候，捕鸟的孩子都已下山，从他们手里买几只老胥子（此种鸟专吃松子，肉肥味香，佐酒最佳），回来再煮些新鲜花生米，便喝起酒来。酒后，一天的疲乏似乎就消散了。

晚上，做过日记，也许读几页闲书，如冯自由的《民国开国前革命史》、John Gunther 的《欧事秘辛》（*Inside Europe*）等，而大半是和赵、那二君谈说北平的风土人情，而特别对"成语"一事，发生兴趣。在这中间，我差不多是每事问，而他们是有问必答，有的只道其当然，有的却极为详细而有趣。关于比喻的成语，我曾集了有二百多则，在民俗和语言上都颇有数据的价值。听说在几年前，有一位陈筱山先生曾作过这种搜集，名曰"切后语"，发表在《北京时事》白话报上，我没注意见过，据说集得很多，而没有解释，只简单的供人读之好玩而已。我想，这不能全以切后语概括之，切后语很简单，而比喻的成语却至少有两种以上意趣的推转，而且同时风俗习惯传说和土语都联系着，其中有天才，有世故，有幽默，自然也有浅薄而无何义意的。我们常常睡得很晚，谈得津津有味，第二天我们说话，往往就利用上了，惹得彼此成天价打不完的哈哈。

从前在《宇宙风》"北平特辑"上，我曾写过一篇《北京话里的比喻》，那算我初次集存，很够简单。现在又有了新材料了，近日闲着无事，略加整理，把那些纯粹出产于北平，而且离开北平就不容易了解的，约略选出六十则，并加以相当的解释，作算前文的续集，亦无不可。现在一部分读者对于北平也许有些隔阂了，闲着看看这些俗语，也许感觉点亲切，也未可知。

附加的批注也有不能详尽之处，例如"窝头"，有窝似头，可以说是因形式而得名，而"爱窝窝"就无法解释了。还有些习用的俗字，如"松人""蔫准"之类，以及喝醉酒名曰"啦嘛了"，似乎都另有原字，却一时考查不得。这类俗语的声韵比较形体为重要，只要出口不错，即可得其义意，写法不定，暂付缺如待考可也。

（1）生鸡蛋画花儿，不熟假充熟。

注：此讥人之自命交游甚广，对地对人无不熟习者。北平土俗，在新年正月里，街头小贩有卖花鸡子者，例以熟鸡蛋为之，涂以五彩花样，为售于小儿之玩物。

（2）盒子铺学徒，托底。

注：言事之表里皆摸得清楚也。盒子铺为北平猪肉店之专称，除卖新鲜猪肉以外，还零售其他冷荤熟品，如肝肠蹄肚与烧肉酱肉之类，名目甚多，有定购者，例以木盒盛之，命学徒送去，其式必以手托着盒底而行。

（3）韩麻子叉腰，要钱。

注：韩为昔时北平一说相声者，每说到两手叉腰时，即将告一段落而预备讨钱也。

（4）和尚穿靴子，啦嘛了。

注：啦嘛了，即喝醉了之意。和尚例不穿靴，而啦嘛则例穿之，故云。

（5）刽子手关银子，一扔一撂儿。

注：言为人作事之半途而废也。"关银子"即领饷之意。据云，前清时，刽子手领饷银时，发放者例不亲手相授，盖有所忌也。

（6）云里飞叫门，臭妹妹到家了。

注：意即讨厌之极也。云里飞为北平天桥八怪之一，以演滑稽皮黄得名，惟每当奏技时，口里好骂"臭妹妹！"不已。清末庚子前后，北平有"天桥八怪"之称，即穷不怕、云里飞、万人迷、五大锤、赵瘤子、花狗熊、醋溺高、王傻子是也。后人有悼诗一首，读之可略窥其怪，诗云："善撒白字穷不怕，滑稽皮黄云里飞。万人何迷一只眼，志玢和尚五丈锤。赵瘤杠子轻如燕，狗熊会将铁壶吹。醋溺相声称对口，傻子磨盘保臂挥。"今日之天桥亦有八怪，皆各有绝技，且亦有名云里飞者，惜余不常游天桥，不能道其详耳。

（7）南苑的蚂蚱，海扑儿。

注：扑儿犹言"谱儿"，谓胡铺张也。南苑在北平城南，俗呼其地曰"海子"，故云。

（8）卖切糕的落在井里，光剩架子啦。

注：言人之无实际，而摆空身份也。切糕为北平街头所售食物之一种。以糯米或黄米做成黏糕，插以大枣，临时用刀切而售之，故曰切糕。义宁陈师曾先生有《北京风俗画集》，内"切糕"一幅之题词云："大米白，小米黄，老伴共磨到天光，釜中蒸熟不敢尝，手车推出大路旁，半日卖尽欢洋洋。巨箩铜子数来忙，数来忙，明朝天雨，何以为粮！"卖切糕者的生活，大抵如此。

（9）老太太买官米，挤不上。

注：这一则很简单，用不着解释。我想这句成语的来历，也许是出在清末庚子之役京师大饥的时候，不想这种情景，现在又重演在眼前。

（10）张海五修炮台，小事一端。

注：即算不了甚么之意。张海五为天津巨富，曾自认修炮台之事。

（11）马市的梆子，另一更。

注：另一更，即"另一经"之转音。所谓三百六十行，各有一经也。据云，昔年北平马市的梆子与普通打五更者不同，惟不得其详。又有"耳闸儿的梆子"一语，似亦同此义。

（12）火烧铺的灶王，独座儿。

注：独座儿，意思很普通，无须解释。据说，北平的火烧铺只供灶王爷，不供灶王娘娘，原因不明。

（13）樱桃桑椹，货卖当时。

注：在北平，卖樱桃和桑椹只是阴历五月初五日（端阳节）一天的生意，犹如八月十五日卖鸡冠花，专为供兔儿爷之用，所谓应节生意者是。

（14）忽不拉拿鸽子，错认了。

注：忽不拉是一种鸟，专拿麻雀，北平近郊有之。

（15）属糖葫芦的，论串。

注：糖葫芦为北平果食之一种，以山里红（即山楂）结成大串，其长有及一丈者，涂以糖汁，沿街叫卖，新年正月里在各庙会上都有。亦有不用山里红，而以海棠果、山药豆等为之，其串则甚小，每串约五六枚而已。

（16）罐里养王八，越养越抽抽。

注：北平土语，谓瘦曰抽，意即缩也。

（17）哈拉巴抠寿星，骨头老儿。

注：意即老滑头也。"哈拉巴"，系满洲语，意为脊骨。此语盖从旗人中传出。

（18）面茶锅里煮元宵，混蛋。

（19）面茶锅里煮窝头，混蛋出尖带大眼儿。

注：意即可恶之极点。面茶为北平点心之一种，以米粉煮之成粥，盛入碗后，撒以芝麻汁，食之咸香，亦街头叫卖之物。窝头以杂合面为之，上作尖形，下有空眼，为劳动阶级之普通食料。

（20）狗熊栽根头，被枷所累。

注：枷为"家"字之借音，言人为家庭所累也。耍狗熊者常使之戴枷以为戏，故云。

（21）张天师教鬼迷住了，有法的没法了。（此语他处似亦有之）

（22）灶王爷伸手，拿糖。

注：拿糖，即拿搪，系北平俗语，言人之心里已肯而表面故作不肯之态，以事刁难者。北方土俗，阴历腊月二十三日祭灶王爷，例供以米制之糖瓜。

（23）武大郎叫门，松人到家了。

注：松字是我杜撰的假借字，意即人之极无用者，颇似英语之Coward，义含侮辱。山东东部有骂人为"熊"者，如"捉熊""派熊"等语，亦即此意，其源或同为一字？惟一时无从考定。北平有一种人拉的载物车，构造极简单而不坚实，即名曰松人车。

（24）土地爷捕蚂蚱，慌了神啦。

注：言人之遇事惊慌失措也。此语颇趣。

（25）粪场子走水，屎着了。

注：屎为借音字，即使着了。北平土语，谓失火曰走水。

（26）仰面跤要中幡，心里头的劲儿。

注：仰面跤，即人倒在地下腹面朝上之式。要中幡是北平一种过会之游戏，天桥尚有玩此者，高丈余，上系以铃，下沉以铅，掷而舞之。

（27）卖羊头肉的回家，不过细盐。

注：盐为"言"字之借音，即不多话也。北平街头时有卖羊头肉者，例备细盐，临时撒于肉上，与加胡椒面之意相同。购者多以之下酒，惟极不洁净，余从未食之，不知其味。

（28）兔儿爷拍胸口，没心没肺。

（29）兔儿爷打架，散摊子。

（30）兔儿爷洗澡，一团泥。

注：没心没肺，言人之胸无城府也；散摊子，犹言散伙也；一团泥，喻人之疲累不支也。北平土俗，八月十五日家家都供兔儿爷，其状酷似旧戏中之武士，以泥为之，涂以五彩，大小不一。每逢中秋节前十余日间，街上摆摊出售者甚多，犹如灯节前之卖花灯者，颇热闹。

（31）猪肉铺的幌子，杠头。

注：言人之好吵嘴或抬杠者。北平猪肉铺的挂肉架子为一横杠，照例在门

外露出一部分，自远望之，即知为一猪肉铺也。

（32）爱窝窝打金钱眼，蔫准。

注：喻人之外表不着紧而心里有数也。蔫似为不脆快之意。爱窝窝为春节后食物之一种，以熟江米面包以糖类之馅，形似元宵，包得即可食之。打金钱眼，为北平西便门外白云观里的一种敛钱的把戏，每逢新年正月里，观内挡风桥下之桥洞里坐一闭目入定的道士，面前悬一纸制的大金钱，中通一孔，并挂一铃，游客以铜钱自远打之，中者铃响钱即坠地，以占各人之财运。其下为一天干池，积钱往往盈尺，与西直门外大钟寺之以钱打钟之情形相同。此外，市场小贩亦有藉打金钱眼以打彩者，与打汽枪套圈之类相同。近日铜板似已绝迹，市上只流行小纸票，不知此类把戏将如何玩法？

（33）卖山里红的说睡语，就这一挂。

注：言身上只一件衣服耳。北平卖山里红的皆以线穿结成挂，套于臂间求售，购者亦往往悬之颈间，一路走一路吃。据云，叫卖时，照例说："还有两挂！"犹之昔年卖牛肉者，照例说："还有二斤！"用意何在，待考。

（34）俄罗斯拔烟袋，贼鬼子。

注：骂偷窃者，或醉酒者。拔烟袋即暗中从他人荷包中抽去旱烟袋。此语大概亦发生在庚子之役八国联军占据北京之时，俄国人无行者甚多。

（35）落花生装银子，麻鞘。

注：鞘为俏字之借音，言人之面麻而神俏也。据云，前清，各省往北京户部解官银时，例用多具长形之粗木料，剖为两半，中间挖空，实之以银，数为千两，再合而封之，抛之街上，无敢动者，此具名曰银鞘。麻者，形容花生之皮面也。

（36）午门的那边，阙门儿。

注：阙为缺字同音，即缺德之意。北平故宫的午门有东西旁门各一，名曰阙门，今已为通行之大路。

（37）沙秃子卖地雷，两头汉奸。

注：相传前清僧王（即僧格林沁）某次与西人交战时，尝设计埋地雷以诱敌，其部下有沙秃子者，泄之，遂败，继而敌竟将沙秃子缚还，并示以原委，

极尽讥笑，僧怒，遂杀之。

（38）参节的馒头，越来越小。

注：参节即应节之意，如八月节、五月节等，馒头铺都大做生意，个儿很小，上涂红点，且有带花儿者。

（39）街坊家的狗，吃了就走。

（40）街坊家的沟，两淘着。

注：此二则，前者讥讽食客，后者为各干各的之意。

（41）炒肝不勾芡，熬心熬肺。

注：言人之心事繁重也。炒肝，为北平特有食物之一种，系用肝肠肺肚之类，勾芡而煮之，成一大锅，论碗出售，若不勾芡，则谓之熬，非炒矣。

（42）喷壶，碎嘴子。

注：言人之多言也。喷壶之嘴多孔，浇花用之。

（43）热河当当，穷到口上啦。

注：亦喻多言。自北平赴热河，须经过古北口，俗称口上，犹称山海关之为关上也。

（44）刑部的官司，吃上啦。

注：言吃酒饭者已动手也。前清之讼事闹到刑部，则不易避脱矣。

（45）卖煎饼的说睡语，摊大放了。

注：摊为贪字之借音，指好色过度也。煎饼为以小米摊成之薄饼，与窝头为同等之食品。

（46）粮食店搬家，斗是你的了。

注：即都是你的了。

（47）酒店寻休儿，篓上睡。

注：篓为盛酒之器，系搂字之借音，此语殊不雅。寻休儿，即投宿之意。

（48）窑台和尚，结了完了。

注：结了完了为僧名，窑台在北平前门外。

（49）司官不下车，走着验。

注：即待事实证明之意。司官，司验尸之官也。昔时北平官员出门，多乘

骡车。

（50）属爆竹的，点火就着。

（51）属狗的，记吃不记打。

（52）属猴儿的，毛手毛脚。

（53）属螃蟹的，横行。

（54）属蚕的，肚子净是丝（私）。

（55）属键儿毛的，净在钱上站着。

（56）属蛐蛐的，是个斗虫（蛐蛐为蟋蟀的俗称。）

（57）属杂面的，一窝儿（昔时杂面论窝儿出售，杂面内有玉米小米与黄豆，用以蒸窝头者）。

○ 原载于《宇宙风·乙刊》1940 年第 25 期

北平的味儿

1943

——果庵[①]

　　若想以一个单词形容北平的话，那只有"味儿"一字。朋友们一提到北平，总是说"北平有味儿"，或是说"够味儿"。什么是"味儿"？我倒先要问你，我们吃沙锅鱼翅或是烤涮羊肉，大家抢着说"有点味儿，不错！"。这里"味儿"当什么讲？你明白了吃饭的所谓味儿，则生活的所谓味儿，亦复如是。不，北平的味儿，并非专像沙锅鱼翅或是烤涮羊肉，倒有些像嚼橄榄，颇有回甘，又有些像吃惯了的香烟，无论何时都离不了。要把菜来比附，还是北平自己出产而天下人人爱吃的"黄芽菜"有点近似吧。因为它是真正人人可以享受的妙品。

　　闲园鞠农《一岁货声》把北平一年到头卖东西的叫卖声都记出来了，冬晚灯下阅读，好像又回到胡同儿里，围着火炉谈笑一般。我想，"货声"也要算北平的"味儿"代表之一，其特点是悠然而不忙，隽永而顿挫，绝不让人想到他家里有七八口人等他卖了钱吃饭等，这就给人一种舒适。有时还要排成韵律，于幽默之中寓广告之用；有时加上许多有声无义的字，大有一唱三叹的风致。例如早晨刚起床就有卖杏仁茶的，其声曰："杏仁！哎！茶呦！"那是很好的早点，在别处很少吃得到。卖粥的铺子都带油条，北平叫"油炸烩"，《一岁货声》

---

① 编者注：纪果庵，河北蓟县人。抗日战争时期与龙沐勋合办《求是月刊》。曾任江苏师范学院历史系教授。著有《两都赋》《尔都集》《西汉与匈奴的战争》《葛成》等书。

记其叫卖声云："喝粥咧，喝粥咧，十里香粥热的咧；炸了一个焦咧，烹了一个脆……好大的个儿来油炸的果咧！"（果，即脍之谐音）。又云："油又香咧，面又白咧，扔在锅里漂起来咧，白又胖咧，胖又白咧，赛过烧鹅的咧，一个大的油炸的果咧。"一个大，即一文钱，亦即后来之一个铜板，而可抵今日之法币五角者也。北平之油条要炸得脆松，故云云。但亦别有一种，是较软的，内城多不卖，而前门及宣武门一带有之，常与豆腐浆、杏仁茶合组一摊，应早市者也。

区区一粥一油条，而有如许花样，这就是北平的"味儿"。照此例极多，再说两个，以为参考。卖冰激凌云："你要喝，我就盛，解暑代凉冰激凌。"卖桃云："玛瑙红的蜜桃来噎哎……块儿大，瓤儿就多，错认的蜜蜂儿去搭窝。"卖枣云："枣儿来，糖的咯哒喽，尝一个再来哎，一个光板来。"又衬字多的如卖酪："咿喽嗷……酪……喂。"卖沙锅："咿喽咦喽呕喔渥逅沙锅呦逅。"后者真是喷薄以出之，有点儿像言菊朋的戏词了。

观察北平的特点，总是在细微地方着眼才有发现。如吃饭，北平人是不愁没米没面的，有小米面、棒子面（即包谷）、黄米面等等。小米面可以蒸丝糕，名字满好听，吃起来也不难吃，地道的北平人，可以在里面放了枣、赤糖，格外甜美。还有一种街头摊子，专用小米面做成厚约半寸的饼，放在锅边烘熟，

①

① 图注：炎夏下之北京市夏天的食物摊，生意特别兴隆。刊载于《大陆画刊》1942年第3卷第8期。

上面是软的，下面有一层焦黄皮，很好吃。棒子面可以煮成粥，蒸为窝头，又可以切成小块，煮熟加一点青菜，好像我们吃汤面似的，北京叫"嘎嘎儿"。

老实说，在北方，只有这些才是人间味，大米白面只有付之天上了。不过是像这些琐屑的食品，北平人也要弄出一个谱儿，使它格外适口些，好看些。从先我常看见贫苦的老太太到油盐店买调料及青菜（北平每胡同口皆有油盐店、肉店，而油盐店都带卖青菜，或带米面，不像南方之买小菜动辄奔走数里以外也），一个铜板，要香菜（即芫荽），要虾米皮，要油，要醋，要酱油，都全了，回家用开水一冲，就是一碗极好的清汤。普通常叫这种汤为"神仙汤"，一个铜板而包罗万象，真是"神仙"！吃韭菜饺子必须佐以芥末，吃烤羊肉必有糖蒜，吃打卤面必须有羊肉卤，吃炸酱面之酱，必须有天源或六必居，抽烟要豫丰，买布则八大"祥"，烧酒须东路或涞水，老酒要陈三绍，甚至死了人，杠房要哪一家，饭庄要哪一家，执事要全份半份，都要细细考虑，不然总会给人讪笑。这就是所谓"谱儿"，而我们在旁边的人看了，便觉得有味儿。

请放弃功利的观点，有闲的人在茶馆以一局围棋或象棋消磨五十岁以后的光阴，大约不算十分罪过吧。我觉得至少比年青有为而妍了七八个歌女什么的对人类有益处。若然，则北平是老年人好的颐养所在了，好唱的，可以入票房，或是带玩票的茶馆，从前像什刹海一溜河沿的戏茶馆，坐半日才六至十个铜板，远处有水有山，有古刹，近处有垂杨有荷香有市声，饿了吃一套烧饼油条不过四大枚，老旗人给你说谭鑫培的佚史，说刘赶三的滑稽，说什刹海摆冰山的掌故。伙计有礼貌，不酸不大，说话可以叫人回味，"三爷，你早，沏壶香片吧？你再来段，我真爱听你那几口反调！"亲切，而不包含虚伪。养鸟或养虫鱼北平也有不少行家，大清早一起先带鸟笼子到城根去溜溜，有未成名的伶人在喊嗓子，有空阔的野地，有高朗的晴空，鸽子成群的飞来，脆而悠长的哨子声划破了空气的沉寂，然后到茶馆吃杯茶，用热手巾揩把脸。假定世界不是非有航空母舰和轰炸机活不下去的话，像这样的生活还不是顶理想的境界吗？

在北平有一句话非记熟不可，是什么？就是"劳驾"。这在日文，可说是"敬语"，一定要加"果杂依妈死"的。北平的"劳驾"一语，应用很广，并不一定是托人作了什么事，就要表示谢意的说句"劳驾"。大街上脚踏车和包车互撞了，打得头破血流，旁人或警察来劝架，一造必说："不是，您不知道，这小子撞了人连'劳驾'都不道，简直不是东西！"那一造就说："他妈的，谁先撞谁，我凭什么给你道'劳驾'，你还应该给我道'劳驾'呢。"外乡人听了，会疑心到"劳驾"是什么宝贝东西，要不为什么争得这厉害？其实"劳驾"不过一句空话，可是北平人就非常在乎这句代表礼貌的空话。所以，欠了债还不出固然可以道"劳驾"，就是和人借钱，也未尝不说"劳驾"，于是"劳驾"之声"洋洋乎盈耳哉"。这种表现，十足证明了北平人之讲礼貌，好体面。

七百年帝都，贵族巨宦、达官学者，哪一条胡同里没有几个？把这块位置在沙漠地带的北狄之国，涵茹成文教之邦，也是势有必至，理有固然的了。在《探亲相骂》一戏中，乡下亲家大受城内亲家之揶揄，这里所说城内，当即暗指北平，北平骂人常以"乡下人"三字代表之，意即谓其无礼貌与鲁莽也。有时我看见担了担子卖酪的旗人，在通衢遇见长亲，立即放下担子请一个蹲安，"您好，大叔！"又响亮又柔和，冲口而出，从容而不勉强，雍容而不小气，此亦他处看不到之"王化遗风"也。比邻而住，昨天晚上还见面来的，今天一清早，第一次相会，一定要问"您好，您吃茶啦？"这也是旗人的规矩，而侵淫至于一般住户者。但此风在商店里更明显。无论多大的门面，只要你进去，一定很客气的招待，即如瑞蚨祥，是北平第一等绸缎店，顾客进去敬烟敬茶，虽然翻阅许久，一点东西不买，也绝不会被骂为"猪猡"。况且，在这样殷勤招待之下，随你什么人，也不好意思不买他一点，这也未尝不是最好的广告术呢。最近十年，海派作风，才渐有流入北方者，如××实业社，××公司，××商店之类，都是带理不理，眼高于顶，地道北平人，很少有人愿意看这副嘴脸，除非大减价，一块钱可以买一条全幅被单的时候。

除去上述特殊的味道以外，北平可以咀嚼的东西太多了：最老的大学，最老的书店，仅存的皇宫苑囿，这是代表文物的；最讲究的戏剧，最漂亮的言语，最温厚的人情，这可以代表生活的艺术。

《越缦堂日记》云：

都中风物有三恶：臭虫，老鸦，土妓；三苦多：天苦多疾风，地苦多浮埃，人苦多贵官；三绝无：好茶绝无，好烟绝无，好诗绝无；三尚可：书尚可买，花尚可看，戏尚可听；三便：火炉，裱房，邸钞；三可吃：牛奶蒲桃，炒栗子，大白菜；三可爱：歌郎，冰桶，芦席棚。凡所区品，悬之国门，当无能易一字者矣。

李氏说话是以刻薄著称的，又特别回护其家乡（绍兴）的好处，然此处亦不能不标举可爱尚可数点，且李氏后半生几乎三十年的光阴，都住在这古老的城内，光绪以后的日记很少谈到京师之可厌。现在去李氏之死又五十年，他所认为多的、恶的，如今亦大都变作供人回想的对象了。所以，不要就别的说，只就历史一项说，北平已经是比任何城市"够味儿"了。

北平的味儿，不知何日再享受一番。

十二月十七日红纸廊

○ 原载于《人间味》1943 年第 1 卷第 1 期

风沙寄语

——季黄①

1944

　　两月以前，你跑到故都来完成《飘》的最后二场的撰写，我们曾痛快地在一起玩了几天。那时正是北国的最好的季候，不刮风，也不下雨，每天的温度在六十五度左右。我记起你在埋头赶写的几天中，常常为了晴空中的几朵白云或是深巷里的几声叫卖而阻滞文思，甚至愤然掷笔，发出对于郝思嘉、卫希礼那些人名的诅咒，是他们害得你被关锁在斗室里，不能出去尽情享受燕京的秋色。至今追忆当时的情状，仍觉得好笑。然而曾几何时，故都已完全入于严寒的状态。当我写这封信的时候，外面正飘着大雪，我把沙发移在火炉的旁边，一面烤火，一面躺在沙发上替你写信。那头斑黄丰润的狮子猫静静地睡在我的怀里，它的轻微的鼾声和窗外的如捣的风声交响着。我冥想着此时的江南和我所关念的人们的情状，一种难喻的惆怅时始向我侵袭。我不能分析自己的错杂的心境，仿佛觉得宇宙万物都已凝结住了，除了眼前的炉火的跳跃。

　　在故都住了半年，我深深地爱上了它的闲适和大方。这里的人们似乎比任何其他城市里的居民更懂得生活的享受。例如招待一个外来的亲朋，他们愿意今天陪了你去吃某一家的鸭子，明天陪了你去吃某一家的羊肉，后天又请你去尝尝某一家的点心，却不像上海人那样喜欢拿出几千块钱一席的丰筵来显示主

---

① 编者注：朱家溍，字季黄，浙江萧山人。文物专家和历史学家。著有《春秋左传礼徵》《碑帖浅说》《中国古代艺术概述》《故宫画集》等作品。

人的殷勤。享受的厚薄和用钱的多寡并不绝对成正比例，如果有人请我喝上海的七重天的咖啡或是这里的中央公园的香片，即使每盏的代价是一百元与六毛之比，但我的选择仍是倾向后者的。推而至于此地的一个拉洋车的同胞，他也永远不会因为干的是劳力的买卖而放弃自己的那份悠闲谦冲的气度。这里的洋车夫大都穿着鞋袜，即使在夏天，也不肯轻易赤脚。他们之中更有许多连长衫也不愿卸去，跑路的时候向腰上一卷，拉完了又放下来。有时，他们估计所拉得的钱已足敷一天的吃喝，便不愿多挣了，把车子停在向阳的地方，和二三同志，负曝而谈，吸着烟斗，或是披览当天的《小实报》。这时如果你去照顾他们的生意，他们只笑笑摇头，表示"恕不效劳"的歉意。至于他们的服务的忠诚，也相当令人敬佩，通常雇到什么胡同，他们从不拉到胡同口就停下来，总是一直往里拉，直到坐车的人叫他们停才停，不管这条胡同有多么长，这一种美德似乎是上海的黄包车夫所缺少的。有一次我到琉璃厂去，车子沿着长安街向西拉，这是一个瑰丽的黄昏，宫殿的黄瓦和槐树的绿叶互相掩映着，远山像淡墨似地作着金碧辉煌的牌楼的衬景。我不自觉地发出了一声赞叹，车夫的脚步骤然弛缓起来，他似乎故意拉得慢，好让我多欣赏一回眼前的景色，同时他还絮絮地向我指点那些远山的名称。他的温良的好意是使我至今感激不忘的。

提起秉性的厚道，一般地说，这里的人们的确比较上海人更赋有这一方面的美德。东安市场里的无数的摊贩，对于顾客的讨价，虽然不是绝对的"不二价"，却也没有使人忧惧的"虚头"。至于几家老牌的商号，他们的定价大都很公道。例如那家以酱羊肉驰名的据说拥有数百年历史的月盛斋，他们目前的定价是每斤九元余，事实上生羊肉也得八元一斤，所以他们的利润是相当菲薄的。不管他们的买卖怎样美茂，其至一过中午去买便有向隅之叹，但他们却规定每天出售若干限额，并不因为供不应求而增加产量，也并不利用这个机会而提高售价，对于那种独往独来的做生意的古风，是颇足令人向往的。

我回想来到故都以后，受骗的记录似乎只有一次，而这一次也正是和你共同经验到的。那天我们到雍和宫去游览，我们都想瞻仰瞻仰闻名已久的欢喜佛。那个担任向导的瘦瘠的汉子似乎很能揣摩游客的心意，他向我们述说了许多困难，据说主持庙政的大喇嘛虑及有碍风化，已严令禁止开放那供养着欢喜佛的一座殿堂。接着他似乎窥见了游客的"嗒焉若丧"的隐衷，便说他不妨尝试着去跟那个守殿的蒙古喇嘛恳商，是否能通融开放一次。这时我和你彼此交换了一个会心的眼色，知道这不过是布施一些小费的问题，便决心看他怎样扮演下去。于是他诡秘地拉了那个看守的跛足的喇嘛，到一个角落里去窃窃私议了一番，似乎在向他折冲一件要公，那个喇嘛露出一种惊恐的不安的神情，后来我们的向导又跑过来对我们说，那个喇嘛起初坚不肯通融，因为被大喇嘛察觉后有驱逐出庙的危险，后来他允许给他一些赏钱，他才勉强答应冒一次险。我们便问他需要多少钱，他说五块钱也就够了，我们觉得这个需索也还不苛，便给了他五块钱，他拿去偷偷塞在喇嘛的掌心里。

那个喇嘛仓皇地向四周看了一眼，似乎惟恐他的受贿被别人发觉似地。于是向我们招了一招手，轻轻地用钥匙开了门键，我们也就机警地跷足进去。他提了一盏灯笼，引导我们上楼，再三叮嘱我们要放轻脚步，并再三申述他的被逐出庙的危机，这使我们对于他的为了餍足人们的好奇而不惜冒着牺牲自己的终身职业的大险的襟度深深感动，同时也就愈益增强了对于这一次猎奇的珍视的心理。结果欢喜佛是被瞻仰到了，不消说很使我们失望，因为它们跟上海古玩铺里所陈列的那些袖珍的铜制的佛像并无什么不同。这"失望"也许是我们先前的那腔企图偷览禁书般的心理所应得的报应，但如果不是我们的向导和那个跛足的喇嘛预先把气氛布置得这样魅惑神秘，我们也不至于怀着太高的期待。我们发觉被他们作弄了一次。

当我们下楼的时候，那个喇嘛似乎已经忘了见逐的危机，他从袋里掏出那张五元的纸币，叫我们的向导找给他二元五角，他再也不需要叮嘱我们注意脚步的轻重了。我们离开了雍和宫，一路上谈论刚才的经历，尤其想起那个跛足的喇嘛在诉说他有被驱逐出庙的危险的那副逼真的觳觫的神态，觉得很有意思。但在明知受骗的心情下，我们至多觉得他们拙劣可笑，却并无加以厌憎之意。这一半是为了他们所计赚的不过是五块钱，似乎并不悖于人情；一半则是觉得愚昧的人所玩弄的机巧往往比伪君子们所矫作的谨愿还可爱些。

上次你为了时间局促，郊外的名胜只到了万寿山一处，香山、玉泉山等地没有去成。前一个月，天气还没有现在这样严寒，香山的红叶开得正盛，我曾和几个朋友去逛了一次。我们雇了几匹驴，骑着上山。驴子的铃声响应在山谷之间，很饶情趣。香山的最高峰叫做"鬼见愁"，骤听这个题名，似乎很险峻，但实际也并不怎样高，不到二小时，我们便都到达山巅了。从山顶俯瞰四野，觉得绿意极浓，要不是缺少几道河流，那就有置身江南之感了。

这一天气候非常晴朗，长空如洗，不但相隔十余里的万寿山、昆明湖历历在目，连远距三四十里的故都的城阙也隐约可见。我不知道中国的城墙的构造的实际功用如何，但至少感到它们的外形具有一种最肃穆的造形的美，这种感觉在远眺的时候尤其来得深切。

香山的红叶并不是我们想象中的枫叶，叶的面积比枫叶大，是圆形的。最盛的一带是山腰，从山顶上望下去就像是一片赤色的海，而从山下向上攀登的时候，又像是殷红的云。红叶是只适于远观而不宜于近玩的，我们采折了一些下来，发现叶面上都有黑色的斑点，极不匀整。但从远处赏览，这些斑点正足以减弱红的强度，使色泽方面蒙上一层迟暮的情调，不致红得过火，不然点缀在深秋的山野里，就要显得不谐和了。

香山除了红叶之外，更可喜的是无数参天的松树，而白皮松尤其来得矢矫隽秀。我们在半山的香山饭店进餐，饭店门前有两株各高十余丈的松树，据赶驴的童子说，这两株树叫做"听法松"。这个名字倒题得非常贴切，因为它们的形状酷肖两个凝神恭聆着高僧说法的大汉。我以为柏树是只适宜于种植在平地上的，例如中央公园和太庙里的那些古柏，的确很庄严雍穆，但在山上所看到的柏树就没有什么好处，尤其和高大的松树并列在一处，就更显得有些猥琐了。这大概因为松树的形状具有一种挺拔阔大的意味，而柏树却精纯内敛，所以前者适宜于高山，而后者适宜于庙堂。我又想起上海的兆丰公园和顾家宅公园不能让我们觅到一株古旧的松柏，所有的全是枝粗叶繁的法国梧桐，这似乎也象征了北国的博大深弘和江南的明朗浅艳的不同。因此我以为倘使能将两地的树木彼此移植一部分，也许能使北方人和南方人在气质上互收调剂之效。记得有一位自作聪明的评剧家曾将旧戏伶人的姓名所包含的什么阴平阳平的多寡来推断他们一生的穷通，而我现在却想借树木的移植来改变南北两地人士的气质，其愚蠢妄诞的程度正恐不在此君之下罢？

我们在香山玩了几乎一整天，直到夕阳衔山的时候才回来。这一天担任我们的向导的是一个当地的乡民，也就是那个赶驴的童子的祖父。据他说，他一共有两个儿子、三个孙子。他的儿子是抬轿子的，因为有些女客们上山，非坐轿不可。他的三个孙子则分别带领他家的三匹驴子。他自己老了，干不动重活，便只担任向导游客的工作。总之，他的一家是完全指着香山的风景过活的。春秋佳日，逛山的人较多，他们的进益还不坏，而逢到天气一冷，游人裹足，便只好靠着打些杂草的工作度日了。不消说生计是相当艰难的，有时连一天两顿的窝窝头也啃不饱。这个老者似乎只是为了回答我们的好事的探问而报告他的家世，在述说之间丝毫不流露哀求怜悯的神色，我不禁深深地为他那种悠然的风度而感动。当他领着我们上山，为我们指点沿路的风景时，我想象他不知已作过几千遍的同样的述说，但是我觉得他仍旧讲得很有兴味，绝不像上海的某些广播电台的报告员那样在替某一种商品作广告时，她们或他们的言语往往流为一大串的没有感情的渣滓。当我们离开香山的时候，给了他十块钱，他似乎非常满足，他叫我们等一会，一面命令他的孙子到家去采了一大包的枣子送给我们。我们的汽车开走了，他一手扶了他的孙子的头，一手挥着他那顶破毡帽，向我门示别，不久，那一老一小的影子便消失在汽车后面的灰沙里了。我坐在车子里，无可言说，一路上只是发为无聊的痴想。我想象那老头儿从前也许是从赶驴子开始的，长大了抬轿子，老了又担任游客的向导。而他的孙子呢，再隔五六年，或者也要晋级为轿夫了，再经过三四十年，或者也像他祖父一样的做一名向导了。他们永远生活在香山的周围几十里之中。他们默默地生，也默默地死，就像山顶上野生着的那些不知名的小树一样。他们不会在历史上占据一行地位，可是中国的几千年的历史却的确是靠了这些善良的灵魂们而持续下来的。

外面的雪已经停了，风却刮得更响。院子里有几株高大的结实累累的海棠树，当它们被大风摇撼着的时候，那海棠果纷纷落地的清脆的声音仿佛一记一记都叩在我的心上。我搁笔，将右手放在黄猫的蜷伏的肚皮上取暖，它睡得兀自香甜，没有被我那只冰冷的手所惊醒。于是我拨了一拨炉火，重新读一遍上面所已写成的这些字。我不能不默承自己对你说许多谎话。难道故都真如我上面所描写的那么一个生活优裕、民风淳厚的世界吗？这一下子就足以堵塞我的嘴了。我信手拿起一张当天的报纸，上面就记载着几个乡民偷贩雅片进城，将烟土匿藏在自己的肛门里，企图逃避检查，结果烟毒被肠子吸收了，在旅舍里一齐毕命的消息。这已经是最近第三次的类似的发见了。其次又有全家被煤毒熏毙的记载。而街道上因冻馁而死的无名的尸首每天更不知要被发现多少。此外，跑到街上去，最引人注意的是相隔几十个门面便设立着一家的吐纳着无数的瘾君子的"售吸所"或"土膏店"。然而我却无视于这种种浮世的惨淡的景象，仅是向你描述故都的风物的可爱。我无法根究自己的"用心"，我甚至于连承认错误的勇气也没有。

希望你以后不再鼓励我写《风沙寄语》，一来减少我的粉饰太平的罪过，二来也节省一些读者的可贵的时光。

○ 原载于《万象》1944 第 3 卷第 7 期

PART 2

北平岁月

旧时北平

怀蝶室谭影
1927

——李营舟

北京人看电影的程度，原本是很嫩的，近来却也知道电影是个顽艺儿了，他们原先疑惑影片是画的，还有些人们莫明其妙，也不知影片是么做成功的。

北京的影院，共有一十二家，计真光、开明、明星、大观楼、青年会、城南游园、中天、平安、中央、中华、中央公园、城南公园等处。设备最好要数真光，但是它专演西洋影片，票价很贵的；第二是开明，常演中国佳片；再次如中天、中华、明星、中央，皆演普通影片；平安也常演外国片，因它是西洋人营业，所以这么样的。其余各园，则多演无价值的影片，但售价极廉，所以顾者也还踊跃。

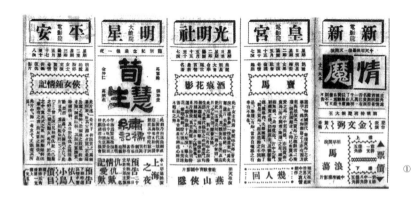

① 图注：北平各影院排片广告。刊载于《大公报》（天津）1927年5月17日。

北京影片公司，在民国十二年，有一福禄寿公司，但它未摄片就倒闭了。后来徐光等创办光华公司，年余只出了一部平平无奇、有头无尾的《燕山隐侠》，出片后只在大观楼开映一次，后竟无园租映。近又开摄《行不得也哥哥》一片，乃是前清珍妃坠井的故事。他们觅一个貌似慈禧的丐妇使充主角，又雇宫女太监若干人，逐日教授礼法，听说已成数幕，因为资本缺少，尚未摄全。据友人说，该公司成立以来，仅有资本八千余元，勉强苟延残喘，若能出一较好的影片，也不难立享大名，惟因徐光华君是唱新戏的妙手，所以他摄的《燕山隐侠》也不脱新剧化。

北京人看电影之程度虽低，但各讲一派，有爱看武侠的，有爱看滑稽的。据记者的调查，好看武侠和滑稽片的，比看言情片的要多六七倍呢。

北京在前清时，电影不甚发达，会慈禧后七十大寿时，英国公使贡影机一架、片数套，用磨电机演之，止二片便将电机炸裂，宫内不再演。宣统元年冬，百代公司曾在大栅栏三庆园开演影戏几日，从此北京人始知电影之名目，看者亦渐加多，而影戏院亦逐渐开幕，然皆附设于戏园，无似近日建筑宏大之影戏院也。民国四年，家大伯成武公，创立一洞天影戏院于大栅栏，租映百代公司影片，以佳片少，顾者亦稀，加以对门大观楼改成专门影院，遍觅佳片，昼夜开映，售价亦廉，并雇人造谣，谓"一洞天无佳片，日用干电开映，倘何时不慎即有炸裂之虞，顾者甚为危险"云云，况有人时在门首乱嚷"一冬天便完"等语，因是家伯赔累不堪，至翌年正月遂闭。人讥之曰"一洞天之寿命，果止一冬天也"，此可见中国商界之程度。

京人之观电影，颇有许多怪现象令人发噱。一日记者在明星院看《盘丝洞》，身后一人大声喊好，遇危险处，则喊"哎呀……妈哟……险呀……"遇女演员影现则曰："乖乖，真爱人呀。"是亦影院之趣闻也。

又一次在开明看西洋片《巴赖之情痴》，身后二女郎，竟两相搂抱，大接其吻，记者闻身后有声，回首视之，彼曰"不用看，馋死你"，记者不觉大笑，盖彼等眼见巴赖之做作，遂致性不自禁也。

北京之影戏业，尚仕萌芽之际，无沪上风起云涌之盛。然较之前十年，则可谓发达矣。记者籍非北京，而生于京，长于京。自清时，初有电影，即喜观之。宣统元年，记者年甫十一，每夜必观影于大栅栏之三庆园、平安社。翌年西城新丰市场（即今之口袋胡同）和声剧园百代公司某洋员租映西洋神话片，记者因其处距家颇近，故该社开演二个月余，记者亦往无虚夕。是时已有"电影迷"之称，然实莫明其妙，特对于北京影界之掌故，较为明晰，非望空扑影之说可比拟也。

在影戏中，现中国人之片，据记者在京者知，有杨小楼之《金钱豹》、何佩亭之《火判官》，闻系百代公司在广德楼戏园拍摄，彼时观者颇以为奇。民国元年二月，记者在天乐（该园即今之华乐园）观杨小楼《金钱豹》，闻观者云，"真怪事，杨小楼怎么也能照在电影里？这且不说，怎么一切长相身段，无一样不和活人相同，不知道外国人怎么捏的。真是鬼子，竟会做出人来，一点不差。"彼时人疑电影泥制成人而摄，今日亦有此说。"鬼子"，京俗语，即聪明之意也。

民国二年冬，记者在前门外德元祥洋广货行（系记者家所设之百货店），遇族兄春海来京，记者请观电影于大观楼（大观楼昔日为小市场，是年改电影园）。是晚映滑稽片（已忘其名），春海观至"火车轧人""手枪击人"等险幕，大呼云："娘呀，这些洋人，怎么拿杀人当玩艺儿呢？我可不看了，不要他再把咱俩人打死，花了三十多枚铜元，再送死可犯不着。他们打死我们中国人，不是像抹一个臭虫，谁还给抵偿啊！"记者听彼之言，笑不可仰，嘱其静坐勿惊，彼终不安，未至幕完，即觍记者归德元祥去，并云："这种戏是照相片吗？我想一定是鬼子用什么法术把人的魂弄去，现在这就是显魂灵了。这种玩艺，我劝你以后别看了，免得鬼子假这个机会，招你去收你的魂。我这时心里还跳呢，你别信人家说是照相片，你太呆了，你试将你的照相片，放在电上照照，可能有影儿动呢，这全是收的魂。他们洋人为是作这热闹，说是玩艺，像立教堂似的，先给你个便宜，教你看玩艺，见你们渐渐入了迷，就该收你的魂了。你不信看看你的面色，现在成了什么颜色？眼睛也发红啦，大约是教他们收了你一点魂灵。"记者听毕，对镜一照，果见面色不正，竟也少少相信。后见日本公使某率人摄颐和园景，方知影片是如何制成，至今思之，不觉哑然。

　　近年中国电影界所摄之言情片，仍不离花园赠金、相公赶考、大团圆等之窠臼，至古装片亦非由正史参考所制，强半不离小说绘图之形样，此实为古装片之缺点。且女角多系大足，除一二老太婆是缠足者，青年女子竟未见有缠足者（记者对于国产片，未窥全豹，望谿公先生告之），须知古时妇女全系小脚，摄杨太真为大足，即不似也。再阅十期^①某君云，"红楼片用近时衣装，颇不住"一节，记者亦以为然。盖曹雪芹之著《红楼梦》，实隐指清初某帝之事，全卷女子，不言足是何种，即可知也。且大观园实指北京后门外什刹海言，该处有醇王府（即宣统府），即贾府也。然曹雪芹之《红楼》，多本易经之卦形，羼以清宫实事，故至今三百余年，其书之价值有增无减。盖其绝佳处，不但无人能仿撰，恐将来仍为空前绝后之第一部小说也。记者之意，影片摄《红楼梦》，必无甚滋味，因其是小说食料，形诸笔垒则可，演成旧剧或摄成影片，皆难令阅者振起精神也。某公司所摄之片，未能发达，即因观者感其无趣也。

　　友人吴君现集十万元资本在京建一摄片公司，拟名曰"京华影戏公司"，已购京西万寿山后青龙桥亡清某王花园为厂址，以其有山水楼台，可以节省布景也。吴君等现委记者为编剧主任，然记者对于著作影本为门外汉，不知如何编法，姑以所著之军事小说《战地痴鸳》与之，而吴君等以该稿意味尚佳，即行删改成剧，分十二本，现已着手摄制。所恨女主角系北京人，毫无表演天才，但貌美耳。记者曾劝吴君不令主演，另聘佳妙女员，吴君谓中国影片对于女演员不必取其艺术，但使面庞俊俏，一片开映，即能博得女明星荣衔。然乎否乎，记者殊不之知，惟望精于影业之谿公先生与夫影界诸君子，有以教之。然记者预料京华公司将来必能在北京影戏界首屈一指，因公司股董会议拟备重金来沪，聘杨耐梅、胡蝶、韩云珍、张织云、王元龙诸明星到京共摄一片也，至时如何，当再报告热心影戏诸士女。

　　昨见本报所载《红楼梦》片，宝玉黛玉之化妆，不觉哑然失笑，盖《红楼梦》小说乃隐指清初爱新觉罗之宫庭琐事，故全书不言女人是何种足，而人自

----

① 编者注：十期指《影戏画报》第十期。

知之。今观此片宝黛之装饰，竟系近年时装，黛玉之发髻及其所服之旗袍，极似京中富家所用之丫环，以黛玉之奢华，竟成斯样，真可笑矣。依记者拙见，不若摄梅兰芳所扮之黛玉，盖彼所扮，尚似着愁善病，服饰新奇也。又宝玉似一海上拆白党，其鞋则着老年之夫子履，真是不伦不类，无怪其营业不发达也。

中华民国十七年元旦，这天的北京影戏界很是热闹，各大影院都选择佳片，明星、开明等院又开滑稽大会，全演西洋笑片，故该影院内的笑声，振动屋瓦。至片止时，看客们的面上，还都带着笑容，想必心内都很满意，所以各戏院都卖满座。

近年我国新片可说是风起云涌，而上海一埠十数公司所出的片子，已足够北京各戏院映演两三个月。不过记者有一件疑虑的事要问影片公司的主任，影片已有很多样子，古装的且不必说，那时装的，如社会、言情、武侠等，也都有几十种，怎么中国片没有滑稽片呢？虽说也有三两种短剧，不但没有趣味，而且有许多不合情理的表演。记者拙见，深愿各戏院也编些长篇滑稽剧，选那真有滑稽天才的想一特别的笑料，若中国能出几种笑剧，必将鲁克、卓别令等胡闹笑片顶回去。因为滑稽的价值在中国很大，并容易得名誉。阅者不信，请看外国各影片演员的名誉，谁能超过卓别令、鲁克以上呢？所以滑稽片，是必不可少的，因它甚易入于妇孺的脑筋。

现在上海各影片公司以旧小说为蓝本摄的古装片已有十几种了，据记者所知的，计有《三国》《红楼梦》《西厢》《西游记》《封神演义》《儿女英雄传》《聊斋》《水浒》《包公案》《三侠五义》等等，已很费了编剧导演的一番心血。但记者拙见，还要望各公司将那情节高尚能够规世劝人的小说摄它几本，像武侠虽不可少，但也不过千篇一律，东杀西砍，蹿房越脊，热闹一回，反倒到使观者感着腻烦。记者劝各公司，把那《今古奇观》上什么"羊角哀舍命全交"与"吴保安弃家救友"和"吕大郎还金完骨肉""三孝廉让产立高名""俞伯牙摔琴谢知音""李谪仙醉草赫蛮书""蔡小姐忍辱报仇"等，都改纂编成剧本摄出来，岂不比那男女爱情、引人为盗的片子好么？况且像李谪仙赫蛮书，是表现吾国的才人，羊角哀、吴保安、俞伯牙都是义士，吕大郎、三孝廉，可以劝人弟兄和睦，免得兄弟阋墙，这些片一到了外国，可叫他们晓得中国是出能人才士的，中国人是有真诚侠义的，不似他们那朝三暮四，奸巧猾坏，没诚心的。而且似李太白那样人，真能给中国扬眉吐气，记者准保这种片子摄好，到了外国，叫他们看了，都要不寒而栗呢。现出版的《绿林红粉》虽未到京，但记者看那本事，已决定是一部好片子，不过内中有两幕出神仙，未免有些迷信，不知阅者可有什么感想？

十七，一，四，作于北京屯绢同蝶社

○ 原载于《影戏画报》1927 年第 9 期—第 22 期

忆北京
1928

—— 学昭①

我常常到南半截胡同去，就是伏园先生们的住处，在星期日，他们必大早的打电话来约我。约我同游陶然亭，约我去吃蟹，约我逛公园，都是不计其数的了。

南半截胡同绍兴县馆，他们的住处留给我很深的印象是：一只火光融融的煤球炉子，一个蒙了灰尘的兔儿爷站在那桌子角上的，惠迪小弟弟的纸镖随便的在铺上、凳上、桌子上，及地上及纸糊的墙上，春台先生的案头有吃了一半或已吃得剩几颗的花生米，或是南瓜子。大家吃瓜子，谈话，春台先生还在写他的《归航》，那是初冬。惠迪小弟要讲故事。

伏园先生是没有星期日可休息的，九十点钟就要出去，而我，那个时候已经在他们那里了。

有一天，却不是星期日，"三八"妇女纪念节的前一天。早上，我还没有起来，茶房说是有电话邀去，我以为有了什么事情了罢，然底下却说："带了笔去。"于是我真莫明。所以，带了笔去做什么呢？

---

① 编者注：陈学昭，原名陈淑英。浙江海宁人。1927 年赴法留学，期间曾任天津《大公报》驻欧特派记者，《生活》周刊特约撰稿人。1934 年获文学博士学位，成为中国第一位留法女博士。著有《如梦》《忆巴黎》《南风的梦》《败絮集》《时代妇女》《待婚者》《忆尔》《回忆集》作品。

我到得那里，才知道是因了"三八"妇女纪念节的事情，而我竟忘记了。

我就拔出我自己带去的红勾水笔，开始急忙地写起来。伏园先生说，最好他回来吃饭后带去，或者来不及，则到三时由《京副》另着人来取。伏园先生回来吃饭已是二时过了，我幸而已写成，就交他带去。这一天的下午，晚五时光景，大家还到陶然亭去走了一次。翌日午后，去赴妇女会在艺专，我与鸿明姊觉得没有什么意味，就先出了。

孙氏兄弟两先生常常邀我到京报馆去，我去的第一次是在重阳之后，报馆刚搬到新屋不久时。此后不但常常去，而且在中山先生逝世周年纪念的时光，大家在那里纪念会场的杂感文。

说到京报馆，我要联想到在那魏染儿胡同口的牛奶铺了，从京报馆出来，伏园先生同了去喝牛奶。我本来不大欢喜喝牛奶，怕的是气味太重，然而这店里的牛奶真是新鲜，觉得很好喝，因而一反我向来不爱喝牛奶的癖习，直到现在。

今春下雪的第一次是正月初五，那天早上，我还在被里沉睡，忽然门"托托"的响，我推开被口一看，问道："什么？"茶房说："有信呵。"于是从那门

① 图注：陈学昭、袁中道、林文铮、刘既漂在雕刻家马丁家里茶会合影。刊载于《图画时报》1927 年第 386 期。

缝里就落下了一封信。我起来，不及披衣，到门口去拾这封信来看，才从门缝里张到了门外阶前已是一大片浓厚的雪了。这才不及看信，急忙的穿了衣服，到中央公园去看雪景的。看了雪景回来，我就写《雪地里》那一篇文。

就在这午后，春台先生来邀我到京报馆。他说，他大早曾到天安门前看雪景，为了照相来不及来邀我了。我说我也去的，怎么不会遇见呢？到了京报馆，便同了伏园先生及邢先生、惠迪到厂甸，就是去刻那张《春雪》的木刻，是春台先生早去照雪景时所画的。店家因为正在新春，不曾开工，再三对他们说，要他们就刻一刻，他们是允认了，但不能按时刻好，还是没有办法。于是春台先生说，只好自己动手刻了。这样，他就独自先回去了，我与伏园先生及邢先生、惠迪再到火神庙文化商场去走了一圈。出来，邢先生到印刷所去了，我与伏园先生等三人一同到绍兴馆。

煤炉锅里吱吱的声音，是在烧元宵。春台先生在暗淡的煤油灯下动手刻，而惠迪却在桌边说："三爹哪里会刻呢？让我来刻罢！"伏园先生喊了："小孩走开，晓得些什么！"大家的心都为这木刻而担忧，怕时间来不及。元宵烧得化了，再换了清水重烧。

吃完元宵，再吃面，过了一刻一我才还西单牌楼公寓去。翌朝，吃早粥后，就到南半截胡同。这时《京报》已经送来了，大家争看《京副》上的那张《春雪》。

有一次，我想起常想发笑的，就是在他们的住屋，三间接连着的那石板铺的屋子。这是凄冷的严冬，一只煤球炉子火光融融的烧着，那是放在春台先生的房里，一只八仙桌旁。八仙桌上尽是些书籍。八仙桌旁的那一头，就是一只榻，菊花炉子放着在中间，这时候也生着火。伏园先生已到报馆去了，只有我与惠迪弟及春台先生在着。正值午饭时候，饭是自己烧的，但为经济时间起见，所以常是吃面，或者烧菜饭吃，当不到饭馆子去吃的时日。

此刻煤炉子也移在中间的屋子里，便在烧面。三人都围着瓦罐而立，等它沸熟起来。春台先生的厚棉鞋"木托木托"的响得很，因他在转来转去的洗碗或是倾水。

面已熟了，我与惠迪便搬一些冷菜，糟蛋、牛肉或是火腿，放在那铺着报纸的一部《二十四史》的木箱上，坐着或是立着的吃。但我总是坐着，而惠迪则大概是立着或走着的。当他快完第一碗，忽然到院子里去打铁环了，春台先生给他盛了第二碗，并连连的喊他进来说："那么冷的风，怎好再在院子里玩！"再则面也快冷了，他进来之后，就拿起碗面来吃。不知怎样一来，他忽然去拿春台先生的三脚画凳放在里间，正当门坎口想坐了。春台先生就说："坐不得的，要跌交的。"他很听话，就不坐了，立在门坎上连吃连说："陈先生呵！"他这话未说完，忽然"跌塌"一声，只见他身往后倒，连我立起来拉他也来不及了。他哭了，他的人坐在地上，一只脚拳曲着，所以很痛，痛得遂使他的眼泪不由自主地流下来了。一只面碗倒无恙的在他旁边，不过他的裤上却积了些倾出来的面，像粘着似的不肯掉下，幸而没有汤，那些汤稍稍的倾在地上，小小的湿了一块地。

当我很着忙地放下碗，立起来拉他时，他已自起来了，微哭而又喊痛，春台先生起初还不见，因为他坐得较远，又被我的坐位阻住了视线。

我立起来，我便笑了，我说："怎样会跌的？"我笑得更厉害，他见我笑，他也就变哭为笑了。

此时春台先带着微气的口吻说："同侬话ㄓㄎ[1]！侬勿听话ㄓㄎ！耐好哉！吃跌哉ㄓㄎ！"听到这样的话，我不敢笑了，惠迪当然不再笑，而且在断续的分辩说："吾……"

我不便再笑，但是我心头实在耐不住的要笑，所以我只得躲在春台先生的房里，靠在那只榻上"呵呵"的笑。惠迪呢，他也靠在窗边笑，两个人简直笑不休止了。好久，我才与惠迪轻轻的约好，说："我们不再笑了！"说时我的手复指指门外，"到外面去罢！"跨出门坎，只见春台先生一动不动的坐在藤椅上，一只手拿碗，一只手拿箸，呆呆的正在谛听我们的笑声呢。我一看见这样子，想起刚才与惠迪大笑的情形，又觉得忍耐不住的要笑了，急急的在外面转了一个身，重新跑到里间来了，惠迪也到里间来。此时忽然听到外面"咭咭咭咭"的笑声，这一下，我与惠迪又复笑起来了！等到在傍晚见到伏园先生时，

---

[1] 编者注：此为注音字母，以章太炎的记音字母作蓝本，1913 年由中国读音统一会制定，1918 年北洋政府教育部正式颁行，取代了中国的"反切"注音方法。

说着，大家还觉得好笑，直到现在，说起来还是好笑呵！

惠迪真是天真有趣，但他与人说话时却很头头有理，我比他大了八岁，有时候竟不知不觉要流出那些孩子气来。我每见人跌交必要笑，这笑并不是恶意的，只觉好笑而已。像这一次的印象又是可纪念的。今年的现在，惠迪在绍兴，我除了他没有第二个小朋友，几个大人们在一块而没有话说的时候，我又要想着惠迪了，觉得很寂寞。然而不知此时的北京绍兴馆，那三间屋子，不知道更寂寞到怎样咧，因为从前一起聚在那屋子里的我们，现在大家都到了南方了！那菊花炉子、煤球炉子、瓦罐头，想在这样寒冷的天气里必在缩缩的抖颤罢！

记得是个春寒未了之晨，我在那里见到林宰平先生，从前我在"人生观与科学"的论战上读到林先生那公正明晰的言论，见了之后，真觉得文如其人。

林先生年纪还不高，正是中年，而且颇有些青年气概，那种从容不迫的态度，真令人敬仰。听说林先生在北京已住了好多年了，过着长久的都市生活，尤其是像北京这么一个混乱嘈杂的所在，而能持着那样的高洁，真使我敬佩。在我不曾见林先生之前，见到北京所不大能见到的那从容不迫的态度的人，是在伏园先生于撷英番菜馆请饭时，座中有李玄伯先生，那样大方洒脱的态度，使我得到许多好感。在平时，我所见的，除了少数高洁者外，其他从高车驷马，至于街头小贩，没有不在攒来攒去的为利为名。我那时还寄寓在北新书局，所看到的，无非是交易，所听到的，也无非是交易，我总觉得倘然人间所给我的只是这一种现状，那我的心将要永远是空虚着而不能满足的。

然而北京可以使我纪念的，还是很多：我记得初到北京的第三天，那一个晚上，在什刹海的会贤堂，晚餐后，倚着栏干，对一轮淡月，几点疏星，微光之下，但见绕堤残荷依稀地在风里飘动。游人如蚁，咿唔之声不绝，红灯绿帘互相照耀，有十分的热闹，也有十分的寂寞，这寂寞是在秋的境里。当我第二次出什刹海时，那已是过了严冬，刚刚透露一些春阳的时候，然而景象颇萧索，那样的衰老颓败的样子。走过会贤堂，那大门是深闭着，惟觉一派阴森之气袭来心头。起初，我听京地的友朋们说什刹海的热闹原不过炎暑一时，入秋即罢。但不止如此，今年盖受了意外之打击战争影响。这又是使倦游之客增加了一番怅感而已！

我在北京，曾极自负地想写一写北京所给我的好处，这种情感，不但对北京如此，对别的地方也是如此，我曾自愿我必将发掘这恶劣的社会、恶劣的人情里找寻好意，我要将这种好意来写述的，然而我的心竟稚弱的受不起这些打击，所以在《彼处》中所写的那东森里的四等官妓等印象，在我心脑里，是永远不能消灭的了。我因这些打击而觉得不能尽以好意来骗自己，安慰自己，不幸的事实已是这样，应当思索，想方法怎样才可以使这种不幸的事情改革掉。

我自离开学校生活以来，沉沦在这社会的大旋涡中，所受的刺激越久越多也越深，当初有一腔热情来对待人情与社会，刚刚受到了刺激，于是只好把自己的热情稍稍抑下去，但还是一点也不怨恨人情社会，总责备自己的才能不够，不能得到人情社会的同感，不能舒展自己的抱负。等到年渐深，日渐久，刺激已饱受了的时候，这真把人情社会的鬼脸统统认识了，这时候才陡然惊觉，如冷水浇顶，深感清彻。知道这人情社会不值我如此用心，只得把自己的热情收起来，代之以冷酷，这就是所谓入世愈深愈冷酷，愈无信仰的了。我在北京这近一年中所受到的，真是使我吓然惊觉，人类最卑贱最丑劣的性质我见到了，最狡猾最虚伪的人情我也见到了。像这样大的刺激，原应该在这样大的地方，最污浊的地方受到的，这一向从这个地方走到那个地方所受的刺激不同，在我心里留着深深的隐痛，我总悲伤将我多年建筑起来的好梦，我的理想为此种刺激所推翻。因为像东森里等的四等官妓的那种情形，我从来不曾梦想过。我在上海在南京等地，虽与人群交接而不亲近社会的，去年在北京，我才刚刚与社会亲切的站近了，而它的真面目都给我看到了。只叫是一个有抱负有志向的青年，起初看到社会之恶浊，它所具有的那些伎俩，如果是强者是意志坚强的，那么他必以人所给予的欺侮还之别人报复，他不信仰一切，而信仰自己的能力，变成一个尼采所写的那样超人坚忍的人。然而，像我们，像我，是一个怯弱的人，只有吸受社会对于我们的欺侮，却不能与之反抗。但既不能与之反抗，却又不甘屈服于它，或受它的感化，在这种对持的情形之下，叫人怎得不为之烦闷呢？

北京所给我最快乐的是浪游，到西山、清华园以及近的北海、中央公园，孙氏两先生是极富于乐趣的，我看他们的乐观，引起我好些兴味。

去年初冬，书召姊由蜀来信，介绍她的十年好友鸿明姊与我，这是我到北京后交接的第一个女友，给于我的印象极好，她正旅居在亲戚家，四川战争方殷，不能还去，十分苦闷。于是我与她常相过从、谈论、相互的借书看。阴历十二月二十八日，没有约会，她陡然到我公寓里来了，说："我们吃午饭去，附近有什么菜馆？"我说："这里有个四川菜馆大陆春，很好的。""去罢！"她说，就一起去了。我第一次到大陆春吃饭是十一月二十八日，正比这次先一月，那是伏园先生的生日。

　　一走进饭馆里的暖室，褪去大衣，靠炉边的桌坐定了，便谈起来，直到吃完了饭。带着倦意与懒散的情绪，到陶然亭去。这时陶然亭的芦花已早割去了，望出去一片白茫茫的沙地，秃树枝在飘动，地上的落叶随风乱转，不知去从，彼此感到天涯游子的凄悲！

　　渐渐的谈到各人的生活，她说："巴黎的世界女生宿舍真好，各国来学的学生聚在一处，大家都是游子呵，大家读书，亲爱，可以稍稍减一点家国之思。现在已是在国内了，离家更近，思家更切，在亲戚家，看她们一家人聚乐，在理我也该加进去凑趣才是，无奈我总是戚戚的。"

　　我说："这也是人情之常，然而有些不了解的人，就要说是不懂人家的好意，天性孤僻等等的了。"

　　"我们今天真是'寻得桃源好避秦'呢！"她笑着说。这时我们站立土墩上，在天色昏黄中，两人一起回到公寓里，这晚她就留着未去。吃花生糖，谈天，直过半夜，兴犹未阑。

　　在这一次之前，有同样可以纪念的，是敬白姊同了她的小妹妹特地到北新来看我。我正靠桌在静想，忽然听到一阵语声，觉得极熟，不及思索，皮鞋的声音就托托地进来了。"哈哈……"她笑了，"哦！陈先生！"我连忙走出去，乃是朱先生。我们仍照同事时的"先生""先生"称呼起来了。我让她进去，各各坐定后，开始又谈起旧事来了。

　　回忆安徽出来之后，书姊远隔不得一见是不必说，其他即在南方的几人，也是不能通一点消息。旧游的热闹天真快乐，唉！怎能再得？聚散如萍，夫复何言！

我留着她吃饭，但小妹妹必须回去，因为敬白姊原来是去孔德接伊还家吃饭的。送小妹妹上车后，叮嘱好了车夫，我与她回进来，就立在院子里太阳底下谈天。那个院子，我从来不曾去站久一会，每天我只常常听到房东人家的女子谈话声以及男孩的唱京戏"放马过来"的那种喊声，有时忽然吵起架来，那末甚至于大跳大骂的了。我天天要打这个院子里走过好几次，经过那个当门屏风，向左偏便进我的住屋。然而我从来不看一眼的，对于这大院子。这一天我才看到了，那右边门里有着两只火炉……一阵扇子的声音，知道有人在生火。

午后三时我送走她，两个人缓缓的步到猪市大街，她去了，我走回来，陡然一阵痛切的回忆，我真不知道将那时的我，如何安排了才好。第二次再见是她来邀我到北海坐冰车，那天并且见到她的家中诸长者。此后直到我搬公寓住，还南，都不曾通一点消息。她有一次来邀我看戏，我又不在。我是这样懒于应酬，懒于写信的，但在我心里并非不想念，敬白姊知我，我知道她决不罪我。

北京冬日，饭馆子里的炉火实在是可纪念的，融融的光是那样的照得人暖和而轻快。每次同了伏园先生、春台先生、邢先生及小朋友惠迪到饭馆里去，有一次，是厚德福罢，甫坐定，伏园先生就说："拿一个火来！""呵呵！"伙计答允着，一只煤炉子便放在桌角边，大家视线都注向着这火光。

我的坐位总是靠近这炉火，因为我是一个极怕冷的人，惠迪也怕冷，我要他与我坐在一起，他不肯，他要与邢先生同坐，可以说话吵闹或给他讲故事。炉火十分旺，大家脱下大衣，挂在衣架上，两手拱着靠在桌上，看那菜蔬的牌子。伏园先生真是老阿哥，不，我叫他做老太太。他喊了："伙计！瓦块鱼……四两五茄皮！"末了的四两五茄皮，我总忍不住的要笑出来，每回每回都是这样。

"再来一个什么汤？"伙计来问。

伏园先生想了一想，说："再来一个酸辣汤吧！"

这个又引起我发笑，为的也是每回每回都如此。吃完饭，大家都觉得有些懒动，吃五茄皮酒的老太太，有时便有些醉意，说道："再坐一刻呵？""好！"大家说。于是想出猜谜来，从墙上的衣架猜到所有室内的一切，这样，总要坐到十时或十一时才走出，我从这条冷落无人的夜的宣外大街到公寓去。这些情景，想起，就在我眼底了！

此刻，我听着弄里慢长凄切的叫卖声，"橄榄！一个铜子两个！"的那喊声，使我依稀的记到北京冬夜所听到喊的"萝菔赛雅梨呵！"声音是如此寒颤而凄动的呀！我提笔写此，我的心情与在北京时一样了！

一九二六，一一，一五

○ 原载于《文学周报》1928 年第 4 卷第 251/275 期

我在北京大学的经历（节选）

—— 蔡元培

1934

北京大学的名称是从民国元年起的，民元以前名为京师大学堂，包有师范馆、仕学馆等，而译学馆亦为其一部。我在民元前六年曾任译学馆教员，讲授国文及西洋史，是为我北大服务之第一次。

民国元年，我长教育部，对于大学有特别注意的几点：

一、大学设法商等科的，必设文科；设医农工等科的，必设理科。

二、大学应设大学院（即今研究院），为教授、留校的毕业生与高级学生研究的机关。

三、暂定国立大学五所，于北京大学外，再筹办大学各一所于南京、汉口、四川、广州等处。（尔时想不到后来各省均有办大学的能力。）

四、因各省的高等学堂本仿日本制为大学预备科，但程度不齐，于入大学时发生困难，乃废止高等学堂，于大学中设预科。（此点后来为胡适之先生等所非难，因各省既不设高等学堂，就没有一个荟萃较高学者的机关，文化不免落后。但自各省竞设大学后，就不必顾虑了。）

是年，政府任严幼陵君为北京大学校长。两年后，严君辞职，改任马相伯君。不久，马君又辞，改任何锡侯君，不久又辞，乃以工科学长胡次珊君代理。

民国五年冬，我在法国接教育部电，促回国任北大校长。我回来，初到上海，友人中劝不必就职的颇多，说北大太腐败，进去了，若不能整顿，反于自己的声名有碍，这当然是出于爱我的意思。但也有少数的说，既然知道它腐败，更应进去整顿，就是失败，也算尽了心，这也是爱人以德的说法。我到底服从后说，进北京。

我到京后，先访医专校长汤尔和君，问北大情形。他说："文科预科的情形，可问沈尹默君；理工科的情形，可问夏浮筠君。"汤君又说："文科学长如未定，可请陈仲甫君。陈君现改名独秀，主编《新青年》杂志，确可为青年的指导者。"因取《新青年》十余本示我。我对于陈君本来有一种不忘的印象，就是我与刘申叔君同在《警钟日报》服务时，刘君语我："有一种在芜湖发行之《白话报》，发起的若干人，都因困苦及危险而散去了，陈仲甫一个人又支持了好几个月。"现在听汤君的话，又翻阅了《新青年》，决意聘他。

从汤君处探知陈君寓在前门外一旅馆，我即往访，与之订定。于是陈君来北大任文科学长，而夏君原任理科学长，沈君亦原任教授，一仍旧贯。乃相与商定整顿北大的办法，次第执行。

我们第一要改革的是学生的观念。我在译学馆的时候就知道北京学生的习惯。他们平日对于学问上并没有什么兴趣，只要年限满后可以得到一张毕业文

---

① 图注：民权保障大同盟会为江苏省政府主席顾祝同违法枪决《江声报》主笔刘煜生一案，招待本市报界，讨论办法，图中系蔡元培氏宣读宣言，右坐者为宋庆龄。刊载于《生活画报》1933 年第 2 期。

凭。教员是自己不用功的，把第一次的讲义照样印出来，按期分散给学生，在讲坛上读一遍，学生觉得没有趣味，或瞌睡，或看看杂书，下课时把讲义带回去，堆在书架上。等到学期、学年或毕业的考试，教员认真的，学生就拼命的连夜阅读讲义，只要把考试对付过去，就永远不再去翻一翻了。要是教员通融一点，学生就先期要求教员告知他要出的题目，至少要求表示一个出题目的范围。教员为避免学生的怀恨与顾全自身的体面起见，往往把题目或范围告知他们了，于是他们不用功的习惯，得了一种保障了。

尤其北京大学的学生，是从京师大学堂"老爷"式学生嬗继下来（初办时所收学生，都是京官，所以学生都被称为"老爷"，而监督及教员都被称为"中堂"或"大人"）。他们的目的不但在毕业，而尤注重在毕业以后的出路。所以专门研究学术的教员他们不见得欢迎，要是点名时认真一点，考试时严格一点，他们就借个话头反对他，虽罢课也所不惜。若是一位在政府有地位的人来兼课，虽时时请假，他们还是欢迎得很，因为毕业后可以有阔老师做靠山。这种科举时代遗留下来劣根性，是于求学上很有妨碍的。所以我到校后第一次演说，就说明："大学学生当以研究学术为天职，不当以大学为升官发财之阶梯。"

然而要打破这些习惯，只有从聘请积学而热心的教员着手。那时候因《新青年》上"文学革命"的鼓吹，而我们认识留美的胡适之君，他回国后，即请到北大任教授。胡君真是旧学邃密而且新知深沉的一个人，所以一方面与沈尹默、兼士兄弟、钱玄同、马幼渔、刘半农诸君以新方法整理国故，一方面整理英文系。因胡君之介绍而请到的好教员，颇不少。

我素信学术上的派别是相对的不是绝对的，所以每一种学科的教员，即使主张不同，若都是"言之成理、持之有故"的，就让他们并存，令学生有自由选择的余地。最明白的，是胡适之君与钱玄同君等绝对的提倡白话文学，而刘申叔、黄季刚诸君仍极端维护文言的文学，那时候就让他们并存。我信为应用起见，白话文必要盛行，我也常常作白话文，也替白话文鼓吹。然而我也声明：作美术文，用白话也好，用文言也好。例如我们写字，为应用起见，自然要写行楷，若如江艮庭君的用篆隶写药方，当然不可；若是为人写斗方或屏联作装饰品，即写篆隶章草，有何不可？

① 图注：（左而右）李文范、伍朝枢、张继、汪精卫、邹鲁、蔡元培、陈铭枢、张静江、陈友仁、孙科。刊载于《文华》1931 年第 25 期。

那时候各科都有几个外国教员，都是托中国驻外使馆或外国驻华使馆介绍的，学问未必都好，而来校既久，看了中国教员的阑珊，也跟了阑珊起来。我们斟酌了一番，辞退几人，都按着合同上的条件办的。有一法国教员要控告我；有一英国教习竟要求英国驻华公使朱尔典来同我谈判，我不答应。朱尔典出去后，说："蔡元培是不要再做校长的了。"我也一笑置之。

我从前在教育部时，为了各省高等学堂程度不齐，故改为各大学直接的预科，不意北大的预科因历年校长的放任与预科学长的误会，竟演成独立的状态。那时候预科中受了教会学校的影响，完全偏重英语及体育两方面，其他科学比较的落后，毕业后若直升本科，发生困难。预科中竟自设了一个预科大学的名义，信笺上亦写此等字样。于是不能不加以改革，使预科直接受本科学长的管理，不再设预科学长。预科中主要的教课，均由本科教员兼任。

我没有本校与他校的界限，常为之通盘打算，求其合理化。是时北大设文、理、工、法、商五科，而北洋大学亦有工、法两科，北京又有一工业专门学校，都是国立的。我以为无此重复的必要，主张以北大的工科并入北洋，而北洋之法科刻期停办。得北洋大学校长同意及教育部核准，把土、木、工与矿、冶、工并到北洋去了。把工科省下来的经费用在理科上。我本来想把法科与法专并成一科，专授法律，但是没有成功。我觉得那时候的商科，毫无设备，仅有一种普通商业学教课，于是并入法科，使已有的学生毕业后停止。

我那时候有一个理想，以为文理两科是农、工、医、药、法、商等应用科学的基础，而这些应用科学的研究时期仍然要归到文理两科来。所以文理两科必须设各种的研究所，而此两科的教员与毕业生必有若干人是终身在研究所工作兼任教员，而不愿往别种机关去的。所以完全的大学当然各科并设，有互相关联的便利。若无此能力，则不妨有一大学专办文理两科，名为"本科"，而其他应用各科可办专科的高等学校，如德法等国的成例，以表示学与术的区别。因为北大的校舍与经费，决没有兼办各种应用科学的可能，所以想把法律分出去，而编为本科大学。然没有达到目的。

那时候我又有一个理想，以为文理是不能分科的。例如文科的哲学必植基于自然科学，而理科学者最后的假定亦往往牵涉哲学。从前心理学附入哲学，而现在用实验法，应列入理科；教育学与美学也渐用实验法，有同一趋势。地理学的人文方面应属文科，而地质、地文等方面属理科。历史学自有史以来属文科，而推原于地质学的冰期与宇宙生成论则属于理科。所以把北大的三科界限撤去而列为十四系，废学长，设系主任。

我素来不赞成董仲舒"罢黜百家，独尊孔氏"的主张。清代教育宗旨有"尊孔"一款，已于民元在教育部宣布教育方针时说它不合用了。到北大后，凡是主张文学革命的人，没有不同时主张思想自由的，因而为外间守旧者所反对。适有赵体孟君以编印明遗老刘应秋先生遗集，贻我一函，属约梁任公、章太炎、林琴南诸君品题。我为分别发函后，林君复函，列举彼对于北大怀疑诸点，我复一函，与他辩。

这两函虽仅为文化一方面之攻击与辩护，然北大已成为众矢之的，是无可疑了。越四十余日而有五四运动。我对于学生运动素有一种成见，以为学生在学校里面应以求学为最大目的，不应有何等政治的组织。其有年在二十岁以上，对于政治有特殊兴趣者，可以个人资格参加政治团体，不必牵涉学校。所以民国七年夏间，北京各校学生曾为外交问题，结队游行，向总统府请愿，当北大学生出发时，我曾力阻他们，他们一定要参与，我因此引咎辞职，经慰留而罢。

到八年五月四日，学生又有不签字于《巴黎和约》与罢免亲日派曹陆张的主张，仍以结队游行为表示，我也就不去阻止他们了。他们因愤激的缘故，遂有焚曹汝霖住宅及攒殴章宗祥的事。学生被警厅逮捕者数十人，各校皆有，而北大学生居多数。我与各专门学校的校长向警厅力保，始释放。但被拘的虽已保释，而学生尚抱再接再厉的决心，政府亦且持不做不休的态度。都中喧传政府将明令免我职，而以马其昶君任北大校长。我恐若因此增加学生对于政府的纠纷，我个人且将有运动学生保持地位的嫌疑，不可以不速去。乃一面呈政府，引咎辞职，一面秘密出京，时为五月九日。

那时候学生仍每日分队出去演讲，政府逐队逮捕，因人数太多，就把学生都监禁在北大第三院。北京学生受了这样大的压迫，于是引起全国学生的罢课，而且引起各大都会工商界的同情与公愤，将以罢工罢市为同样之要求。政府知势不可侮，乃释放被逮诸生，决定不签和约，罢免曹陆章，于是五四运动之目的完全达到了。

五四运动之目的既达，北京各校的秩序均恢复，独北大因校长辞职问题又起了多少纠纷。政府曾一度任命胡次珊君继任，而为学生所反对，不能到校；各方面都要我复职。我离校时本预定决不回去，不但为校务的困难，实因校务以外常常有许多不相干的缠绕，度一种劳而无功的生活，所以启事上有"杀君马者道旁儿，民亦劳止，汔可小休，我欲小休矣"等语。但是隔了几个月，校中的纠纷，仍在非我回校不能解决的状态中，我不得已乃允回校。

回校以前先发表一文，告北京大学学生及全国学生联合会，告以"学生救国，重在专研学术，不可常为救国运动而牺牲"（全文见《蔡孑民先生言行录》下册三三七至三四一页）。到校后，在全体学生欢迎会演说，说明德国大学学长、校长均每年一换，由教授会公举，校长且由神学、医学、法学、哲学四科之教授轮值，从未生过纠纷，完全是教授治校的成绩。北大此后亦当组成健全的教授会，使学校决不因校长一人的去留而起恐慌（全文见言行录三四一至三四四页）。

那时候蒋梦麟君已允来北大共事，请他通盘计划，设立教务、总务两处，及聘任财务等委员会，均以教授为委员。请蒋君任总务长，而顾孟余君任教务长。

北大关于文学、哲学等学系，本来有若干基本教员，自从胡适之君到校后，声应气求，又引进了多数的同志，所以兴会较高一点。预定的自然科学、社会科学、文学、国学四种研究所，只有国学研究所先办起来了。在自然科学与社会科学方面比较的困难一点。

自民国九年起，自然科学诸系，请到了丁异甫、颜任光、李润章诸君主持物理系，李仲揆君主持地质系。在化学系本有王抚五、陈聘丞、丁庶为诸君，而这时候又增聘程寰西、石蘅青诸君。在生物学系本已有钟宪鬯君在东南西南各省搜罗动植物标本，有李石曾君讲授学理，而这时候又增聘谭仲逵君。于是整理各系的实验室与图书室，使学生在教员指导之下切实用功。改造第二院礼堂与庭园，使合于讲演之用。在社会科学方面，请到王雪艇、周鲠生、皮皓白诸君。一面诚意指导提起学生好学的精神，一面广购图书杂志，给学生以自由考索的工具。丁巽甫君以物理学教授兼预科主任，提高预科程度。于是北大始达到各系平均发展的境界。

我是素来主张男女平等的。九年，有女学生要求进校，以考期已过，姑录为旁听生。及暑假招考，就正式招收女生。有人问我："兼收女生是新法，为什么不先请教育部核准？"我说："教育部的大学令并没有专收男生的规定，从前女生不来要求，所以

没有女生，现在女生来要求，而程度又够得上，大学就没有拒绝的理。"这是男女同校的开始，后来各大学都兼收女生了。

我是佩服章实斋先生的。那时候国史馆附设在北大，我定了一个计划，分征集、纂辑两股。纂辑股又分通史、民国史两类，均从长编入手，并编历史辞

---

① 图注：北大物理实验室。刊载于《学生杂志》1930 年第 17 卷第 5 期。

典。聘屠敬山、张蔚西、薛阆仙、童亦韩、徐贻孙诸君分任征集编纂等务。后来政府忽又有国史馆独立一案，别行组织。于是张君所编的《民国史》，薛童徐诸君所编的辞典，均因篇帙无多，视同废纸。止有屠君在馆中仍编他的《蒙兀儿史》，躬自保存，没有散失。

我本来很注意于美育的。北大有美学及美术史教课，除中国美术史由叶浩吾君讲授外，没有人肯讲美学。十年，我讲了十余次，因足疾进医院停止。至于美育的设备，曾设书法研究会，请沈尹默、马叔平诸君主持；设画书研究会，请贺履之、汤定之诸君教授国画，比国楷次君教授油画；设音乐研究会，请萧友梅君主持。均听学生自由选习。

我在爱国学社时，曾断发而习兵操，对于北大学生之愿受军事训练的，常特别助成。曾集这些学生编成学生军，聘白雄远君任教练之责，亦请蒋百里、黄膺伯诸君到场演讲。白君勤恳而有恒，历十年如一日，实为难得的军人。

我在九年的冬季，曾往欧美考察高等教育状况，历一年回来，这期间的校长任务是由总务长蒋君代理的。回国以后，看北京政府的情形日坏一日，我处在与政府常有接触的地位，日想脱离。

十一年冬，财政总长罗钧任君忽以金佛郎问题被逮，释放后，又因教育总长彭允彝君提议，重复收禁。我对于彭君此举，在公议上，认为是蹂躏人权献媚军阀的勾当；在私情上，罗君是我在北大的同事，而且于考察教育时为最密切的同伴，他的操守为我所深信，我不免大抱不平。与汤尔和、邵飘萍、蒋梦麐诸君会商，均认有表示的必要。我于是一面递辞呈，一面离京。隔了几个月，贿选总统的布置渐渐的实现，而要求我回校的代表还是不绝，我遂于十二年七月间重往欧洲，表示决心。至十五年，始回国。

那时候，京津间适有战争，不能回校一看。十六年，国民政府成立，我在大学院，试行大学区制，以北大划入北平大学区范围，于是我的北京大学校长的名义始得取消。

综计我居北京大学校长的名义，十年有半；而实际在校办事，不过五年有半。一经回忆，不胜惭悚。

○ 原载于《东方杂志》1934 年第 31 卷第 1 期

北平旧书肆
1935

—— 商鸿逵①

我记得在《人间世》某期上读过一篇《书店》，觉得写的很好，很在行，只是所写多偏于上海新式书店，这截止到现在还不失为中国旧文化中心的北平城里那些旧书肆，却也蕴藏有不少奥妙，趁今日闲暇也写它一写。

北平的旧书肆区，在老年，就我所知有一厂二寺。厂即琉璃厂，它是具有几百年历史的，迄今未衰，"厂肆"二字在中国藏书史上至少是免不了要提提的一个名词吧。二寺即慈仁寺与隆福寺。慈仁寺（今名报国寺，在宣武门外）在清初颇兴旺，顺康间人笔记中常见述及，如今却是连一些书影儿也没有的了。隆福寺起初只是些书摊，每逢会期赶来摊卖，现在发展的也不下二十家店肆了，其中还有几家规模够大的。记得去年南方某书店来北平采购旧书，先到隆福寺，进入一家，骤睹琳琅满目，便拣选了些。又进一家，又买了些，顷刻用去数千元。后来又到琉璃厂，见藏书之多且十倍于隆福寺，未见大买，囊资已尽，遂赞叹叫绝而返。

过去书中谈及厂肆等地方的很多，专记的有李文藻《琉璃厂书肆记》、缪荃孙《后记》、叶德辉《买书行》等，以繁不引，只叶氏《书林清话》书店轶事上有几句话："吾官京曹时，士大夫犹有乾嘉余韵，每于退值或休务日，群集于厂

---

① 编者注：商鸿逵，字子上，河北清苑人，明清史专家。著有《赛金花本事》等作品。

肆，至日斜多挟数破帙驱车而归。"这种余韵今日犹有，什么考究版本的鉴赏家、爱往旧书堆里钻的大学教授、附庸风雅的买书者、侨居我邦研究所谓"汉学"的洋人等，都算是厂肆的长期主顾。

书肆主人以往都是江西金溪籍，兼有江浙籍，盖皆南人也。到现在却多换了别地方人了。这里面怎样一个衍递，不甚了了。或谓在先之南人多为进京会试名落孙山的举子，赧颜归里，便思做生意，旁的生意不会作，只好卖书，念书人卖书算最接近的一行了。可是，虽然做生意，究系由儒而贾，难免要带点酸狂气，对于奉承自然差忒。偏巧一般买书的达官贵人又好"奉承"这个调调，纯生意人于是便大得手了，主顾一到，装烟倒茶，躬身揖人，一味周旋，再加上他们的负苦耐劳精神，渐渐便夺去江西人之席。就我所知，某书肆主人背包袱时，每串大宅第，常当人面从袋中取食黄粱窝，询以故，则诉曰："卖书能有多大赚头？不得不吃这个。"如是，人怜其苦，便不与他争值了。这套把戏，酸狂举子，怎么能扮得来！

说到做生意方法，旧书肆与新书出版家又大不相同。新书是要拉些有名作家作后台，旧书却全靠采访所得。大一些的书肆，差不多常年要派人到各省各县去收买，性质颇近古董商，有时虽一无所得，有时可获利无算，像那部哄传一时的《金瓶梅词话》，在山西买来时才数十元，一转手便卖了数百元，再转到购主便千数百元了。

近年的刻版书价总都算涨，原刻或刻得精一点的都贵的了不得，宋元版不谈，即小说戏曲之类，一部《贯华堂水浒》就要五六十元，清晖阁《牡丹亭还魂记》非百元莫办。去冬我见着一部《十二律昆腔谱及京腔谱》想买，开口便索价四百，近年更有人搜罗淫词小说，两本《旧刊肉蒲团》也值二十元了。

书价的涨落也看风头，胡适之先生谈了谈"传记文学"，谈到汪辉祖的《病榻梦痕录》，《梦痕录》立刻涨价；林语堂先生表表袁中郎，《中郎集》又涨起。

县志近年价也大涨，大概是先有某国欲考索中国风土地理而采买，随着我们也感觉这个重要而争买，一部偏僻不经见的县志，论本头也须一二十元。前天一书贾向我说，要有一部《香河县志》（属河北）能卖八十元。

"禁书"也了不得，载在禁书目录的书，不消说是卖大价了，即现在还在禁的那部《清史稿》，原定价百元，现售至四五百元。书是不管好坏，一禁便贵。

传钞作假，更是旧书肆的拿手活。遇到罕见的书，不管刻本抄本，他们能用染制好了的旧样丝栏纸誊写上几部，有时会当"传抄未刻本"卖；一捆子烂卷残稿，他们能描改挖补，装帧什袭，杜撰个名目，充"稿本"去骗卖。前年有书贾持一旧纸影印《玉台新咏》，冒称明刊到某图书馆求售，结果，居然被欺，用重价收下。

卖书还须有一种手腕，是攀交名流。要名流作甚呢？名流能替介绍主顾，凭他一言，书既可留，价且多给。名流也乐得接近他们，一来能借着多见些好书，长长见识；二来，高明些的书贾，他那点"横通"工夫，却真也"颇有可以补博雅名流所不及者"（章实斋语）。原来旧书主顾尤其好讲究点"版片"的，常离不开这些；规模大些的图书馆，中或外，或中外组织的学术团体，少数有力的收藏家，这些，非是名流在那儿主持，也和他有关联有友谊。

这般书贾的记忆力也特好，谁已有何书，谁尚阙何书，谁欲觅何书，谁不收何书，胸中都有个大概，他在收买时固早在留意，拿来时你也定会十九中肯。

截至今日止，旧书肆生意总算不恶，不过，今而后便不敢说了。图书馆以连续的收买，普通些的都有了；外邦人因金价跌落，搜罗之勇，也大不似从前；私人收藏家又越来越少。最欢迎的自然是私人收藏，因私人资财的持久无把握，子弟的优劣无把握，无论到哪个无把握时，书便会"流通"出来。图书馆藏书却是"一入侯门深似海"，永远不得再与"市"见，图书馆拍卖藏书，机会总少吧！这么一来，所谓"珍籍"，能经过书肆人之手者日稀，生意也便日稀了。

一般新出版家的影印旧书，也给打击非小。有了影印精版的，谁还肯买劣刻的？商务印书馆印了各省《通志》，《通志》只好落价；中华书局印了铜活字本《古今图书集成》，谁还肯花五百元买那集成局两羼纸的匾字本？

以我看来，旧书肆今后若想发展，还须另寻途径。

○ 原载于《人间世》1935 年第 29 期

西郊两大学
1936

——任浩

北平女学生间有一谣云："北大老，师大穷，燕京清华好通融。"

"好通融"就等于"很好"，事实上也确乎如此。西郊出来的学生比城里的着实要光鲜些，年纪轻，态度潇洒，学问没有十分坏的，连脸孔也似乎因为少受北国出名的风沙吹打的缘故，显得比城里的学生漂亮。有着南方人的敏捷，也不缺少燕赵的豪气。

挂了"国立清华大学"或"燕"字的徽章，踏进皮垫校车，让它顺着绿树成荫的柏油街道进城，在那辽阔的西长安街飞驰，军民人等不该咋舌么？旁若无人地昂着头大踏步于东安市场，胸口的三角招牌闪着亮光，穿黑短裙的女学生们无怪不得不叹"好通融"了。是的，他们是天之骄子。做他们的同伴多么难呀！清华年来招收新生，应考的老是三五千，榜上有名的总不过四百。燕京比较容易进去，然而第一学期英文不及格就得叫你卷铺盖。一将成名万骨枯，他们的傲气，原建筑在千万人的沮丧上头的。每当校节或日暖风和的星期日，带了睁大惊讶眼睛的亲戚之类校内兜兜，不厌其详地指点着每一颗草的名贵，心中不免跳动着得意吧？这种得意，往往是驱使他们更深地钻入书本的原动力。

这两所大学的祖宗是美国人，清华的体育馆有前大总统罗斯福的纪念碑，燕京各宿舍的门口都镌着洋富豪的铜碑，因此，有些地方我们大可不必诧异。清华变成国立很久了，蓝布大褂渐占上风，可怕的"拖尸"律早经斗争而取消，衣衫不整、路上吸烟的学生慢慢多起来，使关心于 Tsing-Hua Spirit 的先生们摇头太息。燕京也似乎不比从前，除华侨和广东人之外，头脚雪亮、全副披挂的家伙一天天在减少，蓝布大褂的男士们再不躲躲闪闪，甚至还有资格追求女同学。

燕京男女生是三与一之比，数目不相上下，校风开通得很，所以密斯脱和蜜丝即使揿了手走路也不会引起谣言。冬日的冰场上常成对燕子般咭咭咕咕嘻嘻哈哈地溜来溜去，人们不以为奇。清华可不同，千余人中只有百来位蜜丝，求过于供，于是男女关系不太自然，仿佛北平的沙风，不刮则已，一刮，可就刮上了。在这绿油油懒洋洋的五月天，白的紫的丁香花馥郁的气息够塞住你的鼻子，杨柳的腰肢拂在你脸上好像在抓你的脚底心，工字厅前、未名湖畔，哪一处不宜于情人们的偎抱呢？

清燕两校与北平隔绝，自成一小天地。如果一位高等美国人旅行到北平，觉得北京饭店的抽水马桶不行，上西郊去，一定可以满意而归。那儿什么都齐全：邮政局、电报局、银行，使皮鞋脚变成猫脚的软木地板，蹬不碎的玻璃地板，大理石的游泳池和厕所……南方大学生做梦都想不到的。那巍峨的屋子啊，简直是有皇宫般庄严，而比皇宫舒服，有洋房的各式优点，而比洋房美丽。燕京大学幅员一千亩，清华抵得上复旦、光华、交大、暨南四校合起来那么大，从南门走出北门，得一个钟头，新收入版图的圆明园还不在其内呢。

①

清华大学很有钱。听说单单厕所里的手纸一项，一年得花法币三千，Shower

---

① 图注：燕京大学第九届毕业礼，自前而后第五人为谢冰心。刊载于《图画时报》1927年第372期。

浴室里，滚热的水你冲上两个钟头也不会有人来干涉。燕京从前由七个教会给钱，如今不知为什么美国也穷了，热水汀就温吞吞的，着实比清华差劲。整个冬天，从十一月至翌年三月，在清华室内都像是夏天，睡起来盖一条薄被就行了。拿清华生水汀的煤费充作别用，我看尽够开办两所师范学校了。

燕京教授大半洋人，尤其是美国人，传道士讲授进化论之类，大致不会十分精彩吧。虔诚的老蜜丝也不少，教书挺认真，惜乎脾气太坏，偶而错叫了一声"蜜昔丝"，她就拉长面孔不给你及格分数。清华的教授国货居多，虽然国货，大抵总镀过回把金的，不然怎配当教授？他们没有海上那些"When I was in the United States"先生们那么浅薄，可是也没海上教授们天真。假如你遇见一位南方的教授，尊姓大名之外再请问在哪儿发财，他一定大言不惭说："复旦大学教授兼暨南、中公、光华、大夏讲师。"用同样的话问清华教授，答复大概是："敝人在清华稍微担任点儿课。"美国号筒的京海派之别就在此。

○ 原载于《宇宙风》1936 年第 20 期

从厂甸买书说到北平的旧书业

1936

——蔽芾①

为什么偏偏要从厂甸说起呢，无他，在偌大的北平市里能够把差不多所有的旧书业者都聚合在一起，却只有这短短的十五天的集会而已。

其实，关于闲谈厂甸的文章似乎也大可不必写了，其故约有二端：从废历新正上元节的厂甸停止到现在，屈指算来已是两月有奇，过去的事情早都变做了"明日黄花"，还有什么意思可提！此其一也；再者，现在拿厂甸来做题目实在不大容易讨好，原因很简单，就是差不多应当说的话都早已经被知堂老人在《厂甸》和《厂甸之二》两篇文章里面先讲去了，并且都讲得那么好，同时自己年纪究竟很轻，博闻卓见的经验自然不行，就是对于书籍的选择和鉴察的普通知识也还是差得很远，其陋也可知矣。

举例来讲，在厂甸开始的那天（废历大年初一），无意中在一家冷摊上看见了一本题名叫做《拟禽言》的抄本（也许是稿本），下意识地拿起翻了几页，连其中的诗体是律是绝，是五是七都不曾注意就随手放下，其实我也是颇喜搜集记载风土人情的书籍的。方一转身，便看见知堂老人以大洋三角易之而去，想来大约总是"看了中意，便即盖上图章，算是自己的东西了"吧。这，我并不懊丧，心中反而极觉欣愉，深深地庆幸那薄薄几页的小书得以贮入苦茶庵中的

---

① 编者注：吴晓铃的笔名。吴晓铃，满族，精通梵文，致力于戏曲研究，编著有《中国文学史》《古本戏曲丛刊》等作品。

书橱里。老人在去年九月写过一篇关于禽言的文章，内云"这也是我所留意考察的一件事"，今此书之归老人，岂非"物得其所"。真的，千里马常有而伯乐不常有也。

闲话讲得太多了，经济的窘迫也是我买书的致命阻拦，这个似乎不必细谈。总之，知堂老人的"大约十元以内的书总还想设法收买，十元以上便是贵，十五元以上则是很贵了"的最低标准，我都是不敢轻易尝试的。好像刘大杰先生在《春波楼随笔》说过生平计有五恨，其一便是古书价昂，我亦常有此感。往往遇到一部好书，翻阅再四，不忍释手，及至一问价钱，也便只好悻悻去之，但，心中真是痛楚万分的。有时和书肆主人熟识，便请他为我留存，约以时日。于是"背城一战"便开始了。各处告贷求帮，当然不在话下。同时，鞋子绽了，由它；袜子穿了，不买。再把八元钱一个月的包饭停止，去到切面铺食用七分钱一餐就可以饱的烩饼。及至抱了那一函线装由书肆蹴出了时，心中实在是怦怦地跳动着的。为了这个，所以此文可以不写，但是终于不得不写的原因也在此处了也。

几年来厂甸的旧书摊还不算少，他们占据的地带是在海王村公园西边的南兴华街的东西两旁便道上，南起琉璃厂中间，北迄国立师范大学，也许还要过去些。合计起来，总会有里许之长的，如果挨次仔细浏览，不遗一摊，那么至少须要破费两天的光阴，若是"走马看花"，当然不在此例了。这些书摊多是宣武门内外的小市、东四牌楼、西单商场、东安市场、隆福寺街等处的小书肆小书摊的"化零为整"的集合。此外还有那些终日走南闯北、跑山东、下河南、搜求书籍的贾人也把他们平日里积存的残余书籍拿来凑趣（在这里是常常会被我们发现珍贵的册籍的），平时他们并不做门市的交易。现在稍大的书肆如琉璃厂的来熏阁、隆福寺街的修绠堂之类，多不到厂甸摆设浮摊了。这个对于我们这些穷读书人是没有多大影响的，他们都印有书目，但我们只能花费五分邮费函索一本，当做菜单一类的东西翻翻"以解馋涎"，或是当作书目答问一类的东西读读过瘾而已。当然其中会常有好书，也许恰为我所需要，但往下一阅那令人咋舌的价目，便会使你的购买热诚立刻烟消雾散。

譬如说，琉璃厂的一家书肆藏有一册抄本的《张小山小令》，书目上的价目

旧时北平

开得是二千元整，真是吓人，也未免有些"岂有此理"。张小山的作品在元人散曲中是不是最足珍贵、最有价值还是问题，这里姑且不谈。但，此书幸好尚未售出，如果有人肯买，那才是"更岂有此理"了呢。

又如某书肆最近得到一部《拍案惊奇初集》，大版，精图，大约是"姑苏原本"，三四十元还算值得，可是当他们拿到北京大学图书馆去的时候，别人一问价钱，开口便是"一百"，少一个子儿都不行，结果是怎样把书抱来的又怎样地抱了回去，因为我们能够读着《中国文学珍本丛书》的《拍案惊奇》就很知足了。我也曾以八角钱买过一部《雷峰塔传奇》定本，在大书肆里便非二元五角不可。

北大的同学商鸿逵君曾在《人间世》上写过一篇《北平旧书肆》，以为"旧书今后若想发展，还须另觅途径"，盖"私人收藏家的越来越少"和"一般新出版家的影印旧书"都给予旧书业的打击不少，此外，大旧书肆的价目不很公道，当然也是其营业不景气的原因之一。可是小书肆却占了这个便宜，同时他们的购买者的范围又并不像大旧书肆的只限于私人专门收藏家的那样狭窄，他们拥有的购买者是许多的大中学生和普通士人。近来私人收藏家和大学教授们也多走到这条路上来了。在厂甸集会的上午，东四大街的傍晚，西单商场的黄昏，宣外小市的清晨，你常会遇到"道貌岸然"的斯文老人，或是臂上夹着皮包的教授先生伫立在书摊旁翻检那一堆一堆的陈旧古董。

自己颇有购买旧书的偏嗜，"爱屋及乌"于是也很喜爱古旧的书肆。当你踱进一家湫暗低陋的书肆门限时，穿着土布制成的长袍宽袖旧式服装、手里拿着白铜水烟袋的老主人陪着笑容、打着呵欠迎你出来。也许那笑容是造作的，也许你会讨厌那打呵欠面孔的神色，但在那种静穆的空气笼罩之下，四围尽是些"满目琳琅"的函册，伸手从架上抽出一部经书翻翻，放下再找一套说部读读，看完篇论文的，又寻段诗话的。真是但觉宇宙之大，也不过包综在这几万卷线装里面而已，便不会不使你忘记了一切身边的琐事，而感觉到一种莫可言传的趣味。这里竟想不出一个适当的名词来说明这种趣味，姑且叫它做"诗意"吧。

至如新式书店则觉市侩气味太大，那是"不足为训"的。最好是一面翻检书籍，一面和书肆主人倾谈，不必忌讳，当然更不必摆架子了。更无须限制题目，天南海北，苍蝇宇宙，东拉西扯，无所不谈。那么，有意无意间接直接，你一定会听到不少新闻，获得很多益处。至于多见好书，增长见识，是更不必说的了。对于书籍的内容虽然他们不一定完全明了，可是关于版本的真伪新陈、校勘的精致粗劣却知之最详，这是我们读书人所不及的。

记得有一天晚间和一个旧书肆的掌柜的谈了起来，谈到北大的教授钱宾四（穆）先生，他说钱先生怎样从小学教员一直变做驰名全国的专门学者，又忽然拿起笔来写了一张钱先生的住址很诚恳地劝我去访问，他愿意做介绍人。那天当我和这位掌柜的告辞的时候已是十一点多钟了，市场里的摊贩都早已上板，出口只剩北门一处还半开着一扇，我心中满怀忻悦踏月归去。又有一次在厂甸，那书摊的经理人告诉我，周岂明先生是如何喜爱明清的小品文籍，又怎样在《论语》上用了向来不曾用过的笔名写《缢女图赞》；郑西谛收集杂剧传奇；郭绍虞性嗜诗话；马衡、容庚、唐兰诸先生则是研究金石文字的专家；还有谁有什么著作，谁嗜酒，谁怕太太，谁走起路来是一晃一晃……当时真能使我"侧耳倾听"甚至"为之愕然"的，这大概就是商鸿逵先生所说的"横通功夫"了。

胡适之先生曾对北大的同学这样讲过："这儿距离隆福寺街很近，你们应当常常去跑跑，那里书店的老掌柜的并不见得比大学生懂得少呢！"此言虽似幽默，却大有道理。

○ 原载于《宇宙风》1936 年第 20 期

北平图书馆散记

1937

—— 肖今

一到冬天，北平的国立图书馆便有人满之患了。许多居家无力烧起煤炉的学生们，大都一早就到这里来避寒，直到夜晚九时才跑回去，他们是多么稀罕那点热气呵。当你早上走到西安门大街或是景山东街的时候，路面还未解冻呢，但许多青年人（他们大都是进不起学校的穷学生）却也夹着书包，瑟缩地连走带跑的赶到图书馆去了。他们大都不敢穿太多的衣服，因为存衣室照例是侍候那些穿西装大衣的人们，长袍是不能寄存的。他们拥着大棉袍坐在温暖如春的大阅览室里，不上一刻钟，热水汀就难为了这些没大衣的人们，他们的鼻头额角开始渗出点点的汗珠了。那种局促不安于座的情形（亦许是热昏了吧），是到处可以遇见的。

存物处的听差是十分嚣张的，他们几乎有上司那样的傲慢。当一个人把大棉袍脱下来交给他的时候，

"你这一件不是大衣！"他头亦不抬的说。

"只存大衣么，是什么理由？"

"没有理由，是老规矩，不信问馆长去，不要啰嗦！"眼睛一瞪，那个青年人不把大衣穿上去就只好见见馆长了。

这使我记起那位荷枪的门警："喂，干什么的？"他堵住一个穿短袄的小店员一类的人，用审判官那样庄严的态度问。

"进去看报！"

"要张开眼睛，这儿是什么地方，晓得么？"

那个人狼狈地跑开去，警士很久地吐了一口口水。

幸而我的棉袍比他长一尺多，免了拷问跑进去了。亦只有看过这幕喜剧我才明了图书馆（国立的）为什么要有这么一个荷长枪的门警。

如果《论语》的读者还想听下去，那么，让我分类的讲下去。上面这六百字算个楔子吧。

一、自杀

论起秩序来，图书馆的秩序倒是满好的。只有馆长（？）的汽车早上来了的时候，总要揿喇叭，而那"突突突"的马达声对于读者似乎没有多大的益处。

Periodical Room（馆里大概很代异邦上着想，名牌总是英文的，这里就译作"杂志室"吧）的那个职员，个子很小，可是有个不小的头。他最喜欢蹑脚缩手的跑到你后边，看你读什么，撕了插图没有。等到你发觉了，他才跑开。他脾气很大，大概是一个神经质的人。

因此，在某一天，当报上说当天有五个人自杀的时候，这消息大概刺激了我们的职员先生了。我应当补说一句，那里是怪暖和的，所以时常有人在那候瞌睡，甚至拉出像牛鸣那样的鼾声。但女的似乎还没有见过。那一天，恰巧有一个女的在杂志室睡着了（亦许她吞过红头火柴，谁晓得？），而且打鼾了，不过声音可不大。职员先生在旁边仔细端详她。

"滴着口水哩，你瞧！"他指给他的助手看，是的，一条像尺来长粗线那样的口水从她口里滴下来。"说不定有毛病！"他摇着头说。

"没有准儿！"助手咧着

①

① 图注：国立北平图书馆杂志阅览室。刊载于《文华》1931年第23期。

嘴巴，应和着说。

自然，这时候已有许多人围拢过来。这更加使职员先生着急起来。他用着敲门的姿势，缓缓地敲着桌面，一边装出静听的样子，欹着头，蛮神气的。

"不对！"他说，"快叫老张来！"他这样向助手说。

缓缓地，她在人声中醒过来了，抬起头，看见那样多的惊奇的脸孔，面孔立刻红赧起来。

"你你……你……"职员先生似乎很有分寸，不敢把自杀的事责备她，"这里是图书馆，是图书馆啊！"等到那位叫作老张的警士来的时候，自杀者已走远了。职员先生用手巾擦去额角的汗，一切都平静了。

不过在那一天，杂志室失落了九本杂志。

二、偷书

有一回，我想看善本《金瓶梅》，但在卡片上找不到。

"为什么查不到《金瓶梅》的卡片？"我问一位职员先生。

"这里没有《金瓶梅》！"他笑着这样说。

"什么？这么体面的图书馆连《金瓶梅》亦没有么？"

"有的，在善本室里，亦不许看，最多让你掀一掀目录。"

这些先生们是很有维持风化的决心的。其次，我还没有胡适之的资格，所以至多只能掀一掀，而准许掀的亦只是目录了吧。敢是怕我把那善本偷了？

是的，这里时常有偷书事。

据说偷的技巧都很高明，他们大都带一根丝线。要偷的时候便把丝线沾上口水，再夹在书页里一按，一页书便到手了。还有上策，那是偷人家的入门券，然后用引虎离山之计偷了书。至于杂志之类的被偷被撕，却是家常便饭，尤其是在冬天，把书藏在大衣里，摇摇摆摆地走出去，的是神不知鬼不觉的。

在一天晚上，整个图书馆给偷书的事搅得一塌糊涂，因为偷书的人想越墙跑出去，警士们比捉绑票匪更起劲，竟吹起警笛来了。结果在墙脚拿到原赃，人倒让他逃之夭夭了。有一次偷的人是一个笨东西，他没有想到男人大肚子是多么稀罕的事情（尤其是菜黄色脸孔的人），他竟把二盒线装书藏在大裤下面捧着走出去。等到给听差发觉了的时候，"我肚皮痛，等我到厕所里再说吧！"偷书的人说。

在厕所里，他把书掉了，等到出来的时候："你搜你搜，不用搜吧，什么亦没有！"但他们已有人把掉下的贼赃立刻拣出来了。"我没有偷，真的。而且就是偷，现在也还你们了。偷书不能算偷书，读书人的事。而且，而且我着实没有偷，大家原谅原谅。"他鞠了一个躬，面色青白得像死人。

据说这个孔乙己的同志后来被送到公安局。

偷书，穷而至于偷书，呜呼！

三、休息

偌大的图书馆更没有一个可让人休息的地方。

以吸烟者的观点说来，这个图书馆的设备更不完全。要抽烟，外面是去不得的，不是因为天冷，就是进进出出的手续麻烦得叫你头疼。那么，聪明人终于发见了新大陆了，那就是厕所间。

厕所，说漂亮点是盥洗室，里头没有椅子，内外行都知道，站着抽烟不惟不舒服，抑亦不雅观，那里进进出出的人很多。所以不管是否需要，终非坐在抽水马桶上不可。有时候一踏进去，房里像蒙雾的春朝，在八间马桶间里有八股白烟袅袅地升上来，实是蔚为奇观的。

在底层有四座大石头让人家坐着休息，旁边有一块牌子，写着"不准在此抽烟谈话"。幸而没有"不准睡觉"的字样。有一次，我看见一个老头子，胡子已经白透了，一手拿着一半烧饼，一手扶着腰肢，在那里昏昏睡去。等到吃晚饭的时候，那些走出馆外来的人们，都疲乏得战颤得厉害，跟那些放工了的工人一样。

四、宣传

有许多无聊的家伙专门在那里作宣传工作。在新闻阅览室里，有一个人公然用有色铅笔在报上写这样的标语"拥护溥仪回国"，旁边，一位热心的人亦加了旁批"请问走狗：溥仪什么时候出国？到哪一国？"

然而更无耻的还是公然散放传单。一个穿蓝大褂的青年一手拿了几十张传单进来，一人一张的分发。先看到的人发觉了，大声嚷道："揍死他，这走狗！"

"妈的，你才是走狗。"那个人说。但他的声音给阅报室里的读者的咆哮声淹没了。

"揍死他，妈的，不要脸！"

这当儿，职员先生来了，脸上显上非常恐慌。"什么事，什么事？别打，别打！这儿是图书馆呵！你这位先生请走开吧（他指着那个发传单的青年），呵，呵，这里是图书馆啊！"他边说边掩护那个人。

"妈的，你记住，老子认得你！"那青年恶狠狠地说。

"狗，不要脸的走狗，老子揍死你，妈的 ×，还是人！"

在职员先生与门警的掩护之下，那个人走出去了。阅报室又静寂了。可是第二天，又有另一手笔迹在《世界日报》上写着"拥护 ×× 国""拥护 ×× 委员会，解除民众痛苦"，写的人不知是谁。一分钟后，那页《世界日报》给人撕下了。但自此之后，宣传工作似乎没有什么进展，亦许是领不到津贴灰心了吧。

另一个文字的战场是厕所的木壁，兹不赘。

① 图注：国立北平图书馆新闻阅览室。刊载于《文华》1931 年第 23 期。

五、《论语》

让我们在最末一项谈谈图书馆里《论语》的读者吧。

亦许《论语》与《时代》在杂志室里是最有读者的刊物中之二。一本新来的《论语》，过了三天，即使要出卖，那么，连二个铜板的价钱亦还是没有人要的。

皱了，卷角了，撕裂了，涂坏了，总之一本最脏的书所有的条件它都具备。自然在那里发泄脾气的亦难免的了，"提倡《论语》者绝子绝孙！"但却有了另一人用着不同的笔，在他的批语上面添一个字"骂提倡《论语》者绝子绝孙！"

过了一天，我为着好奇，再把那本《论语》借出来看看：

"提倡《论语》的是你的爷爷！"反《论语》者这样写。可是旁边另有一行，大概亦是那个"《论语》中人"的手笔，他这样写"骂骂提倡《论语》的是你爷爷！"之后，我因为没有机会，不晓得这场小笔战是怎样结束的。但这二位先生大概都是有闲阶级吧！

在书上加批加注擅改的人似乎太多了。记得在一本《社会科学十二讲》上，有人这样批了："像你这样的人也配译书，我的孙子还比你译得强！"

我想，一个著者还是到图书馆去查查人家给他的批语吧，有时候说不定有点益处的。

○ 原载于《论语》1937 年第 106 期

北大的教授们
1940

—— 柳存仁

在普通任何一个大学校里，闲谈的时候，总常常听到人们谈起：这个大学里面曾经陆续的或在同样的时期中有过多少位名教授，或是，从这个大学毕业出来的学生，有多少位已经成功了中国的某某几方面的"伟人"。可是事实上，"伟人"两个字本来就很难说。于是乎北平某著名洋化的大学（已有二十多年与国同庆的历史）的学生，在某一个不很公开的场合里，曾经公开的说过，他们学校里虽然没有出过什么特别有名的人物，可是南京紫金山上面的某一个巍峨的铜像，倒的确可算是本校毕业的某名雕塑家的得意的杰作。结果呢，这个大学的全体员生，从此由于传统的习惯、经验和修养，几乎没有一个人不能够很清楚的记忆这位雕塑界名人的大名。至于类似的其他方面，无论像党、政、军、教育、农、工、商界，等而下之的重要人才，也都一批一批的把他们的名字流传在各地公私立的大学的人们的口耳里。特别是政界里的大小人物，大约最容易得到大家的艳羡。譬如，你到昨天止仍可以有缘听见上海某教会大学的第一年级的学生，谈起现在任驻法大使的惠灵吞·顾[1]，三十年前在他们校里夜间爬墙偷出宿舍的韵事。当他在喝完冰淇淋苏打水，把话匣子打开的时候，那一种眉飞色舞的情形，真好像他亲眼看见过似的，自然而然的流露着有一种不

---

[1] 编者注：即顾维钧。

易形容出来的羡慕的感想。

即使没有产生过什么大使的大学，也照样的有他们的心目中共同的崇拜的偶像：本校毕业的出过部长、厅长、专员、司令……甚至参加太平洋学会的教员，列席庐山暑训的校长，也无不脍炙人口的成为某某大学的"懿欤盛哉"的纪录。这个，倘使我不愿意掩饰的说，当然也是人之常情。假如你没有忘记几年前某杂志里登过一张富有讽刺意味的名片，它所讽刺的深刻的意义，居然引起了某一部分人的赧颜和咒骂，那是一张名片上面印着"某省省政府主席之同乡某某某"的笑话，那你一定能够原谅这种惯会"隐恶扬善"的美德或专长，也应该算做中国的一种国粹。

恐怕只有北京大学的学生几乎是一个例外。这个大学，虽然有点儿违犯了"好汉不提当年勇"的原则，它的著名是因为有了四十多年的悠远的历史，又因为民国八年震炫世界的五四文化运动开始的时候是借它做了努力集中的大本营，至今还给予这几十年间几千万人以极深刻极重大的影响，并且在这个大学里面，这几十年来所产生的特出的人才——如果也像其他各校标榜的所谓"人才"的话——那么，它所已经产生的能够独当一面的"要人"，也决计不仅仅限于区区的古语所常说的车载斗量。

其中，有的已经是官高极品的院长、部长，虽然在校内大约最少得人崇颂，也已列为党国名人；有的也是大学校长、驻外使节、实业巨擘、文坛名流，列为二三流的知名人物；又有的竟然因着事业的不幸、罗网的株连、热血的沸腾成了著名的烈士，或环境的恶劣、人事的蹉跎变为落伍的蠹虫，甚或变志失节不知所终的。详细统计虽然不易获得，想来也不止三万五万。这些人也都曾经在报纸的要电栏里排过或消失或大或小的铅字，记载过多多少少的新闻。

然而奇怪的是，在这个俯拾即是"要人"，同学多半不"贱"的古城老学府里面，很少（我甚至于想说没有）人会引以为荣的提起上述的任何一班人的"光荣"的或"伟人"的史迹。就是在学校里，当着胡适之或顾颉刚的面前，也不会有一个学生走上前去，说上几句应酬恭维他们的客套话，更从来没有听见过张口"院长"闭口"主任"的称呼，虽然他们的名字在别处也许会令人心醉。也许偶然会有人谈到黄季刚、刘师培、辜鸿铭、林损、陈独秀、林琴南、蔡元培，然而，通常喜欢讲他们的逸闻轶事的，似乎总是出之于白头宫女话天宝沧桑似的老校工友之口的时候为多。教员间闲谈拿同事做材料的很少，学生呢，偶然说说是有的，譬如在图书馆翻看《太平御览》翻厌了的时候，然而，那种谈话照例被大家（校内自己人中）认做是消遣时候的点缀，决不加以重视。

我知道至今也许有人指得出北大宿舍西斋里葛天民君情变案女主角某君自缢的地方，但是决没有人能够或者愿意证明已经成为文化界名人的傅斯年和顾颉刚同住的房间在哪号。至于肯说我的同班的王君现在官运亨通做到 ×× 省教育厅长，或李君现在在上海经营商业赚了几十万几百万的财产那样的话，那如果不是这些话有资格被大家认为最无聊最讨厌的腐化滥调，就是大家会指摘谈说这些话的人的本身，大约是一个智能商（I.Q.）很低很低的低能儿。

然而也许正是因为这样，在过去的四十多年里，受过它的优美的熏陶和孕育的，虽然已经有过好几十万人，然而从来没有一个人对它发出过一句轻微的赞美的话，并且把这句赞美的话用笔墨加以形容。正好像我们对于自己的母亲一样，平素的大发脾气，互闹意见，新旧的冲突，礼教的争执，几乎没有一时一刻我们会表现出来我们是在爱着她的，虽然也当某一天的晚上，你和母亲大吵大闹之后，你忽然负气去睡着了，到半夜偶然清醒的时候，你嗅着了你床头的清新的花香，看见母亲站在床前瞧着你，也许会不期而然的有一阵子热泪的冲动。这个时候你才有一点儿触摸着母亲的慈祥的爱境的深处的某一个微渺的角落。

对于北京大学的感想，我不能够说就是这样，不过多少有一点儿仿佛。我在有机会考进北京大学以前，一向浑浑噩噩，听到关于它的好处很少，进了北京大学以后，又一天到晚埋头伏案，看到它的好处也仍不多。随便的谈起它的历史、校舍、教员、学生、工友，几乎无一处不会叫人感觉着一种老谱，一种老气横秋的滋味。差不多在里面居住了四个月以后，我才习惯了它的生活，过了两年以后，我才体验出它的整个生活的合于至善。芦沟桥事变后，北大南迁，旧游星散，否则如果我在今天还有机会住在东斋西斋的矮小卑湿的宿舍里，我决不会也不能写出这样一篇一定会被我的师友同学讥笑做低能的文章。我并不奇怪我要做一个公认的低能儿，然而我现在却不愿意顾这许多。

我不愿意忘记，也猜想其他的师友同学们也永远没有忘记那霉湿满墙、青苔铺阶的北大二院宴会厅，更决不会忘记那光线黑暗的宴会厅里，东边墙上悬挂的一幅蔡孑民先生全身的油画，和他在画中的和蔼可亲的笑容。这幅像，这个古旧的厅堂，也许就足以代表北大和北大人而有余。我们一坐在那里喝茶，一抬头就可以瞧见蔡先生了，同时也就可以回想起整整四十年的越是物质古旧，越见精神革新的北京大学的身世。现在我们离开那里已经三年，从苦住在北平笼城中的师友们来的通讯里，隐隐约约的告诉我们，宴会厅已经非是从前的面目了，而蔡先生今春在香港逝世，更让我们增加多少无言的悲痛。有人出版书籍纪念失去了的"水木清华"，我们，可惜我们没有适当的文字来概括北大的全貌，不过，我倘若现在能够抽暇写一篇关于我最敬爱的学校的小文，虽然像这样零零星星、若断若续的写得不成材料，因为低能儿的谈吐总不会天才溢发，但是倘若能够把我个人所感受的回忆，老老实实的纪录下来，万一有一点半点的说到了北大的对于中国教育的特别的长处，多少也可以纪念一下绵长几十年间的师友同学们的艰苦的努力，做将来复兴计划的奠基石下的一块小小的泥块，不仅是想纪念蔡先生毕生精力的经营也。

这样说来，"好事别拦着它"，我现在就用腐儒编高头讲章的态度，唠唠叨叨的先"赋得"记"北大的教授"的一个题目。

学校里面的主体人物，照例应该仅有两种：第一是学生，第二是教授。所以，简单的说起来，教授是各校都有，原已是像上海谚语所常说的"呒啥稀奇"。并且教授既然是人类而不是机器，在这个机械文明已经发展到即使是笨重无比的机器也能够很灵便的拆卸装修的时代，若说两足的高等动物的主脑——人——里面挑选出来的知识分子最高的领导者，反而一定要固定在某一个城市某一所学校授课，一天到晚在这个学校里卖劲，丝毫不许改变和活动，那岂不是笑话之尤？所以即使在北大，我所要闲话到的人物，也并不是在这个学校永远注册专利，不许旁骛外务，不许旁人效法的商标。

更严格一点来说，北大的教授们和学校学生间的关系，其微妙的程度，有非旁观的人所能够想象到的。譬如，在民国二十四年间，北大千里迢迢的聘请了一位当代法学的泰斗 T 君来专任每星期二小时的中国法制史的课程。这位 T

君虽然学识湛深，名望甚重，指导研究也还适宜，但是其实讲堂上的讲授却并不一定高明。这都不用多提，最妙的是 T 君除在北大授课外，同时还兼任着另外一个著名大学的专任教授。那是什么学校呢？清华？燕大？朝阳？中国大学？……都不是！我倘若不告诉你，你就是把北平城里城外所有的大学的名字背出来也还是要失望的。原来那是，那是上海昆山路旁的苏州东吴大学的法律学院！结果，他不得不在北大常常请假，并把大部分的授课时间花费在平沪通车的大餐间上面。

这里所讲的只是一个例子，一个不很重要的例子，证明北大的教授们的最重要的工作，决不完成之于教室。北大的教授当然也常常按着钟点到教室里来，虽然也许他们常走错了教室，看错了教室门上的号数，并且也多挟着神气活现的皮包。不过皮包里面，惭愧得很，大约很少有一本商务、中华、世界出版的近人著的《概要》《发凡》《大纲》《基本丛书》等的厚书。那么，皮包里面有的是什么呢？据我所知道的，大约如果讲古籍举要的关于《战国策》的部分的话，那决不是带一本梁启超的《国学指导二种》或什么《国学概论》之类就能够敷衍两点钟的。可惜，陈宗起的《丁戊笔记》、金正炜的《战国策补释》、张尚瑗的《读战国策随笔》，以至于《舒艺室随笔》《晓读书斋杂录》《此木轩杂著》《爻山笔话》，又在南方不大听到有人谈起过，甚至于《读书杂志》《札迻》《过庭录》《潜邱札记》，在上海都容易叫学生们头痛，遑论其他？大约上海的大学生一辈子只能够读燕京大学、燕京哈佛学社出版的《国策勘研》，因为其间有"哈佛"两字，真是神气。这样说来，北大教授们的皮包里面所有的零零碎碎大小线装的本子，真是不应该！他们为什么不买两个汇利洋行的大面包装在里面，肥肥胖胖的，既中看又中吃？可惜北平并没有汇利洋行，而北大教授们又十个里头不准有五个知道哈德门内的法国面包房的正门是朝南还是朝北的。

至于教室内的演讲，虽未必完全到了"陈腐"的程度，但是能够催人睡觉的，可也真有好些个人。胡适之、钱宾四先生的上课，都是采取演讲的方式的；皮名举先生到处宣称决用演讲的方式，并且在一百多人的教室里扯破了喉咙大喊他的湖南国语。上这三个人的课都是很有趣味的，他们所说的话都不至于语无伦次，而且总能条理不紊，清清楚楚。胡适之先生的谈吐是可爱的，听说已被列为世界十大演说家之一，虽然这一点我也是道听途说，没有直接问询过，但是我倘若真去问他，他大约是必不否认的。我怎样知道的呢？因为有一次听他亲口说出来："我对于演讲，也可以算是久历疆场的老将了。从前我曾在美国和加拿大的联合广播电台上说话……"这段话在我听起来是不觉得他有一丝一毫的自夸的意味羼杂在内的。这就是胡先生的妩媚处。记得温源宁先生作《今人志》的胡适之一段，曾记及他常替教室中的女学生关紧玻璃窗，免得她们衣服穿得少着凉一事。这样的事情我曾经目睹了几次，而且知道每一次的关窗，都是关得恰到好处的。他从来没有在六月十七号以后还去关教室里的玻璃窗。

① 图注：作为蒋梦麟、陶曾谷（中间二人）证婚人的胡适（右二）。刊载于《同生》1932年第2期。

胡先生在大庭广众间的演讲之好，不在其演讲纲要的清楚，而在他能够尽量的发挥演说家的神态、姿势，和能够使安徽绩溪化的国语尽量的抑扬顿挫。并且因为他是具有纯正的学者气息的一个人，他说话时的语气总是十分的热挚真恳，带有一股自然的傻气，所以特别的能够感动人。手头恰巧有一段（不过几句话）在他的上课时完全代表他的语言的例子，倘使完全誊写下来，就是这个样子的：

现在要说到《水浒传》。现在《水浒传》的故事，完全是四百年到五百多年的演变的历史。最初呢，是无数个极短极短的故事编成一部。到了明朝，到了明朝的中叶，才有一个整个的大的故事。这个时候，《水浒》的本子呢，就是一百回的、一百二十回的、一百二十五回的，后来又删改成一百回、七十一回的故事。元剧里面的李逵很风雅，会吟诗，又会逛山玩水。从这个样子的李逵，变到双手使板斧的黑旋风的李逵。而宋江呢，由人人敬爱变到被骂。这种演变，都是由于一点点的，小小的差异 Variation。

好了！再多抄下去，就颇有替"居士大使"宣传他的演说的艺术之嫌疑了。上面这段话的标点、层次，颇有些地方是我随意点圈的，因为想越能够多保留胡先生说话时候的神情越好。我想，凡是胡先生的朋友、学生们，或曾经听过胡先生的演讲的，一定能够感觉到这里面多少有几处神情样子，是你可以回忆到的真正的"胡说"。

然而说起来又好像有点儿怅惘了，这里面还更包括了悲壮的情绪，那是我平生（当然是算到写文章的这个时候为止真正的"平生"，我不是一位瞧见了一只大黑猫就替宇宙之谜发愁的哲学家，所以也不怎么的傻想）所听到的"博士"演讲最激昂兴奋的一次了。那是民国二十五年的冬天，华北（这两个字说惯了，其实咱们自己人向来不是这样说的）正在乌烟瘴气的时候。有一天快要下课了，胡先生忽然的感喟起来："昨天，当局约了我们这一班教育界的人到怀仁堂（注：在北平中南海）去吃饭。我们本来已经听到了不少的谣言，昨天吃完了饭，大家正想开口，他们中间已经有人表示了一大套他们的所谓'苦衷''苦撑'的艰难了。都是些不很妥当的话。这个时候，大家叫我代表教育界文化界的人来发表一点意见。我站起来说：'在四年以前，你们的弟兄们在喜峰口打了一个胜仗，牺牲了七千多人的性命，七千多人的热烈的性命所造成的光荣局面，你们自己的忠勇的同胞们所造成的好的局面，希望你们要保持着，要能够对得住这死去的七千多人。'"一场所谓"自治"的暗潮，就在这几句言简意赅的言语里面消逝了。我想，胡先生说这话的时候，理直气壮，一定有鼎镬置之于前，武士环之于后而不惧的气概！这种气概——也许可以叫做真正的中国学者的书生本色——的影响，使全部的冀察区域的领土完整差不多保持了整整的一年。

胡先生在这样重要的关头，说上面这段话的时候，开端竟忘记了加上（我们在上海的大学里所常听到的）When I was in the United States，大约总有一班聪明博学的人，是要替他深为遗憾或惋惜的。

我在北平的时候所看到所听到的钱宾四（穆）先生，可算是当地很著名的质朴的学者中的一个，虽然他的家乡是江苏无锡，并不能够算是地道的北方人。顾颉刚先生也可算是其中的一个，他的故乡则是苏州。钱先生，我第一次见他的面的时候，他已经是四十以上的年纪了，红红的面孔，矮矮的身材，非常的坚实强健。正像他的史学考据文一样，即使不是因为他的文章极不容易被人挑剔、攻击，他的身体也难得受到病魔的侵袭、纠缠。至少我可以证明，在朝夕相处的几年之内，他没有叫他的洋车夫送信给学校，叫注册组的人为他出过一张因病请假的布告。他所担任的课程，中国近三百年学术思想史、中国通史……都是两个钟点连起来上的，中间并不休息。

当然，照着普通的教育经验看起来，在这种情形之下，教员虽然想并不休息，一个人继续演讲下去，学生的疲倦的眼睛在继续的注视了几十分钟之后，总是要随着值得沉醉的钟声而略微的闭上一闭的。何况北大二院的退课的大钟从来不是用电机钮去控制，而是有一架高高的古旧的朽木座子，上面悬挂着一口黑黝黝重沉沉的铁钟，至少已有七八十年建造的历史。

当初学校开办的时候，办事的人不知道从哪里物色得来，而至今仍由一位年纪已近七十，满面灰白的短胡须，身上穿着一件褪色得发白和起毛的蓝布短袄的老工友来敲打，每次约敲十六到十八响。这钟声，不但在北大二院清声嘹亮，就是在一院、图书馆、研究院、东西斋、五斋，甚至于附近的景山、景山东街、松公府夹道、五老胡同，也没有不能够很清楚的一声一声的送到耳里的。同学们住在附近胡同里面的什么汉园公寓、宝祥公寓的，早晨躺在满屋阳光中的床上，一觉醒来，听到清晰的上课钟声再起来穿衣服漱口都来得及。因此，这种钟声的富有诗意，自非普通的一揿即响的电钟所能及其万一。可是这诗意的、悠远的钟声，在清晨可以唤起人们的精神，在下午可就只有催人的疲倦，引人入睡的作用。这样的情形，虽在胡适之先生的课上也不能例外。

然而，在上钱穆先生的课，虽然他的课的上课的时间是最容易叫你打瞌睡的下午一点到三点钟，然而在二院的大礼堂里面，黑压压的坐着一百五六十人，睁大着三百几十只眼睛，摊开了一百多本的各式各样的笔记簿，摆动着一百多枝笔，在一声一声的肃穆雍雍的退课钟声的笼罩之下，每人依旧一个字一句话的记着钱先生的讲辞。因为正是钱先生在讲得起劲的时候，声音越来越洪亮，呼吸越来越急促，脸上也越加泛出一阵一阵的红润，带着一种南方之强的学者气息。这个时候，才使我明了什么是考语"实大声宏"的明确的解释，虽然钱先生的声调、身材并不比我大或高。而我的身材，据最近在上海的一家保寿险的公司的特聘医生的证明，也并没有大于我所等于的一般的普通身材的五尺二寸半。

那么，为什么钱先生有这样大的吸引的力量来号召学生？

在这里，我觉得要特别提起令人钦佩钱先生的地方，是时时刻刻蕴藏在他的脑子里面的一股新鲜活泼的动力和精神，因着这种动力或精神的至大至刚的继续不断的扩张发展，自然而然的扩大了他的研究学问的内容，充实了他的强健不息的身体。其根本的原因，又可从他的治学的基本的态度来表达出来，那可归纳于他几十年来朝夕不忘的一句简短的话，就是"从三千年来的中国历史的动态波荡仔细的观察思考，今日的中国是绝对的有希望有前途的！"这句话说起来好像很简单，然而它却是钱先生几十年来研究学问积累而得的宝贵的结晶品。

事实上，每一个国家的学者或通人，无不是有着一颗顶热烈顶诚恳的爱国家爱民族的心肠，特别是这一颗宝贵的爱国的热心又一定是蕴藏在冷静的客观的头脑里，情感轻易不会发泄奔放。在民国二十四年的冬天，北平学生运动正在澎湃极盛的时候，我曾经有几次有机会听到钱先生对于时局的警辟的高论，这议论使我去年夏天在上海某处和他重新见面的时候，一方面回忆，一方面惊奇这一位外表像是埋在故纸堆里的学者的书生议论的奇验。他的对于近几十年的大局的议论的起点，是由于他积极的主张我们当前在生活着的这个阶段，从鸦片战争起一直到最近，都不能够说是我们悠久的历史上面的最黑暗的一个时期。在过去几千年里面，中华民族所遇到的几十百次的天灾人祸、黑暗荒淫、亡国播迁的惨痛苦难，结果总是在苦撑中得到支持延续，若干的例证都能够反映出我们民族的抱负着一种自强不息的信仰，具有刚健坚忍的毅力和雄心。他所觉得担忧而且常常大声疾呼唤起国人猛醒的，仅是近二三十年来我国国民体力的孱弱和普遍的精神退衰。体育事业的垄断、谬误的提倡选手制度、公共体育场建筑的落后、都市夜生活的奢靡浪漫、赌博、酗酒、吸食鸦片，都是他所深恶痛绝的事情。

　　他在北平的时候，因为常往来于城西海淀的清华燕京大学和城中区的北大，他不得不按月的包雇了一辆代步的破旧的洋车。他的家是住在东城马大人胡同，每逢他要离开北大而他的洋车还没有早来等候着的时候，他总好像是有急不容缓的事情似的，挺着胸脯，部分的敞着灰黑相间的旧围巾，冒了隆冬的严寒的气候，踏着大步走几里路回家，藉此来锻炼一下他的本来就并不算弱的身体。他的头发左右分梳，面色向来红润，在讲书的时候，体力非常充沛，无锡官话可以说是十分的响亮。照例，南方人的国语向来是地道的北方人所不欢迎的，其所以不受欢迎的原因，无非是因为南蛮缺舌，不能听得明白清楚。可是，钱穆先生的国语虽然一句北平的俚俗土话也没有，却是连蒙古、广东、山西、绥远、云南的穷乡僻壤的远道负笈的同学，也没有一个人因为言语不通和他发生争辩误解。我不知道在我的秃笔底下现在所写出的钱先生的梗概会在他的心里面发生什么样的感想，也不知道在读者的心眼中的钱先生又是怎样。像我所知道的，在他的心里除了顾炎武、顾祖禹外，他并不希慕任何飞黄腾达的学者。他于民国初年曾在清苦的小学教师的生涯里博览居停主人的群书，在内战频起骨肉离散的时候，平心静气的整理那一部奠定了史学界的释古派的基石的著作《先秦诸子系年考辨》（商务印书馆大学丛书本）。这部书的自序可以让昔日的北大、清华的任何一位史学研究生细读两天，而每十行文字又可以叫世界上随便哪一个有地位的研究汉学的"专家"把眼镜戴上了又摘下，摘下又戴上，既惊炫于他的渊博，又赞叹于他的精密。至今没有人敢为这书写下一篇五千字以上的书评，而五千字以下的书报介绍文字也从来没有比他的学生邓恭三先生所写的一篇更多，这真是我国学术界的耻羞，而更足于此显衬出钱先生的伟大。除了这部书和享名的《向歆父子年谱》①而外，《近三百年学术思

---

① 编者注：柳存仁此篇原文为《向歆父子年谱》，然钱穆先生所著为《刘向歆父子年谱》，为尊重原文，此处不予以修正。

想史》①是芦沟桥事变前在北平城内轧轧的异国飞机声中写成的，述往瞩今，条细缕明，畅论汉宋学术是近三百年学问的渊薮，真够得上昔贤所说的"为往圣继绝学，为后世开太平"的同样的豪迈的精神和气概。而他跋涉于湘滇旅程中所写的一部《国史大纲》，正像马一浮先生所印的《泰和讲录》、冯芝生（友兰）先生近年所著的《新理学》《新世训》等书一样，又是这一位悲天悯人的学者哲人，在战乱播迁的动荡的时代里，苦口婆心的给予我们整个民族国家的指示、勇气和光明。

我在这里又不过是随意的写出一个眼前的例子。一个胡适之先生，一个钱穆先生，照我的看法恰巧可以代表北京大学的教授们的两方面的倾向。胡先生的一方面可以代表动态的北京大学教授。胡先生在五四运动的前夜，在美国的赫贞江畔留学的时候已经掀动了文学革命的巨潮，其后在北大研究所国学门的整理国故，北京政府时代的提倡"好人政府"，国民革命成功后的刊布《人权论集》，以及新月派论文学的壁垒森严，《独立评论》谈政治的屹然矗立，都可以做动的教授这一方面的良好的证明。

也不仅是胡适之，凡是历来在北京大学曾给予中国以至于世界在外型或内态上以很深刻的影响的教授们，都可以归在这一个范围里面。蔡元培、刘师培、陈独秀、李大钊、鲁迅、黄侃、林琴南、辜鸿铭、梁漱溟、林损、林语堂、梁实秋、顾颉刚、陶希圣，都不能够越出这个范围。譬如说林琴南，他过去用清丽的桐城笔调的古文所译的一百多种的西洋小说，倘若照文字的古雅朴茂，选材的信达适宜而论，也未必赶得上鲁迅兄弟们所译的文言的《域外小说集》，然而周氏兄弟毕竟做了新文学运动的健将，而林氏反而做了复古旗帜下面殉道的前锋。为什么呢？因为在他的心理上，替旧制度辩护，故意众叛亲离，专作反面的或翻案的文章。倒行逆施，也未始不是一种很有面子的活动，何况还有旧社会的封建余孽在为虎作伥。

同样的，辜鸿铭的英、法、德文在当时可称做独步文坛，用外国文字所著译的关于中国文化和古代典籍的文字，至今仍受到欧洲的汉学家们的拥护推

---

① 编者注：全称为《中国近三百年学术思想史》。

崇，名字流传在书籍论文上面。依照我个人的观察看起来，近年林语堂先生的英文著作，像《吾国与吾民》《生活之艺术》这两部巨著，好像也仍在承受着他的八闽同乡的正确的意见和观察，而加上了个人的见解与补充。林氏为摩登文库编辑《孔子》一书，也正可以代表他的思想的观点和辜先生的接近。不过，辜鸿铭的时代较早，思想虽高，只敢痛斥西洋文化不及中国国粹的文明、合理，并努力灌输中国文化的真精神到欧西去。林语堂则变本加厉，简直以为凡是身上多毛的人，其野蛮的程度一定要比少毛的人厉害，而西洋人的身体的汗毛较多，又是独裁者的希特勒、墨索里尼和史达林同志都不容曲讳的事实。这一点，在《生活之艺术》一书里论饮食衣服的一章，最能够证明。

中国人的头脑里，一向以为最野蛮的古代人才是茹毛饮血，而今日上海售价高贵的金门 Restaurant，就常常用带着血肉的猪排和像草一样的 Creamed Spinach 飨客，售价七元七角。这当然是西洋文化的衰落处，无可怀疑。辜鸿铭过去用中国的温良恭俭让去教训纠正或医疗第一次欧战以后欧洲人心理上的创伤，正像今日的林语堂讥德国的纳粹主义是中国法家的权术的余毒，斥希特勒的变态心理等于明末的魏忠贤一样。这一点大约语堂本人也不否认，所以他在从前编《人间世》的时候，为辜鸿铭出版了一个特辑。那一期的《人

① 图注：泰戈尔与辜鸿铭在清华工字厅合影。刊载于《人世间》1934 年第 12 期。

间世》的封面有一张泰戈尔和辜氏在北平清华园工字厅的合影，至今仍然很深刻的印嵌在我的脑里。不过我疑心这特辑的主编者在当时定认为辜氏给欧洲的影响，真比泰戈尔对于中国诗坛的影响要大上好几倍，因而并没有十分推崇泰戈尔的心思，即使在今日，也未必十分推崇，虽然印度 Cheena-Bhavana, Santiniketan, Bengal 的这几年给中国人的印象很好，而且今年正是那一位印度诗翁的八十大庆。

然而辜鸿铭在生前，常常受到冷淡的漠视，并不是在国内的一个十分得意的学者或名人。他所著的《中国人的真精神》（*The Spirit of Chinese People*），发表于第一次欧战休战的时候，在国内一无影响，却不知道正是一部震炫欧洲思想界的煌然巨著。因为在日本先有人译成日文，才又有某一位中国先生从日文节译出来，在民国十年左右的《东方杂志》发表，却把辜氏的大名误译做古姓。这才是我国翻译界的大笑话。结果呢，辜氏个人的情性既越转变越消极，又从消极变成积极的排外复古。他留下了不剪的长辫子，他穿着黄缎的马褂和紫红缎子的皮袍，他嗜爱弄玩小脚的姨太太。这个时候，在古旧和新思潮冲突的北京大学里，不再有人追问着他是否英国爱丁堡大学最优秀的毕业生，他也从来不说他是。大家也许都记得他所主张的姨太太不可不娶的理论，这样的名论当时立刻受到赞美。就是，一个男子娶上几个姨太太，正像一把茶壶必须配上几只茶杯。这个时候，腐化、老古董的帽子又被辜先生轻轻的戴起来了，他自以为这是名士的风流韵事。可是你不能够说辜鸿铭先生不是动的，不但是动，而且是奇异的突变，和湍水急流似的反动。

动态的教授们的内心的情绪大约是这样，外表的行为也无一处不和他们的内心的变化相合。他们一定集会结社。即使在民国初年的北京大学也有一个不赌博、不饮酒、不挟妓纳妾的进德会，参加的多是北大的教授同人。大约有了志同道合的人，就一定跟着可以有集会演讲，出版杂志，公开讨论争辩。新青年社、语丝社、太平洋学会、文学研究会、中国笔会、禹贡学会……凡是这一类有影响有势力的团体，无不有北京大学的教授参与。他们常常在一起吃饭、喝茶、聊天、反驳，以至于论战攻击，不管事情的大小高低。他们在上课的时候，常常把自己的学说和学生详细讨论，加意灌输，并且当众攻击另一位教授的议论的缺点。譬如，胡适之先生对于钱穆先生的《刘向歆父子年谱》的考据谨严，折合今古家法，十分佩服，而且常常对学生们做义务的宣传。但是，他在课堂里同样对钱穆、冯友兰、顾颉刚等人的关于老子和老子书的时代的论争，却不惜剀切陈辞的大肆抨击。朱光潜先生和冯文炳（废名）先生都是第一流的文学作家，又都是朝夕晤面的好朋友。然而他们论词的意境的看法各有不同，竟使他们为了王静安先生的一阕词而辩论了半个月，并且在课堂上公开的和学生们讨论。

他们向来看得起学生，并且不惜推崇学生们的独到的特殊成绩。这一点，上海的大学教授很少有能够如此的，因为他们自己的学问并不高明，自己的程度常常比高明的学生要坏，因此也很难知道自己的学生是否高明。在北大呢，至少在沈兼士先生的口里，常常誉不离口的称赞大学四年级生周祖谟的对于文字声韵的精研，而大学一年级的俞敏的语音学的训练也叫罗常培先生大吃一惊。后来，周祖谟进了中央研究院工作，俞敏也做了北平中国学院讲师，不负师友们的赞许和钦佩。胡适之先生在上课的时候也常常提起丁声树、陶元珍、吴晓铃，特别是在大学一年级的学生面前。凡是读到丁声树先生在《北京大学四十周年纪念论文集》的近著《诗卷耳苤苢"采采"说》一文的，没有人不觉得丁先生在这方面的学问功力不下于清代的戴东原和马瑞辰。可是，在胡适之先生的嘴里，从来不说丁声树是我的学生，他只是说："丁先生也是北京大学的同学。"

静态的教授们和动态的教授们多少有一点儿分别。假如我要具体一点的讲，那末，动态的教授们常常（在从前）在北平正阳门车站发表一篇对新闻记者的谈话，然后赶着火车到南京去参加中央研究院的评议会；静态的教授们则至多到北平故宫博物院的文献馆去搜集档案或到琉璃厂、海王村一带去搜罗旧书。动的教授们喜欢坐一辆私人购买的小汽车，车的式样既不美观，大约准是敝旧的二路货，然而乘坐着出入于北平图书馆附近的金鳌玉蝀桥一带，塔影岚光，汽笛呜呜，不能不说是优美的北平风光的一种点缀；静的教授们，出入则喜乘洋车或步行。

我刚才所写的钱宾四先生，就可以算是静的方面的代表。他宁可在校内自出心裁的编着一本《中国通史讲义》，但是，据我的私人的猜测，不希望出席教育部的史地教材的编审委员会。他宁可作一篇《西周地理考》在《禹贡》上面登载，绝不愿大张旗鼓的积极的领导或抨击一种新的学术运动，或写一篇中华民族起源于东南沿海说。

郑石君（奠）先生也可算是静的方面的著名的教授。我常常说上海的大学教授们善于出版概论、发凡、大纲，往往一二种的著作就足以叫他们在海派文坛中望之俨然，侧目而视。可惜他们都不大认识郑先生。郑先生在北京大学中国文学系教授了十余年，家乡本是浙江诸暨枫桥阮家埠，在北平就住在北大附近的五老胡同。他这一位顶和蔼的恂恂儒者，面孔胖胖的，戴着玳瑁边的眼镜，身上穿着一件深蓝布的长衫，满身粉笔灰尘。他的著作极多，从来不允许在坊间的任何大书局出版，然而却有自己的编纂计划，每月案头堆积的稿本积纸总可盈寸。据郑毅生（天挺）先生告诉我，石君先生已经完成的著述（大部分都是研究中国文学的新的创业者的工作）的稿本已经超出了五百种的数目，每种的卷数决不止薄薄的两三本。他的未出版的论文集要的一部分的稿子，我曾经参加过标点分段（约一百多篇），听说另外一部分也有人拿去在清华大学采用。可是商务印书馆的大学丛书委员的名单里面，却看不到郑石君先生的名字。正好像民国初年在梁任公先生的口头义务宣传以前，即使在学人荟萃的北平，也没有人注意到《快阁师石山房丛书》的著者姚振宗一样。郑石君先生假使不是比姚振宗的学问来得更见渊博功深，那么，我想我应该替北京大学谦逊一点的说，郑先生就是现代的姚振宗。

北京大学的教授们的生活，也不庄严，也不枯燥，只是一种合理的修养和不断的增加学问的总成绩。近年以来，虽然刘半农、黄节、钱玄同先生都相继逝世了，可是沈兼士先生的文字学，唐兰先生的甲骨金石，罗常培、魏建功先生的语音声韵，余嘉锡、赵万里先生的目录版本，胡适、郑奠、罗庸先生的文学史，孙楷第先生的小说史，顾随先生的戏曲，如果不能够被认为是代表中国全国的最高的权威，那么，你应该可以告诉我谁是比他们更好的。这单是指的中国文学系。

史学系呢，最近逝去的孟森，不但他的常州官话永远的嵌在我的脑里，他的清史考据的伟大成就，他的临大节不苟免的正气磅礴，又有谁不感到钦仰、兴奋？除了孟心史先生外，史学系还有陈援庵、钱穆、毛准、郑天挺、蒙文通、姚士鳌。哲学系呢，汤用彤、熊十力、周叔迦……如其不是在"此地空余文化城"的北平，如其不是在绝对自由、绝对放任、绝对幽静的北大，这许多实大声宏的学者又怎样能够紧压着各人的心情，在同样的一间客厅里面静听芦桥南苑传来的一阵阵的炮声？

外国语文学系、教育系的教授们我并不十分熟悉，然而你也许知道梁实秋、朱光潜、罗念生、陈雪屏或吴俊升，这都是独往独来的人物，各有着他们的超特的学力或重大的文化教育事业。也许这也不足以代表北京大学的教授的全貌。那末，最能够补充北京大学教授的特点的，还应该一提近年逝世的钱玄同先生。

钱先生是名闻全国的学者，文字声韵的探讨、国语运动的提倡都有着很大的贡献。然而他独自在北平中山公园的春明馆喝茶的时候，是照例谁都不理会的，即使你是他最要好的朋友或同事。这个，因为钱先生认为在公园里疏散是他的个人的事。在周环十围的古木的阴森的树荫底下，冥心默想，最能够代表智者的心情。可是，在同样的公园的柏树旁，民国十六年的时候，胡适之先生却约了孙伏园先生谈天，并且还愤慨的说了一句"中国不亡，是无天理"的名句，这句话即使说得痛心一点，也只好算是相反而相成的仁者的怀抱。因为，钱玄同先生应该归到智者的范畴里面，所以晚年的钱先生，痛心国事，愤忧郁懑，以至于病殁在沦丧了一年后的北平城内，他的遭遇恰似诗人陈散原和史家孟心史。因为胡适之先生应该列入仁者的领域之内，所以胡先生抛弃了北平米粮库四号的藏晖室，安顿家室，远役重洋，至今负着为国宣劳的重大的任务。

这几天我常常思虑我应该不应该写出来我对于北大的教授们的印象，现在既已什么都不顾的写了出来，越觉得自己的思想或文字的低能，也就同时看出或感到北京大学的教授们的身体力行的深刻的教训的宝贵。北大的教授们不是学者，因为他们的成就不只限于区区的学者或腐儒。他们的生活是平实朴素，他们的言语从不说谎，他们的皮鞋并不擦亮。他们和学生生活在一起，时常关心、同情和鼓励。他们从来不羡慕北平城外的另外一家著名洋化的大学，在图书馆里的楼下画分出一间一间的规定时间的指定的教授办公室，在凸花纹的玻璃上漆着系主任、教授或讲师的名字。可是，我老实不客气的告诉您一句私话，好在这儿也没有别人，对于这种办公室我倒是十二分的羡慕和满足的。为什么呢，因为我在本文的前面已经早就承认，我并非不是一个地地道道的低能儿。

○ 原载于《宇宙风·乙刊》1940 年第 29 期

汉花园的冷静

1940

——柳存仁

当民国二十一年的五月初旬我还住在上海的时候，有一天接到北大的友人谢君的一封信。信上最后的一段文字大意说：我所住的西斋，环境非常幽静。窗外种植有几株丁香，开着浅紫色一球球的朵子，又香又美。听人家说，汉花园那边的丁香这两天开得更是茂盛，老是想去瞧瞧，可惜总没有空功夫。

这几句话留给我的印象非常深刻。他所写的这一封信，至今仍旧缄藏在我的裱就的信箧里面，并不是因为谢君的文字和他的一手赵松雪体的字迹的娟美，而是信里的所说的话的情趣令人心醉。

西斋，早就是我所听熟了的名字。差不多在同样的一年，我从施蛰存、杜衡等人编的《现代》杂志上面，也偶然的看到周启明先生的《苦雨斋日记》的片断的影写版。好像有两天的日记都记着，详细的文字我已经记不清了，大约是：连日苦于霪雨，学校中东西斋积水没胫。在我的头脑里觉得这真是一个叫我喜欢的地方。下雨，最是我愿意看和愿意听的境界，不管它是迅雷闪电、黑云笼罩，还是细雨连绵、凉风凄凄，甚至于"道是无晴却有晴"的江南天气，我都会觉得心快神怡。我不怕在大雨中把我的周身衣服弄得潮湿，原因只是想更听得清楚一点究竟是大雨点子打在碧绿的细长叶脉的芭蕉叶上清脆，还是小雨点和叶面的接触所发生的沙沙的响声，容易勾起在远乡的旅人的愁思。

这是雨中的西斋，北京大学的西斋所映照在我的想象中的幻影。除了西斋而外，还有的是汉花园、译学馆、东斋、五斋……又有清香袭人的丁香，又有积水没胫的阶石，又有古树交映青苔满目的宿舍……

隔了不久，我真的到了北平，在一个清朗的早晨，我第一次去拜访这个闻名已久的汉花园。汉花园的地点在东城北河沿畔，这个花园所包括的区域，南至大学建筑外面的碎石马路，名称叫做汉花园大街，西至松公府内的北大图书馆及北大文科研究所正门，东面围墙外是两岸夹着细条的杨柳的宽大的河沟。河水是一向干涸的，积尘满天，和中法大学的校舍隔着鸿沟，遥遥相对。一阵子扑面的狂风卷着黄沙吹来，能够叫你立刻睁不开眼睛，在模糊的影像中可以使你望见金黄色的柳条映着闪烁的太阳光线飞舞。刘半农先生曾经说过，北大之看北河沿，简直可以媲美英国剑桥大学的剑桥。这话大约是不错的，听说校内早拟设法浚通沟内的淤泥，并灌入清洁的水流，成功后预料那一定可以替大学区域添上一个值得无限流恋的好景。不过也许是为了经费上的困难和浩大的工程的不易着手，以至于良好的根深蒂固的保守观念不住的在学校当局的心理上作祟，这一点终于没有能够早日实现出来，而且一直到现在也不会实现。北面就是椅子胡同，那是北平的新科班戏曲学校的所在，在北大的新宿舍的阳台上，可以远眺到他们的戏台。

我这样详细的去记述汉花园的周围的风景和地段，一点儿也没有想宣传它的优美，同时，你应该可以从我的文字中体会出来，它是的确不够伟大。关于汉花园的名字的历史沿革，正和北京大学二院所在的马神庙、图书馆、研究所所在的松公府和八公主府、三院宿舍所在的旧译学馆一样，你应该都可以从北平市上最流行的游览指南上面寻找出来，比我所能够告诉你的更要清楚详细。然而关于这一座建筑了差不多四十年的红砖瓦的三层大高楼，这就是汉花园的本部的最主要的房子——北大第一院——的印象、生活和故事，你一定不能够从游览指南或任何指南里寻找出一点简单的介绍。

这里面的生活，并不是刻板化，也不是机械化，但是却可以说是相当的冷静。

如果你是怀着一颗远道慕名而来的诚心，已经在广州的岭南大学、武昌的武汉大学或杭州的之江大学住了一年，负笈远来投奔名校转学的话，那我真不敢想象汉花园——北京大学第一院（文法学院）——给予你的第一个印象或打击，将是怎样的惨酷、无情和冷淡。

汉花园的建筑，外表是坚实的，不过也已经渗染着一种风吹雨打的Weather beaten 的色彩，很容易叫你引起和陋旧、保守、陈腐甚至于龌龊……相像的联念。盘花式的旧铁门常开着，门上并无可以使你认明不误的招牌。那一块棕黑色硬木白字直书的长条匾额"国立北京大学第一院"是挂在顺着水泥径走进去的红楼廊下的圆石柱上面的，字迹很是黯淡，好像同仁堂乐家老药铺的仿单一样，外行的人绝难认识明白。当然，在眼前已经成了孤岛的上海，许多大学只能租赁着商场、大楼的某一二层房屋，已经不把铜制的擦得雪亮的招牌挂在校门外面了，你仅知道沪江大学是在某路二零九号，而光华大学则在另外一条马路，它的门牌的号数则是四二二。可是，用相像的例子去解释，在好几年前的北大，当然并不能得到同样的意思。

在北平，谁都知道"顶老"的大学是在北河沿，而石驸马大街的师大则又被公认做"顶穷"的地方。无论什么事情，只要是顶老的，总应该有它的老谱，用不着登报扬名，用不着满街满墙的贴"随到随考，报名二元"的广告，以广招徕。譬如你从前门车站雇洋车连拉人带铺盖卷，只要说上一声上汉花园，没有一个洋车夫不知道他应该拉到哪儿歇腿的，并且也知道你决不是花得起冤钱的公子哥儿们，所以车钱也并不多要。

如果你坐到了汉花园的门口，觉得这个大学的校舍真是简陋，比不上岭南、武汉、之江的大礼堂的金碧辉煌，那也难怪。不过我应该警告你，你即使在北大念完四年本科和两年研究院，你也找不着北大的真正的礼堂究竟在哪儿，而且这个汉花园的红楼的建筑，就算退一步讲，不算是整个北大中唯一的最好的洋楼，它仍不失为几个最好的当中的一个。

在校门口站着一位穿着草绿色，有时候因为洗涤的次数多了又渐渐的泛成浅黄色的制服的校警。他的手通常是空着的，态度也很安详，脸上常常带着笑容，这笑容并不是谄媚的，也不是狡猾的，也不冷，也不傻，大约颇有一点儿北方人固有的朴实的本质，再加上北大的一脉相传的满不在乎的神气，使这种笑容最容易叫初到北方来旅行速写的画家，难于揣摸。他的制服并不很脏，然而决不神气，有时可以使人在脑筋里联系到中国无声电影时代所扮演的北方的督军们的马弁。不过，照我后来所知道的，在每次的广大的学生运动兴起或扩大的时候，这种马弁常常尽了他们的伟大的汗马功劳。他们的同情心往往出乎一般军警当局的想象力以外的，因着日常生活的时刻接触，或对于国家大势的清楚认识，总是寄托在学生的群众方面。在民国二十四年的冬天北平开始了热烈的爱国的游行示威运动的时候，这一班"貌似阳虎"的北大校警们——注意，他们的手通常是空着的——最容易替学生们出力，像通风报信、虚与委蛇、声东击西、散布有利于学生的消息之类。有一次我亲眼从松公府土坡对面的红中理发店的玻璃窗望见北大文科研究所的守门的校警，吃了威风凛凛、杀气腾腾、皮衣风帽、盒子炮、机器脚踏车齐备的保安队的三个清脆的嘴巴子，使我的眼睛不自觉的流出一颗颗的热眼泪。

可是你第一天踏进汉花园的时候，当然不会观察或感觉到这些。他们对你的出入校门，自由行动，即使你是刚才入校的人行动多少不免有点儿不惯、牵强、紧张，也绝不会加以干涉过问。没有威风，不够劲道，当然又是使你对于北大的坏印象更形增添的一个原因。还算是闻名全国的大学呢，不配。

上课的情形也是这样。没有一位教授是懂得点名的，他们也不大认识学生们的面貌名姓。在这里，讲堂中的 Lectures 的陈腐，又是不言可知。倘使要举出陈腐程度的特例，以我个人而论，我在鼎鼎大名的文字学专门权威沈兼士先生的课上，连睡了三个星期的觉，因为他也用了同样多的时间继续他的，连说话的层次态度语句都并不更易的，做学问的功夫首重"困知勉行"的训辞。然而，不知道为了什么，我到今日却有些时候竟会感觉得这四个字的格言的几乎无一字可以更易。一个人想把他的英文弄得通顺、造句有力、措辞简短动人，而不熟读基督教的《圣经》，也正和研究中国文字学的人不去背熟王菉友的《说文释例》一样的，正像缘木求鱼。可是，背书和死记单字总是最没有趣味的，如果不可以说它是最困难的。我们鉴之于现代的中国最大的出版家商务印书馆的主持人，虽然现在已经是两鬓斑斑的中年以上的人了，在他年青自习求学的时候，却曾经在每天深夜里，一页一页的翻着记诵着英国的《百科全书》，当然可以明了这种记忆性的工作并不是不可能的。如果你自忖既并不能够这样

"困知"，并且又自己傲慢的批评这是最落伍的注入式填鸭式的教育，那么，你即使坐在北大红楼的朽木的座位上课听讲继续四年到八年之久，你还是你，冷静的北大也还是北大。

可是，如其你要吃肥而且甜美的鸭子，依照北平的便宜坊老铺或上海的梁园菜馆的办法，仍旧是非填不行。在这个聪明的学者专家们多如过江之鲫的时代，我当然也不是傻子，对于北大的这种生活，我愿意重复的再说一遍：不配，还算是个闻名全国的大学呢，不配。

汉花园大街另外有一个比较更通俗一点的名字，叫做沙滩。为什么要叫做沙滩？说起来也正是十分难解。依照北平的天气，特别是从深秋经过了冗长的严冬气候，一直到"江南草长，群莺乱飞"的暮春为止，差不多有七个月的时候，北平都是风沙满天的，除了石砌或柏油的马路外，街上也总都是软腾腾的黄土泥。这大约也可以算是"沙"字的解释了。至于沙滩，也许只是由于约定俗成的关系，也许在汉花园附近的几条路，通到各个宿舍去的，都是些不很坚固的碎石或黄泥路径罢？

倘若我的解释也还可以自圆其说的话，那么，我又可以附庸风雅似的来上一句："沙滩是在地理上原有的名称，所以喻大学区域的整个环境，而骆驼呢，可以算是用来譬喻北大的学生们的。"不敢说这是一个现代的典故，可是你要是记住了，随便说说也不算什么错儿。最近，在昆明的西南联大（北大也在里面）不是闹着要迁到四川叙永去了么？有一天，蒋梦麟校长飞到重庆，参加在重庆的清华同学会的宴会，在席上谈起联大的近况来，蒋校长喟然叹曰："清华的梅校长（贻琦）的苦干精神，真是叫我佩服的，我愿意送他一个骆驼的徽号，来形容他的任重耐劳的伟大！"

①

---

① 图注：柳存仁。刊载于《光华年刊》1939 年。

至于蒋校长自己呢？据报纸上的记载，则自勉愿意"如猴子之敏捷"云。这一段话，不但在重庆、香港的报上有，好像在上海的《申报》也转载过的。事实上呢，我说这"骆驼"两个字，可以说是代表着一种朴质无华的气质或精神的，不但梅贻琦先生可以说是有名的骆驼，就是，在从前的北大或现在的联大的学生本身里面，也都蕴藏着几千万匹的骆驼。

骆驼的特点在能够任重耐劳，换言之，也就是能吃苦。"吃苦"这两个字，在现在的内地的艰苦的生活里，也许有了无数的人们都在饱尝着它的滋味了，然而北大的学生们则是向来都是吃苦的，而且，也许可以说是以吃苦著名的。为什么他们都这样的能够，而且愿意吃苦呢？依照我的观察和体验，是因为物质享受上的特殊的缺乏。

譬如，我们用衣食住行里最重最重要的一项——食，来做个例子罢。北大的吃，过去好像徐吁先生已经有一篇文章在《人间世》上发表了，然而各人的接触到的印象未必十分相同，我仍然可以多说一点。在南方，一般的大学宿舍必然的附着广大的膳堂，在北平呢，像清华、燕京等校不但有广大的膳堂，而且它的数目还不仅是一个。一直到芦沟桥事变爆发的那一个夏天，却正是北大、清华两校开始它们最早的第一次的联合招生时为止，清华的广敞无比清洁卫生的大食堂的照片，是用了精美的铜图印在《清华周刊》的新生入学的向导专号上面的。有时候我很容易想起美国式的幽默一则，这一则大约知道的人已经很多了，就是某大学以比赛足球著名，有人甚至于说"某人在某地设立一座球场，附设大学一所"。

北大的吃似乎是独立的，它不属于北大的任何宿舍的任何一个规模极小的食堂，它也并不强迫这种小食堂立刻关门。小食堂也是有的，假使我的记忆不错的话，这种开设在宿舍里面的食堂一共也有两所，每所占屋一大间，布置了七八张方桌。每次吃饭的时候，为了维持这两个食堂的生存起见，也常常有几十人去光顾的，然而这在全体一千多学生里，自然只能够算是少数。在这里，吃完了饭也不一定要立刻付账，倘若你是住在宿舍而且曾经一次交过那老板七块八块的押柜钱而立下了折子的话。吃的东西呢，也很简单，像回锅肉、冬瓜烧肉、炒青辣椒丝、花卷或干饭等。每次的费用大约不到两毛钱。然而为什么没有什么人去吃呢？我的答案只有一个字："贵！"

两毛钱一餐饭能够算是贵么？在今天，重庆附近的物价高涨到一个单身汉的每月伙食费要一百五十块钱，上海的布鞋要五六块钱一双的时候，当然是不能够说它是贵的。就是在北平当时（三四年前），十几块钱可以请十个人酒醉饭饱的吃一顿前门外头致美斋的馆子，那么，这个两毛钱的数目也不能够说它太冤。可是，北大的学生们不但在年纪上多是老的，而且在经济的支配方面又都奇穷。因为奇穷的结果，就更不能够避免上海人嘲笑的口头禅所说的"派头奇小"了。每个学期，北大的学生们只交给注册组学费十元，共十一块钱。此外，像一般的学校里面所常听到的，宿舍费、杂费、图书费、讲义费、学生会刊印刷费……甚至于什么建筑公债费，北大的穷学生们都是用不着负担什么的。话虽如此，他们（或她们）所付的代价既然这样少，居然还有生着煤炉的宿舍白住，有二十四万册的中外图书可以借阅，而且每借不止两册，每看也不限两星期内一定交还。也有讲义，编著的人是胡适、邓之诚、钱穆、钱玄同、朱宗莱、余嘉锡、潘家洵、孙楷第等，而且又都是整本的，其中有多种后来都改换了名字列入在商务印书馆的《大学丛书》之内，而且在当初印成讲义的时候，居然也是用铅字排的，美观醒目。而他们所认为物质上的满足的，也不过是住宿、图书、教授、讲义这一类的东西，并且把这些东西看得很重。他们都是从远道负笈来苦学的人，其籍贯可以北到蒙古、新疆、甘肃、山西，南到南洋群岛的区域。他们每个学期或学年仅带着或收到极少数的汇款，因为交通的阻梗、家境的艰苦、内战的频仍，以至于对于贫穷的普遍的同情和生活经验的增加，都想着节俭是一种美德或是一种不得不如此的应有的措施。从前美国的文豪 R. L. 斯蒂文孙说过："两点钟的时间总是两点钟的时间。多少伟大的人物的伟大的事业，是能够在比这个更短的时间里面完成的。"我现在也可以套着他的语调来说："在北大学生的如豆的眼光里，两毛钱也总是两毛钱。"

我现在记述一个我个人的蒙辱的故事，把它绍介给读者们，并且，我还要使我的几位好朋友都要知道，这样的故事在北大并不算是十分显著的特别。

有一天（那是民国二十四年的冬天）我的朋友李永寿兄约我带他到北大来上半天课，他原是北平中国学院国文系的四年级的学生，可是从未听过胡适之的演讲，所以特别来偷听了两课。这种情形，在当时可以说是十分通行的。下课之后，我们两人想找一个雅座去谈谈。

"上哪儿吃点什么罢？咱们自己哥儿们。"我逗着他的话，可没有敢"开请"。

"随便……不用客气！"

"好！……咱们随便吃一点面食罢。北大的吃没什么好的，也许比不上你们西单商场那一带罢（中国学院在西单牌楼大街）！"

"好！……好！"

连着几个"好"字，我就把他引到我所常常光顾的景山东大街的悦来居小饭铺来了。我们一进门，里头黑压压的坐满了一屋子，迎面有两个赶着烙饼的伙计，一个巨大的煤球炉子，烟气熏天，炉台上烤着几十个大烧饼，小徒弟用火叉子把炉口的火苗子弄得直往上窜，透着青蓝色的烟焰。

"张先生豆腐呵①！一碗虾②！小米稀饭！"跑堂的伙计这个时候也没有敢闲着，光油油的头顶上淌着汗珠子，把他那小棉袄的斜长形的镶领子都给弄得油腻腻的，一面替我们擦桌子，一面用手醒着他自己的鼻涕。

我破天荒的，要了四十个煮饺子，猪肉馅儿的，两碗小米稀饭，一盘白糖。这一串子的菜单挺够劲，那老伙计一面大声的唱出来，一面用着谄卑的眼光瞧着我的又脏又旧的蓝布大褂，仿佛在怀疑着我，今天难道你的汇款又来了不成？

我不动声色，一面跟我的客人闲谈，极力转移他的视线的注意力，因为，他对面不远的墙壁上，正爬着一个灰色的蝎虎子。我一面又用手摸紧着我的皮篓，我想我这一天不止摸过一次。

半点钟后，我们都已心平气和的出了悦来居的门。我这时候才敢大大方方的抬起头来，却见那门口正悬挂着三个红黄蓝色的纸穗子做成的圆形的标帜，那正是北平第四流或者第五流的饭铺的门口所最容易瞧到的特征。我的头又渐渐的垂下来了。我想起了我的朋友不一定吃得很饱。他好像只尝了三个饺子，

---

① 作者注：张先生豆腐只是豆腐的煎法，最早由同学张君发明，现在已经驰名全北平了，连东安市场的饭馆里都有此味。
② 作者注：虾，北平第四流（？）或以下的饭馆面铺称馄饨的代名词。

吐满了一堆一堆的肉筋和馅子都在碟子里面。我知道这里的饺子通常做得很大，直径总在二寸半以上，而且，面好像也是粗着一点。我那一碟子二十个我是包完了的，我还揩油了五个他的。在这个时候我忽然觉得脸上有点儿发烧，我忘记了我刚才付给那掌柜的两毛二分钱的全部费用的时候我的那一种胜利的骄傲了。

这种吃食，我的朋友后来告诉我他的意见，是不很容易惯的。其实我倒不觉得什么，只吃两个铜子的花生和一杯热开水的午餐，就跑到图书馆的大门口听候启门阅览的生活，我也曾捱过两个多星期。并且就在这个时候作完了我的《王静安先生遗书》的笔记的工作，倒也可以算是一个很好的纪念。

朋友！我告诉你，在北大的沙滩似的环境里，好的饭馆子是开不长久的。我们那时候最贵族化的一家饭馆子叫做海泉居，其位置也开设得最适中，在东斋宿舍和图书馆之间。那儿最拿手的一碗菜好像是炒腰花，要卖到四毛多钱。然而它的营业最为不振，当我还没有在北大毕业的时候，它早已正式毕业了。在它毕业以前，饭馆主人曾去请胡适之先生写了一副白话的对联挂在海泉居的二楼上，那对联相当对仗工整，辞句清雅，倒是颇为脍炙人口的，虽然未必能够替海泉居向每一个顾客拉拢两次以上的生意。联云：

学术文章，举世咸推北大老。

羹调烹饪，沙滩都道泉海成。

在北京大学念书是极端的自由的，其自由的程度，又在于每一个人都可以极端的发展，并不受什么高年级和低年级的限制。在中国，有许多的大学，特别是教会创立的学校，往往是高年级的学生享受了较多的权利，譬如宿舍的房间的优劣、运动场游泳池的场所和时间的选择、出入女生宿舍的特权等。北大可不甚讲究这些。要是说高年级的学生比较的得到一般人的尊敬，那常常并不是因为他是高年级，而是因为他的特殊的天才。天才的智慧的发火是用不着等到大学三四年级的，一年级也尽管够用了。

现在且略从它的上课谈起。

我在本文的前几段里，都曾屡次的提起北大上课情形的漫无规律。在这里我似乎可以仔细的描写一下。第一，就是教员多半是不点名。我并不说所有的教员都不点名，因为我比较熟悉的仅是这座大学的一部分——文学院，而文学院的教员也有点名的。然而点名跟不点名，其中间的分别实在很难有明显的表现或特征。点名的先生不过把点名簿上面的名字唱过，学生按照着自己的名字也唱一个喏"到！"最后教员把到场的学生做一个记号，不到场的另外做一个记号，如此而已。教员并不把缺席的名字报告注册组，注册组也并没有一位专门制绘出席缺席的统计表格的人，更不会画一张江苏省出席的学生占百分之五·七三或七四的图画。这样的统计绘画员其实北大注册组就是聘请几十位也不是没有钱的，然而他们竟一位也不聘。注册组更不会出一张堂堂皇皇的大布告，说下面的一百二十八个学生本周内缺席四小时，应该记小过一次。

所以，在北大的上课生活的第二个特点，就是课也不一定要上的。我记得，我在北大一年级念英文的时候，有一天，教员正教着一课是美国的幽默作家 Stephen Leacck 著的 *Oxford As I See It*，里面有一段话："英国牛津大学的讲书虽然每天都有，然而却是很陈腐的，你去听听也好，不听也没有什么。"我们都觉得我们的大学的生活也和他所说的相仿佛。倘若不愿上课，在图书馆里开开矿也好，在宿舍里睡睡觉，到中山公园的柏树底下遛遛弯儿，到天安门外的石栏杆旁去看晚霞，也没有人拦阻。在课堂里应着卯，同时看课外的任何性质任何体裁的书籍也随便。

认真听起课来，有的时候（虽然并非是常常）也总有几段精彩的意思可以获得。譬如，在余嘉锡先生的目录学的课上，寥寥的坐着十几个"好道"的学生（我记得那年冬天这一课上课的时候，恰巧熊佛西到北大演讲，大部分的人都去听《定县平教会的实验戏剧》去了），其中也许有两三个人已在模模糊糊的想入梦了，忽然余先生开口，说：

"中国的印刷术许多人都以为是起于隋代，其实，一点证据都没有。明代陆深的《河汾燕闲录》引过隋文帝诏'废像遗经，悉令雕造'，一般人都上了他的当（胡应麟、赵瓯北、王渔洋都是），以为雕版始于隋了。其实，陆书所引的诏原出于费长房的《历代三宝记》，严可均辑的《全隋文》就有它，《大正藏经》也有它。原文实作'废像遗经，悉令雕撰'，雕的是佛像，并非是木板经文。有人说听得罗振玉告诉过他，敦煌发见了《陀罗尼经》，是隋代刻的，有开皇年号。我听了真是疑惑。为什么呢？因为在唐代初年（唐太宗的时候）还有一个人叫做唐临，他作的《冥报记》（此书流传在日本，《涵芬楼秘籍》和杨守敬《日本访书志》都有）里，谈到当时有一个人叫做严法华，平常喜欢《法华经》，到处募人钞写，可见还不知道刻板。宋敏求的《唐大诏令集》也有一道《玄宗开元时诏》，说佛经不许私自抄写，一定要在大寺院里写。又在《文苑英华》这一部类书里，有几处也可以看到募人钞写经文的故事，可见当时也还不知刻板印书。我把我的意见写了信寄给罗振玉，他回的信，什么辩驳也没有，反完全赞同了我的主张。可见得某人说的话，真是太不可靠了。"

余先生这一段的讲述，我至今还能够很深刻的记得，因为，他说话的时候，条理既很清晰，而其意义又很有记忆的价值，并不像空洞无物的海派留声机器唱片。这样的演讲，大约是不能够说是陈腐的（rotten）。

在鲁迅先生逝世的下一天，我恰巧有周启明先生的一课，起先打算不到校去上课了，因为我们料想他未必会来校的。后来到校去，见他居然没有请假，仍是挟着一本《颜氏家训》缓缓的踱到课堂里来了（那一课是六朝散文）。上了一点钟的课，沉沉静静的，大家既不开口发问或表示悼慰，周先生也单是念看书本讲话。忽然，下课的铃声响了，启明先生挟起书，说："对不起，下一点钟我不来了，我要到鲁迅的老太太那里去。"这个时候，看了他的脸色的肃穆、沉默、幽暗，真叫人觉得他悲痛的心境的忧伤，决不是笔墨或语言所能够形容出的了。他并没有哭，也没有流泪，可是眼圈有点红热，脸上青白的一层面色，好像化上了一块硬铅似的。这一点钟的时间，真是一分钟一秒钟的慢慢的捱过，没有一个上课的人不是望着他的脸，安静的听讲的。这个时候容易叫你想起魏晋之间的阮籍丧母的故事。启明先生讲的是颜之推的《兄弟篇》，这可纪念的一课也是不 rotten 的。

我在《记北京大学的教授》一篇里已经写了一点上课的样子，这里再加上一点补充，读者们可以看得出来，北大的上课也不会有什么了不起的特别。虽然特别的课程有时候也有的，像外国语，除了普通的英、法、德、日文之外，我们还有意大利、希腊、苏俄和梵文等课程。我们有普通的中国戏曲史，也有特别的一课——中英话剧实习。我们除了普通的声韵学、语音学之外，还有仪器实验和调查等活的工作。除了普通的中国目录学、校勘学之外，还有《三国志》《世说新语》《水经注》的实习校勘，还有剪贴整本大部的《太平御览》的做引得（index）的工作。哲学系的佛学的课程，是要到周叔伽先生的家里去上课的，那是一座非常精致的佛堂。选修这样的课程的人，同时也要会坐蒲团的功夫。提到蒲团，我又想起一件事情。从前北大还开过一课静坐学，请一位很著名的静坐家去担任教授。上课的时候，一间课室里满布蒲团，教员一个，学生们也一人一个，盘膝修行。虽然一时没有人成仙得道，然而，大家的道行据说总也不会亚于 Philip Curtiss 的《安迪居士外传》的主角。

老实说，这样的课程的开设，与其说是特别，无宁说是中庸的。我们中国人的思想，特别是因为儒家的思想影响后人最深、束缚后人最甚的缘故，"中庸"这两个字的原则既普遍且不知不觉的会嵌进我们每一个人的脑筋而不甚易消除。北大恐怕也是这样。我们在上面所谈到的课程，在我的脑筋里常觉得它是最好的，从客观的原因推想起来，大概就是因为它可以算是最中庸的缘故。你们不要以为北大的课程是好奇标异，你们不要觉得全世界的课程表都应跟你们在大学里念的那一张一样，只有寥寥的什么纲要、概论、大意那样的薄弱可怜。老实说，选修了一年的唐代文学概要（这样的课程在战前的上海、南京、汉口、广州等地都是很流行的），未必就真能够了解李太白或李义山的诗，也未必十分懂得词的起源。如果你又竟连《长庆集》和《云谣集杂曲子》都不知道，那你对于这门课程所知道的知识，真是缺陋得可怕了。纲要、概论等书，就是缺陋和可怕的代表。我在七年之前写过一本概要性质的《中国文学史》，去年被昆明的国立北平图书馆列在《精选中国书目》（英文本）里面的，可以算做最坏的中国文学史的代表。那里面也有十几万字，也有李太白，也有李义山，也有《长庆集》……然而，邵康节诗的排列也脱了页了，戏曲和小说几章缺漏不堪，而附录的中国文学年表更足够笑掉了专家的牙齿。我写那书的时候还没有进北京大学，否则，那样的书我决不会拿出来献丑的。在北方，单是中国文学史一门课程，就要念完四年才能完毕，从进校门到拿了那张红花大印的毕业证书为止。如果你又去进文科研究所，那么，中国文学史总会跟你怀胎生子的。学问总是一辈子的事情，除非你本来无心做学问，否则，费了十余年精力诚诚恳恳的单研究一两门专长，难道还值得大惊小怪不成？

北大的课程的富于中庸性，其原因就在它确是领导你进了比较合乎理想的，不偏不倚的真正的学问的大门。它的优点是真纯、正确和专门。它既不蹈中国其他的大学的肤浅缺漏的过失，也不趋向流行的美国教育的五花八门的课程的别致。我在这里这样的称赞北大，说它最能够保持学术和真理的中庸性，其理由也就在这儿。从世界教育的潮流的发展演进上去观察，北大的精神的伟大就在它既不像万花筒式的美国教育的胡闹，又不像中国其他的大学那样的幼稚可笑。如以失去中庸性缺点而论，像在美国哥仑比亚大学师范学院有着实验比较烹调法、茶室烹调、宴会礼节与食品保藏等学程，而芝加哥大学有家庭经济家事管理学系，关于衬衫的论文《收入多寡对于服装的各种需求——消费行为的研究》是可以给予博士学位，《结冰的摄影之研究》《烹蒸火腿管理之研究》《妇女服装函购法》《四种洗碟方法之时间身动作之比较》等论文，也都可以获得硕士的学位的。

因为这样的缘故，北大一年之中注册的学生和国内其他的大学不同的是，边疆诸省的同学固然很多，而外国负笈而来的留学生，德国、英国、美国、日本也都有不少。其中美国的学生最多，当然，总有几位洗碟子的本领是很不错的。

在北京大学里念书的学生，好像是向来应该只有两种不同的典型的人似的：一种是喜欢做政治活动或社会活动的，另外一种是偏向于纯粹学术研究的。有的人也许两种的兴趣都有，但是无论如何都也至少会认定，这两种中的一种是他或她的特殊的智力的发展的集中点的。自然，世界上也有的人是向来对于这两种兴趣都不发生兴趣的，他喜欢的是吃喝嫖赌，他从来不追求什么真理的充分明了或实践，他出入于纸醉金迷的娱乐场所，他任意挥霍父母成千整万的遗产或钱财，这样的典型的"大学生"在中国也不知出了几千几万了，然而在北大的学生里面我却敢于负责的担保并没有一个这样的人。这样的人进不了北大。

从表面上观察起来，北大的教学并不严格。在北京大学是可以念过四年书，毕业而没有上过二十四点钟的课程的。课程，自然是要按着学校的章程在每个学期的开始的时候填写选课单的。然而选课单的填写又极其自由，其自由的程度也许比你上菜馆子里面去点菜还要容易。比方说，你在北平东安市场的润明楼吃饭，点了一个笋丝炒肉，跑堂的也许会给你换上一盆玉兰片炒肉。或是，你要了二十个锅贴饺子，临时想退换十个，伙计也许会回话说是都下了锅啦。在北大，倘使你选了胡适之的一课汉代哲学史，忽然（即使在开了课一个多月之后）觉来汤锡予（用彤）的魏晋哲学史配你的胃口，想改选了过去，随便。忽然觉得哲学系根本不是人念的，痛恨明儒学案，排斥因用，不懂唯识论，你想转到法律系去，也随便。你在学校里念了两年，到注册处去随便说上一声"因为病了，想告一年半年的休学假"，行。根本和注册处的职员们不照面，自己一个人在外面住上几个月，等到考试的时候到了，再回到学校里来应卯，也行。

选课的情形怎么样呢？第一步是，每一个学院都有它的一本印刷精美的选课说明书，上面详细的载着本学期各系所开的课程、内容和教授的名字。所有说明的文字都是担任该科的教授自己执笔，而不是由注册组的职员书记们代劳的，所以绝对不会文不对题。譬如，在魏晋六朝的时候，本来骈文异常发达的，作者既多，辞藻又极典丽，然而北大偏偏的要出冷门，开一课六朝散文，专讲《颜氏家训》《洛阳伽蓝记》《杂譬喻经》等书，这个理由只有担任这课教授的周先生能够说得明白。又譬如，研究中国小说史的先导，虽以鲁迅先生在北大首先开这一门课程为最早的提倡，然而二十年来，学术的研究进步甚速，教材的改变甚大。鲁迅先生的《中国小说史讲义》，是从《史家对于小说之箸录及论述》《神话与传说》《汉书》《艺文志》所载小说等章开始的，一直叙述到清末的谴责小说、黑幕小说。而近年北大所开的中国小说史的课程，却可以用足足的一年时间专讲唐五代的俗讲。这个理由也只有担任这课的孙楷第先生能够说得明白。这本厚厚的说明书，每一个选课的学生都可以人手一编，并且，用不着交纳什么费用。我们当然可以想象得出，以北大这样陈腐风气的学校，加上经费缺乏，怎样能够常年的支持这种无益的"广告"的印刷费，而且情愿支持。但是，据我的愚昧的观察的结果，北大虽然堂堂皇皇的创了四十多年，至今盖不起一座足够几千人聚集的金碧辉煌的礼堂，它的天花板是要圆顶式的。可是，倘若要做起什么真正有益于学生的知识的开扩或深入的事情来，北大绝不惜钱。

在旁的大学里面，"选课"这两个字不过是一个名，强迫却是实际的形容。在上海，"选课由系主任指导，并须经院长签字"已经成为院长或系主任"提携"他的高足的不二法门。不用系主任亲自开口，在你拿着你的选课单到他的面前听候指导之前，倘若单上没有一门两门他所担任的功课，你自己大概也会觉得这件事情办得不大妥当。觉得这件事情办得最不妥当的自然还是"他"。你可以很清楚的望得见他的和气的笑容怎样的收敛起来，眉头怎样的向上一耸。

"三七一八！噢，密司脱×，怎么，散文专集研究是必修的呀？"

"是的，不过它和基本英文Ｂ组的时间冲突了。"

"基本英文？Ａ组是张院长亲自担任的呀，你为什么不选？Ｂ组是新的先生，专为本学Ａ期的插班生开的，你还是改掉它罢。英文选了组，散文专集也……"

"是。但是，注册处布告似乎并没有说Ｂ组只限于新生才可以选呀？我想……"

"我知道得比他们清楚。"一面说着话，系主任的手头的钢笔已经把英文Ｂ组轻轻的画上了一条红色的横线。

"但是，Ａ组的上课时间也和大一的生物冲突。"

"你是什么系的学生？"

"国文。"

"国文系怎么要念起生物学来？"

"我是武汉大学转来的，注册处的人说，我的科学学分还差三个，不补足不能够呈报教育部。物理和化学都是四个学分，并且做的实验很难，生物是三个学分，所以我就写上了。"

"不行！散文专集是本系必修的功课，你一定要选的。"

这样的谈话（它的发生的地方大约在上海），真是既费周折，又会令人觉得乏味的。惟有一个从其他的大学转学到北大来的学生，才会领悟北京大学的选课，真是贯彻了真正的民主的精神的行为。虽然每一系的课程至少也有十余种，常常多至数十种，虽然也在说明书上规定了年级和选修、必修等各项不同的划分，但是，每一个北大的学生都知道北大是从来没有什么课程可以严格的认为是要必修的。有一位系主任曾经很幽默的告诉系里的学生说："这里所定的必修，只是教授们主张你们读了比较好的几种功课而已，究竟好不好，还是要你们瞧着办罢。"在事实上，只要这门课程有一个学生选了，教授就可以正式上课，用不着有什么顾忌或恐惧。在上海呢，有的大学是规定在聘书上面，每班选修的学生至少要有五个人，否则就并不开班的。因此教授们为了迎合学生的心理和巩固自己的饭碗和位置起见，常常不能够不用两种方法来抵制：第一，就是赶快想方法把自己的功课尽量改做"必修"；第二，是对于来上课的学生客客气气。第一种方法的结果是使学生们痛恨学校，为什么功课表上有这许多必修的东西，第二种方法的结果则是使许多趾高气扬的学生们都瞧不起教授。这些无疑的都是违背民主精神的真正平等的原则的。

接连在选课以后的事情自然就是上课。上课是教授和学生们两方面互相合作所做成的一种学术研究的形式表现。在北大，有的时候可以是上课的人数超过点名簿上的人数几倍的，这里面包括了许多未选此课而来旁听的正式生，注册旁听的旁听生（这种旁听生的录取是经过考试的。但是照我过去所知道的，当时很多是由某某机关派来侦探学生各种活动或某某大使馆派来作某种调查的，学校当局在满腹苦衷和勉力支撑之下，也不得不收纳他们），以及外校慕名而来的学生或根本不是学生的"偷听生"。这里面当然有许多不是为学问而学问的人，然而也仍旧可以归并在我在上文所说过的活动分子那一类里面的。有的时候也可以是上课的学生数目奇少，而这课名义上的选修的人数却在两三百人以上的。像有几种规定必修的课程，如党义、体育之类，规定必修而且也已经注册选修的学生每学期总有五百多人，并且经过注册组排定因为人数太多又分为甲乙丙等几组的，而事实上每次上课的人常常不满十个，偶然也会有几次竟阒无一人。这种情形最初看到或听到的人也许会感觉奇怪，时间久了，就也觉得这也是情理上的常情，没有什么稀奇。

譬如说我们在汉花园里的体育馆的建筑，其实非常像什么讲武堂的练拳场，里面是刀枪剑戟斧钺钩叉……十八样武器样样均全的。这些器械都插在木架上面或挂在墙壁上。在过去大约若干年，总有过一个时期，这些武器是常常被人用做操练的"称手的兵器"的,但是在我进学校的那一年,距离它们的光荣发展的时期好像已经很久了。每一件兵器上面都罩上了一层厚厚的灰尘,附近的壁角也结好了两个颇大的蜘蛛网,时常要断不断的随风摆动。这座体育馆的内外墙都是涂着灰灰的颜色,四面有着很多的窗,窗棂是铁柱做的,也都生了锈,玻璃破了不少。地面上是砌着四四方方的大砖,但是并不常常清洁,因为扫除的时候并不多。此外,什么可能让我记忆的东西也没有了。

在这样的场所里,每星期要上两点钟的体育,如果不是想象力太过丰富的人,当然不免是要有一点儿觉得异样的。不过,请你不要误会,像这样的特殊的建筑,在北大决不止一所两所,而且综合的说起来,它们给予学生们的印象仍然是极为崇高的。这天然的是一种容易引起思古之幽情的地方。过去的光辉的记忆、历史的陈迹、往古来今的人物的变迁,似乎都可以从这些建筑的半埋在土里面的基石上面看得出来。有的地方甚至于可以有一块点缀景物的石碑,像体育馆的后面,像地质馆的前面,都有很巍高的大石碑在阳光的直射下矗立着,上面刻着篆文和隶书。

不过,地质馆的建筑是最新的,完全依照最新的立体式的样子建筑,有四层高楼,里面也有热水汀的设备,也有柔软的地毯,也许可以说是全国唯一的一座地质馆。这座大楼刚在民国二十四年落成,所以,和它的屋前的那一座大石碑在情调上太不调和了。然而,值得欣慰的是,地质系里还有一位最主要的教授葛利普老教授,他来北大已经在二十个年头以上了,因为他是患着风湿病的缘故,每次到校,他的洋车是一直拉到地质馆那座古碑的面前才下车的。他的七十多岁的高龄,他的学术贡献,他的品格,他和中国人的融洽的感情,都足以和那一座古碑媲美,同时也让学生们渗染着一点儿"北大老"的骄傲。

为什么体育课的上课的人那么样的少呢?是体育主任不行么?不是的。这是一位新从德国柏林大学回国的体育主任,在代表本校出席北平的体育会议里,时常占着很重要的地位。可是,他的最新的体育理论却无论如何难得和那一座体育馆的前前后后的环境互相调和了。他显然的并不能够是一座古碑!我记得,在他的热心的主持之下,有一个雨雪霏霏的清晨,全校曾经开过一次提倡体育精神的体育大会。在节目里,有一个是全校大游行,绕运动场三匝,由

　　　　　　　　　　　　　　　　旧时北平

蒋梦麟校长领导。每一个系的学生，在场里先站成一单排，排头举着本系的小旗子。这一次，国文系的九十多个学生居然大出风头。为什么呢？因为他们是约好了大家穿着蓝布袍黑马褂来参加的。

以上所说的，都是概括的记述北大的学风的几种特点，虽然也是粗枝大叶的，不足以见马神庙的塑像的全貌。本来，要想用几段简单的文字来说明一种抽象的"印象"，而又不愿意使它模模糊糊的太过分的脱了轨节，那即使你的观察是怎样的入微，也还是不能够不借重一下具体的事实来做譬喻。所以，在这里我又愿意把上课的情形多说上几句。

依照普通的课程表上面的规定，每天早晨八点到晚上八点在北大都是上课的时间，也都有人上课。上课的情形，一般而论，是跟听演讲仿佛的，除非照例没有鼓掌的声音这一点可以算是例外。教授们呢，像我在《记北京大学的教授》一文里面所写的，大约可以说是分做两种倾向：一种是动态的教授，多半姗姗来迟，晚那么五六分钟才进课堂确是常事。有的是要到了上课的时候，才由学校的工友打电话到教授的家里去催请的。兹举出一件偶然的事情来做一个极端的例子：

工友吴君（电话中）："您是胡院长么？"

胡适之："哦，哦，是的。你是哪一位？"

工友："我们这儿是北京大学，现在已经是十点零八分钟了，你今儿这一课……"

胡适之："是的，我现在正在洗脸，昨晚上三点钟才睡的，编了一夜的《独立评论》，丁文江先生纪念特辑正赶着要出版呢！我现在就到北大来。"

这一派的教授到了课室之后，立刻谈天气、论政治、评人物，高谈阔论，破口大骂，都是动态的教授的必需的条件。有的更带着几种参考的书籍，但是在课堂上并不翻阅。虽然不翻阅，却舍不得放在教员预备室里。书籍的携出携入，总是手挟着或捧着，从来不喜欢用皮包盛着的。因为高谈阔论的缘故，他们的退课常比规定的时间略早，否则，就是非常的迟。

反之，用皮包盛着参考书来上课的，虽然未必是静态的教授的足够的条件，也往往可以做为不是动态的教授的一种特征。他们来到课室之后，不管三七二十一，总是开口就讲正文，或者立刻用粉笔在黑板上写笔记。有的人可以接连着抄两点钟的笔记，即使学生们都觉得摇头蹙额。有的人也可以在一点钟之内念完二十多页的讲义，那讲义上面的文字是他自己编的。像余嘉锡先生的中国目录学史，一开学的时候就连发了一百三十多页，完全用四号铅字排印。学生拿了这种之后，到宿舍附近的南纸店去装订，当天就可以用丝线订好，书头包着青绫的两只角，加上藏青色的封面，也不过出上七分钱的代价。从此，这一课可以永远用不着上了，一直等候学期终了的考试。没有事的时候，尽可以在宿舍里组织会社，写文投稿，交女朋友，摇旗呐喊，以至于蒙头大睡。如此在宿舍里蒙着头睡满了四年的觉的人，就有若干位已经成为中国的第一流的学者、政客、实业家、文学家、某项革命活动的领导者……以至于被人在后面曳线"唱做俱佳"的名角。

　　课室里面的空气通常是很沉静的，除了教授的谈话和粉笔在黑板上面磨擦外，没有什么杂声。大的课室，可以多到两百人挤在一起，小的课堂至多不逾三十人。上大课的趣味是没有小课来得深的，因为大课多半是些"基本""概要""通史"，而小课的内容像传记专题研究、校勘学及实习、梵文、希腊文学、诗学，自然来得精彩动人。可是，倘若你要问的是潘家洵教的那一班吉本英文、罗常培的那一班语音学概要、钱穆教的那几班中国通史，我的不甚精彩的评语就应该全盘取消。因为我所说的话不过是举几个例，而天下的定例又是没有一条没有例外的，除了这一条自己。

○ 原载于《宇宙风·乙刊》1940 年第 32 期

忆松坡图书馆

——蹇先艾①

1942

在北平住了十九年，我爱这座古城，不能忘记这座有魅力的古城，尤其不能忘掉古城中的一个小小文化机关——松坡图书馆。我在那里差不多工作了九年，我在那里认识了不少文艺界的朋友，我在那里写过若干篇作品，我在那里读了许多中外的名著。总括一句话，我的文学趣味，是在这个图书馆里培养起来的。

这个小文化机关的创办人是一些学者名流。为了纪念蔡松坡将军，梁任公先生们曾经在上海成立过松社。后来他由欧洲回国，带了不少的西书归来，又在北平成立了一个读书俱乐部。松坡图书馆便是这两个团体合并而成的。最初分为第一馆和第二馆，前者专藏西书，设在西单石虎胡同七号一个古树参天王府似的大庭院里，相传从前是吴三桂的府第，并且为北平四大凶宅之一。徐志摩先生特别做了一首诗歌颂过这个地方。他在里面住过几个月。诗中所写的"大量的蹇翁"便是我的叔父季常。梁先生当时仅仅负了一个馆长的名义，实际上馆务完全由叔父主持。

第二馆设在北海公园内，专藏中文书籍。梁先生去世以后，便取消了馆长这个名称，由干事会负责来处理一切，叔父当选为常务干事。叔父一死，便由

---

① 编者注：蹇先艾，遵义老城人。笔名罗辉、赵休宁、陈艾利、蔼生等。著有《朝雾》《一位英雄》《酒家》《还乡集》《踌躇集》《乡间的悲剧》《盐的故事》等作品。

丁文江先生继任。丁先生是个实事求是的学者，为了节省经费起见，便把第一馆的地址出售给蒙藏学校，全部合并到第二馆北海快雪堂去，把房价拿来做增加的基金和购书费。他的理由是这个图书馆的性质是纪念的，藏书不多，很难与国立北平图书馆之类争胜，倒不如完全设在一个名胜地方去供大众的瞻仰，一方面藉此还可以补充一些图书。

①

我在那里当一个编纂。在第一馆工作的时间很短，不久就移到第二馆去。这个机关的规模很小，因此组织也就非常简单，只有一个编纂、一个事务员、三个司书和几个工友。在我们上面便是一个干事会，每月开一次会，我们作一个工作报告，他们议决一些事项和发给第二个月的经费。我的工作很轻松而不固定，不外买书、编目、订购杂志报章。因为经费的支绌，买书的时候就很少；偶然买一点，数量也有限。我们做的是一个十分清闲的职业，也正是一个我一向理想着的职业。

松坡图书馆的原址是前清时代北海的快雪堂，慈禧太后冬天到这里来赏雪的地方。位置在北海北岸的一个斜坡上，被一簇蓊郁的槐林围绕着，右侧是黄瓦红柱的五龙亭，佛像满坐的小西天，左侧是五彩斑斓的九龙壁和建筑很雄伟的天王殿。我们在门口站着，便与一带长廊的漪澜堂遥遥相对，堂后树丛中高崎着一座白塔，它们的倒影在海心微微动荡。海上常常有过渡的画舫与瓜皮似的小艇往来。景山也在远处起伏着，有时映着夕阳，更显出山景的美丽。图书馆是开着旁门的，从一条矮松夹道、铺着碎石的小径上去。经过了一个短短的走廊，便到了和大客厅差不多的阅览室。里面布置得很雅洁，明窗净几，几张榆木桌椅，两个大杂志架，两个目录橱，三四个报架，参差地排列着。壁上挂着穿着上将军服、面貌清癯的松坡将军的遗像，梁任公先生亲笔写的《松坡传略》《祭松坡文》和《松坡图书馆记》，还有几幅松坡铁画银钩的遗墨，都是用

① 图注：蔡锷。刊载于《大中华》1916年第2卷第7期。

很大的玻璃镜框装着。一走进这间屋子，便使人感到幽静、凛肃与伟大。庭院也是同样的静谧，亭亭伫立着几棵青松，有盆花、鱼缸、花畦陪伴着它们。偶尔有几声檐雀的低唱。第二进便是图书室；第三进是蔡公祠，院中堆着一座石山，遍身的苔痕野草，据说这座石山中有两块是宋徽宗从太湖运到义南的花石岗，后来被金人当作胜利品又从开封搬到北平来的。穿过石山，才能到祠堂面前，两庑的石壁便是有名的《快雪堂法帖》的石刻，用栏杆保护着。祠堂里挂着松坡将军和云南起义死难的烈士们的遗像。神龛上供着他们的神主，另外还有两个玻璃橱，陈列着死者的遗物，如像军服、军刀、勋章、望远镜、围棋、碗筷之类。

①

这个图书馆因为坐落在公园里面，进门要买门票，所以读者便很寥落。但这也正是它的长处，它适宜于好幽静的学者到这里来从事研究，更宜于写作者避开尘嚣躲到这里来埋头工作。我们每天的读者也正是这一类的人。有时，在这里还可以找到一些别的图书馆所缺乏的偏僻的古书。

我的办公室是一间很小的斗室，里面只安得下一张书桌、一张床。两把藤椅和一个茶几，只能坐或睡，无法在屋子内踱步。因为这个关系，来了客人我

---

① 图注：北海公园内的快雪堂，今为蔡公祠，祀松坡及云南起义殉难诸人。刊载于《晨报星期画刊》1927 年第 2 卷第 76 期。

便招待到客厅去，他们绝不会来妨碍我的工作。我每天早晨八点到馆，把那些碎琐的事情料理清楚，便跑到书库去翻看自己爱看的书，或者把稿子铺在桌上写一点文章。疲乏了，也许是看到太沉闷了，便挟着一本书走出门，在海边大树下的长椅上去坐着，看看书，又看看风景。有时我毫无目的地沿着海岸散步，不知不觉就走得很远，一直要到下午五点才回家去。如果遇着月夜，我往往就坐到深夜，要感觉到有点凉意袭人的时候，才起身。我在这所公园里，几乎看过了十个春夏秋冬。我看见春花怒发，春水绿波；我听见各种鸟类的歌喉的婉啭，知了不断的长吟，秋虫在古宫殿的石砌中、草堆里唧唧的悲鸣，它们好像凭吊着琼楼玉宇的荒凉；我有时和几个朋友泛着小舟，从五龙亭出发，用船浆拍打着残荷，经过"琼岛春阴"，往金鳌玉蝀桥下穿过，又缓缓地归来，只听见一船的轻碎的笑声与咿哑的浆声。冬天来到，我很喜欢孤独地踏过冰海，跨上白塔去俯瞰，负雪的古城、故宫的红墙黄瓦、迤逦的西山都换上了银装。雪慢慢的溶化了，紫禁城的朱垣、松柏的青苍、琉璃屋顶的澄黄和东一片西一片的皓雪交映着，更觉得眩目动心，我以前对于自然是比较淡漠的，从那个时期起，才开始知道自然的伟大，才开始领略自然的伟大！

我的那几个同事也很值得纪念：事务员王利民先生是新文学初期的一位作者，曾经写过一篇《三天劳工的自述》（见良友图书公司《新文学大系·小说》一集），后来因为心情不佳和家庭环境的恶劣，便放弃了写作的企图，走上另外的一条路径上去；司书鲍仲还是一个家庭中落的旗人，性情非常忠厚，年过五十，还是不停地工作；沙咏笙和丁继良，前一位稍稍懂得一点英文，擅长打字，后者是一个青年画家，而且跟着我学习写作，也常常在小报上发表文章。

我民国二十六年九月离开故都，便不大和那里的朋友们通信了，这个机关是不是还存在呢？同事们应该都很平安罢！我朝朝暮暮都在盼望着，抗战胜利以后，回到那个地方去！

三十年八月抄于遵义

○ 原载于《创作月刊》1942 年第 1 卷第 1 期

清华园之夏
1945

—— 梁允恭

不久以前，我在《小天地》读到一篇文字，题名《忆东安与西单》，我很欢喜这篇文字的开首几句：

东安市场模糊了，西单商场也模糊了，除掉昨夜梦中，仿佛觉得仍旧置身在故都以外，北平在回忆中，只剩下一丝极淡的影子。不过就是这丝极淡的影子也好，追想起那时候所过的生活，所结交的友好，还有那种有事不在心上的心境，也是颇值得体味的。

不错，在我写本文时，也有同样的一种淡漠的悲哀。拿梦醒后追想梦中的种种心喜的经历，不能再得，很能表达我此刻的心境。当初进大学时原有一番勃勃的私心，记得我北上的那一天，亲友们也向我称庆，意下此去可以有一番成就。谁知人事沧桑，只留下一些零星的回忆，徒供我闲来的感喟而已。

工字厅荷塘

究竟清华园是何等样的一宗去处，或者为某一些读者所爱读，因为该校教授，似乎是俞平伯先生吧，曾经出过一个似乎唤做"梦游清华园记"的题目。一个值得我们为它梦想的场所，自有它的胜人之处。首先我们就把它当做一个花园来看吧。我曾在工字厅前的荷塘旁边的假山石间，乘着某一个夏天的好月色，和我同室的一位念电机工程而支取公费的某君，在那里坐了小半天，静听咯咯的蛙声，自有一种世外的乐趣。可惜某君是一个山东籍的鼻架黑框眼镜剃平顶头的汉子，如果他是一个身材苗条，慧心兰质的好女人，那末此境此人，可称两绝。我很后悔，我在念书时，没有去追求一些什么浪漫史，最可宝贵的黄金时代，就这样不知不觉的度过了。

一般说来，清华园的建筑，没有它的近邻燕京大学的那样整齐。后者宫殿式的建筑，颇尽富丽堂皇之致。清华园的校舍，因为并不在同一时间落成，遂有新旧之不同。有三院的那种旧屋子气味的房间，也有明斋等的簇新的建筑。还有那设备讲究的体育馆和布置精美的大礼堂，我只记得大礼堂演讲台上的幕，系由某一班毕业同学致送，用独幅的绸或丝绒制成，当时花去九百元。现在听听九百元算不了一回事，不过假定物价涨五千倍的说法，那末，刻下的价格将为四百五十万元，我们比较可以得一明晰的概念了。

① 图注：清华大学大礼堂。刊载于《旅行杂志》1948 年第 22 卷第 12 期。

笔者住在明斋三楼最右端或最左端的一室，因为我记不清是在哪一端了。室中有桌子两张、橱一扣（又依稀是两扣，已不能确忆）、床两张、椅两只。冬天水汀极暖，据说当局开放水汀有一定时期，并不视天气寒暖而更动，所以有时天时已变，突转酷寒，却未开放。同时，在初春的季节，水汀还是很热。

不过，这个问题很易解决，只要旋上水汀的开关即行。有一次，我在临睡时将水汀旋至最高的热度，睡至午夜，我虽盖着薄被仍觉热不可耐。我懒得下床旋小，仿佛时令已交初夏了。

我是念经济学的，上经济概论时，却要赶到化学馆二楼的大教室去，这教室时或有一股化学实验的药品气息，本来，当局颇有盖造文法大楼之意，只因为那时时局不定，故将此举作罢。按：化学馆大教室的座位，系用洋文字母排列，如A2、A3、B4、B5等，与沪上戏院的对号座位相仿。教经济学的萧先生，他时而穿西装，时而穿蓝布长衫，每逢点名时，直呼座位的号码而不名，他先唤洋文字母，于阿剌伯号码则照北平语读，因此逢到他点到G8时，念成国音，这时总有一二个同学，因为他念的声音和人体的某一名词相近，不禁笑出声来，可是我们再一看萧教授的庄重的脸色，笑声便沉没在严肃的氛围中了。

我的宿舍的前面，是一大片草地，沿草地过去，即为化学馆，化学馆前的草，不经芟除，在夏天长得很高，约与膝齐，饭后在其间散步，很有在乡间荒野中步行的感觉。我又爱去小坐片刻的，是在大礼堂近侧的旗竿或是钟的石座上。你坐在那里，只要闭住眼睛，似乎这个世界全是你的了。你只等待一个时机，跨入世界中，好好的干一番事业。

《蝴蝶夫人》的梦

我最初见到大礼堂时，对于它的建筑不胜叹服，它的构造应用物理学的原理务使演讲者的声音，直贯听众的耳鼓，不致有任何杂音，当局为了防止声浪的散漫起见，更在壁间张了厚幕，吸收闹声。至少它的设备不输于沪上的第一流电影院，虽然它的座位容或没有沪上大光明戏院那样的多。事实上，那个礼堂确是被利用作电影的，每逢周六的晚上，由学生团体主持开映影片，以便比较节俭而不愿进城的同学的观看。只是影片较旧，发音较糊涂，光线较黯淡耳。我在那里看过雪尔维亚·雪耐主演的《蝴蝶夫人》，此片鄙意并不佳，加之演出场所的发音设备不佳，于是更无优美的感觉了。

同方部是与教务处相邻近的屋子。课室较小，但是也并不太小，我在那里念过浦薛凤先生的政治概论。前面我说课室较小而不太小的缘由，因为这间屋子常常被假座作同学的交谊会，或游艺会。我入校之始，即被学生会在此招待，而有一次俞平伯氏更借了同方部的讲台，和他的家人友好合唱曲子，由同学们自由参加听歌。俞氏一会打几下小锣，一会敲几下羯板，轻歌浅唱，兴致不凡。如此情景，犹在目前。遥闻俞氏留住北京，景况未必特别的好，追溯当年，想与笔者同有隔世之感也。

又从我的宿舍到同方部，恰为校舍的两端，有时在化学馆上课出来，赶到同方部去，相隔颇远。一边的化学馆才下课，一路走过去，等走到同方部，紧接着上课了。有许多同学为了节省时间起见，多半骑脚踏车来去，而脚踏车的售价也极便宜，一辆六七成新的，只要花去十来元即可购得。同学之间彼此转让的也很多。出售的告白，常常在饭厅前的公共布告栏内出现。

我虽是念经济的，在科学馆内也有一项课程，即党义是。上党义课该是清华园生活甚有趣的一页。起初，该课在三院内的一间课室开班。其实，这间课室的座位不致坐满，却因为点名簿上的人数多至数百人，非这一间教室所能容纳，所以搬到科学馆去。每逢上课时，教师王德斋先生自顾自低头念点名簿，并不看同学，而同学们多有一张代到的名单，轮流上课。有的同学在点名时更会发出一种怪声，引人发笑，在座的同学最多只五六人而已。某一时期，王德斋先生开始并不点名，唯恐点名后同学溜出去，故意留在授课中途时点名。但是点完后除掉坐在前座的无法脱身以外，坐在后面的仍要溜出去，笔者即此中的一分子也。我想王先生对这种情形一定知之有素，他有时又爱抄黑板，或者在使同学易于溜走。也许王先生是清华诸教授中较不重要的一位，然而他也到美国去过。他留给我的印象，是一个憔悴近于瘦削的男子，戴着黑框眼睛，头发蓬松，我不知道后来他亦随着学校他迁否？这也无从探询了。

第一次欧战回忆

在诸教授中，陈福田先生给我的印象颇深，高大的个子，苗壮的体躯，他更像一个体育导师，而不像一个教西洋文学的教授。我念他的大学二年英文时，在班上，他绝少叫我们念教本，只是叫我们写文章，所用的纸笔并不讲究，拿铅笔写在他发给我们的白报纸上，即可交卷。他出的题目很别致，如

"我所最爱看的电影""教室中杂感"等等。某次，他叫我们绘一幅图书馆外景的图画，这虽是我们天天去的场所，能画得恰当的却不容易，因为我们只在翻读馆中的书籍，并未注意它的外貌也。

据说，他曾经参加第一次世界大战。在教室内，他似乎没有告诉我们任何参战的旧闻，他只提起过清华园某教授与另一教授（女性）的恋爱故事，说前者追求后一位，每日写信三次，每次所用信封的颜色均不同，所以表示时刻的不同呢。

依照清华园的自由教育的那种制度，很鼓励学生多读各方面的书，由教授加以指导，英文班上亦然。由于各人旨趣不同的关系，陈氏曾分别与各同学谈话，逐一指点他的治学之道。他叫我念却尔士·兰姆的 *Essays of Elia* 这一类的书，说我的文章较与这一路相近。我很惭愧，离开学校后，虽也偶然看了一些杂书，对于这一本耳熟能详的名著，却未过目，得暇终得拜读一下。

还记得在废历年初的一天校中并未放假，陈福田氏却穿了一件全白的袍子来上课，这种服色异乎常情，何况更在岁首更新，各种对象都讲究吉祥的红色的当儿，他若无其事的把书讲下去，过后一想，大概他已吸收了西洋的气息，把中国的迷信观念打破了。

我的女教授

教我们法文的则是一位黄伟惠先生，她是一位女先生，听说她在法国的时间很久，她的发音很准确，讲书也极认真。冬天的时候，她惯常穿了一件红色的短披肩，身体很健康，脸略瘦。恕我不敬的说，她在更年轻的时候，一定是一个异常动人的少女吧。

逢到我们在课室内做练习时，她绕到我们座位后面，依次指正我们的错误。其实，我们念的法文很浅，虽比我国专给小学生念的"小猫叫，大狗跳"诸如此类的启蒙教本稍高一着，但是脱不了"我用铅笔写字，我去关门"这一类简单的句子而已。而黄伟惠先生对法文一定习之有素的，她肯这样平心静气的指示我们读"亚，倍，散，台"，备见她是一位循循善诱的好讲师耳。

陈岱孙博士是我们的院长，身材颀长服饰整齐，是一个很吸引人的壮年人。他的翩翩的风度至今留在我的脑际，我很没有福气念他的"经济思想史"，他必可用出众的口才阐发经济学诸大师的学说，娓娓动听。我只听过他一次经济系内一个小团体主持的演讲，那一天他穿了一件双排钮的深蓝色的上衣，钮了一个钮扣。他所讲的题材以英镑集团（the sterling bloc）为主，他一面演说，一面看着事先预备的一张小纸片，逐条分析，见解精当，即使我们不把他看作第一流的学者，不失为一等的演说家也。

闻陈氏出身于哈佛大学，不知怎样，笔者虽没有机会到外国去，心上终存着一种偏见，认为在哈佛、耶鲁等大学毕业的，终要胜过其他的大学。虽然我曾见到一则新闻云，尝有哈佛大学毕业生赴好莱坞参加演员考试，未被录取，但这终是一个特例，固不能一概而论。

我念的"政治学概论"，前面曾提过一笔，由浦薛凤先生讲。浦氏额际的头发很低，其貌不扬，然而讲书时滔滔不绝，引征广博，令人忘倦。余如社会学教授陈远氏，闻系人口问题的专家，此公在战后曾由笔者在行驶北京路间的公共汽车内见过一面，这一路公共汽车车资极廉，仅取六分。搭车者多为贩夫卖浆之徒，陈氏挤在其间，无大学教授的色彩，盖彼一时此一时也。

图书馆比做金矿

我把心爱的东西，留在略后一些写，这里要提一提清华园内出名的图书馆，有人把它譬作矿山，因为其中有不少的宝藏，任人取用不竭。这是一座二层或三层的建筑物。最低一层，系各教授的公事房，人各一室。走廊中光线较暗，笔者在其间步行时，往往发生一种在坟墓中的感觉。较中央的所在则有阅报室，将各种报纸配在玻璃架下，阅读极便，我就在那里读到了"西安事变"等惊人的消息。

图书馆的二、三层楼纯为藏书的所在。除图书馆本身以外，各系另有它自己的小型图书馆，搜罗极富。在阅书室内设着许多列的书桌，分别摆着中西的各色杂志，如《大西洋》《哈柏士》《斯克烈勃奈》《二星期》《绅士杂志》《纽约客生活》（那时尚非一种画刊，而是兼载漫画及小品文的读物）等，琳琅满目。阅书室的地板是用橡皮制的，走路时极轻，不致打扰读者的清兴。

为了选书方便起见，读者又可自己入馆拣择心爱之书。图书馆的地板是用玻璃制的，略与南京路小吕宋百货公司橱窗间的方寸地相类。初进去时，心中有一阵害怕，惟恐把玻璃踏碎。不用说，馆中的书籍甚多，据说那时因为环境关系，已将一部分的书籍内移，但是所留下的，仍甚可观。还有未经整理的文献档案亦甚多，堆在一旁，还未编就目录呢。

一到晚上，图书馆常告客满，非得乘先占坐位不可。私衷不爱乘热闹，白昼虽不时上图书馆去，晚间除难得的三数次以外，终是留在宿舍内的。

这一时期，我在图书馆中念了不少的剧本，如亚塞·披奈洛（此公不但是一个英国著名剧作家，本人又能粉墨登场，兼为演员者也）、巴蕾、萧伯讷、葛里高莱命妇①、高尔斯·华赛的作品，均在此时胡乱看过。

其次，我在图书馆中发现一书，在周越老看来，必将引为珍籍，因为这是一本照片集，出版的日期已久，当是十余年前之物，集中拍摄男女的种种活动照片，系用快镜连续摄成。出版的原意当在显示人体之美及其各种姿势。如摄一女子取浴盆洗浴，历历如绘，惜我已将此书的名称忘却，否则或可向冷书摊搜求得之也。

清华园除着重智慧的生活以外，对体格亦甚讲究，他们所采用的方式是唤起学生从事运动的兴趣，而非某些教会大学迫令学生们百米跑若干秒、跳高达若干尺的强制教育。每逢上体育课时，由教员领导学生在体育馆内跑步，最初五六圈，逐渐增加至十余圈为度。如果跑不动的，中途可以退下来，决不勉强。记得那时我们班上的导师是张龄佳先生，剃着圆顶头，十分和蔼。一次，班上在玩篮球，只有我呆在一旁，他向我说："你为什么不去玩呢？"我便和别的同学一同打球，颇觉有味。从这时候起，我开始对体育发生兴趣，很想每天抽空运动一二小时。假使没有这次战事的话，我能将身体锻炼得很好了。

食色两大事

写到这里，或者读者要发生疑问，以上写了一段，对于食色两大事何以一

---

① 编者注：即俄国诗人格里高利耶夫。

字不提。食在清华，视各人嗜好及经济状况而不同。爱吃西餐的，有西餐馆，吃中菜的有大食堂及二院（也许是三院）的食堂，有校外的小馆子，取价更廉。我因为宿舍离大食堂最近，上那里就餐的次数最多。大食堂内放着白瓷的桌椅，一派堂皇的气象，早餐备有肉丝汤面、甜咸馒首及牛奶卧果（即水沸鸡蛋），花三、四分钱即可果腹。中午餐常备的菜分五分、一角及一角五分者三种。倘要吃别的菜，可以另点。其中一角五分的菜已甚丰富，有鸡及肉等可吃。惟鱼的售价较贵，因为那里产额少也。我爱吃的菜之一唤做云里藏珠，即是将肉剁如散泥，上面蒙着一张菜叶。而食堂中的一个胖胖的厨役，浓眉大眼，唤声嘹亮，为我们奔来奔去的情景，似乎仍像一幕电影栩栩如生也。

二院食堂要简陋得多了。就是安了几张普通的方桌子，讲究经济的学生，更可按月包饭吃。我偶而上那里去要了一碟西红柿（上海统称番茄），旁边散着一些糖，吃起来又酸又甜，味甚可口。逢到我阮囊羞涩时，往往到校外的小馆子吃饭，布置非常起码。一客木樨炒饭，仅花铜元卅枚，依当时北方的币制，一角可兑五十余枚，所以连一角钱都不到。顺笔提起的，在校中理发，设备并不输于市井间的铺子，取资七分，亦属便宜之极的。

男女同学间的恋爱故事想来是很多的。我太不在意，并不留心这些事。只是男女宿舍可以互通电话，我还听见一位近几年自内地出来的某君说，以前和我同上过英文班的 L 小姐，已和另一位男同学结婚，留在校中任助教。据说 L 小姐结婚后，很快的衰老起来，同时她起初念书很用功，有了恋爱事件以后，大不如前。想来小姐与我原有的印象相差甚远。我何以要提起她，因为她曾在我的签名册上题过数行曰：Work, hope, and trust, you will no fail（工作，希望，信赖，你不会失败的），对于我有过一番友谊的期待与勉励也。

再说，学校中的团体活动很多。每个同学除他自愿参加者以外，他必定是××同乡会、×级会、××系会及××同学会（指他所毕业的中学而言）的会员。有许多演讲会都由同学们主持。值得一提的，如曾在工字厅请沈从文氏演讲，大家围在一间小屋内，人颇拥挤，我好容易在人丛中望见他，是一个瘦怯怯的汉子，发音很低。我听不了几分钟，因为听不清楚，便走开了。又有一次在五四纪念日，请张东荪氏主讲，他一时疏忽，开首就将年月弄错了，这是使听众很扫兴的事。又校方曾邀秦德纯将军致词，他将法国的亚尔萨斯、劳兰误认做他国的土地，但是人孰无错误，原是一种可原宥的口失也。

我们的班上有 C 君欢喜演说，约了五六人组织一个演讲会，笔者被邀参加。曾在一间课室内滥竽充数的讲过一次，讲题是印度的一种魔术，说术者将一条绳子抛在半空，便可孤零零的直立起来，术者能攀援而上，但无确证云。

我所隶属的 ×× 同学会又曾假座工字厅，和一位即将赴英的张君及其太太小叙。那天是在夏季，备了些自制的冰淇淋，每人可吃两盏，惟做得并不好，一块块的结成小粒。接着更拍了几张照片，我亦分得两张。但已连同行李都没有带回来。

更有一点颇有趣的是，清华园内尚有别国派来的交换研究生。一次，我上图书馆去，有一个德籍学生正向馆中借阅没有标点的线装的《水经注》，想来他对汉文已有相当造诣，在他本国或许是一个有些小名声的汉学者，亦未可知。这些学生由于思想的不同，据说和校中的音乐队指挥克普克一度打起架来，盖前者是亲纳粹的，后者则不然。

突然发起寒热来了

逢到我生病的时候，虽在客中，然而因为设备的完全，并未感到羁旅的苦处。某日，我突然发起寒热来，哼声不绝。对屋子的在念研究院而专治中国文学的一位胖胖的孙君，很热心的赶到屋子来，替我代将校医邀来。校医给了我两种药水，一种是治口喝的，甜而不腻口，后来起床后，他又给我一些可口的葡萄酒喝。

犯了一些伤风、咳嗽或砂眼等小毛病时，可以自己上校中的医院去诊病，推开绿纱窗的门便是候诊室，依照号码的先后，先让一个白白胖胖的女看护把脉之后，入诊病间看病。起先一位大夫的姓氏已经忘记了。后来的一位大夫是祝振纲氏，其时他才从德国考察回来，因为彼此是南方籍的缘故，问长道短，颇见亲切。我离开学校以后，似乎没有遇见过像他那样慈祥体贴的医师。

我是爱看一些书，又是欢喜涂抹一些什么的，安可把清华园的出版物忘却？校方有自备的印刷所及排字房，逐日或隔一、二天出四开的《校刊》一张，由工友分送至各房间内。《校刊》中并无文章，仅载些布告及会议录之类。只是一种备忘性质的印刷物而已。另有《清华学报》一种，纸张讲究，铅椠精美，由学校当局设委员会编辑，兼刊教授及同学的作品，名作如林，但宗旨较严肃，较缺趣味性耳。至于由同学们编辑的有《清华周报》，用套色封面，内容趋向一般化，且较轻松，我曾替它译过两篇小品文。这刊物也是支给稿费的，不过稿费并不很多。校外的出版物也相仿佛，例如我替《北平晨报》译过一个剧本，一次刊出占报纸二分之一的全页，后来他们致送了七元给我。这七元如与现在的七万元相比，却不好嫌它菲薄了。

本来，我应本刊编辑柳公之嘱，约定写五千字为度，信墨写来，不能自已，却已超过了这个限度。其间脱略的地方在所不免。有几层意思，是事先想好的，执笔时为临时的琐事打扰，未能写入。另有几层意思，等文章写妥后，再行忆及，要安插到有关各节的文字内，势非重写不可，迫于时间的关系，这是不可能的事，只好写成这篇荒疏的文字交卷了。

○ 原载于《风雨谈》1945 年第 20 期

PART 3

北平闲话

旧时北平

北京的穷相

1927

—— 李景汉

　　十余年来北京的贫民一天比一天多，穷相也一天比一天显。先有旗民失了给养，变为无业的游民。继而水旱连年，兵灾遍地，生活程度日低一日。据京师警察厅的统计，在民国七年北京贫民的数目为九万六千，去年增至二十四万。又据最近的调查，北京城内的铺户为二万七千六百三十八处，住户十五万四千八百九十七，合计十八万二千五百三十五户；男丁五十九万三千一百八十六名，女子三十九万六千五百八十四口，合计九十八万九千七百七十人。以我个人的观察与在京久办慈善事业者的估计，其中仅能生存者有三万余户；衣仅敝体，食仅充饥者也有三万余户；在近百万的人口中至少有贫民三十万。这些数目仅能表显穷的外面，我们再看穷的内容和程度，姑从穷的底层说起。

　　今年北京的乞丐约有三万，其中四分之一是住在小店，俗称"火房子"。这种小店约有四五百家，专为无家可归的乞丐开设。最著名的地点是在天桥附近的六铺。平均计算每店有两三间通连的长屋，可容二三十人，且有男女混杂者。屋内有凹字形三面大炕，正中为公共热饭或做饭的火炉。店主坐卧炉旁，随时收取住费，每人每日铜元六枚。"先缴费，后住店"为店中主要规条。那些每日沿街冻死的乞丐大概就是凑不足房钱的人。所以我们常听见乞丐追随行路的人说"给我一个店钱罢"，含有重要的意义。屋中燃火光如豆之旧式瓦灯，空气污浊，龌龊满室。店客蓬首垢面，身披麻袋报纸，绕以麻绳，稍体面者则穿"灯笼裤子，炸帮鞋"。每人抱火锅一个，内有值一二枚铜元之木炭，为其过冬之燃料。每日饮食无定，多要多吃，少要少吃，要不着不吃。阴曹地府我们没有去过，这就是人间地狱。这七八千形同活鬼的市民算是北京，也许是世界人类中最不幸的人了。以我国首善之区，竟有如此怪状！其余四分之三的乞丐是合伙赁屋或有家室的人，不若住小店的孤苦零丁。屋内情形恰似小店的缩影，"一息尚存，希望不绝"是彼等共有的人生观。

①

在乞丐阶级以上就是警察厅所列为极贫的住户，约三万余户，人口十五六万。户主的职业包括大多数的车夫、一百多种的小贩、各种笨工及仆役。平均计算每人每日的收入自铜元四五十枚至七八十枚（每元换铜元三百六十四枚），每月自三四元至五六元。四口之家每日仅能买杂和面（即玉米面）三四斤，每斤铜元十八枚（合洋五分），每日六十枚左右，每月五元。若遇收入减少的时候，连这种标准也不能维持，只好以窝窝头（玉米面制成）为早餐，以白薯为晚餐，有钱则买四斤，每斤铜元六枚（大洋一分七厘），钱少只买二三斤，早早睡觉，耐至明晨。若一日只进铜元三十枚则买带砂灰色小米（张家口产，每斤十五六枚）二斤，熬粥充饥。除米面外买不起菜蔬，若有亦不过是腌水疙瘩几条或咸萝卜一块。盐是他们惟一的调味。连在年节想尝肉味也是等于妄想。彼等惟一的荤菜只有"洋粥"（为西人饭后余物由厨役卖给穷人，铜元四十枚可供全家饱餐一顿），然这项口福也是少数有运气的人能享受的。关于全家每年衣服费，除不得已买几双旧鞋外，几乎没有这项支出，即或有也不过四五元。夏季容易混过，冬天只好指望慈善老爷们的救济了。

———————————————————

① 图注：济案发生后，南洋兀地一乞丐闻之大恸，出其一生之积蓄十三元八角以济惨案。刊载于《图画时报》1928 年第 497 期。

衣食以外，住是少不得的。这些贫户各区都有，尤以近城墙及关厢一带地方为多。他们的百分之九十九家是全家住一间屋子的，还是旧的，或漏雨的。同院居住者二三十家。房费自两三角至七八角不等。这是每月一项甚难应付的支出。衣食住已是来不及了，要买燃料是办不到的。可幸有这些知人急苦的土车，不但每日带出不少没烧透的煤核，连破布烂纸也是交换火柴的材料。若煤块拣的不多，可以把两餐饭一次做出，早饭吃热的，晚饭将就吃冷的。若拾多了，不但能免去一顿冷餐，屋中且不致冻的上下牙相打了。煤是自己不会着的，但这些人家只需半枚铜元的劈柴，一枚半铜元的木炭，就能生火，这也是每家每日不得不有的一项支出。冷炕占了屋中的一半，上面铺着破席，席上是补钉落补钉的被褥和漆黑一团的枕头。地上除不可少的小火炉、水桶、砂锅和几个盆碗以外，少见他种器具，也实在没有置放他种物品的余地。这一间屋就是全家的客堂、饭厅和卧室，也许是厕所。然而住在里头的人，虽然是形容枯瘦，都看是到底活着好，并且尽量尽增添北京人口的义务。

现在我们要看极贫等级以上的次贫阶级是怎样的生活。户数也有三四万，包括收入无定的各种工匠及伙计、一部分的巡警、典卖将尽的旗民与收入较丰之年壮车夫、小贩与仆役。户主之收入每月五六元至七八元。四口之家庭除吃小米、白薯、杂和面及洋粥外，有时每日可购小米面（豆面与糜子面之混合食品，味较玉米面稍好，饱之时间亦较久）三四斤，每斤铜元二十四枚（合洋六分六厘）；或吃黑面（极粗白面，每斤铜元二十四五枚）馒头、荞麦面条、玉米渣粥（玉米粒之硬壳部分）或杂面汤（豆面制成）。菜蔬方面除咸菜外尚有葱、蒜、辣椒、韭菜花及少许白菜。调和方面除盐外每日可添几滴香油。"见面条是生日，吃饺子是年下"为彼等传诵的俗语。每月每家之平均米面费五元半，调和及菜蔬七八角。若不能在外拾煤核，每日须买煤球（北京所用普通燃料，为煤屑三分之二及黄土三分之一制成之圆球）四五斤，每斤铜元二枚半，每月洋一元。全家衣服费若未得施舍衣裤，每年仅用十四五元。冬季则将夏季衣服放在当铺，夏季则放冬季衣服在当铺。一间房租每月一元。能住一间半之人家即算例外。这一阶级的人更看是活着好，因为觉得尚有许多赶不上他们的人家。对于北京人口的数目（不是成色）他们也极出力，不拘是"低能儿、劣等儿"。

在次贫阶级以上为普通工人阶级，约三万户，包括工资较高之旧式手艺人、工厂及公共事业之工人、一部分店铺伙计及巡警。除一年中失业的时间外平均每月收入十二三元。彼等之生活程度比较的稍高。米面中能见白面和白米。菜蔬的支出内有肉类及豆腐五六枚。四口之家每月米面费增至八元左右，调和及菜蔬费增至一元，煤球费增至一元二三角，一间较好或两间之房租自一元至二元，衣服费全年十七八元。白水外有时可以喝茶，饭食外可以有零食。烧香费、沐浴费、应酬费或吸烟费在他们的支出项中也有份了。这一阶级的人真是北京劳动界中有福气的人，即或收入不足的时候也有衣服或被褥当钱（月利三分）和借印子钱的资格（借千枚铜元以下月利约百分之二十，三元以上月利约百分之五）。"比上不足，比下有余"是彼等满意的口头语。

总起来说，北京大多数的家庭是住在一两间屋子里的。平均每家四五口人。平均计算每人每月的饮食费不到二元半，每年全家衣服费不到二十元，每月房费不到三元，燃料费不到一元半。衣食住外他项杂费不到总支出的百分之五。彼等都在最低之健康的生活标准以下活着。可是一方面目下的物价仍然继续增涨，而一方面失业的人数有加无减。因此近来冻饿倒毙、煤毒熏死及自尽者日见增多。

对于北京的贫穷并非无人注意。十余年来各种慈善团体前后成立者不下四五百处。据刘锡廉先生的调查，在民国十二年，北城有公私慈善团体或机关二百二十七处，南城一百四十九处，合计三百七十六处。其中专为救济贫民者不下五十余处，即以粥厂一项而论，粥厂筹备处在民国九年设立三十七处，用洋二十七万元，放赈衣四万零三百套。去年公私团体所设粥厂不下五十余处。据去冬报纸所载，一日到厂领粥者不下七万人。据办理粥厂人云，每日每厂约有一千人，每人每日领粥一盆，约重十五两，为干小米四两。去年镇威军捐米二万二千一百一十一包，每包一百六十斤，共三百五十三万八千斤。领米者约二万户，每次领米二十斤，共领八次。开设粥厂、施放米面以外，每年各公私救济机关施放棉衣十余万套。此外由私人施舍米面、棉衣及钱文者亦甚众。总计北京每年为救济贫民所用不下五六十万元。可是想不到慈善团体愈多，贫民愈众，穷的程度亦愈增高，有"道高一尺，魔高一丈"的趋势。

这十几万住户之家主既无力供养全家之生活，妇女和儿童不得不从事工作，共同为饭碗奋斗。妇女中年轻及伶俐者可为家庭佣妇或从事挑花、补活、缝纫及制玩具等家庭工作。每人每月可入二元左右。其中老幼及拙笨者有缝洋袜口袜尖的，每缝一打得洋五分。平均每人每日只缝半打，每月收入不到一元。有纺羊毛绳者，每日能纺一斤，得洋五分，每月工资一元半。有糊取灯盒者（即洋火盒），每人每日能糊千个，收入五分五厘。其余各种家庭工业有制纸花、缝帽里、纳鞋底、绱鞋、栽牙刷及制各种食品。每人每月收入一二元，仅足个人吃杂和面、白薯或小米粥的用费。可是还有许多愿意从事这些工作而找不到事做的人。更不幸的是现在京畿一带军匪遍地，北京家庭制品不能出运，因此工厂及作坊倒闭甚多，连已有工作之家庭都有失业的恐慌。北京的人民真是老实，虽然在这种境况里，他们却安分守己，过他们以为前生造定的简单生活。近来北京抢劫的事已成每日的家常便饭，但犯案的人多是外乡人，少有本京人。若这些本地贫民也有这种胆量，北京今日的情形就要不堪设想了。

北京的贫穷不止限于这些劳动工人。一万多的巡警数月没有领饷，家中的穷相不减于车夫，已有白日站岗夜间拉车的人了。北京中等阶级的人本来不多，其中大学教员久未领薪，已有离京另谋生活的了。没有走的大半典当借债，降低他们生活的程度。中小学校的教员组织索薪团，连日奔走于国务院及教育部之间。政府各部职员的穷相尽人皆知。

再以北京二万七千的铺店而论，除店主及经理外，其中十分之六七为不领工资之学徒，十分之三四为每月五六元之伙计。其中能在北京养得起家眷者不到百分之二十。向来北京的买卖大半倚赖政界，目下政府穷到这般地步，商业自然大受打击了。说到北京四郊的农民尤为困苦，蝗虫似的军匪已把地皮啃得光净。可幸今年收获尚佳，还有老天爷赏他们一碗饭吃。

连顾维钧博士似乎也很知道北京的现状。他近日给五巨头所打的电报说："首都政费，不名一文。官吏饥寒，师儒穷饿。万民愁叹，百业萧条。"这几句话已把北京的穷相宣露无遗了。

临了再添一句话，目下的北京若不经一番根本的改造，它的穷相更要出色。

十五年，十二月，六日，北京

○ 原载于《现代评论》1927 年第二周年纪念增刊

一个星期六的下午

1929

——秋声

　　住在乡下的人，逢到星期六便想进城；也如城居的人，逢到星期六便想下乡，一般的是厌故喜新的心理！进城，没准是滴事无有。为其无有，才真感觉到闲暇的滋味。尤其是住在个古城中像旧称北京的地方，不可没有这点子少少的闲暇。不必说故宫博物院等的收藏、天坛三殿的建筑、三海公园的景致，足以使你留恋徘徊，就单说沿街的小摊子，也满觳有趣的了。在半街太阳的下午，几条大街的边路，五步十步总碰到个排摊的。旧书、旧字帖、未被人发现的旧字画，人家偷出来的旧瓷器、玉器、古砚、陈墨，以至于老爷们的破缨帽、太太们的旧鞋子、小姐们的针线盒子全有。都懒散的躺在温煦煦的阳光里，等候那萍水相逢的过客。

　　将近旧历新年的时候，沿街的小摊子便更加多起来，有多少过不去年的人们，惭愧的怀了一两样平常舍不得卖的东西，偷偷的跑到小摊子上，为的怕丢脸，价钱也只得偷偷的讲。小摊子买的时候不会多出钱，卖的时候也不会少要钱。他先"唬"你一下，你若不仔细，也许就被他"唬"住。你得学乖，碰到好的东西，最好装出不要的样子：摇摇头把东西放下表示不满意，然后漠不关心似的递个最低的价钱。他自然是不卖，那你就走。等你走了老远，他知道你是一定不回头的了，然后叫你回来商量，你却别再添钱，东西管保你买得成。这样，你不但不至于被"唬"，有时还可以"唬"他。

我沿着后门大街走，又转到东华门大街。沿街除了小摊增多外，还添了不少的新年气象，盒子铺排出新鲜的年糕、什锦点心。香烛铺满陈列着一对对鲜红金字蜡烛，一堆堆红封大鞭、花、盒子、尖天响。肉铺里一行行挂满了新宰的肥猪嫩羊。水果店喷出一阵阵甜梨蜜柑的香气。微风吹到卖春联的桌子上，那行行色色墨香未干的春联便习习的一阵飞舞。

也怪，新历年官家虽勉强的过，老百姓偏一点也不过；旧历年官家虽勉强的不过，老百姓偏起劲的过。这也足见元老们叹息人民程度不殼，不为无据了。

待我走到东安市场，那新年的气象更十足了。人们像蚂蚁搬家似的往来流动。男男女女手里都携着一大串大包小包，还在那里你挤我推的买杂拌儿。小孩们指着摊子上挂的走马灯、刘海灯、寿星灯，吵着要买；小姑娘们拖了她们的妈妈买香粉、胭脂、雪花膏之类。也有几个有家归未得的学生们，只围着旧书摊子徘徊，热闹场中寂寞的徘徊！

我也在徘徊之中买了两锭旧墨。这墨虽不像古董摊子所说古到明代去，但它的胶性尽褪，像没有烟火气的人，也还纯净得可爱。

走了一下午，口干了。我到个咖啡店去解解渴。一走到楼上，见两座上已先有人。一座是两个男学生，一座是两个男学生一位女子。我便在一个屋角的座位坐下。咖啡这般难吃，简直是刷锅水！中国学外国的玩意儿，这也算一斑了！

"得啦，她不先惹我，我也不会找到她。人家都说我厉害，简直是不明其中的真相！"那位女子在发牢骚。满屋只有她一人的声音顶高，所以其余一座的两位学生也在瞧着那边望。

"她不许我同她的男朋友往来，我怎么能让她同我的男朋友往来！她不侵犯我的自由，我也不会干涉她的行动。"

"原来如此"，我听了在想。

而那些新名词，在她口里也特别响亮，"那天在班上，我当面给她个下不来台！"她蓬蓬的短发，随着头在空中摇动。

我才晓得这位是个女学生。

中国的外国咖啡吃不得！我掏出那两锭古墨来把玩。那位女子的话在我耳中渐渐消失了。偶尔还听到许多的新名词，从她的短发上跳飞四座。

他们站起来了，那位女子对一位点首示意，那位便过去替她扣颔下斗篷的扣纽。她又侧了头，让那位替她整理鬓角上一绺短发。然后扭着丰圆的腰肢荡了出去。

屋子里静了一回。伙计去打扫那桌子下星布的瓜子皮。

"你那位怎么样了？"现在临到其余一桌上两位学生的班了。

"哼，起初我看她在校中还好，有点小孩子天真气。后来弄的大胭脂大粉，简直有点'匪'气。"

"近来见过她吗？"

"摔啦！有一次我到她房里去，看见一位戴着青瓜皮小帽，腰里系一条丝巾子，简直像个二爷！再不去了。"

我相信他们所指的不会再是个女学生！

他们都走了，我还呆呆的坐了一会。想起一次有位朋友谈到中国女子与外国女子的不同。他举了两个譬喻。一个是：一位女子左右各坐了一个人，对面还有一个。他们问她爱谁。她把两只脚向左右轻轻的一敲，敲在左右两个人的右左腿上，脸却向着对面的一个说："我爱你。"于是他们三人各以为被爱上了。"这是外国女子的艺术"，他下了注脚。

又一个是：《石头》三十四回，宝玉挨了打，宝钗来送药，点头叹道，"早听人一句话，也不至有今日！别说老太太、太太心疼，就是我们看着，心里也有……"刚说半句，又忙咽住。自悔说的话太急了，不觉红了脸，低下头来只管弄衣带。"这是中国女子的腼腆"，他又下了注脚。

我想，这位朋友，假使看见外国上等人家，他对外国女子不会像在中国吃外国咖啡；再假使他看到今天这一幕，他对中国女子，反倒像在外国吃中国chop suet 了。

○ 原载于《新月》1929 年第 2 卷第 9 期

北平的说书
1934

—— 闻国新

前在《太白》读到叶圣陶先生的《说书》，那一刹那间自己好像又退回了二十年的时光，仿佛是紧紧地依傍在父亲的肩头，迎着冬夜里虎虎的狂风，向门口挂着洋灯、玻璃上写着红色的"灯下开书"四个字的书馆走去的情景。那时候的北平的确没有现在这么繁华，全城没有一条中国人自制的洋灰马路，汽车的总数不足一百辆。最厉害是夜间的黑暗世界，只有壁墙上每隔数十步悬挂着一个的四角玻璃灯，火焰摇摇不定，这里那里颤动着忽长忽短的行人的影子。从这样的环境走进那明灯亮烛的书馆中，扑面是温暖的空气，比较起来真是雪地冰天之间的一所避寒的胜地呢。

我还记得我们常去听书的那家书馆，字号是四路居。我曾经听过许多种的大书和小书，但以《聊斋》一种给我的印象最深。说书人的姿态，快要到"卖关子"时候那种剑拔弩张的紧张神气，这些都永久存留在我的脑膜上。连有些故事的内容如《田七郎》《云萝公主》等等，如今大略还都想得起来。

说书的规矩是无论大书小书都说三个月，按旧历算一天也不多，一天也不少。有的书馆是白天晚晌两场，说书的人不同，所说的书也不一样，目的当然为的是多一点吸收听众。白天的我始终没有正式听过，至于路过那里偶尔一驻足却是常有的事。晚上的都是从下午七点钟开始十点钟截止，但若遇见一个有名的说书人，或是所说的是书中最精彩最热闹的一段时，你还得早去，否则便没有你的座位，瘾大的只能站在玻璃窗外遥遥领略而已。

书场中代卖清茶，也和听京戏一样，是一边品着旗枪的滋味，一边品着说书的滋味的。据说，最初原是以吃茶为主，听书为副。但现在没附设书场的茶馆，生意是颇称萧条的了。说书人所占的位置大半是在壁墙的前面，长桌头里匀出一块见方丈把的地方，只一只小桌，桌上有给说书人预备润嗓音的茗碗，和一块长方形木橛，仿佛是从前衙门里审问官司的惊堂木一样，这是卖关子时不可缺少的工具。还有一只小凳，是给说书人说到一个节目时休息用的。

所谓"卖关子"，便是一回书说到惊险处，引起听众急于想知道下文是怎么回事的心理，却忽然顿住了不说的意思。譬如《儿女英雄传》，叙十三妹弹打恶僧，说到"三儿将刀只一划，便听哎哟一声，红光迸现，鲜血直流……"完了，惊堂木一响，说书人脸上带着昂然的表情坐下来喝茶了。究竟安公子死了不曾？这逼迫你非听下去不可。在这时候，茶馆中另外有一个专管敛钱的伙计提着小藤簸箕沿着听众的行列进行，他把小簸箕递到你的面前，这必须要投进几个铜板去才行。这种钱名为"书钱"，一晚上照卖关子回数的多寡，约可敛上十几次。至于茶钱有限得很，临走时撂在桌上就可以了。

谈到说书人本身，他们也自有一个团体，团结得非常坚固，外来人是很难插入的。他们也讲"辈数"，而且一个师傅有一个传授。照目下的情形可分为两派。一派以"文"字排行最老，海文泉便是这一派的首领。他的拿手是《永庆升平》，手眼身法步，无一不佳。看他讲到二马争功的时节，拳打脚踢中，字字清脆，似乎真有柳麻子说《水浒》到武松打店，觉堂中酒瓮都振振有声的样子。一派以"杰"字最占势力，如王杰魁、李杰恩都是此中佼佼者。另外还有一个独树一帜的正三品，以《说唐》说得最好。据说他对于这种本领完全是自纂出来的。他在清季还是个正三品的头衔，民国成立，混得没落子了，才隐去了真名实姓。在中国过去第一流的小说除了《红楼梦》和《金瓶梅》两书之外，其余都被装入这一班说书人的嘴里，有枝添叶，更生龙活虎地传布到一般下层社会的民众里去，使他们得到不少人生的经验。他们的势力远在许多处公家设立的民众讲演所之上！

十一月廿三日，于北平

○ 原载于《太白》1934 年第 1 卷第 7 期

北平闲话　　　　　　　　　　　　　　　　　　　　　　　　　　　223

梆子和落子
1934

——陈灵谷

住在北平稍为留心民间文艺的人，大概都知道所谓"梆子"和"落子"的曲调。这类调子和"京调"不同，绅士们不大欢迎它，可是它却是平民们所乐意听的。因此，北平城中稍为有点声名的戏园子里面，虽则不会演唱这一类的曲调，而在平民们每日集中的天桥，却随处都可以听到这类调子。

我在北平七个多月，因想搜集一点民间文艺的材料，曾邀北平当地的友人到天桥去玩了二三十次左右。每次到天桥去，除了听听大鼓词、说书及看看打剑、摔跤之外，总要到半露天或不露天的下级戏园子去听听落子和梆子的戏。唱梆子和落子的戏又叫"评戏"，它的组织比京戏班简单，戏的内容也没有京戏那样繁重，因而演员也就无须京戏班那样多。每个戏园子里只有一两个主角，配角是不很注意的。主角到这个戏园子里唱演完后，便又跑到第二个戏园子里去唱演。因此，我们常常看到许多戏园子外面的红纸广告，写着同一的伶人的名字，戏目自然不同。这类戏每出至多三场，仅只一二场的比较多，譬如《秦雪梅吊孝》《丁香割肉》《杏花村》等，都是一二场的短剧。音乐也极简单，一把声音尖厉的二弦，一个木鱼似的拍子。这拍子的声音也是十分响亮的。锣鼓则和京剧一样。

它之所以这么简单，也许就为了价格提不起来的缘故。每个人去看这类的评戏，只要花上一角或两角大洋就可以看整个下午。梆子和落子的戏，题材的选择也是和京戏不同。例如《秦雪梅吊孝》《陈世美休妻》《丁香割肉》《杏花村》《祝英台》《五元哭坟》等，都是一些民间短篇的传说，不曾见它演过京戏中的《三国演义》《水浒》《西游记》一类的题材。这正像《今古奇观》《聊斋志异》和《三国》《水浒》等的不同，一种是繁重的体裁，一种是简易精短的体裁。然而这不过体裁繁简的分别，至于意识，是同样地逃不出旧伦理、迷信以及近乎淫荡的两性关系的圈套。

调子上，梆子和落子没有很大的区分。一般说来，都是凄切、激厉。这一点，也和那柔婉、平稳、深沉的京调不同。尤其梆子，唱时更须用力。这调子的凄厉激切，奏和着尖厉响亮的二弦和拍子，尤能令人奋发感动。即使听不懂调中的字句，也会领略到调中凄切的情味。拍子和二弦应和唱调的时候，常在前半段迟缓而轻奏，后半段，尤其结末一两句，紧促而迅疾，音浪也常提到极高的地步。所以我觉得梆子、落子这类曲调，只适宜陈诉痛切悲楚的事，却不适宜于叙事和调情的唱奏。京调之所以那么平稳、柔婉、深沉，梆子、落子之所以这样凄切激厉，也许便是生活冷静闲适和生活热烈忙迫的反映吧？

评戏班中的说白与梆子、落子调中的字音，都带有很深的乡腔。据说，梆子和落子这类曲调原是由乡间传进城市里来的。现在每天在天桥的各个戏园子里看戏的，差不多有一大半是由乡间进城来的农民。他们不惜用每日辛苦得来的钱，牺牲一点到这戏园子里去，这也够可看出农民们对梆子、落子的喜爱了。

我在天桥走动了那样多次，看了十几次的评戏，除对这种戏剧的内容不能赞同外，对于那些年轻而带着乡村气的女伶，着实起了很大的惊奇。唱梆子最好的莫如那位十四五岁的陈美玉，她的声浪那般清脆，字音那般明晰，做工却又那样的熟练。一出《秦雪梅吊孝》的戏给她唱来，真是声色俱美。我想，她假如唱了京调，得绅士们去玩赏的话，她定可媲美畹华，名传中外了吧？然而她以她的天才，献给了梆子、落子，就是说，献给了天桥穷苦的民众们，这在陈美玉不免吃亏不少。但是在无钱看京剧的穷鬼们，却也该自夸眼福不浅了罢。

○ 原载于《太白》1934 年第 1 卷第 7 期

谈油炸鬼

—— 知堂

1935

刘廷玑著《在园杂志》卷一有一条云：

东坡云，谪居黄州五年，今日北行，岸上闻骡驮铎声，意亦欣然。铎声何足欣，盖久不闻而今得闻也。昌黎诗，照壁喜见蝎。蝎无可喜，盖久不见而今得见也。予由浙东观察副使奉命引见，渡黄河至王家营，见草棚下挂油炸鬼数枚。制以盐水合面，扭作两股如粗绳，长五六寸，于热油中炸成黄色，味颇佳，俗名油炸鬼。予即于马上取一枚啖之，路人及同行者无不匿笑，意以为如此鞍马仪从而乃自取啖此物耶。殊不知予离京城赴浙省今十七年矣，一见河北风味不觉狂喜，不能自持，似与韩苏二公之意暗合也。

在园的意思我们可以了解，但说黄河以北才有油炸鬼却并不是事实。江南到处都有，绍兴在东南海滨，市中无不有麻花摊，叫卖麻花烧饼者不绝于道。范寅著《越谚》卷中饮食门云："麻花，即油炸桧，迄今代远，恨磨业者省工无头脸，名此。"案：此言系油炸秦桧之，殆是望文生义，至同一"癸"音而曰"鬼"曰"桧"，则由南北语异，绍兴读"鬼"若"举"不若"癸"也。中国近世有馒头，其缘起说亦怪异，与油炸鬼相类，但此只是传说罢了。朝鲜权宁世编《支那四声》字典，第一七五 Kuo 字项下注云：

"馃（Kuo），正音。油馃子，小麦粉和鸡蛋，油煎拉长的点心。油炸馃，同上。但此一语北京人悉读作 Kuei 音，正音则唯乡下人用之。"此说甚通，

"鬼""桧"二读盖即由馃转出。明王思任著《谑庵文饭小品》卷三《游满井记》中云："卖饮食者邀诃好火烧，好酒，好大饭，好果子。"所云果子即油馃子，并不是频婆林禽之流，谑庵于此多用土话，邀诃亦即吆喝，作平声读也。

乡间制麻花不曰店而曰摊，盖大抵简陋，只两高凳架木板，于其上和面搓条，傍一炉可烙烧饼，一油锅炸麻花，徒弟用长竹筷翻弄，择其黄熟者夹置铁丝笼中，有客来买时便用竹丝穿了打结递给他。做麻花的手执一小木棍，用以摊赶湿面，却时时空敲木板，"的答"有声调，此为麻花摊的一种特色，可以代呼声，告诉人家正在开淘有火热麻花吃也。麻花摊在早晨也兼卖粥，米粒少而汁厚，或谓其加小粉，亦未知真假。平常粥价一碗三文，麻花一股二文，客取麻花折断放碗内，令盛粥其上，如《板桥家书》所说，"双手捧碗缩颈而啜之，霜晨雪早，得此周身俱暖"，代价一共只要五文钱，名曰麻花粥。又有花十二文买一包蒸羊，用鲜荷叶包了拏来放在热粥底下，略加盐花，别有风味，名曰羊肉粥，然而价增两倍，已不是寻常百姓的吃法了。

麻花摊兼做烧饼，贴炉烤之，俗称洞里火烧。小时候曾见一种似麻花单股而细，名曰油龙，又以小块面油炸，任其自成奇形，名曰油老鼠，皆小儿食品，价各一文，辛亥年回乡便都已不见了。面条交错作"八结"形者曰巧果；二条缠圆木上如藤蔓，炸熟木自脱去，名曰倭缠。其最简单者两股稍粗，互扭如绳，长约寸许，一文一个，名油馓子。以上各物《越谚》皆失载。孙伯龙著《南通方言疏证》卷四《释小食》中有"馓子"一项，注云："《州志》方言，馓子，油炸环饼也。"又引《丹铅总录》等云寒具今曰馓子。寒具是什么东西，我从前不大清楚。据《庶物异名疏》云："林洪《清供》云，寒具捻头也，以糯米粉和面麻油煎成，以糖食。据此乃油腻粘胶之物，故客有食寒具不濯手而污桓玄之书画者。"看这情形岂非是蜜供一类的物事乎？刘禹锡《寒具》诗乃云：

纤手搓来玉数寻，碧油煎出嫩黄深。

夜来春睡无轻重，压扁佳人缠臂金。

诗并不佳，取其颇能描写出寒具的模样，大抵形如北京西城斋制的奶油镯子，却用油煎一下罢了。至于和靖后人所说外面搽糖的或系另一做法，若是那么粘胶的东西，刘君恐亦未必如此说也。《和名类聚抄》引古字书云，"糫饼，形如葛藤者也"，则与倭缠颇相像，巧果油馓子又与"结果"及"捻头"近似，盖此皆寒具之一，名字因形而异，前诗所咏只是似环的那一种耳。麻花摊所制各物殆多系寒具之遗，在今日亦是最平民化的食物，因为到处皆有的缘故，不见得会令人引起乡思，我只感慨为什么为著述家所舍弃，那样地不见经传。刘在园、范啸风二君之记及油炸鬼真可以说是豪杰之士，我还想费些功夫翻阅近代笔记，看看有没有别的记录，只怕大家太热心于载道，无暇做这"玩物丧志"的勾当也。

○ 原载于《宇宙风》1935 年第 3 期

打小鼓的
1936

—— 刘小蕙①

北平的一切的确有许多的地方与别处不同。这大概是因为北平是从前的京城，皇帝所居住的地方，所以一切都要特别一点。不但是伟大精致的花园，富丽辉煌的故宫，在别处是没有，就是打小鼓的这一行买卖，在别处也几乎可以说是没有。

打小鼓的就是收旧货的。这种名称的由来，大约是因为他们出来做买卖的时候，手里拿着一面小鼓，这面小鼓只比洋钱大一点。当他们知道谁家有东西卖的时候，就到那家的门口或是胡同的附近，"喤喤"的敲起鼓来。

打小鼓的一共分两种：一种是打硬鼓的，一种是打软鼓的。打硬鼓的本钱比较大，同各个古玩铺都有相当的往来，他们自己也开着小旧货铺，专门出售他们所收集来的旧东西。他们的眼光很锐敏，口齿也很伶俐。无论是哪一路的货色，哪一种的东西，他们都分别得很清，货色的行市价钱也看得很准。他们靠了一张灵敏的嘴可以占很多的便宜，他们把你所要卖的东西说得一钱不值，放在那儿白占地方，有害无益。但是等到那东西到了他们的手里，就成了"无价之宝"。不论是买进或是卖出，只要一经过他们的手，东西的价钱一定要贵上一倍。打硬鼓的专门收买珍珠宝石金银翡翠等的首饰、红木紫檀的家具以及

---

① 编者注：为刘半农之女。翻译出版了《安琪罗》《神曲》等书，著有《父亲刘半农》等书。

破的书、烂的画，他们都很欢迎的。在表面上，他们与打软鼓的并没有什么分别，只是穿得比较干净，手臂底下挟着一个小青布包儿。顶穷的人家，他们是不去的，因为在那种地方，他们是找不到他们所需要的东西。

打软鼓的正与打硬鼓的相反，他们专到穷人的家里、小的胡同里去收买破旧无用的东西，无论是破鞋子、破瓶子，或是破洋铁盒子，他们都要的。他们的本钱极微小，穿得也很穷苦。他们肩上挑着一个小担子，担子的两头放着买来的东西。因为他们的认识力比较小，所以不敢上富贵的人家去。一则怕本钱小，买不起什么东西；二则怕自己不识货，上了当，反叫人家笑话；三则因为大户人家的豪奴丽仆们的架子太大，要底子钱的本事又厉害。所以这些打软鼓的也只好在贫苦的人家买一点破东西。

不论是打硬鼓打软鼓，在许多的买卖之中，这并不算很苦的一种。在从前他们所赚的钱足够一家的费用，赔钱的时候极少，时常还有发财的机会。是的，在十来年前，从打小鼓而发财的很多。因为从前有许多吃过粮的旗人们，他们享福惯了，又不知道生活的甘苦，到了现在，他们两手既不能做工，身子又耐不了劳苦，因此已经到了非卖东西过活不可的地步。他们不知道东西的贵贱与好坏，一切都由那些管家的大爷们经手，吃了极大的亏自己还不知道。打小鼓的却因此大占便宜。那时的拍卖行很少，旗人们又舍不得把东西一起卖了，于是只好卖一件吃一件。据说有一位旗老太太，手里没有一个钱，却想起要吃冰糖葫芦，就立刻叫人把门后头扔在那儿好几年的小破香炉卖给门口的一个打小鼓的。这打小鼓的买了回去，给同行一看，原来是黄金做成的。这件事听来好像有些说得过分，但当时却常常的发生这种事。此后政府南迁，许多人都跟着走了，市面愈来愈萧条。许多好的东西已被外国人买走了，有的也随着政府到南方去了，在北平只剩下了些破烂的旧东西。而从前戴红顶子的旗人，大半已穷得拉洋车或是替人家做工了。在报纸上，你常常可以看见因贫苦而自杀的人们。因此打硬鼓的也已经渐渐的少了，大多是改了行。只剩下了一些打软鼓的，在空闲冷静的胡同里，挑着小小的担子走来走去，手里"喓喓"的敲着小鼓。

廿五年，五月六日，含辉堂

○ 原载于《宇宙风》1936 年第 19 期

北平的市场

1936

—— 太白

　　到北平来住家，转眼已是十六个年头了，其间虽然有过两次出走，一次是两年，又一次大概是四年，而其余的时间却都消磨在这座古城中。固然，以我一个南方人，住上这末短短十年，不敢就说对于这古老的帝王之都有了什么认识，何况那十年中有五年以上是在我的童年中混过的。不过，在此十年的过程中，我却对于北京人发生了一种好感，不论何时何地，只要对我谈话的人是地道的北京人，我就会对他表示一种莫名的亲热。理由安在？我自己也不知道。仔细加以分析，大概不外乎：第一，北平人待人接物都很和气；第二，北平人与我具有同嗜——好逛。我这里所说的"逛"，不是指大规模的游山玩水而言，而是近乎北平人的所谓"蹓跶"。我最不愿无事静坐，除了有时看看书之外，几乎无时不到各处去逛；逛得无处可逛时，甚至会去逛马路，看看路上熙来攘往的人们，也觉得颇有可观。这一点颇与北平人相似。早上提着画眉笼子上街的人姑且不论，中午和傍晚围着商店门口听无线电的人们，几乎都是出来逛的。

　　他们又分为无目的的逛与有目的的逛两种。无目的的是信步所之，随遇而安；有目的的则不外乎逛市场和逛庙会了。偶然在街上慢步当车，便会有拉车的上来揽座，头一句问你的多半是"要车吗？拉您上市场逛逛去呀？"或是那天有什么庙会，他们就会改口说"坐车逛庙去，您哪？"他们的所谓逛是纯粹的，去的时候是空手，回来时也很少不是空手的，看看摊头上堆着的货物，听听杂耍场内的平民音乐（唱的人敛钱时，须见机早退），不花一文钱，消磨两小时，然后蹓跶着回来。这种逛法，在北平是很普遍的。

说起市场，这里却要加以解释的，北平现在虽然还有三个市场存在着，东安市场、西单商场和天桥（其他如劝业场、第一楼等已经等于不存在了），但是"市场"这一个名词，却已为东安市场所专有了，原因大概是由于创设最早（据说是在光绪末年）而同时也最繁荣吧！

到市场来的人，上中下三等俱全，而其中尤以学生为最多，所以一到学校放假的日子，人便会多得拥挤不动。远道来平的人们，因为震于市场的大名，也一定要去观观光。市场的地点又在北平最繁荣的街上，所以每天上午十一点后到晚上的十一点，总是那么多的人，而尤以下午四点后为最热闹。市场中的店铺，据我的估计大约有二百多家，而大大小小的摊子，却有店铺的总数两倍之多，其中书摊颇占势力。的确，在北平的东西城买杂志和小说，却是舍它们莫属了。我到市场去，除了真正的去逛而外，其余多半是为了去买书的。

其次，市场还拥了一个有名的饭馆，那便是东来顺了。走进那里，不要吃别的，只能从羊身上着想，最好当然是吃涮羊肉了，不过在天太暖时，你也只好"望望然而去之"了。此外有几家南方点心店，味道颇佳，夏天逛得热时可以走进那几家咖啡店吃冰，价钱便宜，并且保险卫生（据他们门外的广告说的）。

说起东来顺的羊肉来，的确有其馋人之处，无论什么时候跑去吃，绝不会使你吃出羊臊味来。记得有一次请了位朋友去吃东来顺，他是不吃羊肉的，经我劝诱之下，居然开怀大嚼，而从此也就一去再去而总去吃了，这一点，大概是东来顺的过人之点。

去一趟市场，可以买到一切日常所需的东西，虽然高贵的西洋货在那里是买不着的。以前市场的商人最会要"谎"，顾客的衣饰不同，可以使他们的货价差到数倍以上，而同样的货物在两家店铺买，要价也可差到百分之五十以上。但是从去年起，这种制度已取消了，卖的东西差不多都有了定价。不过，近来市场中充满了"友邦"货物，数目之多，可以说是触目惊心，看见也只好装不看见，否则，你若多嘴，说一声"这是××货，我不要"，定会惹出麻烦。

市场的东部还有一片杂耍场，这里有京戏、大鼓、评书、时调以及变戏法、拉洋片等，每个游艺团体占着一丈五尺见方的一块地皮，四周围上几条破板凳，头顶上搭了布棚，就算做一个临时戏院。这种戏院常告座满，但是当班主托了铜盘敛钱时，看客们便会一哄而散了，收到的钱数往往只有应得钱数的一小半。

市场而外，还有一个商场，那就是指西单商场而言了，规模和热闹都不如市场，书摊尤不能和市场的同日而语，不过听人说那里有"秘密史料"出卖，所以也能吸引一部分密史圈内的读者。因为地在西单，同时也就由住在西城的人来逛，近年来一天比一天繁荣，所以商场的地盘也随之而扩张了，现在已分南北两场，商店也多至一百五十多家，摊子更多至三百多个。

有人说商场和市场完全是两种味道的，我倒觉不出来，只见到的是市场比商场地盘大，而商场比市场房子新而已。因为不常到商场去，所以我对商场不大熟。

○ 原载于《宇宙风》1936 年第 21 期

菜市口

—— 钦文①

在故都，对于我的知识关系最大的虽然是沙滩的大楼，因为四妹的缘故，石驸马大街红楼的印象也不浅，可是关于生活，最不能忘怀的是宣武门外的菜市口。

因我十八岁初到北京时就到南半截胡同的绍兴县馆去住，言语隔膜，怕得骡车夫故意捣乱，行到菜市口，一见着"北半截胡同"的牌子，就着急得要命，又恨又怕，不知道南半截胡同原是在北半截胡同里面的，闹了许久才清楚，所以还没有到达寓所，就先把这地方于慌忙中看了个明白。

有名的《呐喊》是在绍兴县馆里产生的，想来作者当时也常在菜市口这地方经过。我的《故乡》《赵先生底烦恼》《鼻涕阿二》和《毛线袜》的一大部分，还有《回家》的后半，也都在这地方写成，如今一回忆着，总还觉得有些感情。《故乡》的原稿大半都在《晨报副刊》上发表，当时的晨报馆也就设在菜市口一边的丞相胡同里。

虽然故都在路面不曾铺好的时候，有人说天晴时像个香炉，下雨以后是个墨盒。所谓香炉，就是一有风就要刮起灰尘来。可是从菜市口出发，东往骡马

---

① 编者注：许钦文，浙江绍兴人。著有《故乡》《毛线袜及其他》《赵先生的烦恼》《鼻涕阿二》《西湖之月》《仿佛如此》《许钦文小说选集》《许钦文散文集》《鲁迅小说助读》《呐喊分析》《鲁迅先生的幼年时代》等作品。

市大街，由珠市口而到前门；北进宣武门去西单牌楼等处，早都没有了这种情形。而且一到夜间，风总停息。我曾屡次同伏老于月下从公用库一直的踱回寓所，边走边说，只觉有趣。到了菜市口，说声"明天见！"他进丞相胡同去看校样，我到绍兴县馆里去写稿子。

即使到了半夜过，南半截胡同里卖果儿冰糖和油硬面饽饽的叫声仍然不时可以听到，花两三个大子儿，不但可以点点心，也是很助兴趣的。

从菜市口去文化街的琉璃厂固然很近，离先农坛和天桥也不远，元庆的杰作《大红袍》就是傍晚游了天桥，当夜在绍兴县馆里一气息成功的。

故都的浴堂里面总是烧得很暖热的。菜市口附近的浴堂，价钱便宜，也还干净。在那里先剃个头，洗澡以后躺一下，于懵懂中很容易"捉住意境"。我的初期的小说大概是这样想好了格局的。

广安市场想是由菜市而来的，出售的菜蔬固然很多，部分也分得仔细，不但卖猪脚爪、猪舌头各有专摊，连鸡爪、鸭掌也是分别卖的。于晨光曦微中，一般好家婆蓬着头发挽着篮子，接二连三的出入其间，富有"生的情趣"。

在菜市口，最热闹的是中秋节的前几晚，成串的葡萄、血红的柿子，更其醒目的是高大的兔二爷，耸着两耳，翘着嘴巴，真是神气活现。一经看到，我总有"笑不得"之感。卖水果和兔二爷的摊子是这样的多，从丞相胡同的口子一直摆到北半截胡同，简直不留一点空地。

每到年边，杀羊也颇可观，好像整夜都在做屠的工作，一到早晨，店堂里一长排一长排的挂得密密层层，地上结起点点的红冰。

菜市口的店铺自然同故都一般的商家一样，只要你进去，无论是只买一两个铜子的茶叶，总也好好的招待，临走还说声"回见！"他们不但应付主顾来得客气，就是对于学徒，似乎也比南方的商人和气得多。

因为到和济去印书面，接洽校样，我也曾常从菜市口西行，往来于广安门头。元庆且很喜欢在那里游玩，虽然比较的冷静些，却也富于故都的情趣，很是朴素。

广安门，这固然做了元庆的画题，他的杰作之《方的一瞥》，以流畅轻快的笔调胜，也是取材于此的。

①

　　曾经有过两回，我为困窘所袭，深深的陷入悲观，不知所措，无可奈何的漂泊北上。可是一到前门下车，不觉兴奋起来，就以为人生的路本来很广，以前固执，只是可笑。这是因为故都的道路广而直，建筑雄壮，空气又清，很远的景物一望可见，形成着伟大的气魄。站在丁字路的菜市口，也可以这样感觉到。

○ 原载于《宇宙风》1936 年第 27 期

---

① 图注：陶元庆所绘的画。刊载于《东方杂志》1929 年第 26 卷第 18 期。

"数来宝"里的"溜口辙"

1937

—— 徐芳

数来宝是流行在北平的一种平民艺术。它起源于何时，我们现在不能详确的考出来。不过，它一直到现在还是普遍地流行在民间。在街上，我们可以随时看见数来宝的人，尤其是拍打竹板的声音，在老远就可以听见了。这种人就

①

是乞丐。但他们和乞丐稍有一点不同，就是他们能唱许多曲子给人听，能向人家讨得稍多的钱。普通的乞丐是不会这一套的。他们和天桥的那些卖艺的人有点一样，都是凭了一点小本事赚钱。如果我们说他们是艺人，也是很合宜的。

但数来宝的人，却自称是生意人。他们也有他们的师父，而且是分门别户，谁是谁家门的徒弟，都得分得很清楚，不能弄错。一个没有拜过师父的人要想在街上数来宝是不成的。因为那些有师父的人就要排挤他，使他不能立足。这些人是怎么从师的呢？说

① 图注：手持牛骨系以铜铃，随拍随唱各种吉利语以索钱名曰数来宝者。刊载于《时代》1932年第 3 卷第 1 期。

起来也很有趣。他们是这样子的：一个人（差不多都是年轻的人）要打算数来宝，就得先拜师父。拜了师父之后，就天天跟着师父到外面去奔走。师父在街上唱，他就听着，听熟了，也就算是学会了。就是稍有不懂的，随时一问，也就明白了。在他们那里面，有一句俗话，就是"师父引进门，修行在各人"，这意思是说，师父不过是教他一点基本的曲子，将来如何，全凭自己努力。

数来宝用的乐器，就是七块板。这七块板是七块竹子作成的。两块大的，约五寸长，二寸宽，四分厚。每块的头上有两个洞，一条绳子由这四个洞里穿过，把两块板连了起来。这是拿在右手里的，大姆指放在两板中间，两板一碰，就出声音。五块是小的，约三寸长，一寸宽，一分厚，也是每片上有两个洞，用绳连了起来。这是拿在左手的。这样合起来，就是七块板。他们有句话是"七块板，十四个眼"，这就是因为每块板上有两个小洞的缘故。

据他们说，那两块大竹片叫作"大板"，那五块小竹片叫作"节子"。李家瑞先生的《北平俗曲略》上说："数的时候，手中击动两块大牛骨，牛骨上拴着许多铜铃，骨柄上拴着几缕彩布。数了一段，打一回牛骨，作'呱嗒呱嗒'之声。"这种乐器，也是他们常用的，也有用羊骨作成的，敲出来的声音并不好听。其实七块板的声音也是很单调的。他们随唱随打，那节奏是"提提哒，提提哒，提提提哒"，有时是"提提哒，提提哒，提提哒，提哒，提哒"。"提"的声音是节子发出来的，"哒"的声音是大板发出来的。

数来宝里所唱的曲子很多，如《小寡妇逛灯》《刘二姐拴娃娃》《七十二怕》等。有些是有唱本的，我们可以在街上把唱本买到。有些是没有唱本的，我们只可从他们的嘴里记下来。这些曲子，也有许多是有时代性的，如张宗昌、吴佩孚、张学良等人的事迹，他们都有成套的曲子来唱。这都是还没有印成唱本，而已流行在民间的。

现在我们该说到溜口辙。溜口辙是数来宝里的一种较特别的东西。"辙"音"折"，它又名"抓口辙"，这也是一种曲子，不过很短，而且是顺嘴溜出来，不是按着唱本唱的。"溜口辙"主要的意思是顺嘴编凑，抓到什么说什么，只要能说得引人可笑，逗人乐就可以了。这和相声里面的"抓哏"正是一样，都是随时编造有趣的话，引人高兴的。据他们说，溜口辙不是人人都会的，非得聪明一点的人才会。因为这是师父教不来的，全要凭着自己的小机灵来应付。他们可以看见什么说什么，只要说得人们高兴，肯多给钱就得。不过，也不能乱说下流的话，或骂人，最好是多说吉利的句子。

数来宝的人有许多是瞎子，可是瞎子就绝对不会溜口辙，因为他们根本就什么都看不见，也就不能见景编词了。凡是那些眼睛没有病有点小智慧的人都能会一点。现在，我把我所得到的溜口辙，记在下面：

（一）竹板一打真不坏，先生又把眼镜儿戴。您的眼镜真时兴，又挡沙子又挡风，就是下雨它不成。（注：这是对带眼镜的人唱的。）

（二）您这老头儿真不坏，手里拿杆旱烟袋。您这烟袋一道弯儿，抽到嘴里就冒烟儿。（注：这是对拿烟袋的人唱的。）

（三）竹板一打真有点儿，先生抽的洋烟卷儿。洋烟卷儿，真时兴，谁抽烟卷儿谁高升。（注：这是对于吃香烟的人唱的。）

（四）这位先生好说话，身穿一个小白褂。小白褂，真不离，改良的扣子是对襟。您这小褂儿真不错，上头跨兜儿整两个。您这跨兜儿真叫好，盛的票子洋钱少不了。（注：这是对穿白短褂的人唱的。"不离"就是"不错"的意思。"改良扣子"即"子母扣"。"跨兜"即衣服两旁的口袋。）

（五）您这先生真有福，抱着娃娃他不哭。他不哭，他不闹，将来作了直隶道。数来宝，眼皮眨，不知男娃是女娃。要是女娃，千金体。要是男娃，中探花。（注：这是对抱孩子的人唱的。）

（六）竹板儿打，抬头看，掌柜的开的油盐店。油盐店，货真全，一年四季下江南。江南办了好杂货，黑糖黑，白糖甜，要买冰糖上戥盘。（注：这是对油盐店掌柜的唱的。）

（七）这几年哪我没来，老头儿胡子发了白。老头儿胡子捋两绺，顿饭离不了四两酒。老头胡子有几根儿，要吃肉，得半斤儿。数来宝的胡子一大撮，顿顿要吃豆腐渣。（注：这是对坐在酒铺里吃饭的人唱的。）

（八）竹板儿打，节子颠，掌柜的卖的关东烟。关东烟，真是浓，掌柜的带着卖槟榔。（注：这是对杂货铺掌柜的唱的。）

（九）这位大嫂好说话，身穿一个蓝布褂儿。这位大嫂往出走，没带铜子儿往出走。说得大嫂笑呵呵，回手就把铜子摸。（注：这是对中年妇人唱的。）

以上这些曲子，编得虽不太好，但也还很有趣。我相信会溜口辙的人，一定赚钱比较的容易。据说这一类曲子很多，不但是对着不同的人可以编不同的话，就是看了鸡、羊、牛、马之类，他们也有话可说。而且同一种人，还有多种的说法，这全看那个数来宝的智力如何。如果是聪明的人，一定编得较好。

我想把这许多有趣的溜口辙搜在一块，集成一本书，倒是一件很有意思的事。朋友们如有这一类的材料寄来，我们很欢迎。

二六，三，廿一

○ 原载于《歌谣》（北京大学日刊）1937 年第 3 卷第 1 期

住的问题在北平

1936

—— 《申报》特别报道

建筑及其设备

从元朝初年起，直到民国十六年，北平一向是我国国都所在的地方，这其间萃全国的财政力量，在此地经之营之者，达六七百年之久。今日之宏大规模，亦吾先民长期努力经营之结果，自非易事。此地建筑，趋向平房，楼房旧式者不多见，西式者亦大率只有两三层，达四层以上的，只有北京饭店等旅馆式建筑，以及北京大学红楼等学校式建筑。唯其均系平房，故占地亦多。现在北平全市，隙地甚少，但见鳞次栉比，檐角相接，皆房屋也。此种稠密情状与南京之城市山林广地比比皆是之情状，正属相反。故南京人口刚近百万，已嫌拥挤，而此地居住，一百五十多万人口，尚觉宽绰有余。

此地建筑，宫殿式之红墙黄瓦，翘角飞檐，久已驰名世界，为东方建筑艺术之代表。即普通建筑，亦大率灰瓦青砖，房屋均作规则之四方形，又大方又整齐，两扇大门大率垩以红漆，用绿漆、黑漆者，亦间有之。门上设铜环或铁环，以备敲门者叩击，普通又在门柜上按置电铃，新旧并列。墙之厚，均在一尺四五寸以上，屋顶亦厚达三四尺以上，故能挡风蔽日，冬暖而夏凉。无论大家小户，皆有空廓之院落，厢房与正房不相接，厕所、厨房亦均与正屋隔离。院落里因雨量稀少，故青草不生，但花木藤萝之属，悉皆种植数棵，以资点缀。稍阔的，又有花园，其中参天大树，摇曳生风。

窗上大率糊以纱布及白纸两层，惟此层白纸，可以上下舒卷，无风卷起，有风则放下。在夏天，凡向东向西者，更于此外加竹帘一层。宅内门扇方面，大率为单扇，且多半向外开，由屋内出外者推门，由屋外进内者反为拉门。门上，稍考究者，亦于冬夏二季挂帘，冬则棉帘，夏则竹帘，盖此地名风沙，不得不如此也。又因气候关系，故无论贫富，冬季室内均须生火炉，不过富者为高大之洋铁炉，而贫者则为矮小之铁炉。至于暖气管之设备，除学校旅馆及各公共机关而外，私人住宅中不多见，此则一由于经济原因，一则由于建筑结构。

住的等级

学校及公共机关一般情形均好，此不能作为通常住宅。私人住宅粗粗分之，可分成上中下三等。上等住宅，大率红漆大门，电灯、电铃、电话、自来水无不具备。一进大门，有号房或传达室，在大门旁并附有车房一间，以备自备汽车或东洋车停歇。此中房屋，以三进为普通，最多亦有达十余进者，上房、下房、厢房、书房、厕所、厨房以及饭厅、会客厅之类，均应有尽有。附有花园的，自属花草树石，无不具备；即未附花园者，其庭院中亦都花草成畦，树木荫翳。此类住宅，每所价值最少须在万元以上。住着这样房子的人家，至少须雇门房一人、车夫一人，且用电用水以及户捐等开销，每月非百元以上是不行的。

中等住宅，外观上亦颇堂皇，惟其结构较上等者略简，比如普通一进大门，大率并无号房，只迎门竖一屏风以作内宅一切之屏蔽，其实转过屏风亦不过只有一进或二进之房屋而已。院落大率不很大，其中亦间或杂植花草，或略置夹竹桃等类之盆景。房屋总在十间到二十间左右，电灯自属每户皆备，电话独备者颇不多见。普通情形是几家合安一具，或由邻居（此地名曰"街坊"）安有电话者转叫，每月贴电费一二元。自来水通常均备，如备有自用洋车者，其车只好停在一进大门之门楼里，或宽深之走廊下。厨房大率只有一间半披，此种半披，仅有一面屋顶，而无所谓屋脊。厕所并无独立一间，只附在屋庙墙上，顶用白铁一盖，下挖深坑一二即是。会客厅与书房往往在一处。此类住宅，结构虽小，但单门独户，亦颇紧慎而恬定也，夫妇二人之小家庭住此类房屋最宜。每所价值约在千元以上万元以下，如属租赁，每月仅房租一二十元左右而已。

下等住宅之最大特色在于其集合而居，单门独户者颇少。而此类住宅之最典型的代表厥为"大杂院"。所谓大杂院者，即在一大院落之周围聚立数十间乃至百余间之矮屋，每户住矮屋一间或数间，但超过九间的却不当有。院落中无花无草，仅为一遍积满灰土碎砖，高低不平之泥地而已。墙阴屋角，抛满烂菜破布、煤渣秽土，人一走过，苍蝇乃嗡然而飞，烈日熏晒时，臭恶味令人欲吐。窗洞甚小，光线不足，全家数口往往困在一张炕上。此种炕面积甚大，两头抵墙，其阔亦占全屋之半。普通烧饭，煤炉均置在门外，一遇天雨，则将炉搬到屋内，此时虽敞门透风，亦灼热不可耐。天热时，则院中放满矮桌、短凳及破席之属，袒胸露臂，男女老少赤膊坐卧其中者，比比皆是，汗气弥漫，如嗅馊粥。此类大杂院中，住的人大率以洋车夫家庭为最多。此地洋车夫共有八万人，是以大杂院亦所在皆是。每户每月之租金，只几角或一二元。

临时公共住所

北平公共的临时住所，大概可分五种：饭店、旅馆、客栈、公寓、鸡毛店。

饭店之类，大率为洋式，其中一切设备均为新式，有西餐可吃，有音乐可听，且其中如北京饭店并设有跳舞厅。此类饭店，下榻老大悉为经济优裕之达官贵人或富商大贾，每日房屋至少须在二元以上，一共约八九家。比较高贵华丽的，为北京饭店及六国饭店二家；经济一点的，像北辰宫饭店，其房金每日一元多也就够了。

旅馆与客栈二者，在此地略有不同，前者系民国肇元后始告兴盛，后者则大率有数十年历史的。旅馆之建筑设备较客栈为新式，比如床榻，前者为铜床，而后者则木架稷绷床居多；且旅馆多为楼房，客栈则平房居多。管理招待，旅馆亦较客栈进步。顾客方面，旅馆以学商二界为多，客栈中除小商人外，时有来自乡间之雇客。旅馆集中地域为西河沿一带，如交通旅馆、正阳旅馆等皆是；客栈集中地域，为打磨厂、骡马市一带，如天达店、长发栈等皆是。房金方面，旅馆比客栈较贵，前者自数角至数元，后者最多一元多。

北平公寓之多，亦可与饭馆相埒，当得上"林立"二字。盖此地一面学校多，而有寄宿舍者不多；另一面空闲之民房却比比皆是。北平人靠市房吃饭之风尚由来已久，至此，应社会需要，租其房给人或由自己开设之公寓，乃相率而起矣。公寓房屋及一切设备相当于中等住宅，住客以学生为多，每月房金，一间约由三元至五元不等，如代包伙食，则约需十二元至十五元。

鸡毛店者，乞丐、流浪汉、江湖卖艺者及小偷等之临时寄宿处，每人一晚只须五六枚（即大铜板三枚左右）。此等鸡毛店以天桥带为多，店中铺陈鸡毛成堆，寄宿者可随便睡卧其上。此中腌臜困苦之状，与身住洋楼困钢丝床丝棉被者一比，实不啻一在天上，一在地狱矣。

○ 原载于《申报》1936 年 6 月 15 日

北平的公寓

1936

—— 徐崇寿

（一）公寓与旅馆、民房的比较

提起北平的"公寓"生活来，我想凡是在北平住过几天学校的，大概都尝过它的味儿？说也奇怪，凡是一座学府附近（无论大中学校），总有多少公寓林立着专为学生哥儿们住宿，这固然一方面是由于学校中寄宿舍少，学生全住不下，势必另觅出路；其实一方面乃是公寓老板投机，为迎合学生哥儿们怕在校受拘束的心理，所以才开设的。总而言之，脱不了上述两种理由，以致公寓在北平形成特有活跃的营业。

公寓的性质是介乎旅馆与民房二者之间的一种变通营业。旅馆的住客好像是暂来暂往的过路者，而公寓的住客却多半是永久的；旅馆的房饭费按日计算且价较昂，而公寓的房饭费却是按月计算而且价较便宜的。至于民房呢，也和各地租赁房子住差不多，不过北平民房的房东是兼管差使、伺候、洒扫及茶水的（当然也不能全是这样），这种"反客为主"的习俗，别地实在少见！但是有一样缺点，他不管住客吃饭，于是赁居民房者还得上大街饭铺中解决这饮食大问题，平日固未尝不可，但有时风雪霾雨就大感不便了。可是公寓呢，却是二者之善兼备。这么一来，于是住公寓的除了学生为大多数外，甚至某种人也有住的，无他，为种种的方便故耳。这是公寓营业不衰的唯一原因。

（二）公寓的三大方便

除却上述之外，公寓另外还有三种方便：出入方便、起居方便、留人方便。根据人都是"喜动厌静"的原则看来，则有此诸便，于是学生哥儿们才可以无拘无束的过那海阔天空的生活了。先讲出入方便一事。你住在校内有学监探查、校规的约束，上课有时间，出校门也有时间，反正老那么撇扭不能任意。但是住了公寓可就不同了，看毕夜戏十二点钟归来，公寓门照样敞开，永不能叫不开门，此方便一也；"开了房间"在某旅店一夜未回来，好在永无人稽查，此方便二也；密友拜访，不分迟早，可以晤面，此方便三也；爱人来访，扃门谈心，决无人打搅，此方便四也；除了上课外，或兼混小差事，早出晚归，晚出早归，各听其便，亦无人过问，此方便五也；交游颇广，门庭若市，既无需乎传达（校中有传达处）之劳，亦无须乎号房之报，来既不迎，去亦不送，此方便六也。

次谈起居方便一事。你住在校内，一个人不能独占一间，多是几位同学混住在一起，所以一切行动总得顾虑大家的安全，不能恣意行事，但是住了公寓可就不同了。例如昨夜八圈牌打完，头昏脑闷，精神不支，于是来个一觉十二点，决无起床铃惊人好梦，此方便一也；看电影归来，无兴再看书，熄灯纳头便睡，决不妨碍他人工作，方便二也；便壶不倾，被褥不叠，听其自然，亦无人过问，方便三也；拉胡琴唱二簧，自己作乐，谁能干涉？方便四也；打麻雀，听"大鼓"，为的消遣，谁敢呵责？方便五也；白天不起床，夜晚不睡觉，高兴干甚就干甚，方便六也。

再谈留人方便一事。在校内留宿朋友，按例是违背校章的，不过有些学校当局是认为无关重要，不吹毛求疵的。然而留朋友在校内住，总显得老大不合适似的，一样不如在公寓内来得随便。譬如与牌友共谈牌经，滔滔辩论不休，忘记了鼓打三更，不妨同榻共眠，好在无人过问，方便一也；陪爱人看电影回来，爱人家远，不能归去，不妨邀来一榻，共诉幽情，方便二也；亲戚来访，无下榻处，不妨权且小住，亦无人干涉，方便三也；性欲冲动，可以呼野鸡来伴眠，恣意玩乐，方便四也。

反正上述诸端都是公寓特有的方便，凡是过来人谁都承认的，也可以说是公寓营业不衰的第二原因。

（三）哗啦啦通宵达旦的战场——公寓特色之一

在公寓内叉麻雀（即打牌）是官的，虽然这"国赌"（有人称打麻雀为国赌，因为全国上下皆嗜之）向来是悬为厉禁的，而且不断的也有官方来寓巡查的，但好像巡官和公寓的老板、伙计都遥通声气，暗有联络，所以公寓内抓赌，学生哥儿们很少犯案的。这么一来，公寓的牌风转炽，学生哥儿们的玩牌就无停息了。还有一层，公寓打牌，伙计例可得抽头，老板有时亦能分润，所以他们时常就怂恿住客打牌，有时遇"三缺一"的局面时，老板或伙计亦得加入。久而久之，公寓伙计便视此为副业了，牌具他们总预备的好几副，以备不时之需。每当夕阳西下，万家灯火，是公寓尽变为战场矣！哗啦啦（洗牌之声）通宵达旦，鏖战不停，响彻户外。

至于学生哥儿们呢，有的是闲工夫，有的是父兄汇来的钱币，除吃喝游逛赏玩之费外，此茫茫长夜该如何消遣呢？打牌却正是消永夜破寂寞之良法，于是不约而同的皆酷嗜之。虽然其中也难免有一二束身自好者，但耳濡"牌经"，目染"战风"，一个个都会上场交战，自己不会，相形之下，岂不见拙？试问谁有铁石心肠，不去尝试一下呢？起初因为艺术不娴熟，手法不精通，甚至牌场流行语不谙悉，难免讨厌它，但久之习以为常，便厌念齐消渐渐的爱上了。且人各有好胜心，每战未必能胜，输钱之后，每有忿然图报之念；或侥幸赢钱之后，又兴贪婪之念。只这两念便把学生哥儿们的钱都如漏卮般的流走了。

说句良心话，我对于参战是门外汉，却是初步入门，并未登堂呢，但偏爱观局。固然不是"隔岸观火"之兴，可也不是"旁观者清"之意，只觉着站在一旁默察那方城竹战，四国交兵的聚精会神，钩心斗角的情形，从中每可以窥测出不少的人情世故或者悟出一片大道理来。试看他们口、中时时哼唧着："碰！吃！杠！和！"等流行牌语，心中老是蕴藏着韬略兵法、阴谋诡计，耳朵中只听见是哗啦啦……（杀杀！）的冲锋陷阵声，手中更是忙迫的来编遣调度指挥战将（红中、白板等），以一个人的心思才力来应付这纵横捭阖、鬼神莫测的局面，试问不聚精会神钩心斗角的如何能应付裕如呢？所以光这一着，我就佩服他们的五体投地。他们有的喜眉挤眼，高兴的不知是啥？有的愁眉枯眼，忧虑的不知是啥？有的凝神静气若有所思，有的东瞧西望，绝类窥探。虽仅是个小小的场合，然而却把这五花八门的人情世事显示出来了。每至一局终了之后，胜者笑逐颜开，心花怒放，铜子钞票成堆的滚来；败者则丧气垂头，默不一语，有非要再拼一下不可之概！不过胜负不均，输赢总不能一样，于是胜者贪饕，败者图报，循环交战，非至通宵达旦不止！说了半天，我最佩服他们那抱必死之决心，持必胜之态度，其沉着应付之精神，其百折不懈之勇气，其坚毅苦斗之蛮干劲儿，真可以洗国仇灭强敌而有余，假使能善用的话！不过有些人是为"中国将来的主人翁"寒心！

（四）歌妓不知身世苦，强承笑颜卖咽喉——公寓特色之二

北平人管歌妓叫做"唱大鼓儿书的"，操此业者多为一男子弹三弦引一妙龄女郎沿街卖唱，每当夜暝灯上之后，他们便敲着"冬冬"的鼓声出来了。学生哥儿们枯居公寓内，不甘寂寞，时常叫进来弹唱几曲以为开心。在深宵人静之后，女郎发出凄切的歌声，如怨如慕如泣如诉的颇能动人愁绪！不过学生哥儿们是使她助兴慰寂的，不是叫她来伤心的，所以谁顾虑她的可怜身世呢？说也奇怪，这般歌妓们并不怎么羞态腼腆，倒是个个打扮的花枝招展，故意撒娇卖弄风骚，大有"商女不知亡国恨，隔江犹唱后庭花"的不在乎劲儿！每当三弦响处，歌女便轻啭娇喉的唱起来了，唱的多半是淫词烂调、男女恋爱等流行小曲，唱到音调激昂时，玩弄的学生哥儿们多拍手哗笑，高呼怪叫不已。当此男女热潮至极点时，淫亵之事态就难免发生，好在操的就是这种营业，也不以为耻了。

（五）公寓内过节，赏钱是第一件大事

中国节俗的繁多与注重是占世界第一位的，而这古老的北平由于历代帝王建都于此的熏染，以致官味的十足也是全国特著的。早些年清庭内府的过节的奢华，下及四民百姓过节的铺张，都是有记载可考的。入民国以来，此等风气好像渐减小，然而这文化的古城对于过节的观念还是牢而不破的，一年一度的照样有应时的点缀！所谓"四大节""八小节"，大概人们仍奉行不稍违，除非

经了当局特别的禁止是不能一下取消废除的。

公寓内过节也不能例外，普通是旧历年节、五月的端阳节、八月的中秋节，但过节第一件大事是住客必须出"赏钱"与伙计，不论你是否愿意。按"赏"字的意义看来，好像是有功才能邀赏赐，那么"赏"至少是自动的意见，但是公寓内的"赏"几乎是被动的，因为习惯与寓规是如此。所以在过节的头一两天，伙计们便笑嘻嘻的换了另一副面孔，当然伺候的也比较殷勤，手中拿着红纸条子送到全寓的住客面前来领赏钱。赏钱起码的一元，太少了显得寒蠢不够派儿，有失咱们公子哥儿的身份。赏钱按理是伙计独享的，但老板竟也可以从中分润，说不定他们之间另有一种秘密规定？这赏钱你硬不出也成，但可受不了老板的奚落与伙计的白眼！人情原是建筑在金钱上，你多赏几元，唤伙计时总可应声而至的服从你，显得比平时格外勤慎点。但假如你不赏时或少赏几角，那可糟了！你叫伙计时，他可以故意装听不见，有时明明看见他过来叫他一声，他可以回你说有事顾不上！你说多可气！赏钱发出之后，马上公寓的小照壁上便张贴了一条"某屋某先生赏大洋几元"。老板很势利，他可以故意把赏钱多的先生名字贴在了极高处极前面，好像学校中张榜名列甲等，赏钱少的便当然落在后尾了，自己看了无形中是种莫大的耻辱！老板用得是"激将法"，你既然一羞，下次一定多写几元，那比什么也灵验，你说是不是？不过伙计也真是天生的贱骨头！拿金钱想买的人死心塌地的悦服你，本来不容易，也倒不必一定怪伙计势利。自己的赏钱只不过赢得照壁上高标出了姓氏，连名字都标不出来，说来可怜！可是开的早饭总比往常丰富点。

（六）跋语

我是个学生，由中学而大学，中间十余年在北平公寓内生活着，所以关于公寓内的一切情形都明了，以上拉杂所记的，只是不过片断的概叙而已，实在不配详密的公寓生活写真，但我觉得这些花花絮絮也颇有公表彰示的价值，故不揣谫陋写出来，以实"北平特辑"之一页。

○ 原载于《宇宙风》1936 年第 20 期

故都寻房记

1937

——靳冰

"房"即"房子"之"房"，不可认作张子房之简称，更千万不可误认为"芳"。七月中偕妻到北平，急于找一所房子，见到的朋友都说"那容易！"但是没一个知道什么地方有适当的房子。我自己因为两年前听人说过北平的房子多便宜，多好找，所以也以为"那容易"，但是事实证明那都是过去的情形，而今不同了。不同的原因很多，但是最大的原因是有房不敢招租。这是我亲自冒着大太阳跑了两三天的发现。为何如此？那是路人皆知。一言以蔽之，友邦之赐也！

自从昔日的都城变做今日的危城后，友邦人士日见增多，于是见有空房即排闼直入，强行下榻。本来么，几千万方里都可以垂手而得，何况区区一房子！但是事实不如此简单，几千万方里虽大，在国人心目中等于无物，因为非己所有；区区一房子却是自己的产业，不得不挣扎一番。于是或垂涕泣而道，或援弓缴而思射，未免对于亲善一道，缺乏诚意。到后来各出心思，各显神通，竟有人串通"起码汉奸"前往租房，租妥之后，由东邻或韩国人士居之，且对所租之房认为己物，为所欲为，房东不敢过问，房租亦一文难得。因为房客声明此房是向另一贵邦人士租来，房东何人，敢来要钱？未免太不自量！房东上天无路，入地无门，直接交涉不得要领，诉之本市官府，则反要受训（谁教你把房子租给他？），只得忍气吞声，哀求房客乔迁。无奈房客说已经出了若干房租，花了若干迁移费，再要他搬出非赔偿损失不可。这时房东的抵抗力早已消灭净尽，只得掏腰包请客，所谓"财去人安乐"者是也。所以难怪他们一不敢贴租条（闻公安局有不准贴租条之说，恐不确），二不敢与生人谈话，于是我辈苦矣。

以上所述可说是睦邻佳话，还有些地方上的特殊情形，亦值得一叙。北平的深宅大院，向为人所艳称，但是这些多在西北城，离我的工作地点太远，而且也不适于两口人的小家庭。不说别的，就是打扫院宇，也非现有的仆役所能胜任。但是东城的小宅子多已被他人捷足先得，剩下的不是只有"吉房三间"的杂院，就是残破零落欢迎买主的断井颓垣，而我和妻两人商定的条件是：独门独院，要有起码的卫生设备（电灯、自来水、浴室），租价从廉。于是日复一日，徒劳往返。我们看中的房子人家不租给我们；人家想租给我们的，我们又看不上眼。还有一次，一切都说好了，第二天清早去付定钱，但是不巧得很，据说是南方的亲戚来了，房子不租了。

交涉中的麻烦更是一言难尽。首先要受严厉的检查，姓名、籍贯、职业、宗教、家口，没有一样不问。并且稍有可疑，马上就"谈判破裂"，譬如因为我的姓有点少见，因此而几乎吃闭门羹者不止一次。这头一关过了之后，自然要看房子。但是往往盘问你的是一个不相干的邻居或朋友，要看房子还得找房东。房东呢，也许上了西山，也许他忽然找到了一个房客，不租给你。幸而他来了，房子也没租给别人，但是你还得受他的一番检查。好容易盘诘完毕，你可以看房子了，他忽然发现钥匙在街头某铺掌的身上。最后钥匙来了，你能够瞻仰房子了，却见几堵东倒西歪的墙，上有几片破瓦，下铺几块残砖，你于是只好自认晦气，又白费了一天。幸而找到了比较完整的房子，浴室却总是没有的。留学生与抽水马桶结不解之缘，为世所诟病者久矣，但是我对这种奇癖毫不以为羞。理由很简单，抽水马桶之用者日益增多，而反对抽水马桶者，并非抱不用抽水马桶之主义者，不过是些无聊的"清教徒"，吃葡萄不着则大叫其酸者也。话虽如此，其奈"文化城"中并不重视此种粗浅之物质文明何！向房东交涉请其添置，可以增高房租，仍是不行。据说这样一来之后，房子只好租给外国人，中国人是不肯住的。因为言者态度之诚恳，我不得不相信这种话，虽然理由似乎稍微费解一点。岁月不居，在旅馆中已月余矣。头发急掉了若干不说，袋钱大有空虚之感，而且妻的脾气一天比一天坏起来了。

正在无可奈何的时候，一位也在找房子的英国女友撞着了一位美国丘八在东城根住的房子。她自己讨厌这所房子，不过认为我可以一试。头一次去，碰了钉子。因为门房硬说该房并不出租。最后经女友写信介绍，才得入门一睹。房子极小，两人恰可住。屋低而陋，夏天极热。墙是灰土砌成，外敷一层薄砖，一年中倒有半年"反潮"，糊纸势将脱落，刷灰则深浅不均，白者黑一半，黄者蓝一半。浴室幸而有之，但澡盆、脸盆、马桶俱作牛血色带小白点，视之欲呕。这样一所房子从廉只租廿五元一月，搬入时须付二月半之租金，一份为第一月房租，一份为末一月房租，半份为看房及打扫者之赏金，而且还得等半月才能搬进去住。然而我们的抵抗力也消失净尽了，一切都俯首应允，并且当天就交了定钱十元，怕的是又出乱子。

搬进去一个礼拜之后，我去看一位朋友。他也是两口人，但租了一所大而且新的院子，他说我正想找一家合住……此后每天都看见或听见价廉物美的房子，但我已再无勇气尝试了。这所小院子东行几步即至城根，为兵士（不知是哪一国的）练操之所，西邻牛奶场，有公母牛及猪驴等家畜若干。我清晨闻机枪突突而兴，午夜伴牛吼驴鸣而眠，盖亦欣然自得，有南面王不与易之感焉！

中秋前一日记于故都

○ 原载于《宇宙风》1937 年第 35 期

北平救世军的贫民寄宿舍

1937

—— 阿难

读戴维斯著的《流浪者自传》，就是黄嘉德译的那本英文文学名著，在本刊上发表的那篇。在《救世军宿舍》一章里，不由的使我想起北平救世军创办的贫民寄宿舍来。与其叫贫民寄宿舍，还不如叫做流浪人寄宿舍，倒比较确实些。流浪人当然不富裕，然而不流浪的贫民，却没有一个肯到这以慈善为怀为贫民谋福利（这是这个寄宿舍创办的动机，见十一月十九日的《北平晨报》）的地方来寄宿的。

可是一个真正的流浪人，在可能的范围里，宁愿出五倍以上的价钱去住小店，或是在夜茶馆里坐一夜，也轻易不肯受这些上帝的军士们的怜恤。所以这里的常用顾主，并不是贫民，而是掠夺贫民（以放债为生）的孤身老头儿。他们大多都是在旗的，死掉了老伴，或是老伴在跟主儿，又没有一男半女的，乐得省下一笔房钱，来住在这白天不用人看家而价钱又便宜的寄宿舍了。他们每天都起得很早，洗脸盆第一个用的永远是他们。他们用极老练并且极沉稳的态度洗了脸、手、胳膊、脖子、胸脯、脊背，脚和腿是昨晚一回来时就洗了的，如果寄宿舍的脸盆可以洗屁股的话，无疑的他是洗了个澡。等他们慢斯条理的洗完，绝对没有多余的工夫给其他客人洗脸了。因为按寄宿舍的章程来说，除非雨雪，寄宿的客人，是要在七时以前一律退出的。在冬季的北平，这个钟点不过在天刚亮。可是到了夏季，他们的规章又由七时改为五时半了。所以寄宿舍中，虽然预备了脸盆、手巾和热水，陌生的客人是享用不着的。即使你耐心的等着，等轮到你时，脸盆上早腻上一大圈油湾，原本已成银灰色的手巾，中间印了手掌大一块黑印，那自然是不用肥皂的缘故。就是有肥皂的人，也决不肯用自备的肥皂来洗这公共的手巾。所以洁白的手巾只要使用一次之后，直到破碎永无再白的希望。至于银灰色，那已经是表示新经碱水煮过极清洁卫生之至矣。其实所谓手巾，并不是普通像我们用的毛巾，而是普通小饭馆里侍者用以擦抹桌案用的堂布。堂布而作毛巾之用，毛巾又复无毛，故而只可写作手巾，表示其非毛面作洗手脸之巾也。

除去这些老顾客，那就是一般新离开家的流浪人了。他们没有经验，他们每天为他们食物奔走劳动之外，迫切需要的就是住处了！虽然有许多地方可以寄宿，然而对于流浪人似乎是例外。这种困难并不一定限于经济方面。在阜成门朝阳门关厢附近，有许多单间的小屋子，每天每间仅收十二枚至十六枚铜元的房租，若是两三个人合租一间的话，每天还用不到一分钱，比起大家挤在一个大炕上，专为贫民谋福利的慈善机关救世军寄宿舍来，还要便宜而且宽绰。不过租这种房子是要有保人的，否则就需要有家眷。流浪人找一个保人，和娶一个太太，那种困难是差不多的。何况那种房子，除去门窗户壁和一个土炕外，都要住户自己预备呢？即使你在外面买饭吃，用不着锅碗盆灶，然而最低的限度，夜间的灯火、睡觉用的炕席铺盖总要预备。这些就不是三个饽饽两个枣，一个半个大能办的事了！

这寄宿舍收容寄宿者是从午后七时起。在午后七时以后，这贫民寄宿舍的大门是大开着的。不过在大门道的正当中，摆着一张公案桌式的长书桌，正中一把太师椅子，坐在上面的当然非张上士莫属了。旁边还有一个副座，也是一位救世军的军士，大概属于下士或中士的阶级。在张上士的身后墙上，是两排钉子，那是预备挂寄宿人名牌用的。上面的一行，表示楼上；下面一行，都是住在楼下人的名字。那较好的位置，早被那非贫民的老顾客们占去了，剩下的位置都空着，等那些无经验的流浪人来按次序的填满它。当一个求宿（求宿似乎比寄宿来得真实些）者来时，上士用不紧不慢的声调，装做一副偶像型的脸，开始询问。

"你姓甚么？"

"……"

"名字呢？"

"……"

"哪里人？"

"……"

接着便是多大岁数，做什么事，娶媳妇了没有。虽然你在这寄宿舍里住了好几日，他们都知道了你的姓名、家乡、年岁和职业，然而当你去寄宿时，仍然要表演一次。起先我以为他们是在试验你是不是用假名姓和说谎，后来我知道我设想的错误。实在他们是在过官瘾，那群可怜的流浪人，为怕露宿和严防宵小的警察的权威，暂时只好屈作受讯者了。等讯完，上士认为尚无不合，其余的老顾客们在旁边暂充司法警的，也认为你未曾形色仓皇、言语支离，便由那副座暂充录事，把你的姓名、年岁、职业等写在个白漆木牌上，然后你付出你的宿费，楼上五大枚，楼下三大枚，领到一张床位券。像影戏院的入场券样，彩色报纸印的 The Bed No. 至于上面不印中国字的缘故，恐怕是耶稣不是中国人吧！

照章是九点半钟停止收容，然而你倘若在八点钟到那寄宿舍时，那已经太晚了，你可以看见整整齐齐的牌子挂在墙上，那你最好另打主意，早寻安身之处，否则就要尝尝露宿的滋味了。有的来晚了的，心想这是个慈善机关，不比借此营利的小店。为怕露宿与警察们的棒打或拘捕而央求他们，可是上帝的军士是不徇情面的。纵使你情愿出双倍的价钱，仅仅希望在那寄宿的屋中坐或站一夜。

"不成，我们这里是外国人办的，我们办事是照章程的，不像你们中国人，做事不照章程。"

假如你说你将因为露宿而要冻死，或是因露宿而受警察们的棒打与拘留，请他们看上帝的面来怜恤你，帮助你不要遇着这不幸，通融一点地方给你隐蔽一宵，以免你冻死或受刑法上的处罚，徒然的得着他冷酷的回答："你为什么不早来呢？不守规则的人，这种刑罚是应当的，我们不能为你一个人而破坏了我们的章程。"

更干脆些，也许说："走，走走，少费话，我们这里每天住一定的人数，人数满了，说什么也不行，要住明天早点来。"

不然就是："费话！告诉你没地方了没有，要是北平的穷人都来住，我们也要看上帝的面都留下吗？不能为你坏规矩。走，不走，叫巡警。"等上士发出这样的话，你再不走时，至少要在警署的拘留所里，免费的住上一星期。

全部的贫民寄宿舍里包括楼上和楼下，可以容纳五十三个人，楼上十八个人，楼下三十五个人。楼上是一人一床，床是木板搭的，无论冬夏，上面只铺着一条席子和一个带白枕布的蓝布枕头，两床之间顶多有一尺的空挡子。楼下是用木板搭成的大炕，铺着大张芦苇席，枕头是和楼上一样的，一个挨一个的排着，每个枕头有一个号头，那就是一个寄宿者应有的地位了。一个枕头的长，也就是一尺半，若是肩膀宽点的人，想仰睡是不成的。戴维斯先生若见了这样寄宿舍，又将如何？

因为没有被褥，所以很早就生了火。张上士有三四条旧被出租，一宵每条仅取资五分，不过这不是流浪人所能享受着的，因为那几床旧被是在天一凉的时候就铺在那几个老顾客身下了。还有一项极重要的事我忘记说，就是准许寄宿之后，寄宿者的身上得由主事军官检查一遍，若有卷烟、火柴和酒一类的东西，是要被收没的，因为在那里面是严禁烟酒的。不过你在外面纵使吃醉了回去，他们不会拒绝收容的，假如不是住满了客的话。

救世军每月给这两个军官四十元经费，冬天还加二十元煤钱，寄宿费每月也有二十四元，他们除去三十元房租，其余就是张上士和他那副手的薪水了。每天用的水，是由寄宿者轮流挑来的。在这寄宿舍里，帮助了不少流浪人，尤其是失业的文人，然而不知怎么的，对于它的恶感总比好感多些。我不希望废除这机关，不过其他慈善机关要办理这种宿舍时，我希望不要采取这种方式。

最后，北平户籍警从没有到这来过。在这寄宿的人名也没有报过公安局或社会局，可是也没有强盗或小偷供出曾在这贫民寄宿舍投宿过。似乎奇怪，其实原因平常，衣衫太褴褛的，这儿根本不收。

○ 原载《宇宙风》1937 年第 39 期

中山公园的茶座

1936

——谢兴尧①

一

我在数月以前，作了一首打油诗，题为《丙子元旦试笔步知堂老人自寿韵》，文是：

> 元旦试笔即不佳，开头便遇险韵桀。
>
> 本岁须妨牛角鼠，从今勿再虎头蛇②。
>
> 命非贫贱因骨梗，文守朴拙忌肉麻。
>
> 编罢逸经作逸话，令人思念稷园茶③。

的确，凡是到过北平的人，哪个不深刻的怀念中山公园的茶座呢？尤其久住北平的，差不多都以公园的茶座作他们业余的休憩之所或公共的乐园。有许多曾经周游过世界的中外朋友对我说："世界上最好的地方，是北平。北平顶好

---

① 编者注：谢兴尧，原名谢五知，四川射洪人。历史学家，藏书家。参与《续修四库全书总目提要（稿本）》的纂修。著有《堪隐斋杂著》《堪隐斋随笔》《太平天国的社会政治思想》《太平天国史事论丛》《太平天国丛书十三种》等。

② 作者注：蜀谚有"老鼠钻牛角，越钻越紧"之语，意思是愈做愈坏，愈无出路。本文则借作鼠窃狗偷解。世又有"虎头蛇尾"俗语，即五分钟热心之谓，盖讥先勇后馁者。然揆之今日，"虎头"亦大不易。

③ 作者注：稷园，即北平中山公园。南来后，最想念北平风物，中山公园茶座，尤为眷恋。因其空气清新，点心菜饭更极可口，实安慰疲劳后之最好处所。数年以来，凡至暑假，每日必去走走，因得"公园董事"雅号。

的地方是公园。公园中最舒适的是茶座。"

我个人觉得这种话一点也不过分，一点也不夸诞。因为那地方有清新而和暖的空气，有精致而典雅的景物，有美丽而古朴的建筑，有极摩登与极旧式的各色人等，然而这些还不过是它客观的条件。至于它主观具备的条件，也可说是它"本位的美"有非别的地方所能赶得上的，则是它物质上有四时应节的奇花异木，有几千年几百年的大柏树，每个茶座，除了"茶好"之外，并有它特别出名的点心。而精神方面，使人一到这里，因自然景色非常秀丽和平，可以把一切烦闷的思虑洗涤干净，把一切悲哀的事情暂时忘掉，此时此地，在一张木桌，一只藤椅，一壶香茶上面，似乎得到了极大的安慰。

二

中山公园的花，一年四季都有，但最伟大的要算这几天（四五月）的芍药和牡丹，与九月间的菊花，真是集中西的异种，可谓洋洋大观也哉。不特种类众多，颜色复杂，并且占几亩地的面积，一眼望去，好像花海一般。北平以牡丹著名的，是城外古老的崇效寺，是数百年来名流诗人藉赏牡丹的吟憩之所，而它除了"年长"以外（寺内的牡丹，其根径有茶碗口大，据说是明朝的），我以为远不如中山公园的多而好看。尤其是夏季的晚上，距花一二尺高，用铁丝挂着一排一排的红绿纱罩电灯，在光炬之下，愈显得花的娇艳，品茗之余，闲步一周，真是飘飘欲仙，再舒适没有的了。

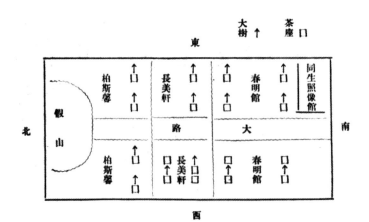

闲言少说，书归正传。中山公园的茶座，虽共有五六处之多，但最闹热为人所注意的，则是园中间大路两旁的三家，春明馆、长美轩、柏斯馨（我现在姑画个图式如上）。这三家虽都是茶铺，它们的特点和性质，则彼此大大不同，这是本文所特别注意的。简单的说，春明馆是比较旧式的，长美轩是新旧参半的，柏斯馨则纯粹摩登化的。所以有人说：这三个茶馆，是代表三个时代，即上古（春明馆）、中古（长美轩）、现代（柏斯馨）。又有人说：这是父、子、孙三代。这些话都很对。由他们预备的东西，便可以证明出来；由他们各家的顾客，更可以表明出来。于是凡来吃茶的，先打量自己是哪一个时代的人物，然后再去寻找自己的归宿地。要是走错了路，或是不能认清时代，譬如说你本来是个旧式人物，便应该规规矩矩到春明馆去坐下，而你偏要"偷闲学少年"跑到柏斯馨去现代化；反过来你本是西装革履油头粉面十成十的摩登角色，你硬要"少年老成"一下，钻入春明馆"老头票"里，无论是过或不及，而同样的因为环境不适于生存，与空气的不相宜，都可以使"瞎碰"者感到踏局的坐立不安，结果只好忍痛牺牲一角大洋的茶资迁地为良，否则多喝两杯茶也只好提前的"告辞了"。这三家中，春明馆与柏斯馨，在地理上和性质上，确乎是两极端；长美轩位于中间，可说是中和派，它的顾主多半是中年人或知识阶级。但柏斯馨的摩登少年，与春明馆的老太爷，同时也可以到这里来坐，惟其他较中和，所以他的买卖比那两家兴旺些。

三

刚才我说由他们各家所预备的东西，便可知道他们所代表的时代，如古老的春明馆为使吃茶的人消遣留连起见，设备了好几副象棋和围棋，这是其余两家所没有的，每天都有好些人在那里很纯粹的消磨岁月。请问在茶馆里能闲情逸致来从容下棋，恐怕中年人也没有这种耐性，少年人更不用说了。至于他们的点心，更是带着很浓厚的时代色彩，也是极明显的时代鸿沟。春明馆还是保持古色古香面目，是一碟一碟带着满清气味的茶食，如山楂红、豌豆黄之类；长美轩则维新进化了，好像是清末民初的派头，除了包子、面食外，碟子有黄瓜子、黑瓜子等；柏斯馨则十足洋化，上两家总是喝茶，它则大多数是吃柠檬水、橘子水、冰结凌、啤酒，他的点心也不是茶食、包子、面等，而是咖喱饺、火腿面包，及甚么"礼拜六"，还有许多说不上来的洋名字。假若你叫六七十岁的人去喝柠檬水，叫一二十岁的小伙子去下象棋，不简直是受罪吗。

从他们的陈设和设备，我们不必进去，便可知道他们座上的人物。不消说春明馆当然是以遗老们为基本队伍，以自命风雅哼诗掉文的旧名士为附庸，在这儿品茶的，他们的态度，与坐茶座的时间，真够得上"品"字。他们的年龄，若据新宪法的规定，每个都有作中华民国大总统的资格，因为起码都是四十岁往外的正气须生了。最特别的象征，便是这个范围里，多半是不穿马褂即穿背心，秃头而戴瓜皮小帽，很少有穿西服或穿皮鞋的（固然穿西服当然要穿皮鞋）。长美轩是绅士和知识阶级的地盘，大半都是中年人，穿洋服、中装的均有，这个茶座可说是文化界的休息所。每天下午四点钟后，便看见许多下了课或下了班的斯文人，手里夹着皮包，嘴里含着烟卷，慢慢儿走到他天天所坐的地方，来解除他讲书或办事的疲乏。说到柏斯馨的分子，则比较复杂，但简单归纳说也不过止红男绿女两种人。其原因是一般交际花，和胡同里的姑娘都坐在这儿，于是以女性为对象的公子哥儿、摩登青年，也跟着围坐在这里。

①

①图注：北平中山公园。刊载于《新生活周刊》1935 年第 66 期。

这个区域的空气特别馨香，情绪也特别热烈，各个人面部的表情，也是喜笑颜开，春风满面，不像前两个地方的客官，都带着暮气沉沉国难严重的样子。

<h1 style="text-align:center">四</h1>

这三个茶铺，便是中山公园最热闹的所在，不特空气清新，花草宜人，而又价廉物美。单吃茶每人只花一角钱，点心也大半一角钱一碟。长美轩是川黔有名的菜馆，但是几毛钱可以吃得酒醉饭饱，在旁处是办不到的。每逢"芍药开，牡丹放"的时节，或礼拜六礼拜天的下午，总是满座，只见万头钻动，真是"人海微澜"。

这三个茶座，大家都喜欢它的，除了上面所说的理由外，还有两个附带的好处，第一是"看人"：它们中间的马路，乃前后门来往的人必经要道，你若是"将身儿坐在大道旁"的茶桌上，你可以学佛祖爷睁开慧眼静观世变；看见人间世一切的男男女女，形形色色，以及村的俏的，老的少的，她们（或他们）都要上你的"眼税"，四川的俗话叫做"堵水口子"，就是这个意思。第二是"会人"。在公园里会人，似乎讲不通，但是有些人自己不愿意去会他，而事实上又非会他不可，这只好留于公园里会的人了。大家在公园无意的碰面，既免除去拜会他的麻烦，同时事情也可以办好。一举两全，这是公园茶座最大的效用。

最后关于这三个地方的遗闻轶事，不可不附记于此。我在北平的时候，常想作一篇《中山公园茶座人物志》，我想这篇东西，或许可以作将来谈"春明掌故"者的小小参考。至少有人撰"续春明梦余录"时，是一定会把它收进去的。这三家茶铺，虽然茶座稠密，但地方究竟有限，凡是常去的人们，大半彼此都认识，最低面孔是互相熟习的。这些天天去的，都得有"公园董事"雅号（实在不是董事）。

据最近两年的统计，常在柏斯馨坐者，有前国立北平大学校长物理学专家夏元瑮先生。长美轩常去坐的，有已故画家王梦白和数理大家冯祖荀先生，你看他吃得醉醺醺的样子，手拿毛竹旱烟袋，穿着四季不扣纽子的马褂，东张西望，踱来溜去，谁也猜不出来他是位科学家。还有曾做过外交使臣的廖石夫和发明速记学的汪怡，差不多都天天来，也可说是这里的长买主。尤以廖翁健谈，因为他和孙宝琦很熟，对于洪宪掌故及外交秘闻，见闻极富，有时候高兴起来，天南地北，高谈阔论，真使围坐环听的人，乐而忘倦，甚至拍案叫绝。还是去年的夏天吧，我记得有一夜同他在茶座谈天，还有在《国闻周报》撰随笔的徐一士与其他诸人，因为谈得起劲，不觉直至夜午，全公园只剩下我们这一桌。这晚所谈的，是说他"驻箚欧洲的时候，正值袁世凯执政，那时法国不知道因何事故，想有条件的将安南交还中国，一般外交使臣都认为是千载一时的机会，亟电政府报告。但结果出乎他们的意料之外，袁的覆电，是不许收回安南，不久得到密令，说明其故，大意谓现在帝制尚未成功，粤桂滇黔，不少潜伏的革命势力，若此时收回，不啻增加革命党的力量，等将来帝制成功后，所有旧日'属地'，都要完全收回来的。"像这种秘闻，只有在茶座上，才可以姑妄言之，姑妄听之。也可算是茶座的一种功效吧？

　　常坐春明馆的，有已故诗人黄晦闻（节）先生，其他的许多老年人，可惜我不大认识。至于我常去坐的是长美轩，去得最勤的，是民国廿年，那时骂胡适之先生的林公铎（损）先生尚在北平，他常常邀我同去吃茶。还有两位也时常在长美轩茶座上的，是钱玄同和傅斯年，不过他两人比较特别，总是独自一人，仰天而坐，不约同伴，不招呼人。而疑古老人并且声明在案，凡在公园里，是绝对不和友人周旋的，就是遇见朋侪，也熟视无睹。他的哲学是"逛公园本求清静，招呼人岂不麻烦"，这可算是"独乐"的实行者了。不过这个公园里很少见胡适之、周启明两位的踪迹，而北海公园间或可以看见他们，这当然是北海的景物比较自然而伟大的缘故。

廿五，五，写于五知书屋

○ 原载于《宇宙风》1936 年第 19 期

北平的巷头小吃

——徐霞村[①]

1936

　　北平为三百年来满洲旗人聚居之地，往日一般养尊处优的小贵族除了犬马声色之外，唯有靠吃零食来消磨他们的时光，因此北平各胡同里售卖零食的小贩之多，为国内任何城市所难望其项背。即到如今，这种风气仍没有随着大清帝国而衰去。假如你和一个没落的爱新觉罗氏的后人做着邻人，同时你又是一个细心的人的话，你便可以看到他们有时即使剩了少数买米的钱，也要把它拿出来在门口买一串毫不解饿的糖葫芦吃吃。我虽然没有荣幸生在这种贵胄之家，但因为前后在北平住了二十年之久，耳濡、目染、口尝之余，对于北平的各种巷头小吃也颇知一二。平日坐在家里，只消听见门外的小贩吆喝一声，就可以辨出他是卖什么东西的，即使他的吆喝非常难懂。现在我把北平各胡同里常可以看到的，同时又为别处所不大有的几种零吃记在下面，虽然要把它们全部写出来，是至少要费几百张稿纸的事。

豆　汁

　　豆汁是北平特有的一种食品，别处的人既没有机会喝它，也没有胃口喝

---

① 编者注：徐霞村，原名徐元度，笔名方原等，湖北阳新人。曾主编《熔炉》《华北日报》副刊《每日谈座》。著有《法国文学史》《现代南欧文学概况》《文艺杂论》《古国的人们》《巴黎游记》等书，译著有《菊子夫人》《洗澡》《法国现代小说选》《六个寻找作家的剧中人》《西万提斯的未婚妻》（与戴望舒合译）等。

它。它的样子有点像豆浆，但颜色较豆浆稍青，而且豆浆是豆腐的前身，而豆汁却是做绿豆粉条或团粉时剩下的一种液体经过发酵而成的。它那种酸腐的气味常给第一次喝它的人以很坏的印象，可是，假使你能硬着头皮喝它一两次，你就会渐渐品出它的妙处来。凡是喝过上等的绍酒或俄国的酸牛奶的人，大概可以想象到它那种酸中带鲜的美味。

在北平，无论你走到哪一条胡同，哪一个街角，你都可以看到一个被一群小孩围着的豆汁担子。担子的一头是一个被炭火煨着的大锅，另一头是一个四方的小案，案上摆着一大盆辣咸菜，以及碗筷之类。喝豆汁的人就围在小案的四周，坐在卖豆汁者所特备一种轻便的小凳上，吸一口滚热的豆汁，吃一口辣咸菜，有些人竟能连喝三四大碗之多。

据说北平的豆汁以东直门四眼井所产的最纯，但是现在只有东城一带的人有喝到它的口福，因为西南城的豆汁贩都嫌路远，不肯到那里去贩。

灌　肠

灌肠担子在北平也和豆汁担子差不多一样的普遍。担子的一头是一个浅平的锅，锅下面生着火。所谓灌肠，就是用团粉和红曲做成的一种猪肠似的东西，卖时把它切成薄片，在锅上用猪油煎焦，盛在碟内，加上蒜汁盐水，递给主顾。但近几年因为猪油的价钱太高，卖灌肠的人只好用些杂质的油来代替，臭气熏天，令人掩鼻。

切　糕

切糕又名盆粉糕，因为它的做法是把黄米面或江米面（糯米粉）合以相当的水分，加上小枣及黄豆，再放在一个大盆内蒸熟而成的。卖者多以独轮小车推着，沿街吆喝，卖时视买主所需多少，用小刀来切。大约江米面者较黄米面者售价稍昂，且食时须加白糖。这是一种比较"实惠"的零食，因为既价廉又解饿。

扒糕及凉粉

这两种都是夏天的凉食，而且都是在一个担子或小车上一块出售的。扒糕是一种荞麦面蒸成的小饼，凉粉是用团粉熬成的粉条，吃时都须加上芝麻酱、醋、蒜水、胡萝葡丝、香油等作料。

炸豆腐

这也是一种"热挑子"，即带着锅炉的担子。锅里所煮的有两种东西，一种是炸豆腐，另一种是"丸子。"炸豆腐，顾名思义，自然是经过油炸的豆腐块，至于"丸子"，那就不是外乡人所能意想得到的了，既不是肉丸子，也不是鱼丸子，却是一种用粉条及"胳肢"（一种用绿豆面制成的一种薄片）炸成的丸子。贩者每日出发前先把这两种东西用油炸出来，把锅里注满了水，稍加花椒大料，煮沸，把炸豆腐及"丸子"放进去然后出门。遇到主顾买时，就把它们盛到碗里，加上香菜或辣椒汁，即成。这两种东西的价钱都很便宜，但是却没有什么厚味。

烤白薯

白薯即蓣薯，至于北平人为什么在"薯"字上加一个"白"的形容词，那就不得而知了。烤白薯在别处也不是没有，但据我个人的经验，何处的都没有北平的那样肥，透，甜。这也许因为北平的白薯生得好，也许因为北平的贩者手艺高，也许两者都有点份儿。至于卖烤白薯的行头，那是也有用车推的，也有用担子挑的，车上或担子上都是一个很大的铁筒，筒内的四周是一层层的铁丝架子，每层架上都摆着白薯。卖这种东西的最好的季节是冬令。下雪天围着炉子吃烤白薯，是住在北平的人的一桩享福的事，虽然胃酸过多的人吃下去有点不大受用。

大米粥

大米粥是种既好吃又易消化的东西，最宜儿童的口胃。作法系用大麦米、红江豆同时放入锅中，以极微的火熬一夜之久，第二天仍以微火在锅下温着，挑到街上去卖。

糖葫芦

糖葫芦是北平的名产，近年他处也有仿制者，但都不如北平的好。所谓糖葫芦，其实与"葫芦"毫无关系，而是一串一串的用竹签穿成而裹满冰糖的果子，如山里红、海棠果、葡萄、山药、核桃仁之类。制时最难的一步是熬糖，因熬得过老则味苦，过嫩则胶牙也。北平的糖葫芦以东安市场的为最好，但胡同里携篮叫卖者也间有好的。

豌豆黄

豌豆黄系以老豌豆煮烂过漏，用石灰点成的一种方形软泥，香嫩可口，也是北平的名产之一。每年三四月间，各胡同里都可以看到卖这种东西的独轮车。

艾窝窝及凉糕

两者都是用熟糯米加豆沙或芝麻馅制成的凉食，不过艾窝窝是圆形的，如圆宵，而凉糕则是方形的而已。贩者多用小车，季节则为旧历正月至五月。

酪

在牛奶里加上白糖，再滴入几滴白干酒，牛奶便凝成一种冻子似的东西，这就叫做酪。据说这种制法是由蒙古人那里传来的，而最嗜吃酪的是旗人。酪铺在北平很多，较大的酪铺除了门市售卖之外，还派许多人挑着两个大木桶，桶里放着冰，冰上放着一碗一碗的酪，沿街去卖。卖酪的人除了成碗的酪外，还带卖奶卷和酪干。奶卷是一种用干牛奶制成的带馅的点心，酪干是一种用酪炒成的不规则的块状物。

酸梅汤

酸梅汤现在已流行到许多城市了，但它发源地却是北平，而且一直到现在，最好的酸梅汤仍旧要到北平来找。酸梅汤的做法很简单：把乌梅放到大量的水里去煮，煮时加上冰糖和桂花，煮好把滓子滤去，加以冰镇，即成。然而怎样把乌梅、水、糖、桂花这四者的分量配得恰到好处，那就是每个制售者的秘密了。北平的酸梅汤以琉璃厂信远斋所售的最好，但一般人因为它路远价昂，不得不想退一步的办法，向门口的小贩来买。此种卖酸梅汤的小贩多半兼卖些别的东西，或挑担，或推车，过巷时用两个小铜碟在手里相击，丁当作响，非常好听。

茶汤及油茶

一个担子，一头是一个热气腾腾的大铜壶，另一头是一个木箱，这便是售卖茶汤及油茶的担子。这两种东西在外乡人看来似乎差不多，但实际却大不相同。茶汤是一种秫子面制成的粉子，卖时如冲藕粉一样，先把粉子用凉水调匀，加上糖，然后用极滚的水来冲。油茶则是面粉用香油或牛骨髓油炒过，卖时用滚水一冲，其用牛骨髓制成者又名牛骨髓茶，据说最富滋养。

硬面饽饽

在北平，每当夜深人静的时候，往往有一种凄凉而深长的吆喝扰人清梦，那便是卖硬面饽饽的小贩的叫卖声。一般人差不多既不爱听这种声音，也不爱

---

① 图注：树荫下的酸梅汤、汽水摊，一杯约二分至一角六分左右。刊载于《大陆画刊》1942年第 3 卷第 8 期。

吃这种饽饽，因为它实在太淡而无味了。"饽饽"是北平话，意即"点心"。硬面饽饽，就是用面粉制成的一种点心。这种点心因形状之不同，又有镯子、凸盖、饊子、白糖饽饽、红糖饽饽等名目，但其不好吃则一也。买它的人，多半是吸鸦片的人或五更饥的患者，半夜两三点钟，家中既没吃的，街上又无处可买，不得已而买它聊以充饥。

○ 原载于《宇宙风》1936 年第 19 期

想北平
1936

——老舍①

　　设若让我写一本小说，以北平作背景，我不至于害怕，因为我可以拣着我知道的写，而躲开我所不知道的。让我单摆浮搁的讲一套北平，我没办法。北平的地方那么大，事情那么多，我知道的真觉太少了，虽然我生在那里，一直到廿七岁才离开。以名胜说，我没到过陶然亭，这多可笑！以此类推，我所知道的那点只是"我的北平"，而我的北平大概等于牛的一毛。

　　可是，我真爱北平。这个爱几乎是要说而说不出的。我爱我的母亲。怎样爱？我说不出。在我想作一件讨她老人家喜欢的时候，我独自微微的笑着；在我想到她的健康而不放心的时候，我欲落泪。言语是不够表现我的心情的，只有独自微笑或落泪才足以把内心揭露在外面一些来。我之爱北平也近乎这个。夸奖这个古城的某一点是容易的，可是那就把北平看得太小了。我所爱的北平不是枝枝节节的一些什么，而是整个儿与我的心灵相黏合的一段历史，一大块地方，多少风景名胜，从雨后什刹海的蜻蜓一直到我梦里的玉泉山的塔影，都积凑到一块儿，每一小的事件中有个我，我的每一思念中有个北平，这只有说不出而已。

　　真愿成为诗人，把一切好听好看的字都浸在自己的心血里，像杜鹃似的啼

---

① 编者注：老舍，本名舒庆春，字舍予，笔名老舍，满族，生于北京。著有《骆驼祥子》《四世同堂》《茶馆》《鼓书艺人》《老张的哲学《龙须沟》等作品。

出北平的俊伟。啊！我不是诗人！我将永远道不出我的爱，一种像由音乐与图画所引起的爱。这不但是辜负了北平，也对不住我自己，因为我的最初的知识与印象都得自北平，它是在我的血里，我的性格与脾气里有许多地方是这古城所赐给的。我不能爱上海与天津，因为我心中有个北平。可是我说不出来！

伦敦、巴黎、罗马与堪司坦丁堡，曾被称为欧洲的四大"历史的都城"。我知道一些伦敦的情形；巴黎与罗马只是到过而已；堪司坦丁堡根本没有去过。就伦敦、巴黎、罗马来说，巴黎更近似北平，虽然"近似"两字要拉扯得很远。不过，假使让我"家住巴黎"，我一定会和没有家一样的感到寂苦。巴黎，据我看，还太热闹。自然，那里也有空旷静寂的地方，可是又未免太旷；不像北平那样既复杂而又有个边际，使我能摸着那长着红酸枣的老城墙！面向着积水滩，背后是城墙，坐在石上看水中的小蝌蚪或苇叶上的嫩蜻蜓，我可以快乐的坐一天，心中完全安适，无所求也无可怕，像小儿安睡在摇篮里。是的，北平也有热闹的地方，但是它和太极拳相似，动中有静。巴黎有许多地方使人疲乏，所以咖啡与酒是必要的，以使刺激；在北平，有温和的香片茶就够了。

论说巴黎的布置已比伦敦罗马匀调的多了，可是比上北平还差点事儿。北平在人为之中显出自然，几乎是什么地方既不挤得慌，又不太僻静，最小的胡同里的房子也有院子与树，最空旷的地方也离买卖街与住宅区不远。这种分配法可以算（在我的经验中）天下第一了。北平的好处不在处处设备得完全，而在它处处有空儿，可以使人自由的喘气；不在有好些美丽的建筑，而在建筑的四围都有空闲的地方，使它们成为美景。每一个城楼，每一个牌楼，都可以从老远就看见。况且在街上还可以看见北山与西山呢！

好学的，爱古物的，人们自然喜欢北平，因为这里书多古物多。我不好学，也没钱买古物。对于物质上，我却喜爱北平的花多菜多果子多。花草是种费钱的玩艺，可是此地的"草花儿"很便宜，而且家家有院子，可以花不多的钱而种一院子花，即使算不了什么，可是到底可爱呀。墙上的牵牛、墙根的靠山竹与草茉莉，是多么省钱省事而也足以招来蝴蝶呀！至于青菜、白菜、扁豆、毛豆角、王瓜、菠菜等等，大多数是直接由城外担来而送到家门口的。雨后，韭菜叶上还往往带着雨时溅起的泥点。青菜摊子上的红红绿绿几乎有诗似的美丽。果子有不少是由西山与北山来的，西山的沙果、海棠，北山的黑枣、柿子，进了城还带着一层白霜儿呀！哼，美国的橘子包着纸，遇到北平的带霜儿的玉李，还不愧杀！

是的，北平是个都城，而能有好多自己产生的花、菜、水果，这就使人更接近了自然。从它里面说，它没有像伦敦的那些成天冒烟的工厂；从外面说，它紧连着园林菜圃与农村。采菊东篱下，在这里，确是可以悠然见南山的；大概把"南"字变个"西"或"北"，也没有多少了不得的吧。像我这样的一个贫寒的人，或者只有在北平能享受一点清福了。

好，不再说了吧，要落泪了，真想念北平呀！

○ 原载于《宇宙风》1936 年第 19 期

北平的豆汁儿之类
1936

一切生活趣味，都得慢慢的汲取，才能体会到那种异样的感觉。故听不惯京戏的人，只觉得大锣大鼓震得耳聋，黑脸白脸，耀得眼花，但在两厢暗陬，却尽有闭上眼睛，在那儿用两个手指敲板眼的人，听到会意处，忽然一声"好"，真会使人瞿然惊讶，而他却慢慢的啜起茶来了。这种事，在有着六七百年首都历史的北平，尤为普遍，故一些外方人，乍到此地，皆感到一种没落麻木；但一住过半年以上，就有了种种脱不开的"瘾头儿"捆住你，使你又感到这真是一个各等人全能活得很舒适的大都会了。

喝"豆汁儿"也是这种"瘾"之一。午后，小胡同里就会听到卖"豆汁儿粥"的吆喝。这种人往往在午前卖"油炸烩"和烧饼。若说烧饼和油炸烩是早晨的点心，则豆汁儿恰当晚茶。中国人是不作兴如西洋人一般，有定时的点心和什么"下午茶"的，这等街头的担子，就是大众的咖啡馆了。

豆汁儿担子一端是一个下面有着火炉的锅，另一端则当作"饭台"。古色古香的兰花瓷筒插了二三十双竹筷，中央是一大盘红色辣椒丝拌的咸菜条，也有环状的油炸烩放在另外一只木匣里，五六只白木小凳则悬置饭台四周以备食客之用。

豆汁者，磨绿豆成糊状物加水而煮之使熟也，其味入口极酸臭，如隔日米泔汁。我很想考一下这食物的起源，搜寻几册讲食物的书都没有。盖食谱膳

272   旧时北平

单，都是大人先生们"郇厨"的成绩，此种只有洋车夫才是大主顾的东西，理当没有也。初到此地的人，真觉得不敢问津，我甚至因此常骂北平人为猪，盖我乡只有猪才食米泔汁耳。首先发现它的好处的，是一位邻居的×太太，她每天午后必要令他的男孩到外面去"端"三大杯的，并且还得要上三片切得极薄的咸水芥（这是照例要赠送的）。起初我看了她笑，后来她总向我宣传，说这东西"清瘟去毒，散热通风"，从此我就注意起来，果然那矮矮的卖豆汁人一进胡同口，就被好多孩子以及劳苦同胞围得风雨不透，且有许多邻家穿了高跟鞋的小姐们也端进一碗来，并一小碟咸菜。我见了那绿油油的汁液，就有点头痛，但辣椒又是我所喜吃，就闭着鼻子呷了几口，辣椒吃得太多，事后只觉得口腔火烧烧而已。哪知第二天又买了，仍有辣椒咸菜，于是我又吃了些，这回就感到在臭味和酸味之余，有些清香，一如吃了王致和的臭豆腐。从此不到半月之久，一到太阳西沉，就要留心听那悠长的一声叫喊"酸，辣，豆汁儿粥！"了。后来连我那不满三周岁的小孩子也染了这嗜好，他常常拿一个铜板坐在那饭台下面的白色小凳上，同邻家一个女孩，吃得悠然有味。有时不去喝，必要磨着他娘大闹一场的。

据《饮膳正要》《本草》一类的书，绿豆本是除烦热、和五脏、行经脉的甘

---

① 图注：北平豆汁摊。刊载于《文华》1933 年第 41 期。

寒之品。北方通常到夏天要吃"绿豆糕"，说是可以解暑。故豆汁虽不登大雅，却也不见得无裨卫生。北平的卫生局长方颐积先生还在报纸上发表过一篇豆汁与精致豆浆的比较，虽未承认此物有绝对滋补之效，但到底也没说它有害。只是说这东西没经"消毒"或者有不洁之弊！啊呀！我真怕所谓"消毒"二字。盖在中国所谓消毒者，即卖的要特别贵之谓也。若使豆汁亦经消毒，如清华园校模范奶厂的牛奶之类，不是什么 Hood 氏的热蒸汽法，便是什么双层纸罩的瓶子等等，怕也得用银色的牛奶车向大红色的门口里送，每月账单上要十几块了。拉车小子更安能问津哉？

与豆汁同类的街头小吃，又有豆腐浆与杏仁茶。这都在清晨才有。豆腐浆即作豆腐时豆腐凝结后所余之浆；杏仁茶则用杏仁粉和糯米粉淀粉之类熬成。惯睡早觉的人常常在梦中就被这种小贩叫醒。担子总是那么简单，一头是"浆"一头是"茶"，下面都有火炉，故其吆喝声为"杏仁儿茶来！豆腐浆——开嗳锅啊——"。一端锅盖上放一大盘晶洁的白糖，看了它一定会引起你的食欲的。若在冬日，一闻此声，开门外出，先"哈"的一声呼出一口白色水蒸汽，以示天气之冷。用铜圆五大枚买一大碗杏仁茶，加糖，调好，缩颈而吸之，其悠然之味，真有为吃牛尾西红柿汤的人们所不及知者。豆腐浆也加糖，且有一种较嫩的豆腐，搅碎在内，故亦别具风味，尤妙在其热得烫嘴，非口中作吸吸溜溜之声不能吞入，遂使冷冻之意全消。

我顶喜欢那种在街口摆设固定摊头的杏仁茶，因其品质较好，且一旁必有一专炸"锞子"（油炸烩）的小贩，故可佐刚出油釜的热锞子而吸之，或将锞子夹入烧饼食之尤妙，北平人呼如此食法为"一套儿"。卖锞子的人总问你："您夹几套儿？"即指此。烧饼亦分两种，一种用酵面加芝麻油作的，名曰麻酱烧饼。一种虽也用酵面作，中无油且层少，只有两面皮子，中则空空，此种名曰"马蹄儿"。以我之意，马蹄儿更好，因其中空易于夹放油炸烩之故。油炸烩，在北平往往指那种炸得焦酥的，其形细长，即南人所称油条也。若锞子则较粗，且不酥而有韧性，这种韧性吃起来格外有劲。我在上大学时顶喜欢吃西单牌楼白庙胡同口那一个摊头的烧饼和锞子，因为他做得极干净且极热也。前门大街珠宝市北口那个卖杏仁茶的贩子，生意极好，有时驻足于此，一面吃着

"茶"，一面看着早晨起来就栖栖惶惶的芸芸众生，心里真说不出是怎么个味儿了。

卖小儿零吃物事者每天不知要有多少。以一种"不四不六"的糖担为最可厌，吹干了的面包、冒牌的朱古律糖、东洋劣质的橡胶玩具，另外还有抓彩设备，看起会让人"恶心杀"。大约中国人之糟，喜欢"不四不六"的皮毛也是原因之一，故有外面是洋楼门面而里面是暗无天日旧房的建筑，有不中不西的广告画，有西服裤而长袍的服装，此皆前述糖担子之流也。挑这种担子的人，也往往有些土头土脑的市侩气，与其营业一致，而照顾他的也就是一些不上不下的孩子。我到底是中国人，觉得"中国本位"有时是必要。有一种打小锣卖豌豆糕的零食贩我就感到有趣。一天，只有我和小孩子在家，外面小锣敲动，孩子就说："买鱼！买鱼！"我很怪，只好说："没有卖的！"但他仍是固执着闹，后来只好开门出去，我开玩笑似的问那小贩："有鱼吗？"我想我一定要被讥笑了，谁知他却说："有！"我倒怪起来，问他多少钱一条？他说只要一大枚呢。随即一面取下一个小凳，放下他的篮子，掀开手巾，我才看到里面是蒸熟的豌豆粉，他坐下，挖出一块粉，灵巧地捏成一个鱼。如果你喜欢呢，肚子里还可以放芝麻或糖的馅子，捏完，用旧梳子打上一些鱼鳞般的细痕，又用细竹枝在

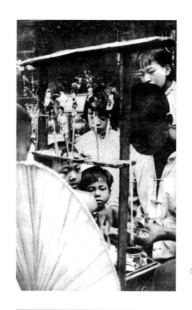

① 图注：捏糖担，做捏了各种的戏子、猫狗等，以集合孩童的视觉。刊载于《大陆画刊》1942年第3卷第8期。

头部按了一个洼洞，将一小块粉嵌进去，就成了很生动的"龙睛鱼"了。我心中实不胜欣喜，觉得一个铜板会买这么多把戏看，就又叫他给捏一个兔子。孩子跳跳蹦蹦拿进门来，可惜是不到一分钟，一尾鱼和一头兔子早都进了他的食道了。

从此我才知道街头有许多巧妙的艺人。

一次，又是孩子向我要求，说要吃"江米糕"。这又使我莫明所以了，还是他母亲告诉我外面就有卖的，也只要一大枚一块。我到外面一看，果然有一副担子，

一头有个铜瓶一般的锅炉，那一端则仿佛馄饨担的盛面和馅子的两屉桌。这纯朴的小贩接了我的钱，用小勺盛了一下糯米粉，打开铜瓶上面的塞子，原来是一个有着小洞的蒸笼，不过只有瓶颈一般大小，瓶腹中则盛满沸水，下面也有火炉。他将一种梅花形的木型放在瓶颈上，把米粉倒入，盖了盖子，水蒸气立刻发出丝丝的细声，一分钟左右，他打开盖，那梅花式的粉糕已成熟了，他又洒上些糖，还放了两三条山楂丝，向一块纸上一倒，这滚烫的糕就在我手中了。我诧异他那繁杂的手续，但并不见有几个小孩子买他的糕吃，况即买也不过一两个铜板，然则这种艰难的生意，又如何来维持他那生活呢？

夜生活的象征者是馄饨担、炸豆腐担和硬面饽饽小贩。年节前后，更有桂花元宵。深夜，远远望到大街上豆样大的灯光和水锅里蓬勃的白色蒸汽，一个人幽手幽脚地走回家去，这真是一首不能写出的诗。据说这种夜食贩都是给赌徒预备的，或亦经验之论。卖硬面饽饽的叫卖声往往在三更左右，时常是我已睡醒一觉的时候。听了那幽厉的声音，不由得浮起一个寒伧老者瑟缩在风寒中的影像。有人说这种小贩专替人家抛弃私生子，只要将孩子缚置在门前，并附以相当报酬，他自会给你淹灭得无踪无迹。若然，则这种人是残忍的抑是慈善的？真不好说。

这古老的城池曾经过几度沧桑了，但这些微渺的人事却依然。而今我们又陷在极度苦痛的低气压下，想到什么胃活、太阳牌橡胶鞋、大学眼药之类布遍了全市，这些可怀念的而又极贫俭的食物，或者也要到了末日吗？……

一九三五岁尾，写于城头号角呜呜之声中

○ 原载于《宇宙风》1936 年第 19 期

慈慧殿三号

1936

—— 孟实

慈慧殿并没有殿，它只是后门里一个小胡同，因西口一座小庙得名。庙中供的是什么菩萨，我在此住了三年，始终没有探头去一看，虽然路过庙门时，心里总要费一番揣测。慈慧殿三号和这座小庙隔着三四家居户，初次来访的朋友们都疑心它是庙，至少，它给他们的是一座古庙的印象，尤其是在树没有叶的时候；在北平，只有夏天才真是春天，所以慈慧殿三号像古庙的时候是很长的。它像庙，一则是因为它荒凉，二则是因为它冷清，但是最大的类似点恐怕在它的建筑，它孤零零地兀立在破墙荒园之中，显然与一般民房不同。这三年来，我做了它的临时住持，到现在仍没有请书家题一个某某斋或某某馆之类的匾额来点缀，始终很固执地叫它"慈慧殿三号"，这正如有庙无佛，多一事不如省一事。

慈慧殿三号的左右邻家都有崭新的朱漆大门，它的破烂污秽的门楼居在中间，越发显得它是一个破落户的样子。一进门，右手是一个煤栈，是今年新搬来的，天晴时天井里右方隙地总是晒着煤球，有时门口停着运煤的大车以及它所应有的附属品，黑麻布袋、黑牲口、满面涂着黑煤灰的车夫。在北方居过的人会立刻联想到一种类型的龌龊场所。一黏上煤没有不黑不脏的，你想想德胜门外、门头沟车站或是旧工厂的锅炉房，你对于慈慧殿三号的门面就可以想象得一个大概。

和煤栈对面的——仍然在慈慧殿三号疆域以内——是一个车房，所谓"车房"，就是停人力和人力车夫居住的地方。无论是停车的或是住车夫的房子照例是只有三面墙，一面露天。房子对于他们的用处只是遮风雨。至于防贼、掩盖秘密，都全是另一个阶级的需要。慈慧殿三号的门楼右手只有两间这样三面墙的房子，五六个车子占了一间，在其余的一间里，车夫、车夫的妻子和猫狗进行他们的一切活动：做饭、吃饭、睡觉、养儿子、会客谈天等。晚上回来，你总可以看见车夫和他的大肚子的妻子"举案齐眉"式的蹲在地上用晚饭，房东的看门的老太婆捧着长烟杆，闭着眼睛，坐在旁边吸旱烟。有时他们围着那位精明强干的车夫听他演说时事或故事。虽无瓜架豆棚，却是乡村式的太平岁月。

这些都在二道门以外。进二道门一直望进去是一座高大而空阔的四合房子。里面整年地鸦雀无声，原因是唯一的男主人天天是夜出早归，白天里是他的高卧时间；其余尽是妇道之家，都挤在最后一进房子，让前面的房子空着。房子里面从御赐的屏风到四足不全的椅凳都已逐渐典卖干净，连这座空房子也已经抵押了超过卖价的债项。这里面七八口之家怎样撑持他们的槁木死灰的生命是谁也猜不出来的疑案。在三十年以前他们是声威煊赫的皇代子，杀人不用偿命的。我和他们整年无交涉，除非是他们的大爷偶尔拿一部宋拓《圣教序》或是一块端砚来向我换一点烟资；他们的小姐们每年照例到我的园子里来两次，春天来摘一次丁香花，秋天来打一次枣子。

煤栈、车房、破落户的旗人，北平的本地风光算是应有尽有了。我所住持的庙原来和这几家共一个大门出入，和它们公用"慈慧殿三号"的门牌，不过在事实上是和它们隔开来的。进二道门之后向右转，当头就是一道隔墙。进这隔墙的门才是我所特指的"慈慧殿三号"。本来这园子的几十丈左右长的围墙随处可以打一个孔，开一个独立的门户。有些朋友们嫌大门口太不像样子，常劝我这样办，但是我始终没有听从，因为我舍不得煤栈车房所给我的那一点劳动生活的景象，舍不得进门时那一点曲折和跨进园子时那一点突然惊讶。如果自营一个独立门户，这几个美点就全毁了。

从煤栈车房转弯走进隔墙的门，你不能不感到一种突然惊讶。如果是早晨的话，你会立刻想到"清晨入古寺，初日照高林。曲径通幽处，禅房花木深"几句诗是恰好配用在这里的。百年以上的老树到处都可爱，尤其是在城市里成林，什么种类都可爱，尤其是松柏和楸。这里没有一棵松树，我有时不免埋怨百年以前经营这个园子的主人太疏忽。柏树也只有一棵大的，但是它确实是大，而且一走进隔墙门就是它，它的浓阴布满了一个小院子，还分润到三间厢房。柏树以外，最多的是枣树，最稀奇的是楸树。北平城里人家有三棵两棵楸树的便视为珍宝，这里的楸树一数就可以数上十来棵，沿后院东墙脚的一排七棵俨然形成一段天然的墙。我到北平以后才见识楸树，一见就欢喜它。它在树木中间是神仙中间的铁拐李，庄子所说的"大本臃肿而不中绳墨，小枝卷曲而不中规矩"拿来形容楸似乎比形容樗更恰当。最奇怪的是这臃肿卷曲的老树到春天来会开类似牵牛的白花，到夏天来会放类似桑榆的碧绿的嫩叶。这园子里树木本来很杂乱，大的小的，高的低的，不伦不类地混在一起，但是这十来棵楸树在杂乱中辟出一个头绪来，替园子注定一个很明显的个性。

我不是能雇用园丁的阶级中人，要说自己动手拿锄头喷壶吧，一时兴到，容或暂以此为消遣，但是"一日曝之，十日寒之"究竟无济于事，所以园子终年是荒着的。一到夏天来，狗尾草、蒿子、前几年枣核落下地所长生的小树，以及许多只有植物学家才能辨别的草都长得有腰深。偶尔栽几棵丝瓜、玉蜀黍以及西红柿之类的蔬菜，到后来都没在草里看不见。我自己特别挖过一片地，种了几棵芍药，两年没有开过一朵花。所以园子里所有的草木花都是自生自长用不着人经营的。秋天栽菊花比较成功，因为那时节没有多少乱草和它作剧烈的生存竞争。

这一年以来，厨子稍分余暇来做开荒的工作，但是乱草总是比他勤快，随拔随长，日夜不息。如果任我自己的脾胃，我觉得对于园子还是取绝对的放任主义较好。我的理由并不像浪漫时代诗人们所怀想的，并不是要找一个荒凉凄惨的境界来配合一种可笑的伤感。我欢喜一切生物和无生物尽量地维持它们的本来面目，我欢喜自然的粗率和芜乱，所以我始终不能真正地欣赏一个很整齐有秩序，路像棋盘，长青树剪成几何形体的园子，这正如我不欢喜赵子昂的字、仇英的画，或是一个中年妇女的油头粉面。我不要求房东把后院三间有顶无墙的破屋拆去或修理好，也是因为这个缘故。它要倒塌，就随它自己倒塌去；它一日不倒塌，我一日尊重它的生存权。

园子里没有什么家畜动物。三年前宗岱和我合住的时节，他在北海里捉得一只刺猬回来放在园子里养着。后来它在夜里常作怪声气，惹得老妈见神见鬼。近来它穿墙迁到邻家去了，朋友送了一只小猫来，算是补了它的缺。鸟雀儿北方本来就不多，但是因为几十棵老树的招邀，北方所有的鸟雀儿这里也算应有尽有。长年的顾客要算老鸹。它大概是鸦的别名，不过我没有下过考证。在南方它是不祥之鸟，在北方听说它有什么神话传说保护它，所以它虽然那样地"语言无谓，面目可憎"，却没有人肯剿灭它。它在鸟类中大概是最爱叫苦爱吵嘴的。你整年都听它在叫，但是永远听不出一点叫声是表现它对于生命的欣悦。在天要亮未亮的时候，它叫得特别起劲，它仿佛拚命地不让你享受香甜的晨睡，你不醒，它也引你做惊惧梦。我初来时曾买了弓弹去射它，后来弓坏了，弹完了，也就只得向它投降。反正披衣冒冷风起来驱逐它，你也还是不能睡早觉。老鸹之外，麻雀甚多，无可记载。秋冬之季常有一种颜色极漂亮的鸟雀成群飞来，形状很类似画眉，不过不会歌唱。宗岱在此时硬说它来有喜兆，相信它和他请铁板神算家所批的八字都预兆他的婚姻恋爱的成功，但是他的讼事终于是败诉，他所追求的人终于是高飞远扬。他搬走以后，这奇怪的鸟雀到了节令仍旧成群飞来。鉴于往事，我也就不肯多存奢望了。

有一位朋友的太太说慈慧殿三号颇类似《聊斋志异》中所常见的故家第宅，"旷废无居人，久之蓬蒿渐满，双扉常闭，白昼亦无敢入者……"，但是如果有一位好奇的书生在月夜里探头进去一看，会瞥见一位散花天女，嫣然微笑，叫他"不觉神摇意夺"如此等情……我本凡胎，无此缘分，但是有一件"异"事也颇堪一"志"。

有一天晚上，我躺在沙发上看书，凌坐在对面的沙发上共着一盏灯做针线，一切都沉在寂静里，猛然间听见一位穿革履的女人滴滴搭搭地从外面走廊的砖地上一步一步地走进来。我听见了，她也听见了，都猜着这是沉樱来了——她有时踏这种步声走进来。我走到门前掀帘子去迎她，声音却没有了，什么也没有看见。后来再四推测所得的解释是街上行人的步声，因为夜静，虽然是很远，听起来就好像近在咫尺。这究竟很奇怪，因为我们坐的地方是在一个很空旷的园子里，离街很远，平时在房子里绝对听不见街上行人的步声，而且那次听见步声分明是在走廊的砖地上。这件事常存在我的心里，我仿佛得到一种启示，觉得我在这城市中所听到的一切声音都像那一夜所听到的步声，听起来那么近，而实在却又那么远。

○ 原载于《论语》1936 年第 94 期

北平的窝窝头

1937

—— 张中岳

　　窝窝头，是北平很经济很普通的一种蒸食。上自达官贵人，下至贩夫走卒，没有不吃它的。不过有的拿它当点心，有的却当作家常便饭经常的吃它。再说得不客气一点，北平现在还打整千整万的人为了要取得它而起恐慌呢。

　　闲话少说，我们先谈谈做窝窝头的原料吧。若果依照普通的分类，约略有三种：

　　一是棒子面（即玉蜀黍面），简称玉面，俗名杂合面，这是因为里面包含的成分不纯粹，掺有豆面的缘故；一是小米面；一是栗子面。上面说的前两种原料，中下层阶级的人们才使用它。但又因为原质很粗糙，吃的方法不合适，很容易噎咽喉。所以除了真正站在饥饿线上，或是想亦经济方面节省一下的人们，勉强拿它填肚子以外，也轻易不愿吃它。可是没有吃惯窝窝头这东西，蓦然的要来享用它，那脾胃就有点降受不住，并且马上就会害肚子胀的毛病。其实什么东西只要习惯了，也并不觉得怎样。还有那些聪明优秀的上等人，偶而因为好奇心的驱使，也来尝一尝新，但是他们的吃法，却和普通一般人大不相同了。他们顾虑到寒伧的掩饰，以及减少原质的粗糙性起见，做的时候，特意掺进去点青红丝、玫瑰、红白糖、枣片、莲子一类东西，但是蒸出来倒很鲜和，像点心铺卖的蜂糕一样，这种吃法虽则很新奇，却失掉了吃窝窝头的真意。

　　其次我们说到栗子面做的窝窝头，这东西完全是给养尊处优贵族化的人们在吃酒肉之后预备的一种消遣品。真正地道的北平馆子才卖这东西，个儿总有驴矢蛋那么大。每个要卖二分钱，北海北岸一家仿膳的茶点铺专卖。怎么叫仿膳呢？就是他做出来的食品，都是模仿逊清皇室厨房的做法，栗子面窝窝头也算是其中的一种。说到这里，有一段悠久的历史，现在不惮烦的把它叙述一下：据说有这么一天，慈禧太后忽然想到要吃民间的窝窝头。承办御膳的人不敢贸然拿真正老牌的窝窝头奉献，乃一时情急智生，用脱骨换胎的手腕，把生栗子磨成面来做，蒸出来和真的一样，并且质细味甜①。刚才说的那个仿膳的茶点辅就是得了这门手法，据一个享受过的朋友说，每天卖的还不坏，一年稳赚一笔大钱。真的，有钱的阔老阔少太太小姐们，平素吃腻了山珍海味，变换一下口味，倒是很需要的。

话得说回来，在这经济紧缩物价高涨的时候，大部分的人都患着生活恐慌的病。但不论怎样的困难，肚子总是不饶人的，因之窝窝头便应运而起了。现在拿棒子面来说，每斤才卖铜元二十八枚（北平现在一元可换四百六十枚），小米面每斤卖三十枚。在北平看来，算是顶贱的粗粮，普通人吃这样的饭，有二十枚尽够，饭量大点的加上一倍，也不过四十枚而已。再则吃窝窝头除了很经济外，听说还具备着一种宽肠的功用，并且愈吃愈能多吃。常吃洋白面的人家，每天到晌午还特意买一点给小孩们吃，藉以消消他们肚里的积食。

末了，再分析一下窝窝头的做法和别名。因为做法的不同，名称也互异了。通常的做法，是将面与水调匀像蒸馒首一样，揉好了以后，就一个个摆在笼里蒸，熟的时间总得一个钟头。此外所不同的，只是在团个的时候，用手把它捏成上尖下圆的塔形东西，中间却挖空了，一般人又美其名曰黄金塔。不过塔是有阶层的，这是浑圆的一个，若是把它竖起来鉴赏，不如说像一座坟墓倒逼真些。前面说的真正老牌窝窝头就是指的是这东西。第二个做法，比较省事的多，仅只把而放在盆里搅成糊涂，一股脑儿倾倒在笼里蒸，熟了便凝结成一块，用这种变相方法做出来的，不叫窝窝头，称曰撕糕，因为可以用手撕着吃的。此外还有一种做法，就是把面合好了，搓成圆形的饼子，贴在锅

---

① 作者注：据有关资料记载，慈禧太后喜欢吃的小窝头不是用栗子面，而是用细玉米面、黄豆面、白糖、桂花等做成的。

炉里边烤，这又叫米面饼子。大概二三两项做法，用的原料都是小米面。棒子面和栗子面却只限于第一项做法。北平人口头上说惯了，所以概而称之曰窝窝头。

年末北平因为国都的南迁，一切生产事业都一蹶不振。尤其一些无产阶级的小商人小工人，以及破落户，他们的生活苦极了，简直连粗糙的窝窝头都混不上。他们总说"咳！这年头多难奔哟！不怕您笑话，还不是为窝窝头？"因之，我们在这里得到一个结论，窝窝头在北平已经成了大众攫取的目的物了。

○ 原载于《宇宙风》1937 年第 54 期

北京菜

—— 金受申①

　　谈起吃来，北京真是完备得很，西餐有英法大菜、俄式小吃；中餐有广东馆、福建馆、四川馆、贵州馆、山西馆、河南馆，江苏馆又分上海苏州帮、淮安扬州帮。至于号称北京菜的，却又是山东馆。近年又有介于南北菜之间的，是济南馆。纯粹北京菜，是没有这种馆子的。有人认为白肉馆是北京菜，这也不尽然，试想砂锅居的白肉烧碟，家庭中能否做出？不过白肉馆是北京馆子中独有特制，旁处是没有的。其实白肉原是满洲吃法，北京旗族家庭喜吃煮白肉，遂有人认为是北京馆就是白肉馆，这话是不周延的。还有人认为烧鸭是北京特有食物，这是不错，不过老便宜坊仍写"金陵移此"，可见烧鸭也不是地道北京产物，因为北京填鸭得法，烧得得法，遂驾一切地方烧鸭之上了。

　　北京菜是北京家庭中家常菜，饭馆中是没有的。近年来旧家式微，一切老做法失传，又传入许多新菜蔬，遂使一般家庭竞仿新样，例如龙须菜、荠菜、盖蓝菜、苋菜、瓮菜、瓢儿菜，都是从先北京没有的菜。虽然龙须菜是北京特产，也没见人吃过。至于炒茭白、烧菜花、炒洋芹菜，北京三四十年前谁吃过？于非厂先生最欣赏北京家常菜，实在是有特殊风味，而且经济的。今天谈

---

① 编者注：金受申，原名金文佩、又作金文霈，字泽生，笔名北平通。北京人，满族。民俗学家。著有《古今伪书考释》《国故概要》《中国纯文学史》《北京话语汇》《清代诗学概论》《晚清两大平民诗家》《仄韵楼诗话》等作品。

几种地道北京老家常菜，诸位能仿制一下，也是不错的，闲来命山妻做一两种，请一请知音的尝尝，也未为不可。

北京菜分日常菜、小吃、年节或犒劳菜三种。

日常菜

大萝卜丝汤

这菜最富养料，最有特别味道，现在正是吃这菜的时候。做法是：把红胡萝卜、大萝卜（红扁而辣的萝卜）擦成丝，先把胡萝卜丝入锅煎，煎出红油为止，然后用羊肉丝煸锅，放入这两种萝卜丝（胡萝卜十分之九），故汤不可太多太少，妙在拨入面鱼，撒以葱丝、香菜、椒面、生醋，味美绝伦。

炒胡萝卜酱

将胡萝卜切丁，加羊肉丁、豆腐炒之，必须酱大，也是秋末冬初果腹的食品。

大豆芽炒大腌白菜

白菜虽在南北朝时已有，但近代已成了北京特产，江南地方以北京白菜价在鱼翅以上。白菜一物，可咸可甜，可荤可素，可以任意做菜吃。切白菜成方块，以盐微腌，加大豆芽、猪肉片炒之，最能下饭，久成北京菜中佳品了。

熬白菜

北京熬白菜分两种：一、羊肉熬加酱，味不太好；二、猪肉熬不加酱，味道深长，如再加炉肉、海米、猪肉丸子，将白菜熬成烂泥，汤肥似加乳汁，冬日得此，真可大快朵颐了。北京以前喜以"把钴子"熬白菜，真有几十年老钴子的，佐以玉色白米，又何斤斤于吃粉条鱼翅，脚鸡眼似的鱼唇呢！

炒王瓜丁

炒王瓜丁是夏日绝妙的食品，将鲜王瓜、水芥切丁，加豆嘴（或鲜豌豆、鲜毛豆均可），以猪肉炒之，有肉则加酱，素炒不加酱。食绿豆水饭素炒王瓜丁，顿觉暑退凉生，不必仿膳社去吃窝头了。

炒三香菜

切胡萝卜、芹菜、白菜为条，用羊肉酱炒，也是深秋美食。如生食，只用盐一腌，再加上些醋，可以代小菜吃。

炒雪里蕻

用腌雪里蕻或芥菜缨，加大豆芽，以羊肉酱炒，最能下饭。

焖雷震芥头片

北京老家庭，春必做酱，秋必腌菜，不是为省钱，实在为得味。腌菜是腌芥菜、雪里蕻，顺便还可以放入白菜，一冬一春的咸菜，可以无忧了。大雪初晴，日黄入户，捧着一碗热粥，醋泡芥缨加辣椒，肚饱身暖，真是南面王不易啊！比那持着清帖赶嘴的，绝保不能风拍食的。雷震芥菜是芥菜带叶下缸，七日取出，阴八成干，揉以五香料，放入坛中，不许透气，明年雷鸣后出坛，切片如猪肉焖食，算家常中高等菜的。水芥可以生切细丝，加花椒、油、生醋，名"春菜丝"，另有一种特别滋味。水芥到初春时候，切丝加黄豆芽肉炒，吃时临时加入生葱丝，也是佐饭的佳品。我以为芥类东西，除佛手芥外，自制总比外买的味美，现在家庭，是谈不到这点的。

炒麻豆腐

炒麻豆腐为北京特别产物，谁也不能否认的，因为炒时用羊油、羊肉，所以羊肉馆多半以此算敬菜，其实讲究一点家庭做的，比羊肉馆还要好一些。用真四眼井做麻豆腐，以浮油、香油、肢油炒（不加肢油不算讲究），加上一点老黑酱油，加入韭菜段、大豆芽，炒熟后，撒上羊肉焦丁，拌上一些辣椒油，自然味美了。不过火候作料，不容易做得恰当，厨师傅有时不如女人会做，所以就不太可口了。以外茄子、冬瓜、倭瓜、饹馇、豆腐，各种菜蔬，做法很多，一样韭菜，有十几种做法，不能一一说清了。

小　吃

北京的小吃，也是很有滋味，不过北京家庭，平常不注意小菜，到年节才特别做些，预待年节食用，尤其是旧历年，因为天气寒冷，食物不易腐坏，所以家家做菜，名为"年菜"。

先谈小吃。生食的有：拌苔菜、拌王瓜干、拌海蜇皮等类。熟吃的有：一、炒咸什锦，把面筋、水芥、胡萝卜、豆腐干切成极细丝，用香油、酱油炒熟，撒上香菜，最好是凉吃。二、炒酱瓜丁、炒酱瓜丝、炒酱王瓜丁丝。酱瓜系酱渍老烟瓜，最好的是甜酱瓜，甜瓜非夏日香瓜，为另一种小瓜，较老烟瓜短小，酱渍以后与老烟瓜同称"酱瓜"，但比老烟瓜所制之酱瓜甜嫩，非大"京酱园"没有。切丝切丁加生葱炒之，用猪里脊或精致猪肉伴炒，如能用山鸡肉，就更好了。主要条件要用香油，肉须先用滚水焯过，葱须炒熟后再加。更有一点足能增加美味，而为人少知的，即炒时加些白糖或冰糖，自能别具一种风味，可以下粥，可以渗酒。又有酱猪排骨、粉肠、卤口条、卤肝等，以及酥鱼、酥鸡、鸡冻、鱼冻，讲究的家庭，多半在年关前做成。除夕家宴，元宵聚饮，拥红泥小火炉，燃百烛电灯，儿童点放爆竹，欢呼畅谈，或叙天伦乐事，或约一二契友作竟夜谈，一坛瓮头春，足洗一年心绪，又何必侈谈焖炉挂炉，燕窝鱼翅呢？

年菜小吃中最清适的，要算凉甜菜，如芥末墩，又名芥末白菜，将白菜去外皮，只取内心，切成寸厚小段，用马蓝叶或钱串拴牢，放锅内煮熟，取出带汤放置盘中，撒上高芥末面和白糖，凉食最好，但食时应加一些高醋才好。又有糖素白菜，系将白菜切成斜方块，佐以胡萝卜，入锅煮熟后加白糖，凉食但不必加醋。再有北京特有的辣菜，入冬即有担售的，系用芥菜头（千万不可用蔓菁）切片，及大萝卜切丝，煮熟后，连汤倾入坛中，不可透气，食时加香油生醋，虽辣味钻鼻，人皆嗜食。新年大肉后，这三种实在是一副清凉剂啊！

年节及犒劳菜

年节及犒劳菜，以肉菜为主，讲究一点的，也有鸡、鱼、鸭等品，但不是家庭中习做的。第一大菜即炖猪羊肉，以小门姜店好黄酒，加花椒大料炖之，以老黑酱油提色。至于炖牛肉，加五香料及酱油红烧，皆入民国后才有（北京老家庭多不食牛肉）。次为炖蘑菇肉，以猪肉切成大片，加东蘑黄酱炖成。又有"炖锦子"，炖猪大肠加肝，如饭馆熘肝肠，但不勾汁。至于猪下水，近年城内才有吃的人。最美的要算炖羊肚心肺丝汤，即六月雪中羊肚汤，以羊肚全份，羊肺头、心、肝煮熟切丝，或加海带菜丝，炖成后，加葱丝、香菜、麻酱、醋、椒面作料食之，实在是肉类中逸品，不过难得肚板厚丝细罢了。

清真饮馔

清真教馆

大教的饭肆有庄子、馆子，庄有庄肴，馆有馆肴，是有分别的，清真教馆也是如此的。以前王广福斜街的元兴堂，就是清真教庄子，现在大半都是所谓馆子了。现在北京清真教馆，也可以区分几个等次，像西来顺、两益轩，以及同和轩，都是名为馆子，实有庄子的事实。

西来顺以褚祥头灶号召一时，实在所做的菜品在一切清真教馆以上，每菜有每菜的单独特有滋味，绝不像一率羊肉席的同一味道。更善做燕翅席，有时且在大教馆以上（红烧鱼翅比福全馆强得多了）。对于应时的鲜菜，尤其讲究，如双拼冷荤，绝不像只豆豉鱼、酱腱子的常味，清淡宜人，精致适口。对于颜色的调和，也费心研究，如鲜王瓜段和炸干子米相拼，红绿相间，便令人起一种美感。热菜中如锅塌香椿豆腐，香椿经热，味便浓厚，所以褚祥在冬日做香椿菜而用此法，便深得人心喜悦。以外像冬日炒鲜芸扁豆，烂而不失其绿，火候很好。谁也知道鳜鱼清蒸时汤必鲜美，西来顺却在清蒸鳜鱼中还加螃蟹，味更鲜了。西来顺还能究心教门大菜，如"抓羊肉"，必须带骨羊羔才好，它对抓羊肉也很做得法。因此西来顺在现在清真教饭馆中，要算最讲究的，至于炮烤涮，蒸食小吃，虽然很好，却被菜品所掩了。

两益轩开设历史很久，在其他清真教馆以上，因梨园行拜师、请客，以及了事摆请，把儿帖子结盟，都在这里举行，所以买卖很发达，同时便也注意在成桌菜品的做法日求进步。两益轩的菜品多半遵守教门饭馆的老规矩，如面鱼、查菜、炖焖扒牛羊肉，都在不失规矩中求精，很受一般人赞许。两益轩尤善做小吃，两三个人去求醉饱，是很容易令人满意的。近来零售烤鸭尤其方便顾客，菜码中常而价低廉，尤令我辈穷人欢迎。所售"伏酒"，确有比其他饭馆高的地方。至同和轩系两益轩出号伙计所做，一切仿照两益轩，无足纪述。以上算是清真教饭馆中的庄子，乃西来顺以大菜得名，两益轩以承应教席出名，各有长短的。

以外第二等是清真教饭馆的馆子，像东来顺、重阳馆、同聚馆（即馅饼周）的便是。东来顺以一区区包子摊，渐渐扩充到今日三层楼的东来顺，原因有二：第一是物美价廉；第二是东安市场历来火灾全没波及，才有今日的发达。东来顺铺长老丁，极有心思，对于一切出售的食品，都加以细心研究，自己有酱园、菜园，利权不致外溢。四时应时的糕点，像杂样蒸食、元宵、年糕、粽子、豌豆黄，都比别处精美，就是蜜饯海棠、炒红果、温朴都比果局子好，尤以"果子干"最有名，可谓北京上品。这没有别的缘故，只材料地道，做法细致而已。菜品以扒、焖、炖出名，不善做燕翅大菜，只在中品小品中追求，人人公认拿手菜的，凉的是豆豉鱼、酱腱子，热的是锅烧茄子、锅烧萝卜、锅烧鸡、烧牛羊肉，都另具一番风味。普通人小吃，可以一菜一汤，炖牛羊肉、杂碎散丹或煮饺子，两三角钱便可一饱。贫苦朋友可以到东楼下坐板凳，依然包子摊神气，老丁可谓不忘本了。到入秋以后，炮烤涮时兴，东来顺又要做一批好买卖的。

重阳馆是东来顺出号伙计开立，一切规模东来顺，虽然具体而微，但很能因价廉招徕顾客。馅饼周和东来顺相仿佛，但更"大路"一些。第三等的清真教馆，如前门大街一条龙，崇外大街域华楼，粮食店庆宴楼，只能疗饥，以之会亲友，是不雅相的。

清真家庭饮馔

大教人对于清真教家庭饮馔多不明晓，前承雄洲陈兄秋夜无事，挑灯闲话，给我补充不少。清真教家庭菜如炸油性、肉粥，并非只为果腹，乃是圣食，遇令节才做成享神，这在唐易尘先生有很明细的记载。

以外如抓肉，就是西来顺的抓羊肉，只以大羊代替羊羔罢了。有方子肉，将牛肉切成大方块，排放锅中，加酱油作料，上压石块，汤须过肉，置微火上，一夜肉烂，去石以筷试之，须直能通过。食时欲烧牛肉，则切小块油炸，欲炖牛肉则加汤，并可撕丝做牛肉粥，是以清真教家庭中多喜做方子肉。又醋肉，将羊肉用油炸过，然后加葱姜佐料，入水三分之一，醋三分之二，炖之至九成熟，将蔓菁头亦切块放于肉上，肉烂蔓菁头亦烂，味最美，且极富养料及消化力，大教朋友不妨一试。又抓饭，兴于新疆回教，前我曾于某报记载，以非北京范围，不再赘入。又熏鱼，清真教熏鱼亦将鱼做成咸味，用真樟木烧熏，味道就特别多了。

以上所记，不免遗漏错误，希望教门朋友指教。至今笔者尚有一谜，即清真教是否许吃卤虾油？某君说不许吃，而羊肉馆有此物，曾问羊肉馆伙计，亦说不清，幸亏黄兄教我。又清真教糕点，我曾有详细制法记载，兹不再记，容后补叙。总之清真教糕点清雅绝俗，颇有日本揪饼的风韵，炸卷骨、查菜、莲子、缸炉、锅盔、炸烧饼、果羹，都各具别味。尤其使我不能忘情的，是烧饼铺的"回头"，现在不多见了。

雄洲曾发明一种点心，系将江米煮至极烂成泥，象牙白萝卜也煮成泥，捣和极匀，加生花生仁，用布包裹，搓成长条，冷却凝成年糕，切成寸许小段，用香油炸焦，撒以白糖，不但味好，养料也很丰富。关于清真教饮馔，粗记一点，总而言之，清洁、闲适、平淡隽永，可以作清真教菜的总评。

○ 原载于《立言画刊》1938 年第 6 期

北京的酒
1938

中国的酒类名色很多，按烟酒征税来分：一，绍酒；二，烧酒；三，洋酒。实际上的分别是烧酒、黄酒、露酒和江米白酒四种，除露酒特殊，江米白酒近已没落，只烧酒、黄酒还盛行。

北方的黄酒大都分甜、苦两种，如陕西黄酒称"甜南酒""苦南酒"多，北京黄酒称"甘炸儿""苦清儿"，山东、山西黄酒也各自分其甜、苦的。绍兴黄酒就没有这种分别。

北京通行的一是烧酒，就是白干，南方称为"高粱烧""蚌埠烧""牛庄烧"的便是，是上中下不同阶层都欢迎的酒；二是绍兴黄酒，名色也很多，大部通行在中上阶级，日常饮此者很少；三是山东、山西黄酒，只做为应酬家乡客人而已；四是江米白酒，可以用在药内。按其行销渠道，分别记述。

大酒缸

大酒缸是北京味十足的好去处。经营大酒缸的多半是山西人，以零卖白干为主。贮酒用缸，缸有大缸、二缸、净底、不净底的分别。缸上盖以朱红缸盖，即以代替桌子。华灯初上，北风如吼，三五素心，据缸小饮，足抵十年尘梦。

老北京人认为在大酒缸喝酒，如不据缸而饮，便减了几分兴致。大酒缸所卖的原封"官酒"，绝不羼入鸽粪、红矾等强烈杂质，对水是免不了的。大酒缸所以能号召人，是在小碟酒菜和零卖食品，不但下层阶层欢迎，就是文人墨客也以为富有诗意，喜欢前去喝二两的。

大酒缸的酒菜，分自制和外叫。自制又分常有和应时两种。例如花生仁、煮花生米、煮小花生、豆腐干、辣白菜、豆豉豆腐、豆豉面筋、拌豆腐丝、虾米豆、玫瑰枣、冷炒芽豆、豆儿酱、老腌鸡子、拌海蜇、饹饸合、炸虾……都是四时常有的酒菜。像冰黄瓜、冰荸荠、拌粉皮、拌菠菜、芥末白菜墩、醉蟹、蒸河蟹、蒸海蟹、熏黄花鱼、卤千子米、鱼冻、排骨、酥鱼、香椿豆、鲜藕等，都是应时的酒菜。不论"应时"和"常有"都以冷食为主。价格除鱼蟹、海蜇、鸡子以外，其余只分大碟、小碟两种，小碟两大枚铜元，大碟三大枚铜元。

除凉碟酒菜，有的大酒缸还准备铽炮羊肉，以二两、四两、半斤计卖。酒后二两羊肉多加葱，外添几个火烧，也是很不错的。

酒菜中还有一种铽炖鱼，是热食中的应时菜。分炖黄花鱼和炖厚鱼。黄花鱼以尾计，厚鱼以段计，终日升火，汤滚鱼熟。在暮春天气，乍暖仍寒，冷食小酌之后，忽有热鱼一碟带汤而上，不但暖肠开胃，还有醒酒的功能。

"独立市头人不识，一星如月看多时"的寂寞黄昏，独行踽踽地踅入了大酒缸，小碟酒菜满桌，甜咸异味，酸辣有分，四两白干入肚，微有醉意而所费无几，真是我等穷人开心解嘲的妙法。

大酒缸除了自有酒菜，还有外叫的酒菜。所谓外叫并不是到外边饭馆去叫，因为大酒缸的门外都有它寄生的营业，专卖凉热酒菜，是大酒缸所没有的，主要是肉类。凉的有"红柜子"，就是北京所说的熏鱼柜子，实在熏鱼却是附属品，而以熏猪头脸子和肘子为中心，但肘子不如脸子，外有口条、心室盖、猪心、猪肺、猪肝、大肚、肥肠、粉肠、熏豆腐干、熏鸡子等，可以零卖。另一种是"白柜子"，专卖驴肉、驴里脊、驴心肝肚，以回锅次数多、味咸为佳。京北白坊、京南南苑，以活驴下锅，号称"活驴香肉"，另有味外之味。俗说"天上有龙肉，地下有驴肉"，真是知者之言了。还有一种是卖羊头肉的，有羊脸子、羊信子、羊眼睛，以白煮的为佳，也有酱煮的。卖羊头肉的多半是大教人。廊房二条复兴酒店前有一马姓回民售卖白煮羊肉，还带牛肚，那是北京最好的一份羊头肉。

大酒缸外面卖热酒菜的有这样几种：水爆羊肚，由肚仁、肚领到散丹，蘑菇，百叶，食系，葫芦，肚板。无一不备，并且从五大枚一碗起码，可以说物美价廉了。

再次是苏造肉，是以前宫内升平署厨房苏某创兴命名的，如苏造酱、苏造鱼、苏造肉等，不但冠以苏某的姓氏，上面还要加"南府"二字，作料特殊，味道香醇。近来仿制极多，都不能得其滋味，只其徒李某尚能得其真传，在鼓楼前宝源酒店门前出售。苏造白鱼须定制，价值六角一尾，所以很少有人食用。苏造酱亦较普通干黄酱价高一倍，以前只有交道口天源酱园制售，三年来亦断庄了。苏造肉附带猪下水、煮火烧、颇能吸引食客。

和它相仿佛的是卤煮小肠，材料和苏造肉相同，只是不用酱，而苏造肉则必须用酱。北京所谓"卤"就是花椒，大盐之别称，如卤牲口、卤煮炸豆腐等皆属此类。有一位北京通人慨叹现在煮小肠不用卤，专用盐花椒，此公真是北京特别通人了。花椒大盐此外还有炸饹酥，虽不如羊肉馆用羊油炸，也是北京风味的一种。卤煮炸豆腐，豆腐要稍厚，以炸完后不要仅剩两层皮为佳。

此外大酒缸还代制食品，有清水饺子。馅可随四时季节变换，一角钱可买二十个，俗称"饺子就酒，越喝越有"，妙在油少而不涩，为大酒缸的大宗食品。馄饨、火烧虽没有，好汤也还是穷人乐的美食。

山西人开的大酒缸，代制山西拿手家常饭刀削面和拨鱼儿，三两分钱一碗，加上肉汤，恍坐晋阳市上梦晤重耳仁兄了。

大酒缸以平民化食品维持营业的繁荣，不过大酒缸多半临街，以饮客为市招，太不雅相，只东四牌楼恒和庆、东安门丁字街义聚成设有后堂，尚能号召些衣冠人物。

卖白干的，也能号召一方，如后门桥谦益、金鱼胡同同泰、粮食店六必居等酒馆。附近饭馆全以"外打酒"壶盖加门票，表示饭馆的真诚。大酒缸最特别的要算大栅栏口同丰号，虽以露酒为主，主顾却欢迎它的白干。零卖碗酒，以茶碗盛酒，每碗二十枚。酒味之醇，北京第一。但它不预备酒菜，也没桌凳筷箸，饮者要在门外自买酒菜，立在柜前喝尽。大酒缸以前卖碗酒，用的都是黑皮子马蹄碗，颇有诗意古味。

北京白干酒的上品，除酒缸、酒店外，以都一处的"蒸酒"为第一，东西来顺和两益轩的"伏酒"次之，至于远年老白干，只南酒店还存一些，酒缸是没有的。北京白干的产地分四路，南路采育镇、长辛店，北路丽水桥，东路西集、燕郊，西路黑龙潭等，都各有烧锅。

黄酒馆

黄酒馆就是现在的南酒店，不过不只南酒，尚有山东黄酒、山西黄酒、北京黄酒，总称"黄酒馆"。从前北京黄酒馆带卖碗酒，凡在黄酒馆喝黄酒的不像大酒缸顾客的人品复杂，大半是坐大鞍车穿朱履的人物，尤其年高有德的老封翁，聚几个酒友，谈一些前八百年后五百载没相干的话。自带白杏一枚，令酒保剖为八块，杏核破为两半，加上碎冰，一两黄酒，欲饮又谈地不知温了几次，便可消磨一天。等到日已西斜，或到书馆听书，或回府用饭，试想黄酒馆怎能赚这一班人的钱？所以到了清末，黄酒馆便纷纷停闭，或改成南酒店，不卖碗酒。

南酒店本庄营业是绍兴黄酒，后来也代售瓶酒白干、药酒、露酒的。绍兴酒分花雕、女贞陈绍两种，陈绍又分竹叶青（佳者为陈竹青，次者为竹青）、黄酒。花雕为坛上绘红黑色"吉庆有余""富贵平安"的花样。相传女贞陈绍是绍兴人生女儿时造酒埋地下，俟女儿出嫁时作为陪送，实在也是酒家自己所造。据知堂老人周作人考证，绍兴当地并无花雕之名。

北京绍酒以年代定价值的高下，最远的据说有六十年的。绍酒最贵的卖四五元一斤，最贱的二角八分一斤。但在饭庄饭馆喝黄酒就没有准谱儿了，以字号大小定酒价高下，普通的四角一斤，也就是酒店卖二角八分的那一种。所以讲究喝黄酒的，都以外叫酒为便宜。因此酒店、饭馆互相借重，像粮食店内的泰和馆，本没有什么拿手好菜，因聚宝南酒店就在对门，靠酒店也能招徕一部分顾客。此外隆福寺长发、东四牌楼宏茂、八面槽长盛、北新桥三义、陕西巷长兴、后门泰源、绒线胡同德庆和、王府井大街杏花村、杏花天等南酒店也都记在饮者之心了。

南酒在以前都是从水路运京，在通县聚集。所以北京南酒店都写"照通发兑"。实在花雕与女贞陈绍，有的是南方造的，也有天津仿造的。真花雕坛上的花样是水墨颜色的，假的是油墨颜色的，一看便知，不容掩饰。至于远年花雕陈绍至多不过二三十年，还要对新酒才能喝。六十年的陈酒已成酒黏，还怎能入口？

民国以来，北京新兴的黄酒馆有李铁拐斜街的越香斋和西单北的雪香斋，不但卖碗酒，还制售精致酒菜，比大酒缸雅俗不可同日语了。雪香斋主人倪君，本是风雅骚人，善烹紫蟹，一些文士报人，很喜和他来往。四年前倪君忽起莼鲈之思，收起营业，游西湖去了。倪君去后，还有余酒，由一位张君接办，在西安门外开设村味香饭铺，卖南酒和南方家常饭，倒也别具一格。

张君原是大学毕业生，在铺中悬起毕业证书和自书慨叹身世的屏联，由张君夫妇子女任庖厨应使，宛似到了江南。前年和郎一鸿、陆蘅浦两兄到村味香小酌，活鱼余汤、糟雁，清适的很。令我特别感慨的是：大学毕业生只如此啊？以后酒税关系，便也收了张。以后黄酒馆更少了。

山东黄酒分甜头、苦头两种。甜头黄酒味如焦锅饼，毫无酒意。苦头黄酒近乎南酒，一般山东朋友都喜欢这种。以前山东黄酒很不普遍，即号称占北京饭馆第一位的山东馆，也都不带山东黄酒。山东黄酒馆以东珠市口德胜居历史为最悠久，最初也卖碗酒，后来除做批发生意外，碗酒则不卖了。此外像东四牌楼豆腐巷的复兴馆和由二荤馆改成的天宝楼，都因附近是山东人经营和从业的猪店、汤锅、猪肉杠，所以代售山东黄酒。山东黄酒有二角四分和二角两种，近年来山东黄酒馆虽然不卖碗酒，但营业却不衰落。

山西黄酒味最淡薄，喝的人很少，它和山西特产的汾酒，同为山西人开的大酒缸的附属品。

北京黄酒，虽不如南酒普遍，但味道确实不坏，甜头虽不如苦头滋味深长，但比山东黄酒强的多了。北京酿制黄酒的，以护国寺西口外柳泉居最有名，历史也悠久。后来柳泉居铺东又在崇文门外开设了仙路居，这两家铺东铺长虽是山东人，却酿制北京黄酒。北京黄酒号称"玉泉佳酿"，每斤一角七分。同时也酿造药酒，如"木瓜北京黄"，色如琥珀，酒味香醇，比木瓜烧酒另具特色。柳泉居原先也卖碗酒，后来因酒客酒后借地打牌，才停止卖碗酒。代卖北京黄酒的，从前有安定门外头道桥鸡鸣馆，现在有阜成门外月墙虾米居。虾米居虽然开在关厢，但因能制兔肉脯、牛肉干，而且后墙临河，透过墙上的扇形、桃形窗棂，可以远眺西山，所以颇能吸引顾客。最妙的是虾米居一直未装电灯，晚间燃蜡烛。如在冬天，北风飒飒，烛影摇摇，兔脯新熟，玉杯琥珀，仿佛塞上猎罢，野宿尝新一样。

露酒庄

露酒就是用各种药材或花果做的酒，习惯称之为"混合酒"。青梅煮酒和东坡中山松醪酒（前几年北京有人制售，用"安得中山千日酒，酩然直到太平时"诗意，据说是东坡遗法，实在只甜而有点松香味罢了）不能算为北京露酒。北京露酒多半是酒店代售或专制两种，普遍全做的很少。现在简单谈一谈。

莲花白以白莲花所酿，产于海淀，用柳浪庄（六郎庄）白莲，味虽甜，酒力却在一切露酒之上。海淀各酒店皆写"专售莲花白"，其实只北头路东不写市招的仁和酒店所售的是真莲花白。真莲花白在酒没喝到大醉时，总有一缕莲花的清香滋味送上鼻头。

黄连液用黄连制作，味苦能去心火，以通州八里桥所产最佳。

木瓜酒以大栅栏同丰所制最好。

四消酒用中药四消丸的汤头酿制，功同四消丸，能消食消气。发明者是德胜门果子市北义兴，后来只有鼓楼前四合义代卖。

茵陈酒功能利湿。白茵陈以三义酒店酿制为好，绿茵陈却以鹤年堂、永仁堂药铺为上品。此外五加皮酒、红白玫瑰露、史国公酒、状元红酒、陈皮酒、佛手露酒、桔精酒等，各酒店皆有制作，难分高下。至于凭性酒、虎骨酒、蛇皮酒，不过具有酒的名称，实在是药，只能治病，不能用来作消遣品的。

白　酒

白酒就是江米酒，可以用在药内。长沙方剂的"栝楼薤白白酒汤"便是此种白酒，从前也有爱喝的。新年元旦后，更有下街担售的，最受儿童欢迎。在新年大肉之后，一杯清凉，确有味道。近年卖酥糖的还有代售江米酒的，但已比较少见，只剩鲜鱼口一家以做"白糟"为主了。

中国的酒类很多，在北京也不限于上述的那些。还有机制的葡萄酒、啤酒、白兰地酒，外来的茅台酒、大曲酒、蛤蚧酒等。

○ 原载于《立言画刊》1938 年第 11 期

大酒缸与小饭馆
1944

—— 识因①

自从北京成了天子辇毂之下后，人们也就文质彬彬起来，言谈举止雍容大雅，虽是贩夫走卒见人礼数周到，话儿甜甘如满洲王孙阿哥们，那些慷慨悲歌旁若无人的燕市酒徒在这八百年来帝王的古都里是不易看到了，无已其求之于大酒缸乎。饮酒也和诗词一样有不同的种种意境，红袖青衫低吟浅斟，是一样饮法。酒酣耳热歌呼乌乌，又是一种饮法。唯慧心人参得出这种意境，自能体味得之也。

买醉燕市已历多年，也参加过多少次高下不等的酒场，觉得冬季风雪载途的日子，或是黄沙扑面，电线被西北风吹得发出哨子声时，在大街上缩着脖子，两手插在衣袋里急急行走，打开大酒缸挂的厚蓝布棉帘走进去，随便在哪一角都可以占一个座位，要它两三碗白干，来上一碟炸饹馇合，一碟煮小花生，叫伙计在门口卖羊头肉柜子上切几毛钱的羊脸子，用旧报纸一托，肉片大而薄如纸，上洒细盐，手捻而食，不用匕箸，三碗下肚，风寒已被逐净尽。再叫柜上来三十个羊肉白饺子，或在山西子铺子里更可以尝尝刀削面或猫耳朵。这样酒足饭饱之后，心身泰适，即或千里孤身，一人客居，也就暂时解去乡愁。

所谓大酒缸实是北京专卖酒不卖熟菜的酒店。普通是三开两进的门面，柜

---

① 编者注：敖士英，字识因，江西清江山前乡人，曾任教于北平私立中国大学，1947 年为英士大学中文系主任，著有《中国文学年表》《周官六官沿革表》《古代浊声考》等书。

台以外，屋里黑漆没有桌子，放上五六口头号皮缸，上盖朱漆或黑漆的缸盖，就拿它当桌子用，缸的四周摆上几个凳儿就成了。木柜上没有什么酒菜，平时炸排叉、饹馇合、煮小花生、煮花生仁、玫瑰枣、兰花豆，春天黄花鱼上市的时候，添卖炸黄花鱼、炸小虾。夏天添上煮毛豆，再要添买酒菜就得叫伙计去买。门外常有卖羊头肉的，或卖熏鱼、猪头肉的背柜子在此等候主顾。秋天有卖炮羊肉的车子停在门口，而且卖爆羊肚的、卖馄饨的长期在大酒缸门外摆摊儿。

酒不论斤，以碗单位，碗是很糙的瓷，白里黑皮，有饭庄上喝绍酒用的杯子大，可盛二两来的酒。除了白干以外，还卖山西黄、山东黄和良乡酒，也卖茵陈、莲花白和玫瑰露。这样酒多是为拿瓶打酒的主顾预备的。你想到大酒缸喝酒去的人谁肯喝那没有劲头儿的果子酒呢。

饭食就是饺子、面条、拨鱼儿，还有刀削面、猫耳朵，到山西铺里喝酒，可以尝一下特有的醋卤拌面。饺子普通冬天是羊肉白菜馅，春夏是猪肉茴香、猪肉韭菜、羊肉西葫芦。要不吃这些，可以叫伙计买三五个新出炉的芝麻酱烧饼蘸着炮羊肉的汁水一吃，再闹一碗馄饨，卧上两个白果，亦可以果腹矣。

昔年读书清华园中，北京没有家，星期六进城，时间一晚，不好到朋友家去赶饭，给主人添麻烦，常常一个人到小馆子去吃上一顿，再到友人家去借宿。因此试验了许许多多的小饭馆。

大约北京小饭馆分成南方馆子、本地馆子两路，南方小馆也有江苏馆，也有广东馆。东安市场的五芳斋、西单的玉壶春都很出名，这种馆子没有大件的菜，卖得最多的是包子、汤包、炒面、汤面、馄饨，新年以后添上春卷。去的人都为自己吃饭，不是请客，叫上两样点心也就饱了。有时作一两样菜如烧头尾、红烧爪尖、松鼠黄鱼等，来一盘花卷两碗米饭一吃，换换口味，也不费钱。

西单商场刚一开张时，正对着商场马路西有家酒馆叫雪香斋，专卖酒。主人夫妇亲自上灶，只有不多几样菜，炒鳝鱼最是拿手。秋天也卖螃蟹，某次我一人独吃肥蟹四只，喝了一斤来的绍酒，也就首开我这酒量小人的纪录了。出得门来觉得悠悠然，已有八九成醉意，今日回思浑如梦境。

纯本地味的小馆很多散布在四城里，最出名的如馅饼周、饺子王、穆家寨、灶温、白魁和后门桥头的灌肠铺，前门肉市一家以炸三角出名的馆子。这些家仍然存在，生意都还不错。馅饼周、穆家寨在前门外，饺子王在崇文门外花市，灶温、白魁在隆福寺街，最好的是灶温作的面条，从最细的一窝丝，到粗的帘子棍，都是人手撑的把儿条，不用机器，就是一窝丝那么细，煮出来也是不糟不烂，真是一绝。此外他那里的烙春饼也颇有名。

民国十七年北伐成功以后，饭馆里添上女招待，风靡一时，除了几家大庄子和东兴楼、同和居以外，若小的馆子门口无不添上一个"特请女士招待"的牌子和应时上市的菜名粉牌并列，可是她们的能力实不如男跑堂的，常把座儿叫的菜送错，算起账来决不能像男跑堂一边数家伙，嘴里念着迅速的就算完了。又因她们演出了好多桃色的悲剧、喜剧，以致不理于众口。现在除了前门外几家馆子仍有女招待外，内城各饭馆仍用男跑堂。

有女招待的铺子我也观光过几次，一向脑中印上古诗里所谓"胡姬年十五，春日独当炉"的影子，及至亲眼看过，立把绮丽的幻梦打破，大概略为清秀，面目平常不讨厌的就很少，更不用说什么有风韵的了。又加之她们都是浓脂厚粉，若遇见一位大个儿，虎臂熊腰，雄纠纠的，好似孟州道上十字坡的孙二娘，灯光一照又像佛经上所说的"鸠盘荼"[①]，试问谁还敢调笑这样的酒家胡呢？

西单十字路口南边路东在和兰号咖啡店的地方，从前有一个聚仙居小馆，地方过于窄小，所以人们给它一个浑号叫"耳朵眼"。最出名的是灌肠、炸三角、叉子火烧，去的人很多，有时半天才能找到一个座位。它又和北京出名的天福酱肘铺是南北相对的邻居，把新得的叉子火烧夹上天福的酱肘，真是少有的美味。后来因为修电车道，展开马路，这个铺子就关门了，可是"耳朵眼"这个名字还没被一群老饕们所忘。

出阜城门外不很远，马路北边有一个小酒馆，叫虾米居，正名大约是永顺居。这是个野意颇浓的铺子，专卖良乡黄酒，有干榨、苦清之别，以碗为单位，四碗是一斤，酒菜和大酒缸相似，不过灶上有人现做热菜。后院有个角门

---

① 编者注：鸠盘荼，一种食人精气的鬼怪，形如瓮状，又被称为"冬瓜鬼"，此鬼相传为引起鬼压床的真正原因。

临护城河，院中有两棵大柳树，树下是用砖砌成三四个台儿算是桌子，春夏时坐在那儿喝着酒，吃着他们由后河里现捞上的青虾做的炝活虾，不知不觉酒量就增大了。冬天他们又有特有兔脯和牛肉干，兔脯是照鱼冻作法做的，北京卖兔肉的只此一家。天冷了，客人都在屋里吃，由夕阳影中隔窗看见树上悬挂的野兔，和古拙的砖桌，仿佛古人诗词中所描写的荒村酒店，是一幅富有萧索暗淡气息的图画。至于何以名为虾米居，就因他们的拿手菜炝活虾而起也。

○ 原载于《古今》1944 年第 53 期

帝城十日
1944

十月十日　阴　微雨

晨三时醒，七时五十分到北站，同行除哲民外，还有一位韩太太。八时三十分开车。近年来蛰居上海，久不出门，对什么都发腻，有时候还作呕。此刻身在车上，心里想：这回可走定了。仿佛有点高兴。车外秋稻已熟，累累作垂头状，江南乡村大都平淡朴纯，流水绕林，小桥当户，看来又终有几分秀气。沿路购鸡子充饥。下午二时四十五分抵下关，下车时有细雨，下榻扬子饭店，在大华进膳后，冒雨入城，过外交大楼，垣墙颓败，徒存旧规。十几年前我曾到过南京，那时候正在建设之中，现在看来，却已颇有一点破落的意思了，心里很觉得难过，也许因为是在雨中的缘故。

在鼓楼前访杨君，询旅途情形，承告甚详。归途，雨下得更紧了，暮色苍茫，回望钟山，远瞰长江，不免从车篷里多看了几眼，到旅馆时就胡诌下四句：

> 潮走秋江月未明，十年二度出斯城。

> 何当重话前朝事，劫后山河终有情。

晚，作家报一，明晨发。

---

① 编者注：唐弢，原名唐端毅，笔名风子、晦庵、韦长、仇如山、桑天等，宁波镇海人。

十月十一日　阴

晨七时，渡江至浦口，得杨君引领，站中尚不十分留难。八时开车。大江以北，荒原千里，云烟漠漠中孤立着一二土屋，泥壁蓬户，倍觉暗淡。车行一小时许，渐见斜坡起伏，十时三十分抵滁州，即欧阳公所谓"环滁皆山也"的地方。十二时三十分过临淮关，至徐州已近黄昏，车僮引一异邦人来同座，颇苦挤轧，抵济南后，始去。

许多人以火车喻人生，却没想到人生本来就是火车。

十月十二日　晴

晨三时许，过黄河铁桥，探首车外，黑魆魆地看不见一点流水，仿佛全是泥土。哲民以"夜渡黄河"命题，忽然有感，凑成一绝：

> 万古黄河抱碛流，平沙千里早成邱。
>
> 人生不尽沧桑感，遗老筵前已白头。

十二时三十分到天津，下午三时达永定门，北平可真的在眼前了。外城垣堞剥蚀，已露颓败气象，进崇文门，下车后，径赴西总布胡同×号。居停为一中国籍的美国太太，住屋宽敞，有院子三，前院种槐，后院种柏，中间一个院子里杂植海棠、枣子数树，时当荣熟，落实满地，抬起头来一看，累累的枝上都是，试采食之，甘美无比。真觉是北来的一种意外享受。

与哲民占卧室各一，另有会客室一，浴室一，几窗明净，陈设雅洁，主人的好意大可感激。我们休息了一会，便到清华池去洗澡，在东安市场五福斋晚餐，这是问宣请客，说明特别挑了南边的馆子。

饭后在场中闲步。两旁市肆，走道中间夹着篷摊，大概是什么都有出售的。靠西一带是书市，店摊合计不下三四十家，有西文的、有线装的，而以日文和翻版的为最多。日报上正在嚷着书籍涨价，比起南边来相差尚远，只是好书不易碰到而已。

在摊上买了许多水果，主要的是梨和葡萄。价既便宜，味尤甘美。《燕京岁时记》云：

七月下旬，则枣实垂红，葡萄缀紫，担负者往往同卖。秋声入耳，音韵凄凉，抑郁多愁者，不禁有岁时之感矣。

我们终算赶上了时令，以口福论，该是十分幸运的。在"糟蟹、良乡酒"条下提到梨和柿子：

鸭儿广，梨属，形如木瓜，色如鸭黄。广者，黄之转音也。柿子、山里红，其用尤多，皆京师应序之物也。

北平的梨有两种，一种是有名的小白梨，别一种就是这鸭儿广，以出自泊头者为最佳。柿子中坚，食时去皮，色红，和杭州的厂柿不同。卖者不用担负，多是推着一辆独轮车，沿途叫卖，听起来确有一点苍凉，但这苍凉不单在于声音，连形色也该算入的。

十月十三日　晴

晨九时出门，发电一，信二。

从东交民巷南行，缓缓地走，缓缓地享受故都的秋。北平街道宽广，两旁树大合抱，走路的少，又慢，一个个优闲自得，决不像上海人那样遑遑然不可终日。车夫要人让路，叫声"劳驾"或者说句"借光，怀儿来"，就这么毫不相争，各奔前程。警察接受问路，终是带着笑意，"往东往北"，给一个详细指示。我不敢说北平的人情有多么厚道，也许几百年来专制的威力压迫着，揉成这副柔顺样子。可是一接触到他们（我指的是那些中下阶级的同胞），便会从心底里漾起一阵温暖，不是赞叹，不是惋惜，反正没怀一点猎取的恶意，我为他们死心榻地。

北平的人情可以打个比喻……此刻不提也罢。

东交民巷全道洁净，像上过蜡的地板，中间是走不完的路，两旁是望不尽的围墙。使馆门前照例有石狮一对。拐几个弯，出正阳门，入前门大街，那一带是热闹所在。我们在大铺小肆里兜个圈子，从大栅栏雇车到琉璃厂，访 ×× 阁掌柜，未遇。琉璃厂两旁全是书肆、裱画店，还有卖印泥、墨匣的，街道长，铺子多，真当得文化城里的文化街。至于正月初一到十五日的厂甸盛况，因为来非其时，只能付诸想象了。

在泰丰楼午餐。

饭后游中央公园，入门数十步，即公理战胜纪念碑。园中古柏参天，大都五六百年前物，"古国有乔木"，很易引起人对往昔的向往。循长廊北行，沿路过牡丹池、蔷薇架、丁香林、芍药圃。看花须有福气，我们这一对俗人，可来得太晚了。于是就到格言亭受了一番教训。在御河边徘徊一会儿，又折回到来今雨轩，几个老人在轩中悠然啜茗，这点缀又冲淡，又和谐，我不禁深深叹息：北来为了游览风景，想不到还能欣赏人物，只这一点，也已经够满足了。在绘影楼、四宜轩匆匆一看，以时间尚早，就从大木桥出园，径奔古物陈列所。

古物陈列所系由三大殿及文华、武英两殿改成。三大殿者，即太和、中和、保和三殿，每逢元旦冬至及国家有什么庆典的时候，清朝皇帝就在这儿陛见。我们由西首入门，先参观武英殿，陈列的多玉石古玩字画窑瓷，三大殿中兼有旧时兵器、中外贡品，可惜我们对这些都很外行，注意的还是殿宇的建筑、墀柱的雕画。从殿中外望午门，十几重门接着无数延阶。倘是个六七十岁老头儿，一旦朝见，我真为他捏把冷汗，爬完这些阶石，敢情要生三个月大病哩。

游罢三大殿，已是停止参观的时候，我们就雇洋车往中南海。南海残荷已凋，枯枝纷披，环湖徐行，内部建筑物多被辟为衙门，只有瀛台还开放着。瀛台兀处湖中，三面临水，戊戌政变，慈禧幽德宗于此。除涵元殿外，有绮思楼、蓬莱阁、迎熏亭、待月轩、补藤书屋诸胜。中海较为荒凉，坐着洋车兜了一圈。古人走马看花，我们是驱车游湖，前者不过匆促，而后者则简直有点荒唐了。

往西长安街访王君，谈有顷，出。在东安市场晚餐。购书三册、水果两大包。

十月十四日　晴

上午，王君来。往廊房二条转赴琉璃厂，晤张君。与哲民参观师范大学，由和平门雇车回寓。

下午，与韩太太、钱小姐等往北海。北海居三海之首，春秋荡船，冬季滑冰，是青年们最爱好的地方。太液池中为琼华岛，俗称白塔山，山南有寺，即永安寺，我们去时正在修理。拾级登山，山顶白塔，形如覆钟，环行一周，循着石级下来，至云依亭。有山洞六，刻峭玲珑，我们就分路进行，洞道曲折，彼此闻声而不见面。到山麓后，荡船池中，远眺五龙亭，碧波上搭着一座座朱阁，望去真像画图。在北岸登陆，往观九龙壁。壁图九龙，以各色琉璃砖砌成，相传建于辽时。附近古刹多已荒芜，颓垣一角有几位画家正在写生。于人事求全，一到艺术上却往往以缺陷为美，人的心理可真难说呵！

重回琼华岛后，在漪澜堂啜茗，四时离座。

与哲民往北平图画馆，访×××，谈鲁迅藏书出售事。×先生为鲁迅之弟子而兼友好，一向以通家往还，过从甚密，对于北平家属情况知道得很详细，我们谈了一回，就同往西三条，访鲁迅先生在平家属。

西三条的住宅为鲁迅先生生前（一九二三年）所购置，经过一番改造和修葺，于一九二四年五月迁入的。我们到了门前，已是黄昏时候，经×先生介绍后，我就把在沪家属和友好的意见代为传达，朱女士当即同意。卖书之议已完全打消。一代文豪遗物仍由其家属共同保管，必可避免散佚。至此，×先生乃开始领观屋内陈设。书籍堆置西厢，东厢为朱女士卧房，中厅后间小室，即鲁迅先生生前工作的地方。室内置半床一，写字台一，壁间悬陶元庆所作木炭半身大像，另有照相数幅，及太夫人半身像一，所有布置，一如旧时。对此遗泽，不免追忆音容，我又回到十年以前，仿佛看见这位健谈的老人，在拈着烟卷说话了。

八时辞出，在西大街晚餐。

得王君条，即覆。

---

① 图注：北平阜成门西三条廿一号鲁迅故居内的枣树，即其文中常提及的一棵枣树。刊载于《联合画报》1948年第223期。

十月十五日　晴

晨八时出门，往××胡同访×××，这是昨天早晨约定的。谈鲁迅藏书出售经过甚详，当以往西三条事相告。这件事情能够解决，关切的朋友们都觉得欣慰。九时许，辞出。

与哲民往颐和园，包三轮车二，每辆百元。出西直门，道路平坦，两旁杂植槐柳，车在绿荫下疾驰，四郊景色，宛如江南，哲民为之感叹不已。十一时许，抵颐和园，遥望湖光一碧，万翠堆红，北平的天气真太好了。入东宫门，经仁寿殿、颐乐殿，殿前有戏台一，高三层，为慈禧听戏所在。再折至玉澜堂，德宗临幸，常燕寝于此，戊戌政变以后，慈禧恐其与外界通消息，四围另砌砖墙加以隔绝，所以到现在还堵塞着。过乐寿堂，转入长廊，中央公园的画廊已经使我们心折，今天看到这个，真觉得欲赞无辞了。长廊自邀月门起，至石丈亭止，背山沿湖，共计二百七十三间，正中为排云殿。自介寿堂北折至众香界，参观智慧海、转轮藏、宝云阁。转轮藏有亭二，亭内各有木龛，推之则转。前有乾隆御书"万寿山昆明湖"石碑。宝云阁又名铜殿，栋宇窗牖，自上至下一概用紫铜铸成。登佛香阁，高瞩昆明全湖，碧澜当前，不免想起"五十之年，只欠一死，经此乱世，义无再辱"的王静安来，很想吊他几句，一时却凑不上。我想，即使凑上了，此时此地，怕也未必有人要听，不如算了罢。

回到山下午膳，在排云殿前照像一。

饭后过听鹂馆、画中游、寄澜堂，往观清宴舫。清宴舫原名石舫，光绪时加建层楼，始改今名。过荇桥，陈列雏形汽船一，传为当初进贡之物。由石舫乘船至南湖，游广润灵雨祠，祠中供龙王像。自祠后回望万寿山，烟波飘渺，几疑蓬莱仙境。我们低徊了许多时候，方过十七孔桥，参观耶律楚材墓，沿东堤出门。

归途，经农事试验场，入观万牲园。

晚，往中和听小翠花，一时始寝。

十月十六日　晴

晨，往游天坛。天坛为帝王举行郊祭大典的所在。北端为祈年殿，殿作圆形，红柱蓝瓦，飞檐三重，其建筑的雄伟，雕刻的细腻，允称全城第一。坛东有长廊七十二间，直达宰牲亭，南端有石八，传为古代殒石，不知怎的大家却以为是七颗，叫做七星石。廊北有井，就是渔阳山人诗中称道过的天坛水井。从井口下望，清澈见底，水深不及一尺，用竹竿测量，却有一丈来多。回到原路，由祈年殿南行，为皇穹宇，向来以回声著称。皇穹宇的回声好在慢，在清晰。两人分立廊屋后面，连低语都可听到。再南则是圜丘，用白石砌成，共三层，俗呼祭天台，为帝王祭天时所登，亦即天坛的南端。

出天坛后，便道游天桥。经太庙，寻灰鹤不见。再折至文华殿，殿中陈列各器，全为福开森氏所捐赠，加注说明甚详。周览一转，哲民提议吃些干粮就到北平图书馆去。馆在金鳌玉蝀桥西，外形作宫殿状，入门，有华表二，分立左右。藏书四十万册，藏书处共六层，以钢板铸成，可脱卸。传书阅览，不假

---

① 图注：天坛。刊载于《中国大观图画年鉴》1930 年。

人力。承×先生导游，一一说明，并出示《四库全书》，书旧为热河文津阁所有，分经史子集四种，绢面包背，经绿、史红、子蓝、集赭，一律用工楷抄写。此外并有善本多种，其中如藏文之贝叶经，更属难得。

告辞出馆，哲民回寓，我就往老军堂去访俞平伯。俞先生是我北来后亟欲一见的人，投刺不久，一个老仆便把我引入古槐书屋，俞先生接着也进来了。虽然略觉苍老，却终掩不住洒脱的风度。"楼头镫影楼前月，醉里情怀似旧时"，这是槐居士二十年前过十刹海时所作的诗，此刻忽然想了起来，或者也是一种缘分乎？

六时余辞出，往东安市场，购旧书数册。

十月十七日　晴

晨八时出门，乘三轮车往西山，过十刹海、万寿山、玉泉山，到西山已十一时。满谷红叶，一片绛海。我们就在山脚雇了两只毛驴，得得上山。山路颠簸，时俯时仰，历璎珞岩、知乐濠、双清别墅，而至香山寺，寺已改筑为香山饭店，殊无可观。过见心斋，折至半山亭，远眺颐和园，俯瞰全山，蓝天下显得格外明净。回首向山上望，鬼见愁高出岩巅，如在头顶。我们打算到碧云寺去，就向左折了回来，沿路采了许多红叶。香山的红叶是圆形的，和江南所见的不同，颜色也较为鲜艳，可惜上有黑点，不免白璧之玷。碧云寺在香山东首，民十三，孙中山先生客死北平，即厝灵柩于此，西山会议也就在这里开会，在民国史上是很有一点意义的。我们去时正在修理。全寺规模颇大，殿后有中山纪念堂。拾级登山，最高处白石塔五座，中间大塔下即中山先生衣冠冢。塔后有柏一株，曰九龙柏。出碧云寺后，绕道游万花山及卧佛寺。卧佛寺和香山各有娑罗树一株，即京戏《小放牛》里所说的天上仙树，清高宗曾作歌记之。我们买了几颗娑罗子，并非想借此登天，其实还是一点凡人的苦虑，因为土人相传娑罗子是可以治胃病的。卧佛寺除了大卧佛外，不见有什么好处，我提议谒梁启超墓去。驴在荒山小径中拐弯，盘绕又盘绕的，终于到了目的地。墓道植短柏，构造略仿西式，右旁葬其第四子，我忽然着了魔，又哼出四句烂调来：

荒山走马吊梁公，乱世文章眼底空。

不信才人甘寂寞，墓园松柏有悲风。

这里得来个声明，我们骑的其实是驴子。哲民笑我骑驴的姿势不好，活像骑马，我就也只能把坐下当作是马了。好在驴马终是本家，或者还不至于见怪的吧。

归途游玉泉山。玉泉垂虹，为燕京八景之一，相传清宫饮料概由此山汲去。我们在试墨池、裂帛湖、水月洞等处听了一回泉声，因为时间已晏，就匆匆的归去了。

十月十八日　晴

与哲民、问宣游故宫，今日开中西路，宫院栉比，名目綦繁，大抵后妃寝处，互有竞饰而已。乃转至景山，景山在故宫之后，为天然屏障，由西路上山，山上多白皮松，有亭五，分列东西，自中亭南望，可以俯瞰全宫。朱门绮户，红砖绿瓦，整齐中略现荒杂，已有一点没落的意思了。自东路循级下行，山麓有古槐一，围以短墙，立石曰"明思宗殉国处"。自甲申迄今，适为三百年，今年三月，北人另立一纪念碑，由傅增湘撰文，树于原碑之旁。我们凭吊了一回，虽然有些感慨，可是"吟罢低徊无写处"，倒不如索性藏拙了。

下午，哲民赴杨君约，我独自往西单商场，在旧书摊上流连了半天，购书数册。

晚八时回寓，侍者见告俞平伯曾来访，留下名片一，字一幅，录近作三首，两律一绝，兹录后两首于下：

野塘十顷几荷田，一水含清出玉泉。

菱蒂无端牵旧恨，萍根难值况今年！

红妆飘粉谁怜藕，翠袖分珠不是圆。

莫怯荒城归去早，西山娟碧晚来鲜。

眉缘珠楼一晌残，夕阳红后又春寒。

深杯檀印还如昨，留与沧波驻笑看。

末加识云：岁次甲申，秋晚间居古都，适××先生顾我荒斋，出纸属书近作，即以呈正。

我爱好俞先生的字，更爱好俞先生的诗。

十月十九日　晴

晨九时，往游故宫东路。门前列铜像二，镀金，为新年放花爆之用，插爆脑孔，从鼻端引火燃之，轰然作声。东路陈设各物，较中西路为多，参观慈禧接见各国使节及办公寝起之室。过珍妃井，宫廷悲剧，回旋脑海，昨天看过殉国，今天又来看殉情，想起来真不舒服。

中午，往前门外吃烤羊肉。至隆福寺听说相声，在修绠堂购旧书数册。

晚，王君来，谈一小时许。

十月二十日　晴

晨，赵××来，谈有顷。

往前门将所购书付邮。

北来以后，天天忙着吃，忙着逛，此刻想来，这真是南人的办法，很可能会一无所得的。北平的好处必须细细的体味，缓缓的领略。听小儿女吵嘴、说相声的斗口、卖豆汁儿的吆喝，上天桥看杂要，到中央公园茶座上打盹，往广和楼敲着手指儿压板眼听戏。这些我都知道，可是终没有做到。我是来得匆忙，自然也不免去得急促了。有人问我北平好么？我可以回答说："北平真好！"可是怎么个好法呢，却有点儿说不上。北平适宜于青年读书，中年人弄学问，上了年纪的养老。人可以在这儿住家，可千万别想做买卖发财。

也许北平的好处就在于不让人发财。

下午，与哲民出外购零物，准备行装。

寄俞平伯函，附小诗一首：

　　　　词赋名场心力残，玉泉裂帛听终寒。

　　　　霜风红遍西山路，莫作江南春色看。

北来打油，到此为止。

晚，十时睡。

十月二十一日　晴

出外购物，在东安市场西门口遇警报，立街头半小时，至哈德门大街购车票二，下午二时五十分开车。

○ 原载于《万象》1944 年第 4 卷第 5 期

听戏
1945

——老乡

　　话说在故都北平，看戏是不叫做看戏而是叫做听戏的。北平虽然不是旧剧的发源地，可是照这一百几十年的兴隆情形看来，称之为京戏的发祥地，是足够当之绝无愧色的。在夏天，虽然名角儿歇夏的期限是有的，然而一般的戏院像开明、中和、华乐、广和这几家，还是经常的演唱着，并不完全休息。原因是北平人们的娱乐是无分冬夏的，总之只有旧剧才是顶高级的同时也是顶大众化的娱乐。在街头巷尾，哪怕是冷僻的胡同，忽地一声"昨夜晚，吃酒醉，和衣而卧"的悠悠的调子，会使你惊讶这个古城里怎么有这许多无名的和隐名的艺术家们。

　　清晨天刚才微亮，南方所谓乌胧松的晓色里，已经有一班年龄从十几岁起到三十多岁的角儿，各自奔早程的到德胜门、积水潭、窑台这些地方去喊嗓子去了。这就是平常听到的所谓"调嗓子"。在那里，面向着苍老的城墙根，大声的喊着、唱着，就是喊破了喉咙胀红了嗓子，也没有人对你发生惊异的感觉。赶骆驼的，推大车的，挽水车的，游晓市的过客成群的单独的从你的身边经过，他们从心眼里欣赏着倾听着你的佳腔巧句，却决不会来讪笑你讥讽你。偶而有一两位手里倒提着鸟笼，一手握着两个熟核桃的老头儿，悠闲的从你站着的地方经过，说不定还会站定了一会，眯着眼睛，微摆着头，回忆当年程大老板（长庚）和谭鑫培、王瑶卿的余韵呢。这是历史性的伟大，没有什么外乡的人来到北京不受到它的传染和感动的。

　　在别的都市，夏季的戏院，常有歇夏的时候，北平的戏院却并不这样呆板，所以对于听客们的趣味是不发生什么大影响的。譬如现在上海黄金戏院正由麒麟童在唱着，整个星期以至整月或整季全都是他们的剧团的戏；中国戏院在演《血滴子》，就成天成月的排这一出本戏。北京则不然，它是以每一家戏院做本位地盘的。例如前门外头的中和园，假定程砚秋的秋声社是逢星期二、星期六来唱夜场的，马连良的扶风社是逢星期一、星期四来唱夜场的，而富连成社是每天午后长期演唱的……至少有三四家剧团轮流应用着这个戏台。又譬如，马连良逢星期一、四夜场在南城的中和，也许星期五夜场就到东城的吉祥园去唱。所以戏院的活动性很大。至于角色呢，除了真正出名的大老板之外，一般的配角（如侯喜瑞、九阵风、周瑞安、钱宝森、萧长华、李多奎、姜妙香……他们虽然享到盛名也还是配角）却是每人搭着好几个班子的，这个社里有他，那个社里可能也有他的名字。所以夏天的歇夏仅成为一个形式，没有什么妨碍。至于富连成、稽古社、荣春社这些科班，更是无间寒暑，长期练习的了。

　　夏季听戏，有许多应时的节令戏。如端午节，许多班子一定要排一出《五雷阵》《白蛇传》这类的吉祥戏，杨小楼生前和余叔岩合作的时期，就唱过《混元盒》，这戏现在已成绝响了。到了阴历七月，《天河配》又成为应时的佳奏。大约民国十年到十三四年间，梅兰芳长期在北平演戏的时候，有许多趋时的人，如果说他没有瞧见过梅畹华的《天河配》，那比骂他祖宗还要使他难堪，这也可以见到这一类的节令戏的风魔观众了。其实，节令戏很少有真正艺术价值的。因为它的唱工做工，普通多不讲求，只顾台上人多热闹，或是全武行出动，或加布景彩砌这些东西。像《四五花洞》这出戏，青衣的唱工只有几句，可是有包公审案，有法官和妖精斗打，外行的买卖商家们看来，也就极灿烂花俏之能事了。四大名旦里面，照我听戏的经验和记忆，尚小云是最喜欢唱节令戏的，还排过《摩登伽女》等新戏，而富连成的本戏也多受他的指导和影响。过去李世芳、张君秋都拜过他做老师，后来改学梅畹华的戏路，听说他曾经大为不怿起来。这虽是离题的话，也可见节令戏的重要哩。

有些老于听戏的朋友，都说夏季听戏名伶们多半抱着歇工的性质，不大肯露拿手的好戏。此话也有些可信却未必尽然。民国二十五年八月底，我那时因事由北京返沪小住，忽的某日接到一张明信片说"某日杨小楼贴《坛山谷》，已订票矣，不知兄能北返否？"这时候我的心忽然灵魂儿出了窍，跃跃欲试，暑气全消，果于次日乘平沪通车北返，恰巧赶上了小楼这一出

①

拿手的佳剧。唱戏的地点是在久不演唱的第一舞台，配角有郝寿臣、刘砚亭、陈丽芳、许德义、迟月亭、郭春山等。小楼的《姜伯约》，不唯起霸、念白、唱工，绝非后学所能望其项背，简单一言一动，举手投足，都是"增之一分则太长，减之一分则太短"，无一处不是十二分的卖劲。好戏是要卖给识家的，这一出戏是我的朋友吴幻孙君所编，戏是繁重得很，轻易不肯露演的，这一趟居然在盛暑的时候演出，也可以见得夏季不宜听戏的话不一定准确了。

夏天的热是当然的，今年北平的热浪恐怕也不减于京沪各地。但是北平的电影却向来没有什么好看，近年更零落了，这一门旧剧的国粹，说好不好，却总还算是"挽狂澜于未倒"。畹华、御霜息影，叔岩、小楼物化之后，谭富英、马连良、金少山、孙毓堃，短中取长都还可以看看。荀慧生也偶而出演《玉堂春》《十三妹》一路的戏。虽然年华老大，我们可还感慨的觉着后继无人呢。

○ 原载于《风雨谈》1945 年第 20 期

---

① 图注：尚小云的新剧装扮。刊载于《青岛画报》1934 年第 6 期。

谈故都的吃

1948

—— 陈诒先[①]

广和居的潘鱼与江豆腐

广和居在宣武门外北半截胡同，南城自明以来，即为士大夫税居之地。文酒之宴多在广和居，故该店所藏乾嘉以来名人联语诗札甚多，最可爱者，为名人手书菜单。余在教育部编审处时曾数观之。该店菜以潘鱼、江豆腐为最有名，潘鱼即红烧鱼而微带酸辣，江豆腐则以豆豉、姜米等物杂置豆腐中作之，其隽美至今不能忘。曰"潘"曰"江"，则发明此菜之人也，潘为闽人潘炳年（辛未翰林，后放夔州府），为余友林子有之妇翁，俗谓潘祖荫者误。江则江西弋阳人，官主事（江亢虎之父），豆豉乃其乡味，逊清末造。盛传广和居题壁诗二首，今录于后，亦该店中一堂故也。

> 一门两世作干爷，喜气重重出一家。
>
> 照例自应称格格，请安应不负爸爸。
>
> 岐王宅里开新样，江令归来有旧衙。
>
> 儿自弄璋翁弄瓦，寄生草对寄生花。

---

① 编者注：陈曾毅，一作曾植，字诒先，一作贻先，湖北蕲水（今浠水）人。为嘉庆二十四年状元陈沆的曾孙，其嫡庶兄弟共九人。陈曾毅行四。与陈冷汰合译《慈禧外纪》《清室外纪》等。

公然满汉一家人，干女干儿色色新。

也当朱陈通嫁娶，本来云贵是乡亲。

莺声呖呖呼爷日，豚子依依恋母晨。

别有风情谁识得，诸君何苦问前因。

此诗之作，以当时御史江春霖弹章，谓直隶总督陈夔龙为庆亲王奕劻之干婿，安徽巡抚朱家宝为奕劻子贝子载振之干儿云云，后以查无实据，着江春霖回原衙门行走。云贵一语，以朱云南人，陈贵州人也。自国民政府建都南京，广和居以营业不振关闭，极为可惜，

会贤堂的山东菜

会贤堂在后门外十刹海，其地旷野多树，夏日荷花开时，茶棚罗列卖茶或西瓜、冰水之类，为都人士女消夏之胜地。明代之李西涯相国东阳卜居于此，清法梧门学士式善诗龛亦在此处。余游学故都时，张之洞居白米斜街即在十刹海旁，士大夫谒之洞者，往往就食于会贤堂济肆。肆中菜肴不过等于普通山东馆，然凭栏一望，高柳万株，积水一泓，其景绝佳，名画家溥心畲因所居距十刹海甚近，每觞客必在会贤堂。"七七"以前某年，余省见故都，心畲饮余于此，同座为陈散原先生三立、袁伯夔思亮、傅治芗岳芬、陈病树祖壬，沈羹梅兆奎及余兄苍虬、余弟询先，酒后同至心畲邸园（恭王府）谈艺，夜午始散。今此景犹在目前，心畲园已易主（今为辅仁大学宿舍），会贤堂亦不知尚存在否？

灶温的拉面

故都隆福寺街有一福全馆，菜极有名，在先，主人吃福全馆，仆人及车夫即吃灶温，因两肆相距极近也。此店以拉面著名，拉面又名撑面，端老四（端方别名。故都胡同中老妪相传有"大荣小那端老四"一语，荣为荣铨，内务府郎中；那为那桐，后官军机大臣；端仕至直隶总督）罢官后，尝一人往吃，遂为士大夫吃面之地。故都吃面食有名之店，尚有"耳朵眼"在前门外大街，"一条龙"在前门外观音寺，此两店以小得名。

正阳楼的羊肉

秋深后为故都人士吃羊肉的季节，正阳楼的最有名。吃羊肉有两种，一种是涮，一种是烤。涮是火锅子，配头作料，摆满一桌，喜吃瘦的要黄瓜条，喜吃有肥有瘦的要三岔，另有上脑等许多名称，余离平多年，也记不清了。烤是一种蒙古吃法，在院中安一铁具，上面一根一根粗条，中间凸起，下面火光熊熊，吃时用长筷夹羊肉片，先在黄酒酱油中一浸，即放在粗铁条上烤食之。正阳楼之烤肉铁具有一百多年，羊肉汁水浸入铁条，故烤肉之味特佳，此亦如吃雅片者，必须老枪始能过瘾。日本人之"司盖阿盖"与此相仿，而不如此之别有风味，在"七七"前闻有日人出重价向正阳楼买烤肉之铁具，肆主拒之，可见此物之名贵。故都尚有一著名之烤牛肉店，在西城安儿胡同西口，与东铁匠胡同斜对过。余在教育部编审处时，常与二三同事吃肉于此，几两白干，几盘牛肉，几个烧饼，吃完浑身和暖，真是北方风味。

青云阁、杏花村、恩成居

三十年前，余居故都时，与友人逛胡同，常先聚会于青云阁。其处有萝卜丝饼，油而不腻，最佳。故都街头叫卖之杏仁茶，为人人皆知之物，而青云阁所制内有冰忌林粉，故别有风味。吃萝卜丝饼，必兼吃杏仁茶一碗，饼师为夏山楼主韩慎先之厨人。杏花村在韩家潭东口，黄酒最佳，当时每斤价六毛。恩成居在陕西巷，以生炒鳝丝、洋葱牛肉丝著名。故都妓女所居曰清吟小班，有南北二分，南方妓女自夸身份，不肯就食于小店，北方妓女则不然。余曾于深夜约最红北妓到恩成居同吃牛肉丝与鳝丝，此处与杏花村在八大胡同中心，为冶游者常常吃饭之地。尤有一点不可及者，在夜深时，各大饭庄皆打烊（用沪语），而此两店则可以电话嘱之"留火"。"留火"者，乃当时之术语，在十一点左右，在班中打一电话，即可于夜深两三点钟到回店宵夜，仍有热菜可吃。八大胡同昔日盛时，深夜向该两店留火者，不只一二人，故乐于从命。青云阁、杏花村、恩成居三处，皆为冶游者吃食之地，故并记之。

信远斋酸梅汤

共舞台隔壁的郑福斋每年夏季卖酸梅汤，是一笔大收入，然其风味不及故都信远斋所制的远甚。信远斋在琉璃厂中间路南，对面为论古斋古玩店，其招牌"信远斋"三字为樊增祥所书。平日卖果脯及特制之糖数种，冬天有冰糖葫芦，他处的糖葫芦是一根签子上插四五个山楂，信远斋的是一个个的，足见其所选材料特别大，故都无第二份。尤其闻名天下的为酸梅汤，其制法秘不示人，入口微酸而香美已极。在大热天吃两三碗，烦热尽除，遍体清凉，在冰汽水、冰咖啡、可口可乐等一切冷饮品之上。

同和居的三不沾

同和居在西四牌楼，以制"自磨刀"（即上海之和菜）著名。有糖点三不沾者，以糖和面为之，不沾牙，不沾筷，不沾碗，故有此名。陈散原先生晚年居姚家胡同，距同和居最近，有客去，常约饮于此，三不沾为每次必要之菜，散原先生颇嗜之。

○ 原载于《申报》1948 年 5 月 30 日

旧都的茶楼

—— 凌霄汉阁①

　　北平已于年初明令定为"陪都"，关心此间情况者当不在少数，昔年随国都南移众友，必更悬念不已。前接半梦诗翰"一往屯边凭茗洗，清狂常说旧开天。"注：向在北都每星期必茗叙青云阁。此不只梦翁为然，江南人喜品茶，昔日旧都各茶肆座上客，惟吾苏为盛。本文特将近十余年之变迁作一概述。昔鲍明远《芜城赋》惊心动魂，状物入神，非拙笔所敢望，而纪实情，借凭吊之意则一，读者鉴之。

　　旧京的茗叙之所，大致两种：

　　一是茶馆儿。街头巷尾，民众市场，随处可见，一两间矮屋，排些板凳、条几，负贩之徒、说媒拉纤、帮闲了事之客，以为休息会谈之地。门口挂着一条条的纸幌，上写"雨前、毛尖、龙井、香片"等等。其在大会场如天桥一带，以席搭盖，性质略同。这些茶馆茶棚，充满了地方Local色彩，湫隘庞杂，中上级的雅人文士是无从涉足，亦不屑光顾的。

　　二是茶楼。起于清季兴办新式商业，至民国初年，单计前门以西大栅栏左右繁华区的几条街，有观音寺中间之青云阁、东首之宾宴楼、廊房头条路南之

---

① 编者注：徐凌霄，原名云甫，又名仁锦，宜兴宜城镇人。所用笔名有烛尘、一尘、凌霄汉阁主、徐彬、彬彬、老汉等。先后主编《大公报》《晨报》《京报》和《实报》等报的副刊。在报刊上连载有《古城返照记》《凌霄汉阁随笔》，以及和五弟徐一士合作《凌霄一士随笔》等。

第一楼、路北之劝业场，各有楼三层，连屋顶为四层，其茶座设于三层，带卖点心及便餐，下两层则各式商店小间与小摊栉次鳞比，似小市场，又似百货公司。品茗者，或凭栏俯视，或循行游览，选购珍玩及合用之物，时而与三五良朋，聚坐谈天，时而听邻座他人演说异乡风物，半日消闲，足可赏心悦目，悠哉游哉。

各楼皆屡经火患，再修再造。惟青云阁数十年屹处闹市中心，未受祝融之厄，其建筑亦特别清整雅洁，门额三字何维朴书，作颜体，甚壮观，系何蝯叟（绍基）后人，具有家法。

楼上茶坐名"玉壶春"，有散坐、有雅坐，明窗净几，全无俗气，为个中翘楚，为鲁殿灵光，然而近十余年由末运走入绝运。沦陷期中，倭人收买全部，改做一个甚么"寮"（日本名词，平市除佛寺之知客寮外，从未见于市面），非复游览交易之所，前后门亦不再通行（后门在杨梅竹斜街）。光复后，我方接收，为平津铁路员工宿舍。昨往前门，路经此处，徘徊瞻望，回想昔年与半梦、静肃、武曾、省甫、定甫、浩斋、遂初诸兄座谈之乐，恍如隔世，不觉怆然涕下。

其东之宾宴楼则改为铺店及货栈，第一楼在"七七"变前已经闭歇。满目尘封，惟劝业场因属于官厅，得其支持，尚能存在。场内各商在萧条状态中挣

---

① 图注：北京的茶水摊。收藏于中国近代影像资料数据库。

扎，而茶社、酒肆则无一存者。城内较为繁华之东安市场及西单商场，昔日茗叙之处，今亦不可复得，惟有一二票友坐唱之所，其所收座钱亦名"茶钱"，而锣鼓喧阗，歌声震耳，非品茶清话所宜。

一考昔年茶楼盛况，因是都城所在，各省人士求名求利，集向中心，往来不绝，在平无专职而多闲暇，借此消磨长昼。即各机关人员，遇星期及休假，亦常约会盘桓。南城本是妓院、戏园、饭店丛集之区，所谓笙歌匝地，鼓吹沸天。聚集朋侣每以茶楼为枢纽，其不喜繁缛或经济力不足留恋烟花之士人，亦藉茗谈消遣，此茶楼业之所以盛极一时也。

国都南迁以后，百业衰微，最受影响者即是茶楼。有职的纷纷随机关南下，谋职的不来，茶楼的收入便如无源之水，以至添设唱曲、说书、杂耍之类，藉以号召。这比当年茶楼已经变质。乃至最称雅静的青云阁，亦鼓声咚咚，弦子胡琴闹得不亦乐乎，仍然不能持久。七七事变后，日人即趁便收为彼有，全楼上下各家老板捲堂大散，即楼的主人虽然得到相当代价，但多年美业，一旦虚空，亦可怜了。

沦陷初期商户萧条，日人大投房产之机，遇空房或衰落店主即强买硬收，多数改为旅馆。入后日人来者既多，华人在乡村被烽火所扰，复回都市，住宅不敷，旅馆人满，日人大发其财，直至胜利来到，乃踉跄回国。

○ 原载于《申报》1948 年 3 月 8 日

PART 4

北平季候

旧时北平

北京的腊八粥
1925

——乐均士[1]

这篇文章本来是我的责任，只因我的材料太少，不得不各处去找，但是始终没有什么好的材料。后来接到乐均士先生的一封信，他说是供给我们的材料，赶到读完了之后，我才知道不但详而且尽。那么，我也就此给乐先生道谢，替我受累，我的文章也就可以不必作了。倘若这篇文章叫我作，那就逊色得多了，而况他的材料又比我们的多得多。

编者谨识

维钧先生[2]：

贵会[3]想出"腊八粥"专号，我倒赞成，但是我供给不了多少材料，惭愧得很！现在把我找着的给您写一点。

腊字本是个祭祀名，《风俗通》说："腊者猎也。田猎取兽以祭祖先。"所以腊字从肉。秦时候年终祭祖，把周朝的蜡改为腊，后来就管十二月叫腊月。《道书》说："道家有五腊，十二月为王侯腊。"宗教家的专门字我们不懂，大约"五腊"也不过是五种祭名。后来又有个腊日，《荆楚岁时记》说："十二月八日为

---

[1] 编者注：乐均士，为北京同仁堂乐家后裔，1923 年开设同仁堂分号乐寿堂药店，1928 年为国立北平研究院史学研究会成员。撰有《我为什么要介绍人？》《夸阳历》等文。
[2] 编者注，维钧即常惠先生，民俗学者，曾编过《歌谣周刊》。
[3] 编者注：贵会指 1920 年 12 月 19 日成立的北京大学歌谣研究会。

腊日。"还有谚是:"腊鼓鸣,春草生。"杜甫的诗上说:"腊日常年暖尚遥,今年腊日冻全消!"这个腊日,在早年就是个节令,所以诗家到时候还作诗。还有个"粥鼓",也不知道就是"腊鼓"不是?总而言之,"腊八儿"这一天,一定是个特别点的日子。《乾淳岁时记》说:"十二月八日,医家多合药剂,谓之腊药。"可见这一天就可以作腊字的代表。

偏偏的佛家纪念,也赶在这天。这个节令就全被佛家占有,以后只知道有个腊八儿,不理会腊日了。《譬喻经》说:"佛腊月八日降伏六师,投佛请死。言佛以法水洗我心垢,今我请僧洗浴以除身秽,仍为常缘。"所以《天中记》说:"八日佛道成。……故北人以十二月八日灌水佛像。"(《月令通考》可又说是"南方专用腊月八日灌佛",也不知道是谁说的对?)在《岁时杂记》上才说出"十二月八日,僧家以乳蕈胡桃百合等造七宝粥,供佛及僧道檀越",总是庆贺浴佛的意思。《天中记》又说:"宋时东京十二月八日,都城诸大寺,送七宝五味粥,谓之腊八粥。"《东京梦华录》也说:"十二月初八日,大寺作浴佛会,并送七宝五味粥与门徒,谓之腊八粥。都人是日各家亦以栗子杂料煮粥而食也。"

大概腊八粥这个名称,是从宋朝才有的,并且那时候就兴各家彼此送粥。陆游的诗上说:"今朝佛粥更相馈,更觉江村节物新。"就是送粥的凭据。按照这些零七八碎参考起来,大约腊日最早,熬粥的故事也早。从前本不一定是初八熬,《泽州志》说:"十二月初五日,稻、黍果、粥,和羹为粥,曰五豆粥。"《荆楚岁时记》也有"冬至日煮赤豆粥以辟疫"的话。我想是佛教发明七宝粥,才把"腊八儿"跟"粥"介绍到一块儿去。

有了腊八粥之后,大约只有都会的地方讲究点。《天中记》上说的,也是宋朝东京。元朝以后,总是北京把这件事看得郑重。《燕都游览志》说:"十二月八日,赐百官粥,民间亦作腊八粥,以米果杂成之,品多者为胜。"《光禄寺志》有"腊八日供粥料"的规定。清朝每年腊八下上谕,还要派大员到雍和宫去监督熬粥。

《燕京岁时记》上说:

雍和宫喇嘛于初八日夜内熬粥供佛,特派大臣监视,以昭诚敬。其锅之大，可容数石米。腊八粥者，用黄米、白米、江米、小米、菱角米、栗子、红豇豆、枣泥等合水煮熟。外用染红桃仁、杏仁、瓜子、花生、榛瓤、松子及白糖、红糖、琐琐葡萄，以作点染。切不可用莲子、扁豆、薏米、桂圆，用则伤味。每至腊七日，则剥果涤器，终夜经营，至天明时，则粥熟矣。除祀先供佛外，分馈亲友，不得过午。并用红枣、桃仁等制成狮子、小儿等类，以见巧思。大白菜者，乃盐腌白菜也。凡送粥之家，必以此为副。菜之美恶，可卜其家之盛衰。

就是民国出版的《北京指南》也说：

十二月通称腊月。初八日啜粥，曰腊八粥，盖杂各色米豆及菱角、芡实、枣、栗、莲子诸物，熟煮之以为糜。外以染有红色之桃仁、杏仁、花生、瓜子、葡萄干、青红丝、黑白糖点缀之者也。五更即煮之，先祀祖，供佛，后馈亲友。送粥时必以腌菜菘菜为副。家畜之猫犬雏鸡，亦皆饲以粥。墙壁树木，则以粥抹之。富家煮粥，可供旬月之用，其繁费可知。又有于是日以蒜浸醋，封而藏之，至次年新正启食者，曰腊八蒜。

《石头记》纯是北京话，总是北京人作的，它的第十九回里说：

宝玉又诌道，林子洞里，原来有一群耗子精，那一年腊月初七日，老耗子升座议事，说明日乃是腊八日，世上人都熬腊八粥，如今我们洞中果米短少，须得趁此打劫些来方好。……老耗子问米有几样？果有几品？小耗子道，米豆成仓，不可胜记；果品有五种，一红枣，二栗子，三落花生，四菱角，五香芋。

这几位说腊八粥的，都说得格外详细，就因为它们的是北京的腊八粥。这样看起来，北京人跟腊八粥的关系，总比别处密切一点。并且北京的和尚，在这几天公然派人出来到各施主家去募化"粥米"。我想它所以能在北京这样通行，有三个缘故：一、因为好吃；二、佛教的力量（迷信的心理，有个不敢不熬）；三、专制皇帝提倡过。

这些乱七八糟的老古董儿，里头未免有"国故"一点的，但是要找"平民"的，可就更枯窘了。我知道的只有下列的几个（也是您知道的），就是："老妈儿，老妈儿，你别馋！过了腊八儿就是年。"只有这一首还可算是歌谣。

腊七腊八儿，冻死寒鸦儿！

腊八儿腊九儿，冻死小狗儿！（也有把这两个念成一个的。）

送信儿腊八儿，要命糖瓜！救命的煮饽饽。（也有说"送信儿的腊八儿粥，要命的关东糖！救命的饺子"的。）

吃了腊八儿粥，往家溜。

别的可不记得了。

贵会征求我们粥的做法，索性把我们的秘方跟您宣布了罢。

先说材料：

黄米五斤、小米五斤、白米五斤、红枣七斤、栗子三斤、糯米二斤、豇豆五斤、绿豆半斤、小豆一斤。在这九种之外，有两样附属品，是核桃、白糖。我们对于这特别粥，要分五层说：

预备

北京每年阴历腊月初六七，各街上都有卖菱角米的声音，可见是家家都要先期筹备。我们是初七把那十一种东西买来，还要弄些柴草，把铜锅烧水刷干净，再把三种豆子洗净，煮成红汤备用。一面把红枣煮熟，去了皮核；一面把核桃剥去内外皮；再把栗子剁开，煮熟，也剥去内外皮；再染一点红色糖（送礼用）。

熬

初八的上午两点起来，升火烧锅，把各种米淘净，用豆汤把所有的那几种东西熬在一块儿，一直熬到天亮以后，才算成功。

供

那天早晨七八点钟上供，特客自然是佛，其余的祖宗、灶王，跟些零碎杂神，都借光被供。烧香的时候，就看见好些碗粥，在各处供桌上，陈列好几十分钟。

享受

费了这些事，现在才算达到目的。我看见过爱吃的，能吃八九碗（普通饭碗）！那天八九点钟，就不吃别的点心了（不过是很难消化）。吃完了粥，要是家里有果子树的，还要把树皮上抹一点粥，据说是为第二年结的果子多。

北平季候

送礼跟收礼

吃饱之后，跟着就要打点送粥。大概就是亲友彼此互送。那天的前半天，完全在盆子罐子来往捣乱的时期里头，到下午就很少了。这个风俗，是宋朝相传来的，连时候都是宋朝定的。要不然，陆先生不能说"今朝"。在北京的老住户，不得不多熬粥，因为人家送来的家数一多，万不能来而不往，所以要多预备。如果送人有余，自己才多吃几天。

《燕京岁时记》上说的"盐腌白菜，凡送粥之家，必以此为副"，这是陪衬的东西（中国人送礼，不愿意只送一样，怕是单儿）。粥的真正附属品是"粥果儿"，就是染红了的杏仁、瓜子、花生、榛瓤、核桃瓤、松子……

粥的做法，各家不同，北京每年腊八前两天，各粮食店里有专为作腊八粥配现成的各种米豆，就叫"粥米"，各家也不十分一样。就是粥果儿，也很少雷同的。我们的粥果，只有核桃瓤一样我爱。加黄油，还没听见有别人用过。我想爱加黄油的，也许不反对我的主张。

那天还有一件应办的事，就是"腊八儿醋"，送粥以后，就想起来了。打"半瓶子醋"，剥两头蒜瓣儿放在里头，塞好了瓶塞，预备元旦吃饺子用。因为蒜在醋里头，过了三星期以后，起一种化学作用，蒜就变了翠绿色，蒜味居然全入到醋里。若是过了腊八儿再办，醋就不够程度，所以叫腊八儿醋。

传闻有一家厨子忘了制腊八儿醋，过几天想起来就烧了一个铜钱，跟蒜一块儿放在醋里，为助长蒜的绿色，教它入速成科，结果又苦又涩，都传为笑谈，可见腊八儿制醋的要紧。

腊八粥的典故，我的见闻不广，知道的太少，就等着看贵会搜集的东西罢。据我自己的意思揣想：腊既是秦朝祭名（佛还没来），并且有肉，自然与佛无干。就是年终的时候，用杂粮煮粥，一定兴得也极早，跟佛也没关系，多半是古时候有一年（雄化六年）特别的丰收，农家非常高兴，在冬天没事的时候，把所收的各种粮食放在一个鬲里（鬲是古时候带腿的锅）煮成杂粮粥大家一吃。后来羡慕那年的快乐，又想着好吃，就年年照样作，虽不是丰年，也要在这年终的时候，粉饰一个"五谷丰登"的景象，这就是腊八粥的始祖（理想的始祖）。

就连 Christmas 吃的那个洋腊八粥，也许这么来的。大家都是借着宗教的势力，为的是传得又普遍又长久。要不然，何以欧亚两洲不谋而合的都有这东西，都在年底，又都跟宗教有关系呢？

这一段可是杜撰，不知道瞎猜的怎么样？盼望您能著找正当的出处，我很欢迎。

○ 原载于《歌谣周刊》1925 年第 75 期

谈北平旧历年节

1929

—— 刘蛰叟

　　自从国府南迁，就把开张几百年的北京老店一块金字招牌摘下来，关门歇业了。他那许多分号，如国务院各部署等，当然一致行动，宣告破产。那些大掌柜、管账先生以及伙计学徒，这些人的饭碗打破了，也就风流云散，自谋生活。那平时与他们久共来往的客商，也间接受了影响，牵连歇业。统计北平无业的人们不下十数万人，现虽换主开张，改为北平特市市政府，那生财门面比较从前不过百分之一，资本很小，货色又不齐全，生意当然有限，伙计们工价也不能按月支付。

　　我说一句迷信话，北平龙脉在明朝永乐年间随着明成祖由南京紫金山迁到北京，等到满清入关，思宗殉国，它就屈伏在地安门外煤山下酣睡了二百八十余年，好容易盼到壬辰年，龙神用事，国民革命军打进北京城，把这一条善睡的骊龙惊醒了，看见满天空挂着青天白日旗，光华灿烂，不像从前黑暗，忽然想起南朝金粉的故乡来。就沿着津浦铁路飞过扬子江，回到紫金山，拥护孙中山先生的陵寝。从此北平景象就如三冬的河水，一天比一天衰落。那些祸国殃民的军阀，挑拨是非的政客，早已腰缠千万，远走高飞，剩下这些穷途日暮的灾官与那颠连无告的老百姓，陷在乾河里面，与虫沙为伍。北平房屋十九空关，满街都是招租帖，无人道问，与南京市面正成了反比例。沧海桑田，真应了这句古话了。但是北平在元明清三朝，都是帝王京城，有几百年的历史，那岁时风俗，在留心社会学的看来，很有研究的价值。北平社会习惯，汉满参半，最重年节。不论贵贱贫富，到了腊月，都要按着老规矩，应时点缀。这里面有几种作用，一则表示太平景象；二则沿用酒食慰劳的古俗，与民同乐；三则提倡小本经营，调剂生活；四则迷信鬼神，破除不易。有这几种理由，虽然民国成立十几年，北平当局对于风俗的习惯不加干涉，并且将旧历年定为春节，机关放假，各处搭扎彩牌楼，点缀年景，迎合人民心理。将年节前后，有关系的日期风俗，依次序列，以供参考。

开场就是腊八日那一天，中等人家都熬腊八粥。煮粥的原料，是浆米（即糯米也）、白米、大麦米、高粱米、黄米、小米、红豆米、薏仁米、鸡头米、菱角米、莲米、花生米、香稻米十三种米，外加核桃仁、杏仁、榛仁、良乡栗、金丝枣、青丝、红丝、葡萄干、香橼条、金橘、青梅、山查糕各果品，于初七夜晚，用枣泥汤熬煮。腊八早晨，用很精致的粥罐馈送亲友，往来不绝。这一天老派人家多半净斋拜佛，供献腊八粥。这一锅粥的代价至少总要五六元。前两天各干果铺人都挤满了，那临时贩卖枣、栗、榛子、花生的小摊儿也非常热闹。此外还制腊八蒜，用蒜瓣浸在醋罐里，封了口，等到年下蘸着吃饺子，蒜瓣变成绿色，气味极大，北方人反觉津津有味，可见人们食性，南北相差太远。

过了腊八，离年节就一天近似一天，各店铺就预备年节归账的账条儿。北平有句俗话"最催命的腊八粥，救命的煮饽饽"，因为年初一都吃水饺子（满语煮饽饽），要账的不登门了。

腊月十一十二日为祭灶节，都到纸铺里，请一仰纸灶神。与南方不同处，是灶王爷旁边还画着一位灶王奶奶，左右各画一只小罐儿，谓之善罐恶罐，意思将本家一年善恶分置两罐，转达天庭。祭品是一盘糖瓜（用麦芽糖制成瓜形，外裹芝麻）、一盘关东糖（长方块儿）、一盘南糖（带馅长条儿）、一盘供灶马的草料与香烛元宝之类。这一天，满街都是糖摊，因为灶糖家之需要比腊八还热闹些。

送过灶，择日扫房，即扫尘，也买办年货，除荤素菜蔬糕点外，有一样供品，南方所无，销场极广，叫做蜜供。用蜂蜜水和面粉搓成长条，用麻油酥炸，再涂蜂蜜，切成一寸多长，镂空黏砌成方塔，高度自数寸至一二尺不等，像一座玲珑宝塔，塔顶起尖，备供佛供祖先之用。土著的人家有预先到饽饽铺，上蜜供会的，化零为整，年下同分蜜供，亦奇闻也。

①

除夕，妇女都换新衣，插戴绢制红石榴花。至初五日为止，佛龛与祖先供桌前，除香烛外，摆列蜜供五座、白月饼五盘，年饭的菜品无定额，大约羊肉多于猪肉。祭祖后，同吃年饭，接过灶神，就预备剁饺子馅（饺子即《聊斋志异》司文郎所谓水角子也），大约用猪肉或羊肉和白菜（按：白菜即南方所谓黄阳白古菘也），切剁如泥，外用面粉为皮，平捏黏合，不使卷边，谓新年吃卷边饺子，不顺心也。饺馅多少，约计全家五天之用。最可笑那些店铺伙计们，饺子包得太多，抛在平顶灰房上使它冻结，吃的时候再上房捡下来，所以这三十晚上刀砧盈耳，比户相闻。次则蒸馒头，堆积很多，年初五前，不动刀不蒸生也。

五鼓时，在院子里用方桌设供，望空接神，并馅饺子供祖先。满地铺着芝麻秸，谓之踹岁，取岁碎两字同音也。黎明，家主都到前门老爷庙进香（即关帝庙），此庙极小，香火极盛。元旦进香者，人人想烧头香，非常拥挤。其余的关帝庙则无人过问，可见神佛也要走好运才能享受香火。

除夕夜间，贫家孩子们，买些红纸印刷的小财神，挨户高叫"送财神爷来

① 图注：灶神与佛像——北平废历年俗展览会一瞥。刊载于《图画晨报》1934 年第 99 期。

了"，里面人都想发财，听见了开门迎进，酬以铜元二枚，此去彼来，通宵不绝，这种风俗亦南方所无的。

新年初一日，全吃素饺子，有一种小菜叫做破戒，是用白菜心切成圆段，略撒芥末，用开水浇透，再加糖醋封固，过两三日即得，谓之芥末段，味极脆美。

初二早晨接财神，用生鸡鱼各一，生羊肉一方。俗谓财神系回回，不吃猪肉，荒谬可笑。三牲外，用面寿桃三盘、酒三盅，在院中拜接。还有许多人奔驰十余里，或骑小驴儿往彰仪门财神庙进香，城外八大埠窑姐们去的极多，也可代表社会的心理了。

北平风俗，自元旦起，忌门五天，妇女不相往来，虽自家的出过门的姑奶奶，要回家拜年，也得过了初五，男客则不论，这种忌讳实在毫无理由。元旦家人见面，必先叫"新禧"，然后向尊长拜年。在外面遇见熟人，必请安互叫"新禧"。我看见有一家女仆，正出门倒土，望见对门的老太太出来，两手捧着撮箕，请安叫喜，你道可笑不可笑？

初五，家家包新鲜饺子，谓之破五。因初五以前的饺子均除夕包者，到初五始动刀下生。

新年中游逛的所在，第一算厂甸。从元旦起，琉璃厂照例组织临时商场，俗呼厂甸，专卖古玩字画、秘本藏书以及各种玩具，有很多的茶棚专备游人休憩。中外有古董癖者都不肯轻易放过，其余则红男绿女，看热闹、应景儿。每日厂甸附近，车马都塞满了，至十五日为止。次则齐化门外东岳庙，进香者少，游逛者多。庙中有钢骡一匹，高与小驴等，俗谓此骡灵异，病者照自己痛苦的部分，摸着铜骡，低声祷告，应手奏效。妇女求子者，瞰无人时摸到铜骡的胯下，荒唐可笑。

初八日祭星，谓祭男子本命星宫也。各家到纸铺请一份白纸印的老寿星，供在院中方桌上，供品用三碗元宵与香烛纸马之类。外用瓦质小灯碗，一百零八盏，满注香油，用黄白两色纸捻作灯心，谓之金银灯。再按长幼男丁的年岁，每人每岁，用灯一盏，如两岁两盏，六十岁六十盏之类，各人一份，摆在寿星香案前，谓之接灯花。看地上灯花多少份即知男丁若干人，妇女不设。候各灯点齐，全家男女依次拜星。祭毕用松枝芝麻核将寿星焚化，谓之送星。另外有油浸纸捻数百枚，送星后，各人握纸捻数十枚，且点且散，自堂屋起，散至街上为止，谓之散灾星。祭星后，每天按着日子数目，在门外点灯，如初九用九盏，初十用十盏之类，至元宵为止，意思与苏州拜太岁相仿，又如南京斋河孤放荷花灯相似，但用意不同耳。

又，是日到平则门外白云观会神仙，游人如蚁。观里有座小桥，叫会仙桥，桥洞里有一道士打坐，面前悬一枚大木钱，将道士遮住，游客都用铜元或银角子向钱眼中遥掷，俗谓"打中道士的头面，则有仙缘"。我有一年去逛，看见那桥洞口抛掷铜元，堆有好几寸厚，可见是道士敛钱妙法。还有一座老人堂，他说老人都有一二百岁，实在不过六七十岁，野道士有三四个，在砖炕上打坐做幌子，旁边有两个道童，

①

看见阔绰游客，就拿出铜盘来，化老人粮。观外临时开了许多茶栅，大敲竹杠，总而言之，都是"江边蚊子，吃客罢了"。

十五日灯节，从前是很讲究的。前几天灯铺里陈列各色纱灯、明角灯，希望元宵销售。价值很高，货色却真精致。沿街灯摊儿专卖小孩子玩的各色纸灯，也与南方相仿。那前门大街与东西四牌楼、单牌楼、后门大街，那些老字号的大铺子，或挂满堂精画绢灯，或在玻璃窗上罩着绢画的全本《三国志》《水浒》《西游记》人物，里面点蜡，听人游览。近来电气行都用五彩电灯做出活动人物，互相比赛，还有隆福寺有两家大花厂，一个月前就雇高手匠人雕刻"冰龙""冰老婆子"的模型，腹内挖空，点着小电灯，所费不资。又有阔铺子大放

---

① 图注：北平新年之白云观。每届元宵，为白云观香火最盛的时节，老道陈列着大批香烛，等待香客们光临。刊载于《大众画报》1935 年第 16 期。

花盒，遍请老主顾的眷属看放花盒，所费动至数百元（按：花盒子即南方所谓烟火也）。

元宵晚上，家家吃元宵应景，祭供祖先。临时元宵摊儿到处都有，糕点铺则使伙计们在门外人摇元宵，点了汽油灯，引人观看，其实五花八门都是做应时广告耳。所以元宵晚上，大街玩灯的人山人海，凑着各家的孩子们放各种花炮，彻夜不休，可谓有声有色了。

十六，龙抬头，都接姑奶奶回娘家，与江南相仿。然必吃包饺子，继算敬意，否则姑奶奶不欢。

二十三日，到北新桥雍和宫看打鬼。雍和宫即雍正做阿哥时府第，他即位后，改为喇嘛庙，规模极大，庙产也多。打鬼的典礼，使一人戴牛头面具，穿黄色大袖衣，扮做魔鬼，跳跃而出，以两人戴狰恶的面具，扮做神佛，执蛇尾式的长皮鞭，追鬼鞭打，响声很大。那大喇嘛穿着法衣，率领僧徒，拿着红教的奇形怪状的响器，围绕念藏经，那声音就似夏天雨后一群田鸡在水塘里唱和一般。念完一遍经，那魔鬼作为怕打，横跳潜逃，就算完事，也与古来"傩能驱疫"意思相仿。本是西藏风俗，因清朝信喇嘛教，所以北平人们也爱着这打鬼故事，相沿二百多年就成了风俗。

从这一天后，就应着江南俗话"年已过江去了"，我这篇北平岁时风土志也就告一段落了，等我得闲，再将北平社会琐事，陆续供献诸位。

○ 原载于《申报》1929 年 2 月 3 日

北平夏的回忆

1934

——宛木

在好几年前吧，我在北平过了一个夏，觉得北平的夏天，食住游憩的一切都比在南方上海舒服一点。上海防热的设备和饮食是科学化、机械化，而北平是古典化、天然化。上海哪里比得上北平呢？所以我脑子里对于北平的夏印象很深。

北平的房子除洋式新建筑外，虽然都很矮小，但是它的墙壁和瓦背是很厚实的，外面的热气不易侵入。尤其院子特别大，空气很流通，加上一座高大的凉棚，遮盖了全部的房子和院子。任你外面烈日如火，进了大门，走到院子凉棚底下，总不使你感觉到一些儿暑气。清早起来，摆一张藤椅，坐在宽阔的走廊上，阅读书报或写作文字，是再写意没有了。屋子里面因为窗子特别大，到夏天，完全把玻璃或纸去掉，换上一层深绿色的窗纱，房门上挂一副极细的竹帘，再放只大冰桶，盛一大块窖冰，哪里还用得着电风扇和冷气的设备呢？

你如果在屋子里坐久了，闷得慌，到夕阳西下的时候，同你的爱人或二三好友到中山公园柏树下坐一会儿。那些柏树都是元明的遗物，真的，乔干参天，浓阴匝地。尤其在夜间，柏树放出一种异香，使你心绪格外幽静。树木多的地方向来是有蚊子和小虫的，偏偏柏树底下没有一只蚊子或小虫来滋扰你，也不怕湿露侵袭你的衣襟。

除了中山公园之外，或者到北海去划划船，由五龙亭穿过长桥，走芰荷深处，荡来荡去，一路荷香袭衣，凉风拂面，才十足够诗意哩！如果这些地方玩得厌了，你要换换胃口，那末可以跑到十刹海去，那儿有临时的茶座，随便拣一个较为干净的座子，沏一碗茶，你可以留神看到北平社会下层的风俗习惯和平民生活的状况，但是十刹海绝没有天桥那样烦嚣，所以依然是避暑的所在。

你如果再阔绰一点的话，可以随意到北戴河、汤山、西山去玩几天，也不算什么。北戴河有海水浴场可以供你游泳。汤山虽说有点贵族化，如果你租一匹驴子，在汤山温泉汜浴之后到处跑跑，也不妨碍你的普罗派的生活。西山里有八大处，尽够你一个月的消夏，这篇不是游记，恕我不详细叙述了。

饮食方面在北平向来是考究的，这里说的是夏天的冷饮。第一驰名的要数琉璃厂信远斋的冰镇酸梅汤了，其次就是南城观音寺一家水果铺（名号忘记了）的冰山查酪，味道更比酸梅汤来得浓郁。而且把车子停在信远斋门口，站在车子旁边喝酸梅汤，又是那样的够诗意啊！

在北京，夏天的馆子里普通都有一只大冰盘，天蓝色的古瓷（？）盘，盛满了珊瑚色的红菱、蜜腊色的深州桃子、翡翠色的葡萄、雪色的鲜藕、鲜莲子、鲜胡桃、鲜杏仁，还搀杂些晶莹如同钻石的碎冰块，真是爽口悦目，凉沁诗脾。上海沙利文的什么圣代啊，鲜橘水啊，冰淇淋啊，一味是牛乳和牛乳，比之北平的冰盘，真是仙凡之别啊！

如果你不相信的话，何妨趁着北平还没有改隶"××"的时候，赶快去玩玩，省得将来再去，也许要填什么护照。

○ 原载于《申报》1934 年 8 月 23 日

故都之秋
1934

—— 子冈[①]

老菱，残荷，红枣。

在北平，到秋天是少不了这三样点缀的。街头巷尾以及茶座上，小贩按着耳朵仰天长喊，他带着一把菱剪，在成交时很"利落"地剪好了垫在荷叶里递给你。当自家的荷花缸已经空了时，公园北海还可以看到半池枯残了的荷叶，有人修剪，深怕黄褐的败叶把时间拖了走似的。长枣、圆枣、酸枣，慢慢地在树上红了，有时候是不等到红，人们便给打了下来，半青的枣是没有虫子的，自熟落地的很少好枣。尤其是北平的孩子们，一到秋天如果自己家里没有枣树，便指盼着谁家的矮墙破壁上会有枣树枝往外垂，于是竹竿哗啦哗啦，孩子们且吃且乐，城墙上的毫缝里长出来的小枣树是够费心眼的，然而越是用了力的收获越甜。

人，是会无事自忙的，在闲了的时候。

公园里少了游客，茶座上空空的，可是来回闲蹓跶的人倒不少，这是真来散步的人，往往在夏天来至茶座喝茶的人是凑热闹，为的是看看人家的雅兴，让人家看看自己的闲情。这样，便算是逛了。

代替地，电影院与戏院买卖又兴隆起来，炎夏使人裹足，为了碳酸气的臭

---

① 编者注：彭子冈，原名彭雪珍，笔名子冈，江苏苏州人。《大公报》记者，1949 年后任《旅行家》杂志主编。

与汗臭，到秋天却又复活了，名伶们大排好戏，戏票总是前一星期便销去大半，不用奇怪北平哪来的那么多戏迷，因为北平嗜戏的人是各界都有，车夫们在夜来等买卖时都会来两段，对着他们主人正在逍遥享乐的大楼。学生以至教授都是戏园的顾客，这就叫"京班"戏哪！

人说南方人好吃，其实北平又何独不然？秋天的肥蟹在菜场里诱惑人，报纸上登着饭馆的"新到大蟹"的广告，那是只有不算钱的大爷们才去，因为得三四毛一只，自家买来煮的多。

羊肉在北平是比猪肉还能销的，特别是秋天的三种吃法：涮、烤、炒。有特别驰名的老铺，不过差不多每家饭铺都有，挺热的混着葱酱蒜等等的作料，吃着真是另有一番滋味。这是北平一个很有味的点缀，到时候接姑奶奶外甥地吃羊肉是像煞有介事的。

中秋节是少不得兔儿爷与月饼，兔儿爷也改良了，有坐汽车坐飞机的，摩登起来，只是那副蠢模样是改不了的，人还觉得新鲜呢。栗子也贱，一毛二一斤，到年底可以贱到五六分钱一斤。"节"是人们忘不了的。

在悄悄对着秋天发愁的人是千百倍于舒眉微笑的。一起秋风，人们记起冬天的凛冽，煤料与寒衣全是问题，已将寒衣送进高墙的人便计算着怎么弄出来。

○ 原载于《申报》1934 年 10 月 3 日

故都的秋

—— 郁达夫[1]

秋天，无论在什么地方的秋天，总是好的。可是啊，北国的秋，却特别地来得清，来得静，来得悲凉。我的不远千里，要从杭州赶上青岛，更要从青岛赶上北平来的理由，也不过想饱尝一尝这"秋"，这故都的秋味。

江南，秋当然也是有的，但草木凋得慢，空气来得润，天的颜色显得淡，并且又时常多雨而少风。一个人夹在苏州、上海、杭州，或厦门、香港、广州的市民中间，混混沌沌地过去，只能感到一点点清凉，秋的味，秋的色，秋的意境与姿态，总看不饱，尝不透，赏玩不到十足。秋并不是名花，也并不是美酒，那一种半开，半醉的状态，在领略秋的过程上，是不合式的。

不逢北国之秋，已将近十余年了。在南方每年到了秋天，总要想起陶然亭的芦花，钓鱼台的柳影，西山的虫唱，玉泉的夜月，潭拓寺的钟声。在北平即使不出门去罢，就是在皇城人海之中，租人家一椽破屋来住着，早晨起来，泡一碗浓茶，向院子一坐，你也能看得到很高很高的碧绿的天色，听得到青天下驯鸽的飞声。从槐树叶底，朝东细数着一丝一丝漏下来的日光，或在破壁腰中，静对着像喇叭似的牵牛花（朝荣）的蓝朵，自然而然地也能够感觉到十分

① 编者注：郁达夫，名文，字达夫，以字行。浙江富阳人。1921 年参与发起创造社，开始文学创作。1930 年参与发起中国自由运动大同盟、中国左翼作家联盟。曾主编《创造季刊》《创造月刊》《洪水》《新消息》《大众文艺》等杂志。著有《沉沦》《茑萝集》《文艺论集》《小说论》《达夫全集》《戏剧论》等。

的秋意。说到了牵牛花，我以为以蓝色或白色者为佳，紫黑色次之，淡红者最下。最好，还要在牵牛花底，教长着几基疏疏落落的尖细且长的秋草，使作陪衬。

北国的槐树，也是一种能使人联想起秋来的点缀。像花而又不是花的那一种落蕊，早晨起来，会铺得满地。脚踏上去，声音也没有，气味也没有，只能感出一点点极微细极柔软的触觉。扫街的在树影下一阵扫后，灰土上留下来的一条条扫帚的排纹，看起来既觉得细腻，又觉得清闲，潜意识下并且还觉得有点儿落寞，古人所说的梧桐一叶而天下知秋的遥想，大约也就在这些深沉的地方。

秋蝉的衰弱的残声，更是北国的特产。因为北平处处全长着树，屋子又低，所以无论在什么地方，都听得见它们的啼唱。在南方是非要上郊外或山上去才听得到的。这秋蝉的嘶叫，在北平可和蟋蟀、耗子一样，简直像是家家户户都养在都里的家虫。

还有秋雨哩，北方的秋雨，也似乎比南方的下得奇，下得有味，下得更像样。

在灰沉沉的天底下，忽而来一阵凉风，便息列索落的下起雨来了。一层雨过，云渐渐地卷向了西去，天又青了，太阳又露出脸来了。著着很厚的青布单衣或夹袄的都市闲人，咬着了烟管，在雨后的斜阳影里，上桥头树底去一立，遇见熟人，便会用了缓慢悠闲的声调，微叹着互答着的说："唉，天可真凉了……"（这了字念得很高，拖得很长。）

"可不是么？一层秋雨一层凉啦！"北方人念阵字，总老像是层字，平平仄仄起来，这会错的歧韵，倒来得正好。

北方的果树，到秋来，也是一种奇景。第一，是枣子树。屋角、墙头、茅房边上、灶房门口，它都会一株株的长大起来。像橄榄又像鸽蛋似的这枣子颗儿，在小椭圆形的细叶中间，显出淡绿微黄的颜色的时候，正是秋的全盛时期。等枣树叶落，枣子红完，西北风就要起来了，北方便是尘沙灰土的世界，只有这枣子、柿子、葡萄，成熟到八九分的七八月之交，是北国的清秋的佳日，是一年之中最好没有的 Golden Days。

有些批评家说，中国的文人学士，尤其是诗人，都带着很浓厚的颓废色彩，所以中国的诗文里，颂赞秋的文字特别的多。但外国的诗人，又何尝不然？我虽则外国诗文念得不多，也不想开出账来，做一篇秋的诗歌散文钞，但你若去一翻开英、德、法、意等诗人的集子，或各国的诗文的 Antlology 来，总能够看到许多许多关于秋的歌颂与悲啼。各著名的大诗人的长篇田园诗或四季诗里，也总以关于秋的部分写得最出色而最有味。足见有感觉的动物，有情趣的人类，对于秋，总是一样的能特别引起深沉、幽远、严厉、萧索的感触来的。不单是诗人，就是被关闭在牢狱里的囚犯，到了秋天，我想也一定会感到一种不能自已的深情。秋之于人，何尝有国别，更何尝有人种阶级的区别呢? 不过在中国，文字里有一个"秋士"的成语，读本里又有着很普遍的欧阳子的《秋声》与苏东坡的《赤壁赋》等，就觉得中国的文人，与秋的关系特别深了。可是这秋的深味，尤其是中国的秋的深味，非要在北方，才感受得到底。

南国之秋，当然是也有它的特异的地方的，譬如廿四桥的明月、钱塘江的秋潮、普陀山的凉雾、荔枝湾的残荷等等，可是色彩不浓，回味不永，比起北国的秋来，正像是黄酒之与白干，稀饭之与馍馍，鲈鱼之与大蟹，黄犬之与骆驼。

秋天，这北国的秋天，若留得住的话，我愿意把寿命的三分之二折去，换得一个三分之一的零头。

一九三四八月，在北平

○ 原载于《当代文学》1934 年第 1 卷 3 期

北平的四季
1936

——郁达夫

　　对于一个已经化为异物的故人，追怀起来，总要先想到他或她的好处；随后再慢慢的想想，则觉得当时所感到的一切坏处，也会变作很可寻味的一些纪念，在回忆里开花。关于一个曾经住过的旧地，觉得此生再也不会第二次去长住了，身处入了远离的一角，向这方向的云天遥望一下，回想起来的，自然也同样地只是它的好处。

　　中国的大都会，我前半生住过的地方，原也不在少数；可是当一个人静下来回想起从前，上海的闹热，南京的辽阔，广州的乌烟瘴气，汉口、武昌的杂乱无章，甚至于青岛的清幽，福州的秀丽，以及杭州的沉着，总归都还比不上北京——我住在那里的时候，当然还是北京——的典丽堂皇，幽闲清妙。

　　先说人的分子罢，在当时的北京（民国十一二年前后），上自军财阀政客名优起，中经学者名人文士美女教育家，下而至于负贩拉车铺小摊的人，都可以谈谈，都有一艺之长，而无憎人之貌。就是由荐头店荐来的老妈子，除上炕者是当然以外，也总是衣冠楚楚，看起来不觉得会令人讨嫌。其次说到北京物质的供给哩，又是山珍海错，洋广杂货，以及萝卜白菜等本地产品，无一不备，无一不好的地方。

　　所以，在北京住上两三年的人，每一遇到要走的时候，总只感到北京的空气太沉闷，灰沙太暗淡，生活太无变化。一鞭出走，出前门便觉胸舒，过芦沟方知天晓，仿佛一出都门，就上了新生活开始的坦道似的；但是一年半载，在北京以外的各地——除了在自己幼年的故乡以外——去一住，谁也会得重想起北京，再希望回去，隐隐地对北京害起剧烈的怀乡病来。这一种经验，原是住过北京的人个个都有，而在我自己，却感觉得格外的浓，格外的切。最大的原因或许是为了我那长子之骨现在也还埋在郊外广谊园的坟山，而几位极要好的知己又是在那里同时毙命的受难者的一群。

北平的人事品物，原是无一不可爱的，就是大家觉得最要不得的北平的天候和地理联合上一起，在我也觉得是中国各大都会中所寻不出几处来的好地。为叙述的便利起见，想分成四季来约略地说说。

北平自入旧历的十月之后，就是灰沙满地、寒风刺骨的季节了，所以北平的冬天是一般人所最怕过的日子。但是要想认识一个地方的特异之处，我以为顶好是当这特异处表现得最圆满的时候

①

去领略。故而夏天去热带，寒天去北极，是我一向所持的哲理。北平的冬天，冷虽则比南方要冷得多，但是北方生活的伟大幽闲，也只有在冬季，使人感受得最彻底。

先说房屋的防寒装置罢，北方的住屋并不同南方的摩登都市一样，用的是钢骨水泥、冷热气管，一般的北方人家总只是矮矮的一所四合房，四面是很厚的泥墙，上面花厅内都有一张暖炕，一所回廊。廊子上是一带明窗，窗眼里糊着薄纸，薄纸内又装上风门，另外就没有什么了。

在这样简陋的房屋之内，你只教把炉子一生，电灯一点，棉门帘一挂上，在屋里住着，却一辈子总是暖炖炖像是春三四月里的样子，尤其会得使你感觉

---

① 图注：郁达夫赠与林语堂的小像。刊载于《人世间》1934 年第 16 期。

到屋内的温软堪恋的，是屋外窗外面乌乌在叫啸的西北风。天色老是灰沉沉的，路上面也老是灰的围障，而从风尘灰土中下车，一踏进屋里，就觉得一团春气，包围在你的左右四周，使你马上就忘记了屋外的一切寒冬的苦楚。若是喜欢吃吃酒、烧烧羊肉锅的人，那冬天的北方生活，就更加不能够割舍；酒已经是御寒的妙药了，再加上以大蒜与羊肉、酱油合煮的香味，简直可以使一室之内涨满了白蒙蒙的水蒸温汽。玻璃窗内，前半夜会流下一条条的清汗，后半夜就变成了花色奇异的冰纹。到了下雪的时候哩，景象当然又要一变。早晨从厚棉被里张开眼来，一室的清光，会使你的眼睛眩晕。在阳光照耀之下，雪也一粒一粒的放起光来了，蛰伏得很久的小鸟，在这时候会飞出来觅食振翎，谈天说地，吱吱的叫个不休。数日来的灰暗天空，愁云一扫，忽然变得澄清见底，翳障全无。于是年轻的北方住民，就可以营屋外的生活了，溜冰、做雪人、赶冰车雪车，就在这一种日子里最有劲儿。

　　我曾于这一种大雪时晴的旁晚，和几位朋友跨上跛驴，出西直门上骆驼庄去过过一夜。北平郊外的一片大雪地，无数枯树林，以及西山隐隐现现的不少白峰头，和时时吹来的几阵雪样的西北风，所给予人的印象，实在是深刻、伟大，神秘到了不可以言语来形容。直到了十余年后的现在，我一想起当时的情景，还会得打一个寒颤而吐一口清气，如同在钓鱼台溪旁立着的一瞬间一样。

　　北国的冬宵更是一个特别适合于看书、写信、追思过去与作闲谈、说废话的绝妙时间。记得当时我们弟兄三人都住在北京，每到了冬天的晚上，总不远千里地走拢来聚在一道，会谈少年时候在故乡所遇所见的事事物物。小孩们上床去了，佣人们也都去睡觉了，我们弟兄三个还会得再加一次煤再加一次煤地长谈下去。有几宵因为屋外面风紧天寒之故，到了后半夜的一二点钟的时候，便不约而同地会说出索性坐坐到天亮的话来。像这一种可宝贵的记忆，像这一种最深沉的情调，本来也就是一生中不能够多享受几次的昙花佳境，可是若不是在北平的冬天的夜里，那趣味也一定不会得像如此的悠长。

　　总而言之，北平的冬季，是想赏识赏识北方异味者之唯一的机会；这一季里的好处，这一季里的琐事杂忆，若要详细地写起来，总也有一部《帝京景物略》那么大的书好做，我只记下了一点点自身的经历，就觉得过长了，下面只能再来略写一点春和夏以及秋季的感怀梦境，聊作我的对这日就沦亡的故国的哀歌。

春与秋，本来是在什么地方都属可爱的时节，但在北平，却与别地方也有点儿两样。北国的春，来得较迟，所以时间也比较得短。西北风停后，积雪渐渐地消了，赶牲口的车夫身上，看不见那件光板老羊皮的大袄的时候，你就得预备着游春的服饰与金钱。因为春来也无信，春去也无踪，眼睛一眨，在北平市内，春光就会得同飞马似的溜过。屋内的炉子，刚拆去不久，说不定你就马上得去叫盖凉棚的才行。

而北方春天的最值得记忆的痕迹，是城厢内外的那一层新绿，同洪水似的新绿。北京城本来就是一个只见树木不见屋顶的绿色的都会，一踏出九城的门户，四面的黄土坡上，更是杂树丛生的森林地了。在日光里颤抖着的嫩绿的波浪，油光光，亮晶晶，若是神经系统不十分健全的人，骤然间身入到这一个淡绿色的海洋涛浪里去一看，包管你要张不开眼，立不住脚，而昏蹶过去。北平市内外的新绿，琼岛春阴，西山挹翠诸景里的新绿，真是一幅何等奇伟的外光派的妙画！但是这画的框子，或者简直说这画的画布，现在却已经完全掌握在一只满长着黑毛的巨魔的手里了！北望中原，究竟要到哪一日才能够重见得到天日呢？

从地势纬度上讲来，北方的夏天，当然要比南方的夏天来得凉爽。在北平城里过夏，实在是并没有上北戴河或西山去避暑的必要。一天到晚，最热的时候，只有中午到午后三四点钟的几个钟头，晚上太阳一下山，总没有一处不是凉阴阴要穿单衫才能过去的。半夜以后，更是非盖薄棉被不可了。

而北平的天然冰的便宜耐久，又是夏天住过北平的人所忘不了的一件恩惠。我在北平，曾经过过三个夏天，像什刹海、菱角沟、二闸等暑天游要的地方，当然是都到过的。但是在三伏的当中，不问是白天或是晚上，你只教有一张藤榻，搬到院子里的葡萄架下或藤花阴处去躺着，吃吃冰茶雪藕，听听盲人的鼓词与树上的蝉鸣，也可以一点儿也感不到炎热与熏蒸。而夏天最热的时候，在北平顶多总不过九十四五度，这一种大热的天气，全夏顶多顶多又不过十日的样子。

在北平，春夏秋的三季是连成一片，一年之中，仿佛只有一段寒冷的时期，和一段比较得温暖的时期相对立。由春到夏，是短短的一瞬间，自夏到秋，也只觉得是过了一次午睡，就有点儿凉冷起来了。因此，北方的秋季也特别的觉得长，而秋天的回味，也更觉得比别处来得浓厚。

前两年，因去北戴河回来，我曾在北平过过一个秋，在那时候，已经写过一篇《故都的秋》，对这北平的秋季颂赞过一道了，所以在这里不想再来重复。可是北平近郊的秋色，实在也正像是一册百读不厌的奇书，使你愈翻愈会感到兴趣。秋高气爽，风日晴和的早晨，你且骑着一匹驴子，上西山八大处或玉泉山碧云寺去走走看。山上的红柿，远处的烟树人家，郊野里的芦苇黍稷，以及在驴背上驮着生果进城来卖的农户佃家，包管你看一个月也不会看厌。春秋两季，本来是到处都好的，但是北方的秋空，看起来似乎更高一点，北方的空气，吸起来似乎更干燥健全一点。而那一种草木摇落，金风肃杀之感，在北方似乎也更觉得要严肃、凄凉、沉静得多。你若不信，你且去西山脚下，农民的家里或古寺的殿前，自阴历八月至十月下旬，去住它三个月看看。古人的"悲哉秋之为气"以及"胡笳互动，牧马悲鸣"的那一种哀感，在南方是不大感觉得到的，但在北平，尤其是在郊外，你真会得感至极而涕零，思千里兮命驾。所以我说，北平的秋才是真正的秋；南方的秋天不过是英国话里所说的 Indian Summer，或叫作"小春"天气而已。

统观北平的四季，每季每节，都有它的特别的好处。冬天是室内饮食奄息的时期，秋天是郊外走马调鹰的日子，春天好看新绿，夏天饱受清凉。至于各节各季，正当移换中的一段时间哩，又是别一种情趣，是一种两不相连，而又两都相合的中间风味，如雍和宫的打鬼、净业庵的放灯、丰台的看芍药、万牲园的寻梅花之类。

五六百年来文化所聚萃的北平，一年四季无一月不好的北平，我在遥忆，我也在深祝，祝她的平安进展，永久地为我们黄帝子孙所保有的旧都城！

一九三六年五月廿七日

○ 原载于《宇宙风》1936 年第 20 期

北平的气候
1936

—— 朝英

到过北平的人，都知道"无风三尺土，微雨满街泥"这两句话说得最贴切不过。原因是北平是一个大陆性的地方，全年的雨量常较东南沿海为少，且分布又极不均匀，夏季特多而他季甚少。例如近几年，作者在北平曾亲眼看见冬春五六个月内仅下了十几次小雨，有几个月竟整月没有下过一点，这在南方真是很少看见的。何况这里都是砂土，土质又松，在一阵风驰电掣的车轮过去之后，常扇起了一片很厚的灰土。偏巧这里的车子又多，一天到晚总是川流不息的跑着，在这种场合之下，你怎能叫这"三尺之土"安然停下？然这还在无风的时候，要是大风一起，那才倒霉，一阵阵的灰沙，常会没头没脸地盖下，你如果正在路上行走，没有带上眼镜或蒙住嘴鼻的话，算不定会使你迷住了眼或抹了一鼻子灰，所以到北平旅行的人，常以此为苦。

记得上月世界低音歌王夏理亚平到平表演的时候，便为了吃不住这个苦而赶紧跑了，临行时记者还问他对北平有什么感想，他说："北平一切都好，独有黄沙有点吃不消。"这真合着北平一句土话，叫做"吃不住兜着走"了。实际上这还不算怎么样的奇特，最厉害的是每当春夏之交（三四五各月），会凭空的天昏地黄飞沙走石起来，而且连天上的太阳月亮也会弄得黯淡无光，古人有"黄沙漫漫，天日为昏"的描写，我想也不过是如此的了。这种风沙，北平人不知道是叫它什么，但在气象学上却有一个专门名词叫做沙阵（Sandstorm），是飓风的一种。

上面已经说过，这里的雨都下在六七八九这几个月里，尤其是八月这一个月，竟占了全年的三分之一，而且有时候下的大了，一天就可以下到这三分之一的一半。试想，在这种畸形的大雨之下，这些"微雨"已经"满街泥"的胡同泥道，岂不是糟之又糟；何况这里河道又少，一下子怎么可以宣泄出去。北平近郊和永定河等之所以有积水不退或泛滥的现象发生，多少是和这个有关系的。

"黄梅时节家家雨"，在长江流域的人差不多都尝到这种梅雨时节的滋味。在这种雨里，出门带伞不得，不带伞又不得。因为带了伞呢，觉得累赘；不带伞呢，这种不休不止的蒙蒙毛雨，有时也许会下大了一点。再加起在梅雨期里——自六月中旬起至七月上旬止，天老是那么阴沉沉地一天到晚，湿度又大，温度又低，一阵冷风过来时，会使你索索地发抖；晾了衣服，一天也不得干；新买来的无线电干电池，要是保藏得不好，两三天就要使其发霉。然在北平可没有这些，因为南方正在淫雨连绵的时候，这里至多不过下几阵雷雨，雷雨过了，天又转晴，你说这种天气够多么痛快！

雷雨在这里发生得很迟，最早在三月初或可听到一二声雷响，然大多数都在四月开始，例如今年五月一日才听到霹雳一响，但到十月，便已寿命告终。不像江浙闽粤各地，一年四季都可以听到雷声隆隆，看到电光闪闪。在这六七个月中，六月里又像是最多雷雨，然统计下来，一年也不过十余次或廿余次罢了。

最有趣的是下了雷雨之后（要是不大），路上马上就干，不像"细雨纷纷割不断"的时候那样讨厌。而且在赤日当空溽暑闷热的时候，若来了一阵雨，便觉得胸襟清凉，精神为之一爽，比在东安市场吃冰激淋、西单牌楼喝酸梅汤实在好得多了。

若下在夜里呢，则在第二天早晨起床之后，便看见云敛晴空，碧天如洗，间或留有残云，亦都是如棉絮一样的白色大块。迎着对面朝阳，更加晶莹雪白，华丽辉煌，偶或云破天开，愈加衬托着一线青天的美丽，所谓"雨过天青云破处"，正是这种景色的特写。即平日被尘沙迷糊住了的远山近郭，这时也可尽收眼底。再者，北平城里与近郊的树木花草极多，经过这一阵雨水冲洗之后，更觉得鲜妍万端，倍极葱茏，"花含宿雨柳含烟"，真是有说不出的一种好看。

又，此时一般起得早的，都提着鸟笼到天桥、先农坛、永定门、北海与近郊一带聊聊去，玩倦了，便坐在水榭柳荫之下，泡上一壶茶，慢慢的自斟自酌，有朋友的时候，还可以对奕一局棋，看看书，说说笑。有爱人的更好，跑到中山公园的水榭、来今雨轩后面的池边、北海的玉蝀桥上，都可以纵目骋怀，沉醉于大自然的怀抱之中，所谓"陂塘春水绿于油，树树垂杨隐画楼"，非身历其境者，不知其妙。亦惟北平，始有此妙，俗语有"失于此者得于彼"，北平其亦因多于风沙而美于雷雨后之时乎！然有时正在路上行走，附近又没可躲的地方，忽然"黑云墼墼西南来，狂飙挟势惊奔雷。夕阳仓卒收不及，划住半壁青天开"的时候，也会把人吓了一大跳！

大陆性的气候往往是这样，收热易，放热也易，北平便是一个最好的例子。例如在夏天的时候，日里有时热得不堪，到太阳下山的时候，已凉了不少，往后越多过了一个钟头，越凉了一个钟头，一直到早晨日出以前，便是全日最凉的时候。故在北平有许多有戏瘾的，都在这个时候跑到城外去喊嗓，有的还佐着一把胡琴，更加是歌声悦耳。谚云"伏里盖夹被，田中不生米"，这在南方生米的地方的确是如此，但在北平却并不尽然，到了半夜非特只盖夹被，而且还有盖棉被的呢。这种现象在夏天如此，在冬天干季时亦莫不如此，盖每遇晴天，温度在每天相差必大，普通有"早上冷，午上暖，要下雨，总得半个月"，在北平非但只半个月，有的时候简直一个月两个月也没有下到一点。

这里若照纬度上说起来，是北纬约四十度的地方，所以日长夜短或日短夜长的现象是很显著的。在冬至相近的几天，晚上到五点多钟便有点昏黑，早晨非得在七点钟过后不能见曙光。冬至过后，昼间逐渐加长，同别的地方一样。到了接近夏至的时候，这里日子昼间便挺长，夜里便挺短，懒惰的人困到六点多钟醒来，便以为自己是很早的了，其实太阳早早挂到了三竿之上。晚上六点钟吃过了晚饭，打了一回乒乓球，看了半个钟头报，再在外边溜达一下子，天上还是很光亮，诗句有"绿树荫浓夏日长"，这里的夏日才算是真正的长了。

因了区域、环境、纬度和日射的关系，北平冬天的冷当然是不成问题的了，所以十一、十二同正、二、三这五个月内，平均的温度都在零度之下，最冷的天气，温度曾低到冰点以下三十五六度（华氏）。北平溜冰之所以有名，便因为北海中山公园、中南海等处的厚冰，常保持到二三月还不融化的缘故。最有趣的是早晨起得很早的时节，若将锁钥一类的东西含在嘴里，便会马上将你嘴巴黏住；毛笔一类的东西，若将头弄湿触到铁器之上，随便你怎样拉的快，笔头常黏住不肯下来。所以古人所说的"缯纩无温""滴水成冰"的说话，在这里看起来，实在并不是怎样奇怪！然有人未到北平以前，常疑心这里是冷得怕不能忍受，那你可不要怕，因为这里温度虽低，湿度却是很小，所以当没有风时，并不显得怎样冷，刮大风时却未免有点难受。但你还可不要怕，因为只要有钱，这里有的是皮袍和煤炭，你要是怕冷，那坐在家里得了，反正多穿上几件皮的、毛的，每个房间里都生上一个火炉。如果怕火炉有烟不雅观和怕中煤毒，还可以换上几个西式的热水汀。

冷得快，热得也快，北平便是这个样子。普通说北平无春秋，确也有相当的意思，因为在这里一暖和起来，便暖和得很快，温和的天气只有廿几天，便转到了像初夏一样暖热的天气。一些花草树木，此时便长得很快，如果下了一阵春雨，那便长得更快，清诗有"芳草不知春，一雨猛然醒"便是绝妙的写真。到了秋天也是一样。北平人有句土话叫做"一阵秋雨一阵凉，十阵秋雨换了棉"自然可以知道的天气是凉得快了。不过这里到了"无边落木萧萧下"的时候，光景却特别有点凄凉，因为这里有许多叶子自从"一叶飘零忽知秋"以后，经过了一阵秋风秋雨，叶子便会特别下的快。如果在夜间失了眠或别有心绪的人，听见瑟瑟秋雨，那才真有点像宋人小词中所说的"窗外芭蕉窗里人，分明叶上心头滴"。还有一点，这里的霜期甚长，约有六七个月，晕也很多，每年连日月晕约有一百余次，苏洵作《辨奸论》若在北平，恐怕还要早一点脱稿。因为"月晕而风"的一句话，还可以早一些发现啊。

这里梅花很少，故"春来第一枝"常让桃花出风头。在桃花之中，山桃最早，在三月下旬，便已发芽；碧桃次之；蜜桃又次之，开花发芽，都在四月下旬。杏较山桃稍迟，李又较杏为迟，此后如石榴、银杏、海棠、杜梨等，均在四月下中旬及五月上中旬跟从的发叶或开花，声闻遐迩的如法源寺之丁香花，崇效寺、中山公园的牡丹花都在五月初中旬始盛开。又为诗人们所叹赏的杨柳，在四月中下旬便发芽吐叶。至于"柳絮飞来一片红，夕阳返照桃花坞"须在五月初旬始能看到，这和广州在正月初便已桃花盛开，一月初便已杨柳发芽，相差约在百日左右，即和上海、南京、汉口等处，相差尚有半百之多。《孟姜女》歌词里有"三月里来是清明，桃红柳绿正当景"，这种风景在北平实在还说得太早（注：三月当是阳历四月）。

鸟类在北平亦较南方为少，除留鸟、夏鸟、冬鸟没有精确的观察着外，候鸟如雁燕之类，在这里也很少停留。雁在三月迁徙后，已好久没有听到那种凄凉之声；燕本来在四月下旬或五月上旬可以看到，但在今年，始在昨天看到一只，"凄凉怕看燕归来"，难道燕子也怕看见这阽危的故城吗？

五月十五日写于北平

○ 原载于《宇宙风》1936 年第 19 期

北平的春天

1936

—— 知堂

　　北平的春天似乎已经开始了，虽然我还不大觉得。立春已过了十天，现在是"七九六十三"的起头了，布衲摊在两肩，穷人该有欣欣向荣之意。光绪甲辰即一九○四年小除那时，我在江南水师学堂曾作一诗云：

　　　　一年倏就除，风物何凄紧。

　　　　百岁良悠悠，白日催人尽。

　　　　既不为大椿，便应如朝菌。

　　　　一死息群生，何处问灵蠢。

　　但是第二天除夕我又做了这样一首云：

　　　　东风三月烟花好，凉意千山云树幽。

　　　　冬最无情今归去，明朝又得及春游。

　　这诗是一样的不成东西，不过可以表示我总是很爱春天的。春天有什么好呢，要讲它的力量及其道德的意义，最好去查盲诗人爱罗先珂的抒情诗的演说，那篇世界语原稿是由我笔录，译本也是我写的，所以约略都还记得，但是这里誊录自然也更可不必了。

　　春天的是官能的美，是要去直接领略的，关门歌颂一无是处，所以这里抽象的话暂且割爱。且说我自己的关于春的经验，都是与游有相关的。古人虽说以鸟鸣春，但我觉得还是在别方面更感到春的印象，即是水与花木。迂阔的说一句，或者这正是活物的根本的缘故罢。

小时候，在春天总有些出游的机会，扫墓与香市是主要的两件事，而通行只有水路，所在又多是山上野外，那么这水与花木自然就不会缺少的。香市是公众的行事，禹庙南镇香炉峰为其代表；扫墓是私家的，会稽的乌石头调马场等地方，至今在我的记忆中还是一种代表的春景。庚子年三月十六日的日记云：

晨坐船出东郭门，挽纤行十里，至绕门山，今称东湖，为陶心云先生所创修，堤计长二百丈，皆植千叶桃垂柳及女贞子各树，游人颇多。又三十里至富盛埠，乘兜轿过市行三里许，越岭，约千余级。山上映山红、牛郎花甚多，又有蕉藤数株，著花蔚蓝色，状如豆花，结实即刀豆也，可入药。路旁皆竹林，竹萌之出土者粗于碗口而长仅二二寸，颇为可观。忽闻有声如鸡鸣，阁阁然，山谷皆响，问之轿夫，云系雄鸡叫也。又二里许过一溪，阔数丈，水没及骭，舁者乱流而渡，水中圆石颗颗，大如鹅卵，整洁可喜。行三四里至墓所，松柏夹道，颇称闳壮。方祭时，小雨簌簌落衣袂间，幸即晴霁。下山午餐，下午开船。将进城门，忽天色如墨，雷电并作，大雨倾注，至家不息。

旧事重提，本来没有多大意思，这里只是举个例子，说明我春游的观念而已。我们本是水乡的居民，平常对于水不觉得怎么新奇，要去临流赏玩一番，可是生平与水太相习了，自有一种情分，仿佛觉得生活的美与悦乐之背景里都有水在，由水而生的草木次之，禽虫又次之。我非不喜禽虫，但它总离不了草木，不但是吃食，也实是必要的寄托，盖即使以鸟鸣春，这鸣也得在枝头或草原上才好，若是雕笼金销，无论怎样的鸣得起劲，总使人听了索然兴尽也。

话休烦絮。到底北平的春天怎么样了呢。老实说，我住在北京和北平已将二十年，不可谓不久矣，对于春游却并无什么经验。妙峰山虽热闹，尚无暇瞻仰，清明郊游只有野哭可听耳。北平缺少水气，使春光减了成色，而气候变化稍剧，春天似不曾独立存在，如不算它是夏的头，亦不妨称为冬的尾，总之风和日暖让我们著了单袷可以随意徜徉的时候真是极少，刚觉得不冷就要热了起来了。

不过这春的季候自然还是有的。第一，冬之后明明是春，且不说节气上的立春也已过了。第二，生物的发生当然是春的证据，牛山和尚诗云"春叫猫儿猫叫春"是也。人在春天却只是懒散，雅人称曰"春困"，这似乎是别一种表示。

所以北平到底还是有它的春天，不过太慌张一点了，又欠腴润一点，叫人有时来不及尝它的味儿，有时尝了觉得稍枯燥了，虽然名字还叫作"春天"，但是实在就把它当作冬的尾，要不然便是夏的头，反正这两者在表面上虽差得远，实际上对于不大承认它是春天原是一样的。

我倒还是爱北平的冬天。春天总是故乡的有意思，虽然这是三四十年前的事，现在怎么样我不知道。至于冬天，就是三四十年前的故乡的冬天我也不喜欢：那些手脚生冻瘃，半夜里醒过来像是悬空挂着似的上下四旁都是冷气的感觉，很不好受，在北平的纸糊过的屋子里就不会有的。在屋里不苦寒，冬天便有一种好处，可以让人家作事，手不僵冻，不必炙砚呵笔，于我们写文章的人大有利益。

北平虽几乎没有春天，我并无什么不满意，盖吾以冬读代春游之乐久矣。

廿五年二月十四日

○ 原载于《宇宙风》1936 年第 13 期

---

① 图注：最新式之火炉。刊载于《文华》1933 年第 35 期。

忆北平的旧岁
1938

到底北平这古城是座彻头彻尾的老城池，不但前门各处的城砖是老灰色，城内的旗民拘守着旧日王谢的生活，保守着老念头，就连在年节的岁时上，也是依然谨守旧制，大家通行旧岁。古城中不是曾闹过新运动么？掀起过风飙全国的新思潮么？并也熔炼出许多各式各样的新人物么？但，古城依然是古城，旧习尚依然畅行着。

由东北的沈阳流亡到古城去，约有五年多的工夫。也许是因了关内关外在满清当朝时就打成了一片，而一直到今天还是如此的罢！所以虽然由遥远的沈阳跑到北平去，但所见所受，和在沈阳时候比较起来，也没有什么绝大的差别。按着在沈阳的住民讲起"北京"来，真有些超过事实而有如神话的境界了。比如他们说北京城墙有多么高大，城门有多么阔宽，城门的门环都是金子做的。至于论到京城人民的日常食用等事，更传说得十分离奇，如今还流行在东北各地的一出《老妈开谤》的奉天落子，便是专为讲述北京的神奇繁华而盛传着。故事的内容，是说一个三河县的农妇到皇城的阔人家做老妈，后来骑了一匹驴返回故乡，故里有很多的街坊向她探问北京的情形，这位老妈就胡言八

① 编者注：张向天，原名张秉新，沈阳人，笔名张春风、丙公、邓林、黄钺、癸堂等。曾求学于清华大学，为闻一多、朱自清的学生。1933年曾创办文艺期刊《流萤》。著有《鲁迅日记书信诗稿札记》《鲁迅旧诗笺注》《鲁迅作品学习札记》等。

扯地大吹一阵，那些听者们都惊奇得目瞪口呆，不知所以。从这出流行的奉天落子里便可以看出，沈阳和北平虽然只有一千多里的间隔，但其间的路闻途说却已经十分令人不敢置信了。但仔细讲起来，北京与沈阳又有什么特别呢？真还没有什么特别，不过北平比沈阳，在气象上，北平更为恢廓伟大罢了！

如今暂以北平的旧岁而言，就可以看得出来了。

先由旧历腊月的腊八讲起。北京人吃"腊八粥"，确比沈阳人的腊八食用为阔绰。沈阳人的腊八粥制法简单，只供人吃；而北京人的腊八粥却制法繁杂，米也不是只一种米，而是杂合了各色各式的细米、豆等物，再加上芰苗、莲子、枣、栗子。当粥做成后，粥上再覆以鲜色的桃仁、杏仁、瓜子、青丝、红丝、佛手、白糖、花生仁等，装点得五色缤纷，非常悦目。告祀祖，祭神，神祖祭完得，才得以给人吃。人吃毕，还须用粥涂墙抹壁，凡庭院门户、树木等物，均得用粥装点，更须喂猫，饲犬，鸡鸭等禽类。这种排场，按北京人看，名之为"谱"，是非讲求不可的。这如果和沈阳比起来，所差的只有豪华阔绰之别，不过一个外臣的派头，一个是家主的侈费而已。

到旧历元旦这天，北京人多在五更后祭神，烧香放鞭炮，以后是全家吃饺子。吃饺子以后，另有一顿合家同吃的团圆饭。在这餐饭中，椒柏酒是一项不可少的饮品，表示是一年复始的意思。

至于拜年的规矩，是大人对大人拜年也有礼物相送的，比如有戚友登堂拜年，主人还须拿出礼物来赠送，按北京人叫做送"百事大吉盒"，中有柿饼、核桃、桂圆、枣、栗子、花生等物。这些物品都含有取义的，例如柿子有"事事如意"的取义，核桃是"和和气气"，桂圆是"富贵升高"，枣、栗子是"早生贵子"。至于幼年哥儿拜年，则须送压岁钱了。

但北平旧岁中最称特色的还是宗教上的信条，而不是年节的礼俗。这一点是值得特别提出来的。

北平的旧年，在正月一日和初二日，除了人的供养要侈豪以外，还须有神祖的供奉。例如在元旦日有祭神祀祖，初二日要去财神庙求财神。原来财神庙在彰义门外。按了习俗说，凡是上庙焚香愈早的愈有灵验，因此每年正月初二日的黄昏初晓中，古城里的财迷们早已是千万成群地集候在彰仪门里，静等开门，好挤出门外，早到一步。每年正月初二时候，古城的广安门里，时常有因拥挤争先而打得头破血流，妇孺被挤得呼天抢地，情形之惨，又有如难民争车抢船之惨了。但是那些勤苦人们，第一等财迷们却老早在初一那天，就已经跑到财神庙附近的小店中挨冷受冻地度过一宵，因为"近水楼台"而先到庙堂了！这些财迷的求财方法，叫做"借元宝"，其实名为借，乃是偷。原来焚香的人们，一面叩头焚香，一面是趁了和僧不注意的时候，顺手在神案下的纸元宝筐中偷几个纸元宝，放在怀中，拿回家去，供在财神案前。凡是偷得愈多，财也愈富，但最紧要的，是凡偷得以后，第二年的正月初二一定要加倍偿还，否则惹了神怒，不止财发不成，并且还要荡家的。说到"偷元宝"，并不要什么训练的，也不难做，原来这"偷元宝"已经成为公开的秘密，和僧并不紧严的看守，而是任人偷取，但是必须多放香资。

①

最奇特的是白云观庙会。白云观在西便门外，由元旦日开庙一直到十九日，在正月十八日这天，叫做"燕九会"，也叫做"会神仙"。按：白云观是供祀元时长春真人邱处机的观址，因之此"燕九会"应该叫做"燕邱会"才是。从前在正月十八日那天晚上，善男信女们一定要在观里过宿一宵以会神仙，男

---

① 图注：北平财神庙前的纸元宝。刊载于《中华》1936 年第 40 期。

则大福大寿，女则多贵多男，因而在会神仙时候，常要演出风流喜剧的。但到民国以来，这种风俗似乎是不行了，不过在十八日这天的古城人士骑驴逛白云观，到老人堂看老人，却是一件极风行的事。

在逛庙中，最著名的还有一个逛大钟寺。大钟寺在德胜门外，又名觉生寺，寺殿三层，最上一层是钟楼，上悬大钟，因而有名。钟的高有一丈五尺，径一丈四尺，纽高七尺，共重八万七千多斤。全钟内外，都镌有全部华严经文。每年旧岁元旦开庙，到十五日方止。游人极众，除了焚香祀神之外，都是来看大钟的。在大钟的顶上，有两个大如手拳的气孔，孔里悬着铜铃，凡是来看大钟的游客，都好用大铜子投气孔，这叫做"打金钱眼"。如果打中，则锵然一声，表示击中铜铃，因以卜一年中的吉运。这也是寺僧生财方法。听说从前僧众的日用资多仰之于此。每天来庙"打金钱眼"的人，何止数千，因而每日晚间僧人收点钟下铜子，多以斗量。如今，因为古城的不景气，这一项入款，已经激减。僧人们讲起来，也是一件击心的痛事。

①

另外有火神庙、护国寺、铁塔寺、三官庙等庙会，也是非常热闹。再有安定门的黄寺、德胜门外的黑寺、雍和宫等喇嘛庙的打鬼、跳舞、布扎等等，更是引动合城居民，拥挤往观。

以上所说的北平旧岁的节俗在宗教信仰上的种种，却是古城旧岁中不与人同的独有节目了。

北平古城至今虽然沦陷了有五个多月，但一想到古城的旧年景象，和逛庙的人众拥挤情形，不禁使我更亲切地忆起北平。

记得去年旧历年时，笔者还特别地走遍古城的各个庙会，那一点熙熙攘攘地度岁的盛况，确是永不能忘的。

---

① 图注：北平大钟寺的大钟。刊载于《图画时报》1929 年第 614 期。

古城市街上，在旧历年底时候更显得繁荣了，往来着为衣食奔走要债索欠的人们。西单、东单、西四、东四、前门、珠宝市及后门各个大街都是非常拥挤。尤其在东安市场里，那些卖灯笼、气球的贩子，一家挨一家地排陈着，卖冰糖葫芦的贩子尽着吃奶力气大声招卖。在杂乱拥挤的市容中，还可以看到穿高跟鞋的摩登女学生们，半裸着膝腿，颤颤巍巍地高骑在慢步得得的小毛驴上，摇摆过市。这是北京女学生们的习尚，多好骑驴逛大钟寺、白云观，又好赛驴，这或是北平的中国妇女骑马入阵的先声罢了！不过那些穿高跟鞋的时髦脚趾，放在铁驴镫中，终觉不是太合适。

在和平门外，师范大学的附近，排满了席棚，里面满陈展着中国水笔的山水画。画棚子延长占了半个街，如果每个画棚，都能走遍尽览，真不是一件容易事呢！识货的人可以用几角钱买得明清以来的画品、名人笔迹等。

更热闹的是厂甸，又叫海王村公园，附近多是旧书摊、古玩、金石玉器等。在这里，用极低的价钱可以买来很好的宋刻元版等好版本书籍。在这里不止高人雅士学者可以大逛找便宜货，就连庸夫俗子、小孩子们，也可以杂在中间拥挤得推不开，挤不动。这里有食物摊子、玩物贩子，孩子们可以花上几大枚，买一个玻璃长颈喇叭，吹吹打打地跑跳。

沦亡五月多的古城，至今可能是无恙罢？如今恰是度旧岁的时节，古城度岁的情形知道是怎样的呢？！恐怕在这一切旧时的景象中，已经到处杂上了草绿色的异族，威风凛厉地在搜索着！

古城呵！纵有铁骑纵横肆虐，但，耐心地度过今个旧岁罢！过了冬天就是春天，春天来的时候，难道还有威凛逼人的冰寒么？

廿七年一月，于港岛

○ 原载于《宇宙风》1938 年第 62 期

北京从前的消夏

1943

—— 识因

　　研究北京风土之学的专家很多，广搜博采，成绩之佳，自不用说。再者北京的故老生长于旧京，耳目浸染，亲身经历，更是亲切清楚，无论如何比我一个外行而外乡的人来谈这个问题要强得多。不过我在京居住也有不少年，时间一长，对于此地风土多少也有点认识，只不过是一知半解而已。所以我所讲的就以我个人所去过的所知道的为限。

　　现在正是"赤日炎炎似火烧"的时候，大家闲住了都想找个地方去纳纳凉。我们现在人同朋友们或是带了太太和小孩到中央公园、北海去走走，喜欢静的在茶座上一坐，泡上一壶茶，大家随便聊聊天；喜欢动的弄只小船划划，在水面上接受荷香和清风，虽是出点汗，倒倒是很写意的。

　　可是从前的人呢，这两件事都办不到，前清时候三海是禁地，不能进去。到了民国初年只开放了一处中央公园，还不大普遍。中南海是总统府，仍是不能进去。大家只好到什刹海、积水滩、二闸、高梁桥和菱角坑这几个地方去。

　　什刹海每年五月节以后开放，过了七月十五才取消，在荷花季儿开，也管它叫做荷花市场。两岸都搭满了茶棚、饭棚、玩意棚，此外还有许多摊子。最多摊儿是卖河鲜儿的，就是果藕、莲蓬、鲜菱角、老菱角、鲜核桃、杏仁、鸡头米等。这种摊儿的东西是没准价的，遇见阔老或女太太们带着小孩，总不免小小的要敲一下竹杠。茶棚临水，坐在里面，端起茶杯，看看荷花和稻田，那时谁还想到是在尘土狼烟的北京圈儿里头呢。

①

饭棚子最出名的食品是苏造肉，但是油腻太重，实在不敢恭维。此外鸡蛋饼、褡裢火烧、爆羊肚等还不难吃。同三五个朋友坐在棚里随便吃顿饭，或吃点心，在从前是花不了多少钱的。一过立秋，什刹海饭棚里也照例添上炮烤羊肉，由掌灶的在镗上炮好，端到座儿上吃的是炮羊肉；右手拿着加长的白坯竹筷子，左手端着一盅烧刀子，自己烤自己吃是烤羊肉。可是天气既热，又在火旁边，嘴里喝着白干，里外发烧，没有一位不是满头大汗，和豆汁摊上的小家碧玉喝完滚烫的豆汁，汗出来，把擦得一红二白的脸冲得一道一道的，都是不大雅观的。

谁都知道什刹海出名的东西是莲子粥，有专卖粥的棚，还代卖茶汤、藕粉及其他甜点心。其实莲子粥用的果料太杂，味儿又太甜，并没什么好吃，倒是各样的油酥火烧及奶油镯子既不太腻又不太甜，倒是不错。

玩意棚大概是临时由天桥搬来的，锣鼓喧天，吵成一片，走近汗味逼人，不可久留。也和天桥的规矩一样，是散打钱，进门用不了多少钱，一场玩意中间总会要三四次钱，是很讨厌的。不如坐在茶棚里远远的听送来锣鼓声，反叫人有神往之意。从前有踏软绳和跑马解的，近年来却没有了。

从前每年什刹海开放时候总有一个卖芸豆糕的，他用熟芸豆面捏成各样东西，只卖两个大铜一个。各种果子也染上颜色，倒不十分像。最有趣的是捏的方块猪胰子，上面放着两粒用豆沙做的黑肥皂，也印上字号的红字，远看简直跟真的一样。还有一个赶茶棚卖水糖子儿的老头，站在你面前，麻烦半天，非买他一两盒是不肯走开的。他的冰糖子儿跟信远斋的作法一样，用二寸宽三寸

① 图注：北京的夏天。刊载于《大陆画刊》1941 年第 2 卷第 7 期。

长小纸盒一盛，也有小型的酸梅糕，不过有白纽子那们大。再有冰糖做的小黄瓜才一寸来长，染成绿色，也是顶花带刺的，黄绿相映，十分漂亮，因是绿颜色染的不能吃，不过拿着玩就是了。

卖古玩物的摊有一个人用棉线编织各种草虫，最像的是蝎子，用土灰色线编成，钩子尾巴都是用铁丝穿生麦粒作的，放在桌上，和活的一样。黑地白点的天牛也很像，蜻蜓、螳螂等就差多了。

由什刹海的后海过了德胜桥往西就是积水滩，这个地方和陶然亭一向是文人士大夫诗酒聚会的地方，不像什刹海是雅俗共赏的。这地方水田荷花和曲折的港海，密密的柳林，如在江南水乡。南有高庙，北有汇通祠，都是诗人墨客常去的地方。清代诗人大致都有咏积水滩、净业湖之作。夏天柳阴一坐，听树上蝉鸣，或是一竿垂钓，真可洗去俗尘。汇通祠在山上，由汇通祠下来，半山腰里有一块陨石，体积很大，不知从什么时候有的，名人题咏很多。近几年积水滩和什刹海冬季成为年青人练习滑冰的地方，所以积水滩冬季也不致冷落无人。

二闸在齐化门外是运河的终点，从前通行漕运时从通州到齐化门水程共四十余里，设水闸五道，二闸即第二道闸。两岸芦苇茂密，风景很好。在夏季商人临时设摊搭棚，卖茶卖酒，可是价钱很高，全是看人而定。河面上有船，可供游人乘用或包赁。水里有小孩游泳，如游人将钱投入水底，小孩取出，就把取出的钱赏给他，这种小孩叫"水耗子"。两岸上也搭有玩意棚，演唱各样杂耍，直到七月十五放完河灯，二闸就没人去，要问年青人几乎就不知道北京有这们一个纳凉的地方。

菱角坑也在齐化门外，大致和二闸、什刹海情形相同，不过规模小点。茶棚里有杂耍，也有票友清唱，或登台彩唱。近年也和二闸一样，渐渐被人忘记啦。高粱桥在西直门外，有许多人在长河两岸纳凉或钓鱼，于是就产生"雨来散"的临时露天茶馆，在柳树荫凉下，地下铺上席，坐在席上，拿出自己带来的茶叶一沏，一面喝茶，一边搧着大芭叶，山南海北，随便聊聊，吹来一阵的小风，真叫舒服。而且这里没有那么多游人，不用长袍短褂的穿着，一身洗旧的裤褂，赤足穿鞋也没人笑话你，累了在席上躺一会，也不会有人干涉你。坐在河边叼着一支烟在那儿等鱼上钩，到夕阳西下的时候，也许带回家去几条鲫瓜或黑鱼。可是就怕暴雨，来一阵雨，茶客就坐不住了，所以叫"雨来散"。

这几个地方我最喜欢高梁桥，因是一个最自由、不拘礼节虚文的地方，而且也不分阶级，更不要太多的花费。大家在中央公园来今雨轩里坐够，不妨到高梁桥去换换口味的。

夏季冷食也没有现在样儿多，不论是冰菜冰果子，或掺在酸梅汤里，全用天然河冰，很不卫生，所以老年人好劝人忌生冷，虽没有科学根据，却很有理。从前到夏季，讲究喝信远斋的酸梅汤，他家还卖酸梅糕、酸梅卤。酸梅糕是用白糖加上酸梅汁、桂花制成的糖块，用小纸盒一盛，式样很多，有一盒就是一个大花篮的，有一盒里有十多块的，样式有梅花、方胜、海棠、喜字、福字，也有五毒饼式的，大致和大八件的样儿相仿。酸梅卤是用酸梅、桂花、白糖熬成浓汁盛在罐里，想要喝时用开水泡酸梅糕，或冲酸梅卤，在冰上一震[①]，和酸梅汤一样。这两样东西是从前北京夏季送亲友的礼物，或旅行京华的人必要带回去的北京特产之一。

除信远斋外，其余干果铺，也都卖酸梅汤、酸梅糕和酸梅卤，不过品质有高下之分而已。酸梅汤哪里都有卖的，干果店门口放上黑漆描金的冰桶，上面摆着细瓷碗，白锡打的月牙儿擦得雪亮，酸梅汤放在青花白地的或五彩花的大瓷坛里，隔冰震凉，盛出一看，淡淡的和新沏龙井一样，不用喝到嘴里，看这些干净漂亮的家伙就觉得爽快，再打起那一对特有白铜冰盏，听见叮当的声音，不由就想站住来一碗。街上庙会上也都有酸梅汤，好往碗里加河冰，味儿也差，颜色浓得和末茶一样，令人不起美感。

其他冷食有酪，有果子干、玻璃粉。果子干用柿饼、杏干泡好，加上切片藕；玻璃粉用团粉熬成

②

---

① 编者注："震"同"镇"，即冰镇之意。
② 图注：北京的酸梅汤。收藏于中国近代影像资料数据库。

透明体，加上糖水、桂花及酸味。酪在酪铺去喝，也有挑挑儿下街卖的，挑上带签筒或骰子，也和冬天卖糖葫芦一样可以抽签。果子干、玻璃粉，铺子都不卖，只是摊儿上有卖的，尘土狼藉，又往往搁冰，直叫人不敢尝试。

冷点心就是粽子、凉糕，全好在冰上。凉糕用江米作成，有枣儿的及豆沙、豌豆黄的，糕面上放着青梅、山查糕片，红白三色相映，十分好看，以护国寺、白塔寺、轮流赶庙的常摊回回年糕刘的东西为最水伶。

夏季席面上都讲究添冰碗儿，就是把各种河鲜及水果攒在一个大瓷海碗里，下面用冰一震，十分爽口。什刹海会贤堂每到夏季，常有炸荷花瓣一样时菜，用白荷瓣蘸上蛋清面糊一炸，既不怎么好吃，又是焦琴煮鹤很煞风景的事。

北京有一句俗话是"六腊月不出门，赛过活神仙"，有钱有闲的人们住在高大清凉的屋里，晌午一觉睡醒，卷起天棚，院子里泼上水，三五个朋友或是家人父子，坐在院里，摆上桌儿来八圈，文雅的杀一盘；没有伴，一个人可以看看闲书。冰桶里冰着应时的果品，屋里放着晚香玉、夜来香等鲜花，想吃什么，可以叫厨子做，再不然派人专到字号货的铺子去买。既无俗务缠身，真正实行入伏两三个月不出大门，又有何妨。

中等人家也自有他们的乐趣。没有天棚，放下苇帘子，或是大堂帘，屋里也是阴阴的不透日光。上午把应做的事料理完了，下午睡够了，洗洗脸，等太阳落下去，院子热气散尽了，再摆上桌子吃晚饭，弄一两样素淡可口的家常菜，再熬上一锅绿豆汤，或荷叶粥就成了。等撤去饭桌，泐上一壶茶，和长辈或是同辈间闲谈，或是同孩子说说故事。晚上串胡同的瞎子过来了，可以花上点钱，把他叫到院子里唱上一两段。民初才一时兴留声机的时候，夏天晚上胡同里有人背着留声机，提着大喇叭，嘴里喊"转盘的话匣子"，也能叫到院里唱，后来留声机一多，中等人家可以买得起，近年又有无线电，唱转盘话匣子的就绝迹了。即或是贫寒人家住在大杂院里，一天工作既完，洗去满身的汗，拿出一块席头，在街门外大树底下一坐，光着脚，只穿一件粗葛布裈子，或是光着脊梁，泐上一包高末，街坊家大哥二弟的一聊，或是大家攒钱叫瞎子在胡同里唱，围着一听，也就到了半夜。

○ 原载于《古今》1943 年第 31 期

北平的灯市

1948

—— 刘雁声

　　每逢春节期间，各地由于风俗的关系，例有燃灯庆祝新年之举。我们看到《水浒传》上宋江攻打大名府、时迁火烧翠云楼，大名府内在上元佳节扎起两座鳌山，晚间灯火齐明，充分表现出来与民同乐的意思，这就是灯市了。

　　各地灯市，情形不大一样，谈到北平灯市，由来很久，各朝代都有文字记载，以大略言之，灯市的起始是在汉代，而极盛则在明。刘侗《帝京景物略》曾说之很详。洪容斋的《容斋三笔》上也有《上元张灯》一则，说明灯市起自汉代，并且说明自宋朝因种种关系改为五夜，后又增至七夜。这样周详赅备的季节例行事情，在民间的力量很大。孟元老的《东京梦华录》、周必大《平园续稿》都有灯市起始及实在的繁华情形。北平的灯市，据《燕都游览志》《天咫偶闻》等书记载，可以知道灯市在当初是北平春节期间一种繁华行事，而灯市所在地又不一样，并不是在一个地方，述《览志》云："灯市在东华门王府街东，崇文街西，亘一里计，相对皆高楼，夜则燃灯于上，望如星衢。"又据《天咫偶闻》载："每上元五夕，西马市之东，东四牌楼下有灯棚数架，又各店肆高悬五色灯球，如珠琲，如霞标，或间以各色纱灯，由灯市以东至东四牌楼止，相衔不断，每逢初月乍升，街尘不起，士女云集，童稚欢呼。"

　　至于灯市中的灯的情态，《京师风俗志》中有详细记载，如：

　　其灯有大小、高矮、长短、方圆等式，有纱纸、琉璃、羊角、西洋之别，其绘人物，则《列国》《三国》《西游》《封神》《水浒》《志异》等图，花卉则兰菊梅桂萱竹牡丹，禽兽则莺凤龙虎以至马牛鸡犬与鱼虾虫蚁等图，无不颜色鲜美，妙态逼真，品目殊多，颇难枚举。而最奇者为冰灯，以冰琢成人物、花鸟、虫鱼等像，冰以药固之，日久不消。雕刻玲珑，观者嘉赏。

这样奇巧各样的灯，在街市上悬挂起来，的确是如白香山的诗，所谓"灯火家家市，笙歌处处楼"的描写，无怪乎"谁家见月能闲坐，何处闻灯不看来"了！

北平灯市的所在地，前引的《燕都游览志》，既然说是在北平东华门王府街东，清查初白《人海记》也说是在内城"东华门外"，此地即现在的灯市口，如今虽然灯市久废，如是例年悬灯，业已另换了地方，但是这个地方仍存在灯市口的名称，一望而知是明代灯市的所在地。

在清代，灯市差不多移在前门以外，据《水曹清暇录》谓："近年上元张灯，惟前门外各大店中及西河沿绸缎铺、人参铺、打磨厂、东西江米巷中，稍有可观。"这种情况，到了现在，每年还是这样，不过灯有繁简而已。现在仍存的如前门外大栅栏瑞蚨祥的《三国》灯书，东鸿记、西鸿记的《水浒》《列国》以及廊房头条各灯画店的灯，都能够引动游人驻足围观，所画的人物风景特别细致。前门以外就是地安门外的小门姜店，陈列麦子灯、冰灯等等，也是一时奇观。在早年，北平上元观灯因人多拥挤的缘故，发现不少笑话，都是市井之辈趁乱做出来的。民国以来，灯市不禁，然每年遗失物件的很多，这更是北平春节一点特殊点缀。

---

① 图注：北平灯市。刊载于《北京画报》1931年第4卷第157期。

今年北平以物价关系，特别悬灯者，大概不能多见，只不过以旧有之物，例行悬挂，点缀一番而已，如果再求诸过去的盛况，则不可再得了。

《石湖乐府》中有咏灯市一长首，中有句云：

燕台今古繁华地[1]，偏爱元宵灯影戏。

春前腊后好天晴，已向街头作灯市。

这样的记载和描写，已然是历史上的痕迹了。

○ 原载于《申报》1948 年 2 月 23 日

---

[1] 编者注：此处《申报》原刊为"燕台今古繁华地"，也传：港成大此诗为"吴台今古繁华地"。本书以原刊为主，不作修订，以保留作者原文风貌。

旧时北平

危城琐记

—— 老向

市民似敲窗的苍蝇，不知何处有隙可钻。北平的逃至天津，天津的又逃至北平……乐土到底在哪儿？

从上月"友机"飞至通县侦察以后，故都已陷于浓重的危险氛围中。有力迁移的，带着大包小裹都去逃难。前门两车站上的行人、行李，拥挤、呼喊、仓皇，啊，奇观！差强人意的是火车并未临时加价，虽然脚夫们不免拿搪。

大家逃了一阵，躲了一阵，故都仍旧无恙，友机还没有真个飞来丢几颗炸弹，这使逃难的人们也许不很满意。

戏园子、电影场、中山北海各公园，人数之多，一如平时。市场里外国货陈列得五光十色，游人们摩肩接踵，满透着一副太平气象。报载"我军退守新阵地"的消息，仿佛是访员造谣。

街上红十字会的救护车穿梭似的来回跑。城外聚集着无数的伤兵与难民。要不是有兵把着城门，他们早进来了。

因契约关系，何容同我仍拚命为商务馆编说话教授书。有时为了一个语词的去取，会争执半天。看报上"我军牺牲颇大，但敌军牺牲更大"的记载，并不很受感动。对于"大刀队杀敌如切菜"的话，有着阅览武侠演义一般的心情。

"五九"，又逢国耻纪念。忆前在吉大教书时，"五九"这一天正下鹅毛大雪，曾戏语各同学"此系誓雪国耻之先兆"，谁想而今是"无事不耻，雪不胜雪！"

前些日子逃难的人们，有许多又回来了。我们吴妈问，"街上嚷嚷打仗呢，也不知道谁跟谁？"五月十日晨五时许，友人的飞机居然驾临北平，实出乎一般人的意料。那时我正在梦中，芸叫醒了我。她说仿佛听得炸弹响，至少也是枪响。我揉了揉眼睛出门去看，飞机早已去得没有影儿。

这一天所知道的是：友机并未掷弹。许多人肯定的说"它决不掷弹"，也有人说"它万一要掷弹呢"？

又一位朋友把三个柳条儿包和一个木箱子，由公寓里搬到我家来。其实他也知道我家不是租界。

第二天早上，友机又叫。芸惊慌的推醒我，说"来了！"这时听得远远的有一阵"嘟嘟嘟"的高射机关枪响，间杂一两声较为沉重的，或者那是高射炮。前月当局征收一月房租，凑得防空费，这便是成绩的表现了。

听说友机本日仍未掷弹。自己的高射炮弹落在一家报馆的院里，没有炸。

这两次友机飞来之后，市民都有"末日来临"之感。我和何容诸友认真计议了一次。离平吗？到何处去？国破而家亡，一定之理。逃与不逃只图保全生命而已。但是生命是靠物质维持的。仅仅逃出生命，亦无从维持生命。结果，等于没有计议。

作中学教员的李君来探询有什么准备。并且说："悔不该鼓励孩子们喊'打倒××'。"

友机去后，给涤洲往西安发了一信。心境十分平静，麻木之征！

十二日晨，四时即醒，专候友机，竟日未来。只得又去编书。但仅作编辑状耳，实际未成一字。张公自南城来，颇得意他可以借某大学校长家的地洞避难。还说前天友机来时，某大学校长而作腊色，手颤失杯。

消息险恶，并不因友机未来而减轻。当局因防便衣队暴动，冲要街口都挖成壕沟，堆置沙袋，人心极为紧张。我自国语会回家，顺便买面两袋，以备万一。

何容和芸都比我沉住气了。我提议挖地洞。他们说不必。我又提议将小儿女先送回保定去，因闻友机也曾飞至保定，也未施行。

吴妈知道打仗的事是真的了，很担心她的女儿独自住在城外。

曾到涤洲家去，安慰他的老太太不必害怕。实际上我自己也不知道是否害怕。走里转外，什么也干不下去。

东西车站又拥挤不堪了。市民似敲窗的苍蝇，不知何处有隙可钻。北平的逃至天津，天津的又逃至北平。东城的搬至西城，北城的又迁到南城。乐土到底在哪儿？

对门是某军长的住宅，也都逃走了。先是人和皮箱，次是木器，最后连破马桶都上了搬运车。人们更觉得不安。

我的男孩子说："干嘛小五他们不上学？"女孩子说："怕飞机下蛋！"

我方军队据说一劲儿往后退。北平真不知道哪一天陷落了。可是隔了几天敌机没有来，街上又照常的热闹起来，大有"抽刀断水水还流"的神气。接着中央大员也来了，一般市民肯定他是和平之神，同时肯定北平不会再有炮火之厄。

小温在街上闲立。我问他为什么没有拉车。他说："您还不知道哪？这两天抓车抓得厉害，抓了去就教往前线上送给养。"

五月十九日，我正在国语统一会编教科书，友机又来了，飞得很低很慢，十分从容，十分骄傲。飞到西城某地，平市的防空成绩又表现了，机关枪又响了一阵。飞到东城，高射炮也响了一下。可是炮弹由空中落在地上才爆炸，听说炸伤了不少人。

报载：那管高射炮的将官说，因为飞机来得太快，炮弹爆炸的时间没有跟高射炮的度数配准。我不很懂这个。

邻家那座市立小学挖了个地洞，顶上面有三二寸的浮土。那不过是一种精神上的安慰吧了，并不能防御炸弹。我又提议自己挖一个地洞。但是同何容仔细一计划，非有一丈多深的坑，上面非盖五六尺的土没有用。算了吧，飞机又不一定掷弹。

命定说又到处可以听到了：

"密云一座大商店挖了个地洞，只许掌柜的躲进去。结果，一个炸弹正落在地洞上。"

"又有很有钱的一家，只有一个儿子。正挖地洞的时候，这个独生子进去

374　　　　　　　　　　　　　　　　　　　　　旧时北平

看，不想坑壁塌陷，活埋在里边。"

夜里又同何容商议逃难问题，又无结果。芸也不主张妄动，理由是"在北平逢上炸弹，算是斩决；出北平遇上土匪，等于凌迟"。

北大一个同学来谈，也说我们应该有个地洞。他还说中国人连逃命的本领都没有了！

五月二十日，星期六，密司金来，也催促我挖地洞，她说愿意帮忙。别瞧高丽姑娘，有勇气！

夜来风极大，有拔木倒屋之势，天明尚未息，多以为飞机不会来了。敢情来得更多，一群，十二三架，正打我们头上过。我的孩子在院里仰着颈子看，我叫他立刻躲在屋子里去，孩子被我这严厉的神色吓哭了。

吴妈买东西回来说，街上铺子都关了门。行人都躲在屋檐下驻足仰观，一声也不响。马路上一个老头儿只顾仰面向天，一下撞在汽车上。

又说，有一个少妇，看见飞机来了，立刻关上屋门。等到飞机走了，她也不再开门。她吓得上了吊。

这一天报上载着，南京正开航空会，某院长演说："中国急起直追，十年后可以同友邦相比！"

作事心情不安，只好以寻找谣言为业。见了朋友，首先问："你有什么可靠的谣言？"

五月二十一日，老早就起来，专诚候飞机来，偏又没来。可是街上行人大少，非常惨淡。

听说军队退回来的要住学校，又传东城还有住民房的。我把空着的三间南房，临时搭了两个床铺，作有人住状。心想，教军队一住，朋友们寄存的那些东西可就成了样儿。

消息越不好了，飞机要轰炸呀，便衣队要暴动啊，种种传言，不绝于耳。

吴妈说，油盐店里说卖菜的不能进城了，米面都涨了价。

二十二日，飞机虽未来，形势更恶化。据说和议不成，政府不能不"背城借一"。如此，流弹亦足以毁灭北平。我又提议把孩子们送回保定，芸又无所可否。

二十三日报载，对方限我三日让出平津。密司金来说，飞机今日仍来北平，话犹未了，果有嗡嗡之声。

金女士说："昨儿晚上我害怕极了，因为听说便衣队要在昨儿晚上暴动。"她还说给朝鲜去了快信，要家里快快寄钱来，好往别处逃。其实北平危如累卵，由朝鲜寄钱来得多少日子？

吴妈念叨有一份家具，齐全极了，便宜极了。

受赵女士之托，给山东三中高校长写信荐体育教员。时飞机正翱翔头上，亦可谓善管闲事。

下午四时，侄子由东城来电话，说他们学校也停课了，南迁问题，尚有所待。

晚报号外，谓城下之盟将成。北平又可以苟安一时。

晚报上空白很多，价钱却涨了五六倍。

五月二十四日到国语统一会去，看街上行人已有欣欣之色。报上消息大缓和，相信飞机不来了，但九时以后，又来了九架，有的还放散传单。据说传单词意系劝我军投降。看来，"缓和"云云，恐不可靠。

又传：昨夜十时许，宣武门一带有枪三响，打死两个不知口令的市民。何容因此住国语统一会颇不安心。

谣言又炽。有的说对方将接收公安局。有的说某军事当局索款百五十万元作开拔费。

晚上与何容一同回家，听吴妈说："今天晚上怕要闹事儿。巡警把便衣都存在油盐店里，预备临时换穿。"我们立刻又感到严重的压迫。

我们把以前参加北伐和受军事训练时代制的军装，一箍脑儿用报纸包好，丢在灰棚厕所顶上去。几张军装相片，现从夹册上摘下来，藏在字纸篓子里。但是朋友们寄存的箱笼里有无此等物件，我们没有管。

饭后，何容吸烟不已。他说，如有珍贵物品，可以把墙上凿洞塞进去，再糊上旧纸；有存折可以黏在桌面底下。芸亦翻箱倒柜，形色仓皇。小女在这一晚上偏不去睡。但见大人们的紧张神情，她乖极了，一声儿也不言语。吴妈把她的铺板拆下来，都拿去顶大门。一齐预备妥贴，只欠听见枪响了。偶尔听得远方有卖晚报的叫唤，心里又感到"平安无事"。这一夜终于又平安的过去。

二十五日密司金说要来而未来。给她打电话，才知道昨夜她也逃难去了。下午六时，她慌张的走来说，她昨天哭了，因为她的同乡告诉她，中国人要打朝鲜人。所以在半夜里她又逃到西单牌楼一位朋友家去。又说，她住的女青年会宿舍中，只剩了六个人，都跑了。

　　可是今天报载，消息又极缓和。市立小学下午授课，上午休息。

　　晚报传对方军队撤退。或谓"以退为进"，是他们惯技，撤退难以相信。

　　乘未享炸弹前，拟与友人告别书，提起笔来，不知从何说起。想写下两份遗嘱，亦觉不祥。但是在这死网密布之下，有何方法可以幸而漏网！

二十二年五月稿于北平

　　这篇琐记，杂置书堆中二年之久。今又准备逃难矣，特以寄亢德兄。

二十四年十一月志于定县

○ 原载于《宇宙风》1935 年第 7 期

陷于重围中的北平通信

1937
　　　　　　　　　　　　　　　　　　　　——老向

第一信

亢德吾兄：

　　故都陷于重围中了。

　　近五六日，友邦又用最新式的战器向咱们中国着实的表示亲善，北平城外四面均有隆隆的炮声，敌机在高空盘旋，其小如蚁，北平市民却无人（除了汉奸及其子孙）不有欣然之感，不独表示镇静而已。我能从容的给您通信，亦自有一股热情逼迫，惟未必道得出也。

　　七月七日，平郊外夜半日军演习时，仅以日兵一名走失为借口，便用炮火轰击我芦沟桥（宛平县城）。这譬如东邻家的孩子不经西邻家允许，便硬跑到西家客厅里去踢足球，因为球杀了气便放火烧西邻家的房。然而到底这球是否真杀了气，日兵是否真走失了一名，吾人想起他们的藏本躲在紫金山的滑稽事件来，便难免疑问。其实我斤斤辩解这次战事的起因，未免腐气。夺去我四省难道都需要什么借口？

　　自从绥远抗战以后，日本忽然想起逼着咱们同他亲善了。亲善的单方条件是他们开中国的龙烟矿，他们筑中国的津石路等，名之曰经济提携。质言之，他们要把住咱们的河北省。自然，北方的两大重镇平、津也在"其中之内"

378　　　　　　　　　　　　　　　　　　　　　　　　旧时北平

了。偏巧中国人不识他们的抬举，对于这种硬亲善表示怀疑。这当然不能怪人家日本拿出大炮来了。芦沟桥之被炮轰，战事一直延续到今天，决不是偶然的。

北平的两个咽喉，北宁路的丰台，日本已经咳嗽一声那么容易的把过去了，平汉路上的芦沟桥再被日本占据了，这亲善就算到了家。偏巧（又一个偏巧，出乎日本人的意表吧？）芦沟桥的中国驻军，深印着"守土有责"这个训条，不甘退让，反而被日本炮火引起浓厚的抗战情绪，使邻邦以演习为名夺取为实的军队下不了台。

士兵永远不会屈服，国民永远不会屈服，在这次芦沟抗战的五六天中，表现得已经十足。军政当局当然会尊重士兵与国民的意思，不甘屈服。在战事一起，北平的城门深闭，马路上随处都是石或土筑的战垒。一到下午八时便戒严，九时没有通行证的便不许行路。如此严重的布置，再衬上城外的枪炮、空中的敌机，市民们若在前三年，必定是热锅上的蚂蚁似的，提箱挟裹的够奔车站去逃难，大家一见也必定变色相警以大祸即临。此次却绝对没有这种惶遽的情形，虽然这次比那一次也危险。大家不仅不恐惧，不仅是镇静，而每人都兴奋，都愉快，都十分相信我们的政府以及北平当局决不致于不抵抗。而最难得的是每人皆有"杀一个敌人够本儿""杀两个高丽棒子出气"的决心。在这几年，北平市民受日本人的气，受高丽人的气，着实受不了了。强租市民的房子卖白面儿，开赌厂，日军的横冲直撞，浪人的走私贩毒，以及种种有天无日的不法，市民均清清楚楚的写在账上，迟早是要取偿的。

例如每天到我家来倒水的山东哥儿们，一问他今天得到什么消息，他必定欣然的回答："好，打退了日本，咱们廿九军能打。"说到"能打"，他会把扁

---

① 图注：作家老向手迹。刊载于《宇宙风》1937 年第 34 期。

担一扔，开始表演："俺一个同乡，十八岁了。前天夜里去偷敌营，先是爬着走，后滚着走，走近了敌阵，大刀一亮，他一气切了五个鬼子。切到第六个，刀砍不进去，敢情那鬼子的脖领上有铁箍。他一犹疑，被另一个日本子给了一刺刀，带彩了。昨儿个在医院里我去看他，他说他养好了伤回去也得被长官枪毙，因为他们二十来个弟兄气恨极了，未奉长官的命令就去劫营。"

这段谈话，充分表现着一般市民愉快的心情。大家一致相信我们的军队有卫国的决心与能力。连日敌军在芦沟桥、在龙王庙、在大红门各处均有猛烈的扑击，均被我守军从容的应付着。门口卖菜的说得好："日本惯用缓兵之计，一打败了等救兵，就派人同咱们讲和；援兵一到，立刻就反悔了，说了话不算。"对于连日时断时续的战事，可谓扼要之论。敌人的大批援军出动着，咱们的呢？

一个个的士兵都有战死的决心，市民都有参战的活动。在西苑受训的大学生，日本兵早视为眼中钉，时刻挑衅想把他们消灭了的，此刻得到一个实习的机会且不说。所有中学的学生，也都组织了慰劳队及战地服务团。一万麻袋运动，捐助一日薪金，大中小学的教员们正在积极进行着。我们看见一队队青年男女打着旗帜在烈日下奔驰呼号的情况，不由谁不钦敬、兴奋，因而发生抗敌求存的热情。当我跟着一行救护队前进的时候儿，亲眼看到一个洋车夫说："先

①

---

① 图注：守卫北平之廿九军。刊载于《美术生活》1937年第41期。

生，要到前面去拉伤兵，我去！"所有记者公会、商会、各种行会也都起来参加这自卫之战。

然而敌军大批的向北平集中了。看近两天他们不曾积极的攻夺，而又死守着芦沟郊外而不撤退，可知其志不在小。天空的敌机一天加多一天，报上登载着关东军开来了二十列车，步马均有。天津的日军也要大举演习野战，演习到哪儿去除了日本谁也不敢定。北平的韩人昨天突然奉令集中，编为军队。天津的日侨也都武装起来，以备万一。他们要干吗，尽人皆知。在此大战序幕仅仅揭开一角的当儿，北平市民虽然镇静的尽其国民之责。如果日子一久，食料告罄，这五六十万妇孺的救济却不能不仰诸全国注意。

在战事初起，一般人传说中央有命令来，绝对不许丧失尺土寸地，绝对不许丧权辱国。这虽是一种传说，然而全体市民却十分相信这是实在的。当时有人怀疑宋委员长哲元在此危急之时，到底在何处？但第二天报上便说他由原籍到了天津，大家又为之一慰。总之，北平市民对中央对地方官均有充分的信赖，均信中央与地方长官绝对能抗敌，所以才能如此镇静，不，如此热烈！

宋委员长到了天津，因为患腰疼，不能即来北平。可是他对记者的一段谈话，却引起许多人的注意。其言曰："此次芦沟事件，实为东亚之不幸。局部之冲突，能随时解决，尚为不幸中之大幸。东亚两大民族，即是中日两国，应事事从顺序上着想，不应自找苦恼。人类生于世界，皆应认清自己责任。余向主和平，爱护人群，决不愿以人类作无益社会之牺牲。合法合理，社会即可平安，能平即能和，不平即不能和，希望负责者以东亚大局为重。若只知个人利益，则国家有兴有亡，兴亡之数，殊非尽为吾人所能意料也。"若谶语，若禅机，万急中有此闲情，有此词令，应传为美谈。宋公之外，北平的地方官吏，确实都尽着自己的责任。据说连秦市长德纯都已经五六夜头不沾枕。各衙门，各电报局、电话局也都不分昼夜的工作。

大批难民成了北平市上惟一的战时点缀，这都是友邦跟咱们亲善的结果吧！有的全家都被敌军打了靶；有的房屋被敌军炮火轰成一堆瓦砾；有的食物都被敌军抢掠了；有许多人家，男子被敌军拉了去，妇女也被敌军拉了去。总之，人家深入咱们的宅院了，所毁的当然是咱们的一切！最奇怪的是这些难民不只是从芦沟桥来的，北平近郊四围都有难民逃进城来。什么道理，谁也知道，北平已陷于敌围中了。北平的两大动脉，北宁路与平汉路，完全断绝交通了。北平的命运，说是操在敌人的手中不会错，说是操在华北诸将领的手中也不错，说是操在中央操在全体国民的手中更不错。北平市民固有与城共存亡的决心，可是全国国民必不能放弃北平，必能在最短时间以实力来援助北平！

"悬崖勒马"是少数人对日本的希望，也是少数人的妄想。日本政府陆续调遣大兵来增援是事实，大战是迟早的问题。这时我国只有两条路：一是抗战，一是屈服。陷在火线中的北平，上自大学教授，下至贩夫走卒，却无人妄想着日本会"悬崖勒马"，也无人会相信政府屈服。自战事发生以来，敌方无日不声言撤兵，又无日不开枪挑衅，"信义"一词，在友邦不大寻得出，在战场上更寻不出。报上载着"双方"撤兵，和平解决，北平市民认为可笑，因为谁都知道，中国兵在中国境，再撤不知撤到哪一国为止；而日本兵一撤再撤，还不过撤到离北平二十里路的丰台。自战事发生，空中飞的只有敌机。中国的连几架邮政机都没有飞进来。这封信几时可以飞出北平，却大成问题。

报载上海文化界组织救国团体"决电各当局请力保国土"，在火线上的市民看来，认为不免迂阔。因国土已经不保，人家打到家里来了。与其拍电报、发宣言、来些个空头文章，还不如老老实实的多送两盒救急水到前线上来实惠些。北平与外面的交通断绝了，食物眼看就会缺乏，上海的文化界努力输送一些食物来吧！

这封信写得太长了，末后说一说个人的打算吧。个人决不逃难，决不在战时离开这可爱的故都。一般市民都在沉着的尽国民的责任，我不愿置身事外，先逃到安乐的地方去。

祝撰安！

弟老向七月十三日夜半第一次信

第二信

亢德吾兄：

今夜（七月十九）虽勉强握管写信，然而心情颇不平静，因为刚刚听得两三声不平凡的炮声，仿佛就在阜城门外。隔壁本来有人正吊嗓子，拉胡琴，也突然停止了。我住的这条胡同里本来没有多少狗，不知怎么成群成队的集在一起乱咬一锅粥。车夫叱狗，犹如问"口令！"也着实令人心惊。大街上遥遥的送来的汽车喇叭声，也好像满含着杀气。我独自立在院中静听了多时，也没有听出个所以然。

这几天北方这个危险的局面，跟今日的天气似的，沉闷，燥热，令人喘不过气儿来。天上时而浓云密布，雷声与敌人的炮声及机声相应和，仿佛暴风雨即刻就到了；时而又烈日当空，好像我们所企求的"和平"又有希望。然而在这样闷热的天气，到底还是一阵倾盆大雨使人痛快些，只凭一把破蒲扇是不能解人的烦燥的。

据报上所载，日军顺着咱们的北宁路来的真够多了，今日十列车，明日又廿列车，一批一批总向平津这一带运。此刻已经把北平包扎得像湖南鞭爆那么紧密，药线儿一经燃着，日本以为北平立刻便会粉碎或焦土。而一般市民所焦虑的并不在乎这个，最关心的是在敌方大军压境这个铁的事实之下，中国所努力的和平不会变为"城下之盟"吗？中央到底是什么主意，宋委员长①究竟有怎样打算？一般人固然沉不住气，就是一般名流教授也怕其中有什么不妥，一批一批的到天津去向宋委员长贡献意见。

单看北平的街面，绝对不像是战事发生了，电车虽然早归晚出，总没有停过。卖菜的卖西瓜的照样儿串着胡同叫卖。卖小金鱼儿的和卖花儿的，仍旧唱着音乐似的调子。城门洞儿里显着异样儿一些，每一开放，大批的难民便拥进来。邮政局中职员，大概忙碌得可以了，送信的，汇款的，始终是挤不动。长此以往，中国的邮局非立刻再扩充五倍不可。东车站的脚夫也够受，为了那些逃得起难的人们的箱笼，直累得汗湿重衫。银行里也作了好买卖，前些时向上海汇一万元，只须缴足九千九百八十元；现因顾客太多，汇水临时提高，每万元反而须要廿元的贴水。这种现象，并不奇特。市民原本极端信任当局，以为在极短期间定能将不法友军纠正过来，所以最初人心倍极安定。一天一天的

---

① 编者注：指宋哲元。

过去，敌军越来越厚，当局正在沉着应付之中，一般小民不知当局的苦心，当然不免仿徨。可是大体说来，市民的信赖政府之心，仍是与日俱增。任凭敌机有多少在头上飞，大家抬头看看，咒骂两句，仍旧各安生理，绝不惊惶。

最令人触目惊心的是难民越来越多。友邦军人在郊外筑工事，运给养，大量的拉我们同胞去充夫役。可是一般国民对于友邦军人太欠好感了，不愿替他们服务，于是不能不逃。友邦军人对于咱们的年青女同胞也到处搜索，以至逼索，于是妇女也不能不逃。芦沟桥一带的居民，被友邦军队活埋了剩下的，还有四郊的农家房屋被他们强占了的人们，也都不能不逃。话又得说回来，要逃又能逃到哪儿去？北平还是中国的北平，只好逃到北平来了。这所有的难民，都是能生产的忠良国民，不然他们尽可以去替敌人作工，也不必逃了。他们万死一生的逃到中国的北平来，实指望有朝一日能出这口鸟气。一个难民说得好："只要咱们的军队打上来，我们情愿去挑水喂马。"

倒脏土的那位黑脸儿汉，见了我不禁微笑，问他为什么那么高兴，敢情他除了日常沿门按户去收脏土，又加了工，天天夜里还得去装沙袋。倒水的那位山东哥儿们是个耳报神，他告诉我前几天街上看不见一个磨剪子磨刀的，因为都去前线上给廿九军开大刀刃儿去了。是的，北平市民都还纪念着廿九军在喜峰口挥大刀的功绩。他又说廿九军染了许多绿色麻袋，为的披在身上好去偷营劫寨。他说起这些，眉飞色舞，毫不犹豫的认为廿九军也有他的份儿。我昨天下午到一个小烟卷儿铺中去买烟，老板欣然的告诉我，适才他亲眼看见五辆汽车，上边载着兵和机关枪，在街上游行。我问他："是中国的还是咱们友邦的？"他说："是咱们这边儿的，在街上镇压便衣队。日本军队不敢进来。城门都有咱们的人把着，他们要闯进来，咱们就打。"这些人不会说"国家"这个名词，可是绝对分得清"咱们"与"他们"。请全国人士千万莫轻视这些粗汉，他们都是满腔义愤，最富中国国民的气质！

粮食统制是战争准备的要件之一，平时对于粮商应该有组织有训练，等到战事一起，临时抱佛脚，收效就很小了。北平市上，自芦战一开，粮价立刻飞涨。二十四枚一斤的杂和面儿升到三十四枚一斤，十二元的米非十五六元不可了。市政府一看不得了，这于一般平民的生活关系太直接了，于是马上宣布粮米的标准价格。然而官价有行无市，商店自有暗盘。昨天，市府当局又要举办粮食总登记，极力想使粮价平抑。可是总嫌迟了一步。希望中央对于各地粮米规定统制的办法，责成地方官吏火速实行。又闻上海禁止米面出口，于北平的粮价上涨据说也有关系。

各街各巷正在箪食壶浆，以劳国军。有的买大批的西瓜，有的备大批的暑药，妇女们缝汗衫，男子们送慰劳袋，每个市民对这些守土将士都表示着无上的敬意。小学生们也正作着一大枚（铜元）运动。我的小儿女在正午时候，硬跑到学校去捐助一大枚，回来各起了一头痱子。各大学化学系及土木工程的师生们也都一齐动员，研究怎么样援助我们的军队。这一切的一切，完全证明着一般国民的心理对于中央及地方政府的信赖，证明没有哪个国民不怕作亡国奴。

①

然而市面又流行着一种可怕的谣言，说是曾到日本去过的某将领不主张"打"。这无疑的是敌方的心愿，是汉奸的挑拨。北方将领感受国难比任何人都亲切，决无认贼作父之理。而且以廿九军论，早有他光明的历史作保证，决不会有哪个将领消极或不合作，以中敌人的反间计。市民们述说这类谣言，一定斩钉截铁的认为这是汉奸们造谣，一定保证廿九军里决没有听日本指挥的亡国贼种。市民们是有了判断力。谣言决不会摇撼这军民合作的阵线。

---

① 图注：为抗战而缝制袜子的妇女。刊载于《今日中国》1940 年第 2 卷第 11 期。

日本军在平南三十里之康庄子一带原已占地百三十余亩，辟作机场；昨又扩大占地，强割农民青苗二百余亩。最滑稽的是，占地就占地吧，还强迫农民签一张草约，承认十元一亩，一年还清。这么便宜的地价，他们只有在中国找得到吧！

这两天各方面捉获了若干汉奸，裤裆刺着小花，脚底贴着膏药，替敌方工作，依军法从事原无不可。不过这些都是极粗糙的劣民，每天不过受五角钱，便被人逮到死路上去。有一些精致的汉奸，经日本正式的承认，加意的培植。这些次日本奴隶，穿洋服，说日语，居高位，在中国也自命为不可一世。例如殷公汝耕是一个，还有……

陈觉生，北宁路局长，也就是不久以前报纸上说他袒护走私的那位，在十八日下午于天津延见记者，还声称"此次不幸事件已有圆满之透视"，十九日突然因劳致疾，而且患的是咯血，竟向宋委员长请假休养。本来也是，北宁路上这些时日运兵运械，也太忙碌了。不过国家多事，这么一个有用之才突然病倒，直是一个绝大的损失。甚盼他能在同仁医院好好医治，早日复健！好卖……

傍晚我去东车站送人，突然看见西四、西单及各冲要路口的沙袋都撤除了，又听说宋委员长也由天津来北平了。报上登载着"和平"似乎已有把握。顺道看了几个朋友，大家对于这突如其来的"和平象征"不知怎么都不十分乐观。到底怎样和的如何平的？日本兵撤了吗？北平还是中国的北平吗？大家满腹疑团，无以自解。但不久总会水落石出，且候着吧！

夜深了，也不再写，我到院子里再去听一听，如果还可以安枕，回来睡觉要紧。

此信经过天津，如被日军扣留，您收不到，千万莫怪！遥祝眠安！

弟向十九日夜半，廿六年，于北平

○ 原载于《宇宙风》1937 年第 46 期

友来话北平

——老舍

1937

　　刚到济南，便听说杨今甫先生与沈从文先生们由北平来到此处，这是在八月中旬。他们大概是没停住脚，便往南去了，所以没能见面，他们在路上所受的委屈也就无从知道。

　　紧跟着，老向到了。我们谈了一点多钟，可惜要谈的事太多，因而全无系统。当天，他便到济南城外去工作，我所要探问的事便无从得到回答。我忙，他也忙，隔着十几里路便很不易相见。况且空袭的警报，不知哪一会儿响叫起来，若走在半路上便须找地方去等候几十分钟，也太不方便。

　　不过，就那天所听到的，我知道有好多朋友还没能逃出来。他们不是不愿动，而是不能动。有家眷的，未必有积蓄；即使有一点钱，设若全花费在搬动上，逃到了目的地以后，饭食怎办呢？莫若不动。不动吧，收入已经断绝，而物价猛涨，能支持多久呢？又是问题。他们每个人都有他们的用处与才力，他们自己也晓得这样坐困既不利于己，更无济于事。可是弃家独逃于心不安，而外间情形如何又无由晓得，于是由顾虑而迟疑，便无可如何的且等一下再说。吃亏在无组织，无联络！

　　在这种无组织的情形下，大家可是非常的镇定，知识阶级如是，一般民众也都如是。他们都喜听炮声，希望听见炮声，因为郊外一有炮声，必定是我军反攻，使他们兴奋狂喜。敌人能攻破我们的城池，但绝不能攻破我们的心，于此可见。

我问到老向过天津那一"关"时的情形，他似乎不愿多说自己的苦楚。他既未被扣留，也没受拷问，黯然一笑，颇有失望的神情——他以为敌人太小看他了！

过了几天，北平实报社社长管先生逃至此处，拟在济复兴《实报》，约我写稿。"逃"字用在他身上是非常正确的，既系新闻界的重要人物，他是直接与敌方宪兵磨擦的。他是由家中越墙出来，在天津还被扣了十点钟。

同时遇到一位不相识的人，也是从北平来的。他没说什么事实，只指出以往知识阶级的错误，就是读书人不明军事，而轻易喊一致抗战与抗战到底，以致军队未及充分调整，而敌人已先发制人。这个论调，我以为不十分正确。不错，知识阶级的好唱高调不能不算是个毛病，可是以敌人的处心积虑侵灭我国，和他们的精密的侦探工作，恐怕并不因为我们的呼声高低而决定发兵与否吧？敌国内部的矛盾与军阀的野心促使他们必来侵伐，而且早动手必定有便宜。再说，我们的呼喊也不是全无作用：舆论自有它的力量，我们的呼号正足以在敌人必来的时候给执政者与人民一些鼓励，使全国有应战的决心。反正敌人必来，难道我们连口还不开一开么？

开口容易，以身作则的去实践却是难事，这倒是知识阶级所应自警自励的。反之，战事已发，听到一些不好的消息，而灰心而后悔，是与奸商和富翁之主张平和同调矣。

本月初，周君来，得到很多消息。关于北平，他说尚无恐怖，只是恐慌。中小学教员已有断炊者，苦人们就更可想而知。这样下去，谁也不能不揪着一把心。我们为这个揪心，敌人更毫无办法，在城内则寝食不安，而一出城门便有暗箭等着要他们的命。吃过了所不能消化的必患胃病，敌人的胜利也便是敌人的愚蠢，他们已经消化不良了。今日我们的失败可转而为我们的胜利，而敌人今日的胜利却是猫咬尿胞而已。没有人能灭了中国！

关于朋友们，他对于我所关切的只提到两三位。有一位，他说，因为责任的关系不肯轻易离平，可是生计大成问题，假若老得不到外间的接济，他纵使忠于职守，可是没法避免饥寒。另一位是个音韵学专家，现在正领着几个学生埋首著作，大概在数月之中能至少写出四五本书来。可是他自己与学生们都须吃饭，而外间的援助至今还没有一点可靠的消息。第三位是颇有干才的人，理应出来作些组织民众的事务，但是他既顾虑家庭的安全，又不知道外间的情形，最讨厌的还是连路费也找不出来。

以这三位为例，其他朋友的情形大概与此大同小异。我以为大家须各就所识的友人急去接济，教他们马上出来做些他们所能做的事，否则始终困在那里，损失未免太大。

关于周君自己，他说走到天津曾经被扣留。据他看，敌军的兵士的扣留旅客似乎并无标准，而只是必须扣留几个，以便塞责。他被扣之后，还没经宪兵审问，即被释放。

可是，周君刚走，我便听说至友赵水澄过津被毒打的消息。我不晓得水澄是在哪一天路过济南的，也不知道这个消息可靠与否。不过周君的观察若是正确，就足证明敌军的兵士并不热心做事，因为他们准知道师出无名，对自己毫无好处——好处都是上级军官的。另一方面，假若水澄遭毒打的消息属实，那么以前听到的学生失踪，以及敌人种种残暴的兽性的行为，便正如到处轰炸平民一样的确实。

我们只能拚命了，别等着被人家捆起来收拾，且在手脚还自由的时候先扑奔敌人的喉头去！"丧失了生命的便得着生命"，那只看你敢不敢先扑过敌人去！

○ 原载于《宇宙风》1937 年第 50 期

西苑最后的一瞥
1938

—— 予亦

　　北平各大学生的集中军训的期限，照规定是一个半月（六星期）结束的。从六月七日入伍起，到七月十八日，整整是四十二天期满，我们这一大群四十多天未曾离营一步的"丘九"们总算是功德圆满，该出队了。然而不然。在营里又捱了三天，一直到廿一日上午，操场上听完宋哲元的最后一次（也是头一次）的训话，问完了我们"中国有多少人口？""你们受训累不累？""河北省的面积多么大？"之后，认为十分满意，才叫大家返回营房收拾铺盖，又给了

---

① 图注：北平各大学学生献旗，旗绣"国之干城"四字，受旗者为宋哲元。刊载于《时代》1936 年第 113 期。

受训期满成绩及格的出队证明书，这才各校分开集合各校的，坐着挤得邪乎的公共汽车进城。

本来，无论什么最后一小段的生活常常是最难捱的，我们可也没有例外。四十天内，平常日子听讲上操，疲劳万状。星期虽然休息，却并不放假，还得随着大队上廿五旅旅部参观水压轻机关枪、迫击炮什么的。您打算会会朋友或爱人么，起先简直就不让。后来在总队部的对面腾出一间小屋做会客室，可是还是有种种的不方便。

第一，会客的时间（十一点五十五分到两点）同时就是睡午觉的时间，往往容易顾此失彼。您知道军队里的午睡的调剂疲倦作用是多么大呀，何况又是炎热的夏天！

第二，室小人多。一间小屋里要挤上个男女老幼两三百人，秃头穿灰布军服的，平头穿纺绸大褂的，分头穿府绸衬衫的，烫头穿 George 纱旗袍的都有。但是可怜的长条板凳仅剩三张，茶碗只有两个。您要是想上屋外面柳树荫下憩憩，谈上两句知心话儿，或者投军的诗人要在树下摘句找"烟士披里纯"，准得叫背上插着大砍刀的老乡们干涉："您还是进去！"

第三，会客室里有一架在十九世纪最时髦的电话机，拿下耳机子先嗡嗡，然后自己摇铃，摇铃约一刻钟左右，铃声居然响动（可称铃机一动），那边司机生才懒洋洋的问："您要哪儿呀？"然而此机是队里三千四百多人公用物，并无分出。您要是真有话要说，就得挤在人堆里候着挨身向前，因为同时想打电话的必在十个人以上。会客室有此灵物，自然众人趋之若鹜，而屋内谈笑杂作，万头攒动，亦蔚为巨观。这是会客。

写信呢？也是同样的不容易。出入信件都得经过检查拆阅，七月八日发的信，七月十日才给您送邮局是常有的事，西苑邮局送进城里的邮包大约一天只有两趟，所以寄到北平城里去的信平常总要三天，外埠就更慢。这还是信里没有什么毛病的话，要是信里写点什么"此间饮食待遇甚不佳，睡眠时有如罐头里咸湿的沙丁鱼"或类此的话，干脆这信就没有下落。所以，外面的友朋们接到营里发出的信，总是一大套的尺牍滥调，绝非性灵之作。而事实上营里的饮食起居却又的确不能称赞。一大洋铁桶的熬茄子江豆连汤带菜，是一天里十七个人唯一的"养料"。有许多人平常就吃不惯茄子，然而菜只一味，并且十天八天的不换样儿。米饭是吃米铺里卖得顶贱的那一路，据说对于犯脚气病的人特别有功效。至于那每天一大箩里蒸得热腾腾的馍，我虽然能尝三四个，却还是肚子里空空的老想找补点什么好吃的。我这里并没有一丝一毫对于我们营里的饮食不满的意思，因为我自己当过两回值日给养，知道我们一中队连队长带火夫共总一百七十人，每天的伙食费只是伍圆法币，平均一个人只核上四大枚的菜钱。我真佩服特务长王亮清的巧思，居然让我们还能够每顿都吃得挺饱。再说，一天里的饭只两顿，水却常喝。随便在炊室（每一中队有一间炊室，室旁是厕所，厕所外面为井，恰成一个三角形）的热水缸里舀起一碗开水，总不能立刻就喝，必须歇个五六分钟，碗底澄凝了一层黄沙泥后，才能够下咽。要是"老爷儿"（北平土语，就是太阳）底下刚上完操满头大汗回来，一缸热水你抢我夺，还没喝完一半，忽然区队长吹起哨子要集合时，您还得乖乖的给搁下。

军中的生活不是没有兴趣，然而干燥、机械、要快、不讲情理、郁闷而不能发泄、天热、不卫生，有时候也容易叫人头痛，叫人讨厌，叫人发腻。何况是一个多月里大家都没有进城，在芦沟桥事变以后的北平究竟是什么情形，城门开着几扇，西单牌楼的沙袋堆了多么高，我们的学校里家庭里怎样了，大家都急想知道，然而不能知道。看报，报上的消息还是要息事宁人，还说和平解决尚未绝望。问教官，教官的新闻大体也是从报纸上来的，就是有一点儿南方军队调动的消息，也多半含糊着不肯吐露。于是大家都急着想进城亲眼去瞧瞧，从七月八日以后，就一天一天的扳着指头算还得几天就该星期了呀。星期虽然不能出营，然而那是每逢七天的一个结账，那是一站。我们在营里想得太闷了的时候，就只有盼望着快点儿"到站"，像小时候过阴历年算着还有几天就该灶王爷上天，好分两块关东糖吃似的。不错，最后一小段的生活常常是最难捱的。

十×日的傍晚起，开始考试。术科考的是操场上的排制式教练。每个人奉命去当一回排长，把队伍喊口令带开，依照指定科目操作。我们的中队因为中队长不在营里，分别的由张永江、刘振禄和刘广敬三位区队长评判成绩。张永江在廿九军里已有多年，是一一一旅某连的排长，从前驻在北平东城兽医医院里；刘振禄是新任在某旅迫击炮连里的排长，原驻在西城游檀寺；刘广敬最年轻，跟我们也最厮熟，他和张排长同连，最擅翻杠子的技术，能够在杠子上做种种的花样。因为我们一班里有几位市立体专的学生，极喜欢运动，志同道合，所以他跟我们班的感情最好。我们术科的成绩就是由刘广敬区队长打分的，虽然天气很热，酷烈的落日底下没有丝毫的凉风，在操场上走正步和跑步弄得热汗满面，然而我们仍很卖劲的喊、做。听说我们的分数都近八十分，我看见刘广敬眯着他那一双精明的小眼，直是朝着我们乐："别坑气！（军中俗语，即不要作声），不要弗话（说话），个个都是一百，一百分！"

我们还是不住的"坑气"，并且向他发笑。在这个时候，大伙儿相聚了一个多月忽然说再过几天就要分手了，这虽然是我们心里最愿意最盼望的，可是当真要离开的时候，想起他们这一班廿九军的下级干部，大伙儿在一起的时候谁都知道他们的心肠是极热性的，极真率的，极爱国的。目前芦沟桥和南苑一带的抵抗已经开始，眼看我们进城之后他们就要分发到前线去作战，和日人拼个你死我活，想起来心里总觉有点儿感伤，又充满了兴奋。我一面微笑，一面问他："过几天要上前线啦，你怕不怕？"

"怕？我才不怕哩。在热河的时候，他们住在什么村里，还养着大闺女。好吗！我们一连人去摸夜，一句话也没有弗，把他们四百多个脑袋都给切下来了，跟切西瓜似的。怕？我会怕……"

这是这一位年轻排长口述的光荣战迹。

他还有一段故事，就是民国廿×年的冬天某夜，他正和一排弟兄们驻守北平朝阳门的城楼上。忽然夜里有一小队××兵乘醉逼着叫开城门，他气极了，就下令往城下掷手榴弹，×兵听说竟然吓得逃跑了。结果这件事并没有引起什么大交涉，也没有再发生什么"误会"。

像他这样的人，虽然仅仅是一个准尉阶级的排长，我想他的热血，他的爱国，和临事的随机应变，比起那些营私舞弊媚外丧权的留×政客之流，我们是要觉得放心多了。

术科考试完了，第二天早晨就上讲堂考学科。题目只有五个，并不用答得很长。我把立射散兵壕的照准高写错了，应该是一公尺三的，我答了个一公尺七五。真糟糕!

这天冯总队长有一个很重要的命令,就是各队同学里有愿意毕业出队后到前后方担任工作的,可以向教官报名。我们这一中队里有两位是愿意上前方去的,我认识其中的一位李君。他也是北大同学,外国语文学系的,去年北大英语演讲比赛,他得了个第三。这一位英壮强健的广东人,还是有亲属在广东,并且有一位爱人在北大的。然而他抛弃了一切的留恋顾虑,终于报名到前线去了。

我见着他时向他握手,我的脸渐渐的红了:人家向前,我却躲在家里!

听说集训总队全体有一百多人报名,愿意在前方的也有三十几位。

晚上,我们正在寝室整理清洁,忽然班长捧进来许多书籍。一册是烫金皮面精装的《孟子择要》,小袖珍本,是宋哲元赠我们的,衬页还特别印着"廿六年北平学生集训总队毕业纪念"的红字。里面有宋氏的一篇序,满纸仁义忠信之辞,据我所知是我校一位定县姓王的同学的叔父代撰的,所以这里也就不多提。冯治安总队长赠送一部线装的《曾胡治兵语录》,这书本是蔡松坡(锷)所辑,冯氏取来重行排印的,并有冯氏作的短序。序文是不很记得了,不过还有几句"外侮日急,华北为国防前线,诸生可不勉哉"之类的话,怪不得某方要竭力宣传冯氏是最激烈的排 × 分子了。

另外一厚本《军事上的一百个小动作》,有绘图有说明,大家全都爱看,却不知道是哪位长官赠给我们的。

这晚上吹了熄灯号,我仍然是不能入睡,也许是精神太紧张了罢:因为明天就有毕业出队的消息。

耳旁还听见同学们的鼾声,这一间屋子睡着五十一个人,有北大的、师大的、朝阳的、体专的和艺专的,大家都是先由不认识一直混到非常的相熟。现在再有一天就都要离开了。我睡不着摸黑起身,告诉了班长一声,然后顺着屋外的甬道去敲中队长室的门,想打听点儿什么消息。

"进来呀!"

室内还有灯光,只剩上士书记刘君在那儿抄写我们一队的姓名籍贯,上面刚发下一大包纪念证章。

证章是白铜镀银的,蓝地黄色绘着一个我国地图,可是东北一角却用白点划开，做为国耻失地的标记，非常的醒目；右角是一个全副武装的军人，吹着号角；背面是"廿六年北平市学生集中训练纪念"和号码。

看了东北的一角残图是容易引起人无限的痛心的（可是，谁又知道再过八九天后的西苑，北平……竟也变到同样一种不可收拾的局面了呢）。

我拿了证章，问明白明天就要行毕业典礼之后，又轻手蹑脚的下楼，在楼梯口遇见第四班的王锡山、第六班的崔泮清，今天晚上是他们两位班长值夜。

崔泮清低着头在看书，像是一本《步兵射击教范》。我们没有说话，只点点头。锡山好像在念报。

这几天西苑的夜里是特别的紧张的。

前晚上睡得很熟的时候，忽然听见一阵很紧的机关枪声，声音很近，把大家都惊醒了。那时候正是一点钟，到了两点多钟我们才又睡熟。不过芦沟桥那边远远的炮声仍是有时听到的。

昨天打听的结果，知道是有一小队敌人收买的汉奸，在附近红膻口放枪，预备进袭西苑。红膻口原是我们每天必到的老地方，那里我军有警戒排哨，互击了许久，敌人便衣队才溃退的。所以昨天下午我们出去行军，便越过红膻口一直走到更远的望儿岗黑山扈才休息，那条路是赴昌平县的大道。

营里的警戒现在是更严密了。大门口堆了许多沙袋，还有两挺机关枪，每个中队的值夜也用实弹的步枪了。我这时站在中队部门口，远望着一排一排棕红色的楼房，灯光非常的稀少，偶然楼顶上点着一两盏，都是为守夜的人用的。门口的两颗夹竹桃长得很够个样儿，发出一种晚间最容易嗅到的清香，令人感觉非常舒服。小沟里的水还是潺潺的，不住的响着。

别了，明天就要向这住了四十多天的西苑营房告别了。我没有留恋，没有牵挂，到这儿来住不过是偶然的机缘。可是当我回到寝室去的时候，瞧见王锡山背着他那枝实弹的枪在楼下巡逻，我又有点儿惦念着那一群每天清晨穿着白褂戴小白帽上技术，练大刀，满头冒汗嘴里喊着"一，二，三，杀！"的年轻小伙子们。他们就是过去有过极光辉的抗战历史，可是两年来遭着敌人们无数回的欺压，受着政客们不少次的愚弄，含冤吃亏，背着许多不好听的声名，却仍然忍辱负重，随时准备着替国家拼命的廿九军的弟兄们。

廿九军的名义上领袖是宋哲元。他的职务（因为两年多环境造成的结果）已变成非常重大，在军事上是冀察绥靖主任、廿九军军长，在政治上又是冀察政务委员会的委员长。他这时刚从山东乐陵原籍过津返平。他的回山东暂住，本来就是要暂时避免×人的纠缠，而他的所以北返，也是因为芦沟桥事变以后不得不回来重和敌人谈判折冲。关于他在天津和××驻屯军司令香月谈话的情形，我们虽不得而知，但是因为受天津一群的营私贪利、卖国丧权的无聊军人政客们包围的结果，他的态度还是倾向于庸愭懦弱那一方面。在他返平之后，曾经盼咐把各城的沙袋暂撤，取消戒严，并发表亲善和平的谈话，那意思还是要委屈求全的。七月廿一日的早晨（就是我们毕业典礼的后一天），他曾到西苑营房来跟我们讲过一次话。我前面已经说过，本来廿日就可以出队的，因为那天下雨，宋委员长有点儿不舒服，所以害得我们在营里又苦捱了一天，多吃了两顿馍和粗米饭。

　　廿一号早晨六点钟，我们在操场上集合好等候着他。

　　宋委员长还保留着点儿老西北军的劲头，起得真早。五点多钟就坐着汽车出城来了，我们刚才集合好，他已经穿着袍褂缓踱着步子进场，没有卫兵，后面跟着一群穿黑绸长衫戴草帽子的人们。

　　军乐队的乐声大奏！

　　他本人是一位很高很胖的大块头，脑袋是光秃秃的，重眉毛，眼睛很大很有神，留着灰黑的短须，像在报纸上容易看到的照片一样。相貌是很有福气的，面色红润带光，大概"居颐气养颐体"的福泽，他老先生全都很踏实的享受到了。他站在桌子上，叫我们队伍带过来成了一个四方的讲话队形。

　　我幸运得很，能够列队站在最前面，和他的距离不到五尺。我瞧得见他手里还拿着一柄很古雅的折扇，大概是刘春霖殿撰写的书法吧，脚下是一双青缎圆口的布底鞋。

　　人堆里的空气弄得非常严肃，因为委员长站在上面五六分钟还没有开口。队长们、教官们站得笔直，像一尊泥塑成的菩萨，一动也不敢动。我觉得有点儿想笑。瞧见委员长举起马褂的肥袖口来。

　　从宋委员长开口的第一句起，到他说完为止，他始终是保持着一种最缓慢而带着嘘气的腔调，一句七八个字的话总要拉长到几分钟才说清楚。常常要咳嗽，带着点儿痰。口音大概是乐陵的土话。也许他把秘书们拟的演讲稿子忘记了，或者只记得一半，因为到后来他的话是很显然的越说越提不起神来了。他向我们问河北省的人口，问山西省的面积，问张家口的出产……这种种的难题，我们集训总队里虽然有许多社会学系、地理学系的学生，然而能够确确实实回答的人却没有几个。

①

一直回答到宋委员长表示满意之后，他才又谈一谈我们所急于要知道的中日关系。他说中国对外作战是一时不容易实现的，芦沟桥的事件不过是小小的冲突，正在进行交涉，不久就会和平解决。劝我们回去好好的读书，不要虚浮，要充实知识，要学能致用。不要学外国鬼子，外国鬼子都是骗中国人的。

他的说话夹着许多土语土腔，国骂也没有能够完全避免。不过，也许还比他平常对他的士兵们的训话要文明点。

他说："妈的，外国洋鬼子到中国来，一个月几千两银子当顾问，请他们修改操典。原先我们的旧式操是说'跪射'。他来了改做'跪式'。妈的，一个月白拿好几千两银子，你们瞧瞧！千万不要学外国鬼子！"他这一套理论大概倒是他个人的经验之谈。

讲完了话，他就弯着腰朝下面发问："你们会唱歌吗？"

"会！"军队里的回话就是一声，讲究个干脆劲儿。

大家唱了一遍《早起歌》，一遍《行军歌》，他也跟着一齐唱，歌声倒是很粗大的。唱完了，他就坐着汽车进城，那时候不过七点多钟。

我们全体蹲下，脱了帽子露出光头来摄了一张合影，然后欢呼"中华民国

①图注：宋哲元。刊载于《时代》1936年第9卷第3期。

万岁！"后解散。我看见副总队长何基澧还在操场上独自走着，就上前请他写几个字作纪念。他用钢笔写了一句"誓雪国耻"，签了名字。我们互相行了个最后的敬礼。望着他的背影，一直到走远。

这一天的正午我们都已平安回到城里，换上从前穿的衣服。何副总队长也离西苑回芦沟桥前线去。

北平城里的情形还没有什么改变，不过，西直门只开半扇，后面堆满了沙袋，高可盈尺。商店虽开门，街上走道的人渐渐的少了，过着一队一队的灰衣军士，重要的胡同口也堵上许多防御物。看这个样子，"和平的绝望"好像还没有绝望。从人心并不那么企求和平上去看，我觉得很可以乐观。

我那时还不能够预料到这就是北平失陷前的七八天的景象。这天是旧历六月十四，我晚上在院子里走溜儿，还瞧着天上亮晶晶的明月，晶晶的照耀着大片美丽的河山。

　　　　　　　　　　　　　　十月八日晚，追写于上海彤斋

○ 原载于《宇宙风》1938 年第 57 期

神秘的红旗口

1938

—— 予亦

红旗口这块地方，现在差不多变做北平西郊外的游击队出没之所了。它的位置在颐和园西北青龙桥偏北边一点。记得我们集训总队的队伍在星期日早晨五六点钟时，排着队经过颐和园外面的石围墙，过了小桥，穿进一条比较热闹的街市，朝北在站着一个扛着旧式的木壳枪的岗警前拐弯（那儿就是青龙桥电压厂的所在，门口挂着木匾写着挺秀的颜体字）时，许多铺面的伙计们和摆摊儿做买卖的都在低声谈论了："瞧瞧！过学生，又是上红旗口打野外的！"

我们一队灰色军装的"准丘八"跟着一队，蜿蜒着向前移动，嘴里有时候唱"枪在我们的肩膀，血染我们的胸膛"的军歌，有时候跟着中队长喊"努！力！奋！斗！"数步子。虽然人数有三千四百多个，可是队伍并不曾拉得很长。过了街拐弯后没有多会功夫，我们已经走得挺老远，渐渐的走上一条崎岖细狭的山径。两旁大块的岩石多半是剥落的，露出红色的土壤来，上面也长着青软的细草，现着非常美丽的闪彩，被清晨柔和的阳光映照着。越走越高，路上远眺着西边最近的一座山头，就是有名的青龙山，半山上插着蓝色的炮兵旗子。这里虽然也被一般人公认为是西山很秀丽的一处景致，可是并不划在游览区域之内。因为驻扎在西苑营房里的军队是常常要在这里实弹演习，禁止游人的。

今天（七月四日星期日）是我们集训的学生跟三十七师教导大队演习排对抗的一天，教导队是担任攻击演习，我们却要分开在火线后面参观排攻击的阵中实地动作。今天教导队的弟兄们起了个早，五点钟就布置好工事，各排了散开队形，等我们来到加入后，他们就在这红色的断崖口跟碧色的青龙山底下，几尺高的高粱和老玉米的绿叶青穗里躲藏起来，每个人找了块便于遮避身体和发扬枪火的优越地形，把身体蹲得越低越好，眼睛笔直的瞧着前面，手紧握着枪管和机柄。本来，排攻击和班攻击的动作大体上是差不多的：像什么"右前方矮树里发见敌人散兵""六百米突加紧各放""匍匐前进"等，我们平常在操场上的战斗教练早已经非常熟悉了。可是这一天因为是实弹演习，有些新的武器使用可以瞧见，同时，对面青龙山脚的土阜上还隐约的布置好许多跪式卧式的活动靶，上面画着我们的敌人的面孔，唇上留着一撮牙刷式的 × 丹胡子，这些都是叫我们瞧着非常兴奋的。我们，每一班里发下一册油印的作战计划书（好像也分第一计划、第二计划），大家聚在一块儿传观之后，知道我军的企图是想夺取青龙山顶，越过山头向山背的大队敌人追击，而左翼方面也有我某营的友军可以取得联络。这一次的指挥官好像是安靖宇教官，不过我不知道他当时在什么地方，因为看完作战计划后没有两三分钟已经有断续的枪响发出了。枪声在空旷的场地上是顶爱起回声的，一阵一阵"刷……刷……"的响声掠过天空，都投射到远处的土阜上面，溅起浮土来落到底下的壕沟里。我和同班里的几个人，庆祥（班长）、定壹、明哲他们，藏在绿丛里的一个草坡后面瞧着，远远的跪靶已经有几个被打躺下的。

"这几枪打的还不算怎么准"，庆祥在告诉我们，他算是教导大队里快毕业的老资格了。他说："今天演习的都是些新兵，进队来怕还不到一年呢。"

"那是呀，谁像您能够三枪都中十环靶，要不人家就快升排长啦！"这是明哲说的，一边说时一边朝着我们笑。他在小时候跟庆祥两人都是保定育德的同学，七八年不见面了，一个在北大念书，一个不知道怎样却考进三十七师的教导队里面，忽然藉着集训这个机会又都遇着了，真是凑巧万分，所以他们俩顶熟，也顶爱闹在一块儿开玩笑。

"听，机关枪的声音！"定壹兄打断了他们的话头，果然在清脆的枪声之外，接连的起了一阵"卜卜卜……"的机关枪响，绿野里可以瞧见几个灰衣的弟兄们向前移动，背上扎着几捆粗阔的高粱叶子做掩蔽物。他们都走得很快，一会儿又躲藏起来，望不见他们的踪迹。我因为站在最后，瞧得不很清楚。据说，他们已经把一排兵力分做两线式，刚才是第一班表演匍匐着交替前进。他们的地位应该离敌人很近，大约不过三四百米左右了。

机关枪声响得很密，不仅是正面的阵地，就是左翼红膻口高坡那一边也有策应联络的枪声发出。渐渐的在火药的烟阵里我们的弟兄越冲越前，不久他们已经逼近青龙山脚。这个时候机关枪的掩护作用才充分的发挥起来，一片喊"杀啊！冲啊！"的声音里夹杂着"卜卜卜"的机关枪声，"砰砰……砰砰……"的掷弹筒声（掷弹筒的威力我是在这天才第一次亲眼过的），把远近的山谷震得像要爆炸似的。我们这大群的学生们目睹着这一幕战争的奇景，没有一个不感觉到特别的兴趣。谁知，就在这一瞬间面前忽然起了一重更白更大的浓雾，好像要把这杀喊震天的战场笼罩起来似的。那雾越起越大，青龙山的周围差不多已整个被雾遮盖住了，同时我的鼻子里也嗅到一股子浓烈的香味，似乎要把喉咙都给窒息住不让自由的呼吸。我连忙用手绢儿塞着鼻子，瞧着别的人也都在做同样的动作，我立刻想到这是我军方面要表演一回自制的烟幕弹了。

在白色的厚雾里，随着枪的响声，天空上还呈现着一颗两颗有颜色的小星儿，红的，蓝的，都是有五个光彩的角儿，很美丽的渐渐消逝了。这个，在我们也大都是头一回看见的，这是我们左翼阵地里施放的信号弹！接着，雾里发出更大的杀喊的吼声，机关枪声里掺杂着爆裂的手榴弹声，"冲呀！冲呀！……"大部分的我军已经到达青龙山脚的土阜前，大家抢着掷手溜弹和爬山。他们爬山的优越技术也是可以称羡的，不到几分钟的光景许多灰衣的人影已在半山的崖径上攒动，过了一会儿他们都爬到青龙山最高的峰巅，这个时候我军已经完成了作战的任务了。

这一次演习的成绩是很良好的，据后来的调查每一个士兵发给一百粒子弹，他们都知道对这宝贵的火器加以爱惜，所以每人发射出的子弹，虽然对方是活动的跪靶，射击命中的结果仍是非常惊人的。我看见一个绘着军官面型的"三人靶"，这是大家希望射中的良好目标之一，已经被弹粒打得"脸无完肤"，并且穿了许多透心的洞眼了。

"假如那真是三个活着的敌人的话，"我想："他们在没死以前一定会很清楚的认识，中华民族不是懦弱、退缩、怕事、好惹的了。"记得在西苑的大操场中心竖着一个乾隆御笔的石碑，那上面完全是记载这位雄兵黩武的满清皇帝的射箭成绩的，据说他曾经有一次二十箭里射中过十九次。我不知道这样的好成绩是不是犯了一点儿夸大的毛病，可是，我们的何基沣副总队长是深信这个记载的，因为他常以他部下的弟兄们的射击成绩来做比较。在某一次精神讲话的时候他说："瞧啊，我们民族的射击能力在世界上也许可以首屈一指呢！"

不仅是射击能力的优越使得我们这一群训集的同学们感到赞佩，就是在其他各种新的兵器和化学战队的设备上，这几年的廿九军——虽然还是不很充分也比起喜峰口抗战时候是要好得多了。别的制造我不很知道，可是，例如刚才讲过的烟幕弹，就是廿九军化学训练班和国立北平大学工学院的同学们合作自制的。记得今年春间曾在城内景山试验过一回，果然施放后不到几秒钟，整个的景山五个山头就完全在浓雾的笼罩中了，并且颜色也有红、蓝、白等几种。我们这一回演习时所用的，显然的也就是几来月他们努力研究的成绩。

这一回的演习很可以纪念的是，已经是我们集训队最后的一次，或许也可以说是廿九军在北平郊外的最后一次演习了。因为再过四天——七月八日——芦沟桥事变发生后，我们的英勇的弟兄们已经不再需要演习，却要把他们的血肉，把他们最后的一滴血去洒在芦沟桥边，抵抗那残暴凶恶的敌人的再度侵略我们了。我们集训总队的学生们，以后虽然也常去红𪨩口打野外，可是也再没有参观过实弹的演习的。

① 图注：芦沟桥事件。刊载于《良友》1937 年第 130 期。

"红膛口"这块地方在我们演习的时候是禁止行人的，现在呢，从七月廿九日北平陷落以后，听说已经变做许多勇敢的廿九军的旧部，旧时在东北的义勇军和许多热血的青年们组成的游击队，用来抵御、用来扰乱敌人后方的根据地了。现在的红膛口恐怕已经有点儿神秘性了？真的，山势的崎岖险阻，青龙山的居高临下，以及英勇的游击部队的战术，不都是我们的敌人所感觉到很大的惧怕和威胁的么？

　　　　　　　　　　　　廿六年十月底，写在敌机轧轧声中的沪西

○ 原载于《宇宙风》1938 年第 62 期

从北平到天津

1938

——萧无

第一天

很早，天还没有十分亮，已经再也睡不着。在过去旅行经验中，从来没有这样兴奋过，显然这一次是和以前不同了。

我知道在车站上的检查，有时会教你遭受到一些意外的侮辱，我不愿把这影子又印在别人的脑子里，所以我拒绝了所有要给我送行的好意。

一个人踏在晨光溶解了夜寒的马路上，留恋的数着那倚在电线杆旁边一棵一棵的树，它们已失去了青绿时的尊严，显得异常畏缩而枯萎，好像恐惧着什么不幸的降临。商店的门口已经有年青的孩子在扫地，可又像在那里找寻着什么失去的东西，眼睛还没有饱满的睁开，迟缓的不灵活的动作着。

我不会忘怀这古城，然而在今天，它也和这孩子一样的疲倦了，它不敢再有什么思想，不敢再有什么行动，它只希望着用睡眠或麻醉解除它的一切，它只希望着它的理想会在它梦境终了的一刻而实现在它的面前。

我不会忘怀这古城，尤其在这一次的别离，我玄想着回来的时候，街市会不会还是这样的街市，古城的存在也许只好到一堆瓦砾里去找寻，又哪里去找家呢？

残冬的气候本来还有些余寒，可是车中人造的空气已经感到了蒸热和室闷。相对坐着的六个人，除了我和身旁一个姓马的以外，其余的四个，在他们那傲慢而狡狯的神情上已经看出他是我们的敌人。

马似乎很畏怯这几个同行者的威焰，他不肯利用这空闲的时间和我谈话，当然我不好勉强他，只好到车窗外面去找些慰安时间寂寞的材料。

迷失了本来面目的冀北平原，除了铁轨两侧附近的高地上还可以看到我所熟识的那种可爱的淡黄色土壤，离开不多远，无论向哪一面看去，都是望不见边际的晶莹而皎洁的光辉，在大地的平面上流动着。不算很远株立着几棵营养不足的小树，在它们不同的距离中间，正有几个孩子在那里跑来跑去奔驰着，两手一举一举的一定在呼喊着什么。谁给他们筑成这广漠的滑冰场呢？

忽然给我想到一件事，两三个月以前，在古城正传说着我们英勇的战士掘穿了永定河淹毙敌人大量进犯的军队，这传说正可以用这广漠的冰层证实它确曾实现过，不然，只凭下雨决不会有这样汪洋无际的伟大的形势的。

看！那不正是永定河吗！远远的排起一行弯弯曲曲的小树，我们知道那正是屏障着那历史的河流，多么值得庆祝的胜利啊！

黑烟一阵阵扑打着车窗，车轮和铁轨相轧的声音也可以清晰的听到。

车向天津总站前进着，车上的旅客们好像是困倦了，再也听不到他们互相的杂话，这时空气是变成了杂踏的沉静。

忽然，膝头给马的腿碰了一下，我敏感的觉出这不公开的动作一定会有什么作用。果然，当我的视线转到他的面部时，他恰好向窗外嘟了一下嘴，可是同时他的目光又机灵的向邻座的人们扫射了一下。

窗外的景物是随时变更着，这时看得最真确的是一片广场，它的四围也有着一些残旧的房屋，平阔的地面上却狼藉的毫无秩序的停放了许多大小不同的汽车，有的上面还绘着种种的彩色，这就是马要我看的东西吧。

它们差不多都是残破的，有的少了一个以上的轮子，有的车身上打开了一些大小的洞，有的简直只剩了一个模糊的残型，从这里可以想象出像伤兵一样做了炮火下的牺牲者的人们的痛苦是如何惨酷的！虽然它们还不会呻吟。

这些就是前两天，城里听到的炮声所造成的既成事实吧！

一个会心的微笑送给马，如果不是对面那个同行者一个呵欠毫不客气的对我喷过来，这句话也就脱口而出了。

由此，我又断定在中途遇到的三列兵车，那些一定是受伤运回来的，而不会是增援的生力军。

在旅客的纷乱的骚扰之中，把行李从车窗递到一个脚行的手里，仍然按着中国人的习惯向距离较近的车门奔去。

"前面下！前面下！"

这句话不是对我说的，已经有人在我的前面碰壁了。一次更大的纷乱的冲动又在车中演出，可是那几个大和民族的人们却挤得比别人更凶一些。

"你佬……行李得检查的！"脚行警告我："没关系，你走吧！"

上车的时候没遭受检查已经很侥幸，这时我并不想再逃避这刑罚。

人是相当的多，敌人的鞭子在人们的头顶上晃动着，很清脆的可以听到它和肉体互撞的声音。

"先生，你一定要被检查！"脚行又重复的对我说，好像要卖弄他的聪明，从他那神气的微笑和那虽在冬季仍没有结好的衣扣上可以证明他是个天津型的码头劳动者。

"你怎么知道呢？"我不禁好奇的问他。

"是穿大衣和带眼镜的都要检查！"

但当我把那已经失去效用的车票递到收票人的手里，旁边那虎视眈眈的眼珠却射到别处去了，这样很轻易的把我放过来。

"你佬，真走时气。"

两个劳动者把我和行李拖到××旅舍，已经是下午三点了。

在这旅程的第一阶段里给我看到两件事，现在也把它记下来。

一个是丰台廊坊和另外几个小站的月台的一端，树立了几个参差不齐的三尺多长的木桩，上面的字我虽然没看得很清楚，但"大尉中佐田中铃木"这一类的字是有的。这些东西虽然不见得怎样神气，然而它们是无量的血筑成的。

这帝国主义的新建设啊！

另外的一件是发现在车上，一共有十几个吧，男人和女人，当他们哼着恋歌而踏上车来的时候，已经引起人们很大的注意，后来在她们的谈话里知道她们是一批新的"电影明星"，是要去东京拍影片的。

我正在看月台上一个脚行和旅客争执着什么的时候，忽然高亢的凄楚的啼哭的声音送到耳边，不由我不寻找这声音的发源地。当我发现这哭的正是这一群中的一个，我同情她，她一定是感受敌人压迫的惨酷而要起来挣扎的吧？这血还没凝成冰的人啊！我希望她发动起来而影响她们的全体伴侣。

谁知事实却使我意外的失望。

"嘻，嘻，像不像？"她抬起了头，得意的晃动她那鬈曲的头发。

这样，她们把所有的丑态都献给那异族的指导者。

我不能再写，我也不能再去回忆她们那些无耻的动态。愤怒是不会熨热这批出卖民族的家伙的血的吧！

第二天

在这样严重的时代里，天津租界里的生活真会感觉到它不像是我们的世界，古城中的空气是严肃的、恐怖的，而这里仍旧到处充溢着享乐和追逐。

后半夜，睡醒一觉之后，还可以听到房门外出卖灵肉的女性和异性调笑的声浪，拿打麻雀做生活的绅士阶级的人们也正在努力他们的工作和呼喊。

早晨，茶房告诉我一些故事，都是出在他们这旅馆里。自从战事一起，他们就做得很好的生意，一次为了容纳一位客人，他并不计较有没有床和房间，而竟得到三十元的酬劳费。当然，和这相同的事还很多。

一直到现在，他们的房间还是住得满满的。他又告诉我，这些客人已经把这里当做他们的家，租界里是可以随便玩乐的，回家去心里总不会这样坦然。

"你佬来的很巧，这房间也是才空下来，现在又没有了。"

然而这里也有着矛盾的现实，劝业场里面摆动着诱惑色彩的旗袍和皮大衣，而天祥市场的后门外那个通日本租界的街道，却还给铁栅和电网封锁着。

跑到中国旅行社去换好了船票，又跑到太古公司去问开船的日期。

"三十一号一定开，明天你来好了。"

走出来，看到 ×× 号轮船正坐镇在海河里。

○ 原载于《战地》1938 年第 1 卷第 6 期

困平离平记
1939

—— 徐铸

一九三七年的七月一日正当芦沟桥事件发生的前一星期，我们一行二十多个青年由汉口青年会体育主任胡春彪先生率领，从汉口搭平汉路火车到了北平。

我们到北平去是有着相当重大的意义的：乒乓队和排球队的远征。乒乓队是用的汉口青年会的名义，排球队则是打的汉口市的旗号，我忝属乒乓队代表之一，故能得附骥尾而"躬参其盛"，真是"幸何如之"？我们于短短数天的筹备和募集了数百元的捐款后，便在朋友们的"预祝胜利"的欢送声中匆匆地踏上征途了。

实际上我们去北平的真正目的是游玩，"切磋球艺联络情感"倒还在其次，久已神往于这座中国历史上文物荟萃的古城，平时因为经济和时间的缘故而不能一偿宿愿，这次既能一钱不花去痛快的游一趟，而且还载着这么一个"冠冕堂皇"的头衔，真是再欣幸也没有的事了。

到了北平后即忙着吃喝、游玩、赛球，没有一刻的余闲，我甚至忙得连《征平通讯》也无暇写，后来回到汉口很受了朋友们的抱怨。故宫、颐和园、万寿山、天桥、北海、中南海、中央……我们全都去过，可惜因为时间的限制而不能畅快地游个干净，即以故宫和颐和园而论，假使你要想把里面的什么殿什么殿全都仔细地看到，怕至少也得一个星期，这在时间上我们是办不到的，所以我们的游赏只能说是走马看花，略微看了一个大概而已，然而仅仅这么一点点已足以骄傲没有去过北平的朋友了。赛球的结果乒乓队三次均获胜利，排球队则连负二场，这些我们到并不放在心里，因为我们是到北平来游玩的呀！

我个人对于北平的印象是极佳的：宽阔平坦的街道，古老宽敞的院宅，敦厚朴实的民风，凉爽如秋天的气候，美味的杂酱面，沁人肺腑的酸梅汤，故宫、颐和园、清华、燕京的伟大庄严，北海、中南海、中央的醉人的风景，天桥的杂耍，琉璃厂的旧书摊……在在都给人以最美丽的印象和感觉，假使详细地写来的话每一个细目都可以写成一篇文章。北平委实是太好了，甚至连满天的灰沙也是好的。

然而这其间也并不是没有遗憾的：我觉得北平似乎太特殊了一点，那里的空气始终只给人以呼吸了不自由的感觉，北平是被笼罩在一个灰暗的阴影里，在它的周围处处都潜伏着可能的危机。

我们在北平耽搁了一个星期后，球已赛完，钱也用得差不多，玩也玩得疲倦了。正拟于七月八日的早晨搭车返汉的时候，清晨爬起来便听得外面的报贩叫卖"昨晚芦沟桥中日军发生冲突"的声音，买了一张来看，才知道平汉车今晨已不能开出，从汉口北上的车只能开到长辛店，当时我们到并不觉得惊奇，只感到一点点意外，还以为这不过是一件偶然的事故罢了，今日走不成明日总得走成。我们还到平汉路局的办事处去询问过，一个三十多岁的公务员回说："昨晚芦沟桥中日军曾起冲突，路轨稍有损毁，所以火车不能开出。"我们问他何时可以通车，他说："路轨修好就行。"最后我们出来的时候他还加上一句："说不定今晚就能通车。"

其实这件事在当时实在是并不值得大惊小怪的，我们在北平结识的朋友们都说："怕什么？咱们可瞧得多啦！还不是外甥打灯笼照旧的来一套交涉、谈话的老把戏便圆满解决了吗？放心！明后日准走得成！"于是我们也乐得多在北海公园里坐上一天，那里的风景真令人恋恋不舍呢！谁知道这点星星之火到后来竟演成燎原之势，直到今天都不曾熄灭，而且还要无期限的延烧下去，真是当时的始料所不及。

第二天早晨看报知道车仍是不通，我们又到路局的办事处去问，还是昨天的那位公务员出来回话，他叫我们不要心急，路局已经派人前去修理路轨，说不定马上就能通车。看他那神气似乎并不把芦沟桥事件放在心上，通车不通车不过是路轨的修复问题。我们于是又耽搁了一天。

七月十日风声可紧啦！车仍是不通，我们也渐渐的焦急起来，胡领队报告钱差不多快要用完，假使再呆上五六天的话怕有断炊之虞。我们在北平的朋友们都忙来报告我们许多消息：有的说城门已经关闭，有的说今晚八时便要戒严，有的说他亲眼瞧见从前线抬下来的伤兵，结论是无论如何我们一时总走不了。于是他们之中便有人提议要赶回汉口只有搭北宁路到天津，然后再乘海船到上海坐船到汉口。还有一条路便是搭平绥路到大同，再到太原，由太原搭正太路到石家庄，仍循平汉路返汉。这在经济上我们都是办不到的，我们搭平汉路的车可以免费，别的地方可不行，所以我们惟一的返汉可能就是希望平汉路能够通车。

当天的情势确实很紧张，二十九路军的兵士全副武装的出现在马路上，每个人身上都插着五六颗手榴弹，据说连维持交通秩序的军警都是二十九路军的兵士改扮的。晚上八时即戒严，我们从窗口里瞧见马路上来往的军用车装的都是麻布袋和泥沙，不多时各街道口已经筑好了工事，并且有几个兵士守在里面了。

①

---

① 图注：为防备汉奸及敌人扰乱治安，北平马路要冲由廿九军严密戒备。刊载于《良友》1937年第130期。

七月十一日紧张的情势还是有增无减，车自然仍是不通，街头巷尾都谈论着芦沟桥的事情。

　　我们的焦急也是有增无减的：一面担忧着长此下去会有断炊之虞，一面又担忧着这个局势不知道要演进到什么地步，假使万一真的打起来的话，我们要死在北平那才冤枉！好好地在汉口却要跑到北平来送死。下午我们的朋友们又来看我们，他们也替我们着急，说看这情形说不定真的会打起来。于是我们便讨论除了昨天他们所说的两条返汉的路线外还有没有其他的更便捷的路。有一位姓张的朋友说他听说从门头沟——多生僻的一个名字——可以步行到长辛店，假使是可能的话，我们只要先搭平绥路到门头沟，然后再走上三十里的旱路到长辛店，到了长辛店就可以搭平汉车返汉了。我们认为他这个意见很重要，当即齐到平绥路管理处去问，回话是这条路可以通行，"不过"，一个有着八字胡子五十来岁的公务员庄严地说，"路上可有点不靖，你们得当心歹人！"

　　回来后我们举行了一个议会来考虑这件事，大多数的人都赞成冒险地走走看，既然这条路可以通行说不定就给我们走了过去。这样于是我们便决定了明天早晨一准动身。

　　七月十二日凌晨即起，雇了四辆汽车装满了人和行李直向平绥路车站驶去。到西直门的时候，城门刚刚开启，城头上和城下站着不少的全副武装的兵士，城内外挤满了人和车辆，我们的汽车被轧在后面。城门只开了半扇，先让城外的进城然后再放城内的出去，城外进来的多半是卖菜的小贩。经过了长时间的等待我们才在人的嘶喊声和汽车的狂啸声中出了城，到达车站时已经是七点多钟了。

　　胡领队慌忙地买了票让我们上车，我们坐的是三等，横竖一小时便可以抵达目的地，四等也不妨。八点钟车开了，行得很慢，沿途小站又多，因此十点多钟才到了门头沟。

　　门头沟是北平西边的一个乡村，产煤，已经开采。村上户口似乎不多，树木则很盛，铁道旁还开着工厂，大约是为采煤而设的。

　　我们下了车后便都慨叹着何以竟会走到这个不见经籍的地方来。胡领队忙着去问路和找雇装运行李的车辆，不一会便带着两个推着一辆双轮大车的壮汉来，价钱讲好到长辛店是二十元，还要先付。当时有人提议骑驴子到长辛店，胡领队去问了回来说不行，每头索价五元。于是我们只好安步当车了。连胡领队的夫人都不愿意骑驴子，说我们大家都步行，她一个人舒服太不像话，有难大家当，有苦大家尝，好在从门头沟到长辛店只有三十里，三十里她是走得动的。话可说得挺漂亮！

我们将二十多件行李堆满在车上后，便请那两个壮汉推着在前面领路向长辛店进发。

天气很好，太阳和煦地挂在天空，我们捉对儿的边走边谈，到很觉写意，道旁茅屋里的住户们都出来看我们，瞧着我们这些面孔陌生操着异乡口音的人不禁都投射我们以惊奇的眼光。最奇怪的是有几个上身一丝不挂下身仅穿一条短裤的女人也站在道旁指手画脚的议论我们，两只奶子露在外面，毫不害羞。

路很平坦，每隔一二里便有几十户茅屋人家，我们走呀走的不觉一口气走了十多里路，看看表已经是下午一点钟了。那两个推着行李的壮汉在一座破落的茅屋前停了下来，说是休息休息弄点水喝，屋旁有一座井，他们便在那里喝水。我们也感到一点点疲乏，而且"民生问题"亟需解决，于是便也坐了下来嚼着预先带来的面包。胡领队的夫人则已走得上气不接下气，一股劲儿倒在胡领队的怀里不能动弹，樱唇发白，大有"行不得也哥哥"之概。刚好屋后的木桩上拴着一头驴子，胡领队跑去问明了原来是属于这茅屋的主人的，于是便把它雇了下来，价钱好像还是五元，我们都笑胡领队的夫人虎头蛇尾，早知如此何必要冤枉跑上十来里路，她却别着嘴笑着说："谁和你们运动家比？"

我们休息了约摸半小时之久，正拟站起来继续前进的时候，忽然后面尘头起处来了一队人马，远远的望去大约也有二十几个人，好像是一队骑兵，我们吓了一跳，以为真的来了什么歹人，待到走近一看，原来是一队运输军火的兵士，马车上堆满了大大小小的箱子，箱子上写的是什么我已记不清，大概一看便知道是弹药之类的东西，兵士们衣上的符号都注明是二十九路军，我们这才放了心。他们走到井边也停了下来喂水给马喝，惊奇地注视着我们，经过了几秒钟的注目礼后，一个身材魁梧满脸黧黑的大汉和我们搭起讪来："你们上哪儿去？"

"长辛店！"是胡领队回的话。

"打北平来的？"

"是的！"

"你们不像是北方人。"

"咱们是从汉口来的。"

"汉口，到北平干吗？"

于是胡领队便详细地告诉他我们来北平的经过和这次所以取道门头沟到长辛的原因，最后还请教他，他们是到什么地方去？

"咱们也是到长辛店，奉令运军火的。"这时他们的马已经喝饱了水，他们都跳上马车预备继续前进，胡领队便趁这机会和那个大汉说，我们愿意和他们同行。这，他温和地答应了，胡领队告诉他我们所以要求和他们同行的原因是恐怕路上遇着歹人。那二十几个兵士听了后全都笑了起来：

"有咱们在还用得着怕吗？哈，哈……"于是我们便和他们混在一起前进了。

我们渐渐地熟悉了起来，三三两两的边走边攀谈着，谈的大概不外是关于芦沟桥的事情，刚才那个向我们问话的大汉的车凑巧走在我的身旁，我这才从他的符号上看清了他是一个排长，在这一小队里大约是个领袖，于是也和他聊起天来："你们辛苦啦！同志！"

"谁说的？这是咱们的责任！"样子是怪温和地。

"芦沟桥的情况怎样？"我加紧地问了一句。

"很好！不用担心！"

"这次大概要真的大打起来吧？"

"打！不打可真也没办法啦！"

"咱们弟兄们没有一个不愿意打的，就是他妈的长官们老是不许咱们动，这几年咱们可真受够了气啦！"他的脸红了起来，眼睛睁得大大地，"天下还有比这再气人的事吗？咱们做事要听他们的命令，他们说一咱们就不敢说二，他们打靶子我们替他们守卫，笔挺挺的站在那儿眼看着他们在我们的土地上耀武扬威，不高兴的时候还要摔你几个嘴巴子，眼睛都打得冒出火来，恨不得一刀就砍过去，可是长官们的命令老是不许我们动，动了就枪毙，我操他妹子！"他停了一下，"我们也有枪，为什么不能跟他们拚？孙子王八蛋才怕他们……"

正当我们谈得起劲的时候，忽然前面的人们嚷了起来，说是发现了敌机，我抬头一看，只见东北角上有一架机子正向着我们这边飞来，飞得很高，前面的人们乱得一团糟，惊慌地嚷着，不知道怎样躲避才好，这时排长大声地发出了命令："马队散开！人卧倒！"

于是前面马车上的兵士们都慌忙地跳下了车，牵着马，向四面散逃，我们也跟着他们散了开来，跑上几十步便躺在地上，兵士们把步枪都朝着天空，手扳着机扭，渐渐地敌机飞近了，声音很小，看样儿大概是侦察机，在我们头顶的天空上转圈儿又慢慢地飞了回去，远了，不见了，我们这才又爬起来前进。

路渐渐地难走起来，全是起伏崎岖的高山，满地都是石子，脚踏在上面很痛。爬完了一座山，满以为前面该是平地，不料横亘在面前的又是一座高高的山；爬完了这座山，前面又来了一座山，好像永无穷尽，李太白诗"山从人面起"真堪为这吟咏了。后来时常在报上得知"游击队出没平西门头沟"的消息，大概他们便是以这些山为根据地和敌人搏斗的，倒实在是一个很好的打游击的地方。我们艰难地前进着，翻过了一座山又一座山，汗湿透了衣衫，脸上染满了泥灰。最好笑的是胡领队和他的夫人：胡夫人骑在驴子上，胡领队则一颠一跛的走在她的身旁，小心地照应着她。当时我看了颇起了点"烟士披里纯"①，可惜手中无笔未能把它记下。

我在一座高山的顶上独自停了下来，望着山下连绵的田野和远处疏落的茅舍，心头不禁起了一阵复杂的情感，不知是悲是愁，是怨是恨，但觉得有点惘然，"念天地之悠悠，独怆然而涕下"，年来鸯飘凤泊，宛如九秋之蓬，有家不愿归，所为何来？一腔悲愤，无处发泄，颇思临风一恸。

念起远处的人儿，她现在怕倚在窗棂上想着我吧？想到这里，仿佛觉得一点灵犀，暗暗相通，不禁低低的唤着她的名字。

当天下午六点多钟，我们到了长辛店，太阳差不多要下山了，那二十多个兵士因为还要继续赶路，和我们珍重而别，我们已走得疲惫不堪，在一家靠近

---

① 编者注：为英语 inspiration（灵感）的音译词。

车站的旅馆里住了下来，预备明天早晨搭车返汉，忽然旅馆里的人告诉我们陈延炯局长在长辛店开会，马上就要坐专车南下，我们听了后便都提议请求陈局长准许我们搭他的车返汉，当由胡领队前去向长辛店的站长磋商，请他将我们的意思转达陈局长，结果是允许了，于是我们又拖着疲乏的身躯匆忙地搬运行李上了车。

不多时车开了！走得很快，我们都庆幸着离平的成功，这不能不说是侥幸。我一个人疲乏地坐在车尾上，翘首故都，不禁黯然。北平，她正在一个魔鬼的铁蹄下努力地挣扎着，将来的命运正难逆料，我虔诚地低下头来祝祷着她的平安。

车怒吼着前进，铁轨闪电似地从我的脚下飞去，这怪物载着我离她更远，更远啦！

为芦沟桥二周年纪念作，上海

○ 原载于《宇宙风》1939 年第 83 期

平津忆述（节选）

1940

——耐飙

燕京大学

> 堂上不粪，则郊草不瞻旷芸。白刃扞乎胸，则目不见流矢。拔戟加乎首，则十指不辞断。非不以此为务也，疾养缓急之有相先者也。

——荀子

对付两个以上的问题，决不能有一个好的办法来同时解决，惟有分出轻重缓急来办。事变后的燕京大学，处境可算最窘的了。论环境，它是在敌人铁蹄之下喘息着；论地位，它是中国的最高学府，同时，也是华北几次学生运动中最热烈的倡导者。然而，两年以来，它是怎样求得生存？我可以客观地先答一句：燕大之能生存，在乎环境愈复杂，而应付愈简单。

抗战军兴，昔日文化渊薮的北平，变得格外暗淡无色。清华、北大是搬了，许许多多中学先后屈服于敌人的膝下，挺然独树的只有一个燕大。它是淤泥中一枝莲花，北平仅存的一颗自由果。无论敌人怎样压迫，它应付的原则，永远非常简单，简单到只有几个字，就是他们的校训"因真理得自由以服务"。这种不屈的精神，固然要靠他们全体师生来维系，而他们的保姆司徒雷登博士的功绩，任何人也不会忘记。

廿六年九月，燕大在极度艰难中开学。在举行开学典礼的时候，司徒校长剀切陈明燕大进行的态度与立场。最后，他引出一句美国历史上的名言，教全体师生时刻存在心上，就是 Give me Liberty or give me Death，燕大就本着这句话的精神，展开它坚决的生存奋斗史。

①

想到燕大，引起我无穷的回味。那巍耸的博雅塔、澄碧的未名湖、娇小玲珑的姊妹楼、典藏丰富的图书馆，在别处再也不会找到了。生活在这个园里的人们，真是天之骄子。春天可以依着垂柳听流莺，夏天可以浴着月光荡花船，秋天躺在枫岛的石舫上可以尽兴地赏玩红叶，冬天雪晴以后，可以一面滑冰，一面欣赏枫湖四围的琉璃树。这种优美的环境，是多么富有诗意！

但我所追念的不是这些，不是这些物质的享受，而是燕大的精神，尤其是事变后的燕大精神。"精神"不是一个空洞的名词，它虽不像物质那样可以捉摸，但却是实在的表现。燕大精神的表现，决没有凭借什么方式，乃是自然而然地诚于中而形于外的一件事。服装的由奢侈而朴素，行动的由浮躁而沉实，都不是学校当局勉强他们这样做，同学们也没有集体的商量，而故意这样做，这种是不知不觉的一种自然表现。

燕园的喉舌《燕京新闻》事变后仍然照常出版。在那种恶劣的环境下，明知道话讲的越多则危险越大，可是他们不怕，他们相信世界上的真理可以胜过任何暴力。敌人检查，凭他检查好了；物价腾贵，不妨缩小篇幅，各人的岗位决不轻易放弃。有一次该报文艺副刊上载了一篇敌人认为有"恶意"的文章，因而放出许多恐吓的空气，该报却仍然不加理会，本着一定的编辑方针做下去。它推销的范围虽然很小，但我们不要忘了，这是大河以北唯一的中国人所公开

---

① 图注：燕京大学校园一景。刊载于《燕大年刊》1936 年。

主持的刊物。

燕大同学的课外组织以往算是各大学中最活跃的一个，事变后虽曾一度消沉，慢慢又都复活起来，且能扫除以往的空洞而归之于实际。组织中最庞大的莫如"燕大团契"，这是燕大师生工友间一种联合集体，大团契之下分成若干小团契，主要的意义在藉着这种组织来训练实际生活。它在友谊的基础上给契友一个机会来认识别人、调整自己、建立人与人间的正当关系，而求得生命的真谛。事变后，团契的人数已经扩充到五百多名了，这也许是特殊的环境之赐与！

燕园文坛过去在国内也占有相当地位。已成名的作家如谢冰心、许地山、熊佛西、萧乾、陈梦家、赵箩蕤、吴世昌等人，都是从这个园子里走出去的。现在环境虽然恶劣，它还不断地孤独生长着，已出版的文艺刊物有《枫湖》《勺苑》《燕园集》《篱树》这几种。新兴的作家颇不乏人。他们在极窄的一条夹隙里讨出路，支撑北方文艺界的残局，也实在值得我们敬重。

燕大歌咏团是国内规模最大的，男女团员二百余人，在美人范天祥教授指导之下，曾遍游南北各埠。《弥赛尔》一曲，尤为脍炙人口。事变后，每逢圣诞佳节，这曲仍旧照例公演两次。并且在这两年的校友返校节，特意公演《镇魂曲》。"镇魂"，是多么惊心怵目的两个字，我们万不要忽略它的意义，因为燕大整个儿的生存脉搏，我们都能从这两个字里找出来！

图书馆比以前拥挤多了，固然学生的增多也不无关系，但常在那里苦读的同学，他会告诉你另外一个原因。汉奸主办的日报很少有人抢着看，倒是路透、美联、合众、哈瓦斯、海洋等通讯社的电稿同几种西文杂志，一时一刻也闲不下。为甚么？他们会告诉你。几所科学试验室，除非将近熄灯的时候，此外永远不会断人。为甚么？他们也会告诉你！

睿楼侧面的旗杆已经闲置两年了。遇有重大的纪念日，如国庆节、总理诞辰、开学毕业等典礼日，也看不见悬挂甚么东西。青天白日旗虽然看不到，另一种讨厌的旗子更是看不到。关于挂旗的问题，校务会议曾经仔细讨论过，有人提议"遇有纪念，不妨挂美国旗"，司徒先生却坚决的反对，他说"除去青天白日旗，宁可甚么也不挂，也决不能用第二个国家的徽帜来代表燕京的国籍"，这是司徒先生办学的唯一立场，也正反映着燕大的立场。

418

①

燕大也有日本教授，乃司徒校长自动聘请的，就是著名社会人类学家鸟菊龙藏博士。燕大是个学术团体，研究学术，当然不必限制国籍。鸟菊之在燕大，正如同舒舍予、萧乾两先生之在英伦。鸟菊在燕大并不开课讲授，而在哈佛燕京学社作些研究工作。只要我们承认"真理是一切学术的研求目标"，我们倒希望多有几个开明的日本教授到燕大去。

体育的活动也不逊于往日，两年来添了许多新花样，如木拍网球、沙袋球、滚球、高尔夫、槌球等类，均极受同学们欢迎。燕大的体育一向采取普遍化及大众化主义。当局列体育为必修科目，每人必须修满一定学分，否则，学士论文纵使写得天好，一样不能戴方帽拿文凭。事变后，经司徒先生提倡，每年并举行全校运动日一次，全体师生工友一律参加。表演大规模的团体操，表演排列"燕"字，并举行夺旗竞赛。我们不要把这些看做单纯的游戏，它是在训练中国青年养成忍苦耐劳的体魄、勇敢不屈的精神及团结一致的旨趣。我们大家如果有了这些，还怕甚么？

两年内，燕园里没有发生过一件不幸的事，燕园外面却常有同学被敌逮捕。西直门的敌伪对燕大出入城口的校车检查得特别严厉。同学除非有要事，很少进城。老实说，城内的恶浊气氛已经是个很好的"门禁"了，倒不如在校园里多吸些自由空气痛快。当伪北平公安局长潘逆毓桂升迁伪天津市长的时候，

---

① 图注：燕大生物学院。刊载于《图画时报》1929 年第 576 期。

临行曾去燕大拜访司徒校长，特意卖送人情，交给司徒校长一张名单，单上的同学，都是敌人授意令人逮捕的，他请司徒校长加意关照一下。司徒把名单接过，对他笑着说："这事倒不必我做。你应该知道怎样关照，因为你们同是中国人啊！"

有一次，北平伪新民会的汉奸偕同不少敌宪兵到燕大去，想要搜查学生宿舍，司徒先生立时加以拒绝。交涉的结果是"如敌人武装强迫燕大停办则可，零碎的来找麻烦却绝对不能答应"，司徒先生愿以校长的名义担保同学不做任何政治活动，除此之外，实在没有搜查的必要。敌伪们只得怏怏地回去。

又有一次，文学院一位兼任讲师，突然就了伪教育局督学，司徒先生马上请他自动的解聘。理由很简单：学校教职员不得兼任行政机关职务，乃经教育部明文规定的，燕大现在教育部立案，当然不能违背法规。这样，这家伙也就只好滚蛋了。

燕大的最高特色，莫如学校与一般毕业校友的密切联系。燕大校友会的组织可称最为完善，校友分会弥漫国内外各地，一年一度的校友返校节（也称归宁节），在从前真有远自千里来参加的。事变后，由于环境的限制，已不像旧时那样热闹，校友课的刊物《友声》也停刊了。尽管形式上如此，精神上，学校与校友之间却没有丝毫的隔膜。学校的态度与立场，没有一个校友不清楚，不谅解。高龄的司徒校长，每年都要冒暑长征一次，以考察各地校友服务的情况。藉着这个机会，校友与学校之间便总也不会脱节。司徒的由北而南，由南而北，是带着在校同学与毕业校友两种不同的热望。去年的校友返校节，司徒校长适自南方回去，在他的《告全体校友书》内有这样的一段话：

余所得关于一部校友工作情形之报告，使余愈感骄矜。而余深信其他校友之工作，亦必使余满意。因诸君所表现之精神与所做之服务，燕大之高尚理想与目的，遂日渐实现矣。

燕大的高尚理想与目的是甚么？我想他们每个在校师生与毕业校友都应该默会于衷。因为这枝污泥中不染的独莲，是要靠他们的培养与爱护，才能放出最后的真理之花！

○ 原载于《宇宙风》1940 年第 109 期

散离

——蹇先艾

我从前可以说并不知道什么叫做"离散"的，我和它之间仿佛隔着一层茫雾。儿时离家的情况早已经在记忆里消失了。在中学时代，曾经读过一篇江淹的《别赋》，年长了，也常常读到这一类或新或旧的作品，并且受过深沉的感动，但是身临其境的经验却始终没有。近三年来，算是开始饱尝"离散"这两个字的滋味了。

芦沟桥的炮声一响，一种暴力，就活生生地把我们朝夕相聚的几个弟兄拆散得七零八落，很像中国传奇上的北宋杨家将的情形，只是没有死亡，而且也缺少他们那样的功绩而已。一直到现在，大家不惟天南地北，没有见面的机会。有的下落不明，连想写一封信，因为无法投递，提起了的笔，终于叹一口气，又放下来。有什么法子想呢？只有相互默祷着彼此的平安了。"父子不相见，兄弟妻子离散"的生活，我天天都在体验着。这种痛苦，是什么人的赐予，我永远不会忘掉，除非等到我们以眼还眼，以牙还牙，算清了这笔血债的时候。

回溯上去，是民国二十六年九月底，在一个家族中，我首先带着家眷化装离开了北平。因为从"九一八"以来，我是一向不断在用笔杆来替代枪杆，猛烈地攻击着倭寇的。在教室里，我也喜欢随时向学生宣布日本的罪恶，激动起他们爱国的情绪。日军占据了故都以后，因此，我的危险性比较家里其他的人显然就要大一些。我不能坐在那里等死！我还年青，有许多事情都等待着我去做。我无法在黑暗沉沉中，打发我的日子！我需要自由的生命，我更需要生活上的、思想上的自由。虽然对于先后住了十九年第二故乡，仿佛儿童离开慈母一样地依恋，终于怀着满腔悲愤南行了。临走的那天早晨，每个哥哥都到车站来送我，而且他们或多或少地帮助了我一些旅费（如果没有他们的力量，我是无论怎样也逃不到后方来的），从患难中才看出来了弟兄们的深挚的感情。

继我们之后而离开北平的是孟哥和融嫂，他们是带着一种凄惶的心情出来的。融哥在南昌工作，因为敌机不断地轰炸，他的神经受了强烈的刺激，忽然病倒了，他们不得不老远地从北平赶去看他。他们离平的时候，比我们困难得多了，长途跋涉的辛苦，处处都饱受着敌机的威胁，他们怎样急迫促的心理，我简直缺少字眼来形容。等他们千辛万苦地绕到南昌，融哥已由友人护送着到了长沙了。他们又匆匆地赶到那里，那时他并有走掉，正在湖南的省会里作短期的休息，但是彼此分寓在两条街上的客栈，谁也没有料到同时大家会住在一个城市当中，相距只有一条长街。也许是太疲惫了，如果双方肯上街来散散步，事实上并不难于遇见。终于彼此相左了。融哥在长沙住了几天，便启程转回故乡来。孟哥们疲于奔命，一直追踪到贵阳，并且打电报到遵义去打听他的消息。而他呢，既没有来贵阳，也没有去遵义，却滞留在锦屏一个友人的家中。流离转徙了半年之久，耗费去无数的精力、时间、旅费（这个代价付得实在太大了），他们才算达到了目的。当我们这一群人在省城的一家族馆小聚时（一个人一副憔悴的容颜），大家都不觉悲喜交集。

这个聚会还是不长，融哥和融嫂因为感到贵阳空袭的危险，不久搬到离城几里的乡下去住。他们没有事从来不轻易进城，我因为自己的工作忙也很难得机会下乡，我们中间，仿佛就从此断绝来往了。我们真心愿意这样做吗？只有天晓得！

孟哥是有事的人，他的任务已经达到，在贵阳住了一个月，很想回遵义去看一看一别三十多年的故乡，也没有能够实现。因为接到西安的一个电报，他便急急忙忙地回到他服务的西北联大去了。后来敌机天天威胁西安，他们的学校便迁到汉中。前些日子刚听说他有辞职到成都的消息。最近接到方哥来信，说融哥因有感于后方的空气太沉闷，已跑到福建前方去工作。在我们弟兄中间，他的精神要算是最伟大的！孟嫂和一大群儿女，至今仍然困守在北平，过着十分艰苦的日子。在贵阳的时候，我常常陪他喝酒，借酒浇愁（那时的茅台酒价钱还便宜），从他酒后的议论和苦笑的宽脸上，我很清晰地看出来了他心头的忧郁。

年纪最长的方哥，也是值得我们表示很深的同情的。二十几年来在一个机关服务，不求升迁，不辞劳瘁，勤勉工作如一日。南京沦陷以后，他便随着他们的机关迁到重庆。但是他的家眷，大大小小五六口人，迟走了两天，本来已经上了轮船的，哪知船开出去竟受了日寇的阻拦，强它开到上海。这一群人无法可想，只好在上海住下来。道路既然梗阻，巨额的旅费一时又无从筹，于是在短短的时期中，把方哥的头发都愁白了。如今他只能俭吃省用地在重庆的乡下过日子，把省下来的钱给他的家眷汇到上海去；另一方面，还要供给我一个侄子在××大学读书。只要报上登载着敌机轰炸重庆的时候，我便会感到坐卧不怡，深深地悬念着他们父子的安全，一定要发快信去问询的，除非收到他们"平安无恙"的回信，我就没有法子镇定我的忐忑的神情。

我从小便和方哥住在一起，从阆中、成都，直到北平。从大学毕业以后，我才开始和他分居。他的性情忠厚，对于弟兄最富情感，将近六十年的生活，他没有一天不是在愁城苦海里回旋。抗战以来，他因为首当其冲，每次来信，都不免要发些悲观的论调。我回信的时候，总是这样地安慰他："国家都遭受到这种空前大难，我们弟兄的离散吃苦，又算得了什么呢？现在只有咬牙忍耐，流血的流血，流汗的流汗。最后胜利来到的一天，大家重新再团聚起来，并不是不可能的事！"两年来的孤独生活，他居然也过下来了，事实告诉我们，他并不是一个没有勇气的人。

还有一位，从日本留学回来后便留在故乡工作的经哥，他的光阴也在衰颓的暮年了。我差不多已经有二十多年没有和他见面。初意以为这次还乡，大家一定可以痛痛快快地谈一谈往事，偏偏我住在遵义和贵阳的这两个时期，他都在朗岱工作。等我疏散到了古龙场驿来，他又辞职回到故乡去了，想不到缘法竟这样的悭吝！

才哥住在贵阳，我从北平回来以后，会面的机会比较多，他在经济上也曾帮助过我。因为敌机屡次轰炸这个不设防的城市，终于又把我们分开了。半年前，为了组织文协分会，我到省城去过两趟，他已疏散到乡下去住。时间很短促，又要办许多事，我始终没有找到他。等他在报上看见文协分会成立的消息，知道我到了贵阳，跑来看我时，我已经又回来修文好几天了。连住在小小的一个地方，大家也好像"别时容易见时难"似的。

民弟从抗战初期起，就在前方服务。××失陷以后，他忽然不知去向。有人传说他已经当游击队去了。就他的体力来说，的确他负担得起这个艰巨的工作，所以我希望这是一个事实。他的夫人曾经流亡到后方来，和我们同住了一个多月，心情的不安定，使她无法长久地住下去，后来还是毅然一个又跑到安徽去找她的丈夫。她临行的时候，很悲壮地向我们说："后方的生活太安静了，我越过就越觉得难受，还是不如找天民去吧！就是他真的当了游击队，我也情愿跟他死在一起！"她走了快一年了，直到现在，我们都还没有得到过她的消息，她是不是已经安全地到达了她的目的地呢？

只有寰哥和宾哥还滞留在北平，他们的人口太多，这些年来，又在那里稍稍置下了一点产业，一时不容易摆脱，他们的出走，因此也就受到了很大的阻碍。这是我们觉得无限惋惜的事！最近他们看见故都生活程度的高涨，伪组织下秩序的紊乱，亲身感到倭寇种种虐政的压迫，大约也会憬然于顺民的日子并不是怎样容易过因而后悔起来吧！啊，我们朝朝暮暮都在盼望着他们走到"自由的中国"来！

十月中旬于黔北古龙场驿

○ 原载于《现代文艺》1940 年第 2 卷第 3 期